Hybride Wertschöpfung

Oliver Thomas · Peter Loos · Markus Nüttgens
Herausgeber

Hybride Wertschöpfung

Mobile Anwendungssysteme für effiziente
Dienstleistungsprozesse im technischen
Kundendienst

 Springer

Herausgeber

Prof. Dr. Oliver Thomas
Universität Osnabrück
Institut für Informationsmanagement und
Unternehmensführung Katharinenstraße 3
D-49074 Osnabrück
Deutschland
oliver.thomas@uni-osnabrueck.de

Prof. Dr. Peter Loos
Universität des Saarlandes
Institut für Wirtschaftsinformatik (IWi) im
DFKI Gebäude D3.2 Stuhlsatzenhausweg 3
D-66123 Saarbrücken
Deutschland
peter.loos@iwi.dfki.de

Prof. Dr. Markus Nüttgens
Universität Hamburg
Wirtschaftsinformatik
Von-Melle-Park 5
D-20146 Hamburg
Deutschland
markus.nuettgens@wiso.uni-hamburg.de

ISBN 978-3-642-11854-8   e-ISBN 978-3-642-11855-5
DOI 10.1007/978-3-642-11855-5
Springer Heidelberg Dordrecht London New York

Die Deutsche Nationalbibliothek verzeichnet diese Publikation in der Deutschen Nationalbibliografie; detaillierte bibliografische Daten sind im Internet über http://dnb.d-nb.de abrufbar.

Einbandentwurf: WMXDesign GmbH, Heidelberg

Gedruckt auf säurefreiem Papier

Springer ist Teil der Fachverlagsgruppe Springer Science+Business Media (www.springer.com)

Geleitwort

In allen Industriestaaten haben sich Dienstleistungen zu der vorrangigen Erwerbsquelle entwickelt. Die Dienstleistungsbranche wächst und schafft hochqualifizierte und gut bezahlte Arbeitsplätze. Rund 70% der Erwerbstätigen sind in Deutschland im Dienstleistungssektor beschäftigt. Der Anteil der deutschen Bruttowertschöpfung liegt ebenfalls bei 70% Prozent – Tendenz steigend. Diese wachsende Bedeutung des Dienstleistungssektors, die so genannte Tertiarisierung, ist einer der globalen Megatrends. Der hohe Dienstleistungsanteil konzentriert sich allerdings nicht nur auf den traditionellen Dienstleistungssektor. Nach einer 2006 von der OECD veröffentlichten Studie gehen auch im produzierenden Gewerbe schon heute 40% aller Beschäftigten einer Dienstleistungsaktivität nach.

Vor dem Hintergrund eines weiteren Megatrends „Globalisierung" und dem dadurch entstehenden wachsenden Konkurrenzdruck aus Niedriglohnländern, entwickeln sich Unternehmen des produzierenden Gewerbes immer stärker zu Anbietern kundenindividueller Lösungen, die Sach- und Dienstleistungen intelligent kombinieren. Diese hybride Wertschöpfung als Sonderform der unternehmensbezogenen Dienstleistung ist ein wichtiges Konzept für deutsche Unternehmen, die internationale Wettbewerbsfähigkeit des deutschen Produktionssektors zu steigern und damit zu erhalten.

Mit der am 23. Mai 2005 durch das Bundesministerium für Bildung und Forschung (BMBF) veröffentlichten Bekanntmachung „Integration von Produktion und Dienstleistung" als gemeinsame Bekanntmachung der Initiative „Dienstleistungen für das 21. Jahrhundert" und des Förderprogramms „Forschung für die Produktion von morgen" wurde erstmals der zunehmenden Forderung von unternehmerischen Kunden des Dienstleistungs- und Produktionsbereichs nach integrierten Problemlösungen anstelle der Lieferung einzelner Sach- oder Dienstleistungen Rechnung getragen, d.h. der Tendenz zur Erzeugung von „hybriden Produkten". Innerhalb dieses Förderschwerpunkts wurde der Projektträger im Deutschen Zentrum für Luft und Raumfahrt (PT/DLR) mit dem Themenfeld „Wachstumsstrategien für hybride Wertschöpfung – neue Formen der unternehmensbezogenen Dienstleistung" betraut. Zu diesem Themenbereich gingen beim PT-DLR insgesamt 97 (Projekt-)Skizzen ein. Nach der Vorprüfung durch den Projektträger wurden die Skizzen von unabhängigen Experten aus Wirtschaft und Wissenschaft diskutiert und bewertet, um schließlich 15 Verbundvorhaben mit insgesamt 81 Teilvorhaben für die Förderung auszuwählen. Diese Forschungsprojekte begannen zwischen Juni 2005 und November 2006 und werden im Zeitraum zwischen Mai

2008 und Dezember 2010 abgeschlossen sein. Das gesamte Fördervolumen im Förderschwerpunkt liegt bei rund 18 Mio. Euro für alle Forschungsprojekte.

Das vom BMBF geförderte Verbundprojekt „PIPE – Hybride Wertschöpfung im Maschinen- und Anlagenbau" mit seinen Verbundpartnern DFKI Saarbrücken, Universität Hamburg, Vaillant, INTERACTIVE Software Solutions GmbH, DIN und Fachverband SHK Hessen ist angetreten, hierzu einen wichtigen Beitrag zu leisten. Im Fokus steht die Sanitär-, Heizungs- und Klimatechnikbranche, kurz: SHK-Branche. Hier findet sich die für den Maschinen- und Anlagenbau typische Aufteilung zwischen Herstellern, die technisch komplexe Produkte herstellen, und dem technischen Kundendienst, kurz: TKD, der zum größten Teil von den Handwerksbetrieben des SHK-Handwerks durchgeführt wird. Alleine in Deutschland werden ca. 40 Mio. Haushalte von ca. 50.000 SHK-Handwerksbetrieben mit ca. 300.000 Beschäftigten betreut. Das Umsatzvolumen beträgt etwa 26 Mrd. Euro.

Es wird ein prozessorientiertes Informationssystem zur mobilen, internetbasierten Unterstützung des TKD entwickelt, das dem TKD-Mitarbeiter Serviceinformationen strukturiert und interaktiv zur Verfügung stellt. Im Mittelpunkt steht dabei der Lebenszyklus der prozessorientierten Serviceinformationen – diese werden in Zusammenarbeit von Herstellern, spezialisierten Dienstleistungsunternehmen und TKD-Anwendern bereitgestellt, genutzt und kontinuierlich verbessert. Die um die Serviceinformationen angesiedelten Dienstleistungen werden zusammen mit der technischen Produktentwicklung ganzheitlich betrachtet und behandelt, so dass die technischen Produkte schließlich zu hybriden Produkten werden, bei denen die Dienstleistung im Vordergrund steht.

Die Anknüpfungspunkte des PIPE-Projekts sind vielfältig und schon jetzt zeigen sich Erfolge, die auf eine fruchtbare Verwertungsphase hindeuten. Neben der SHK-Branche finden sich weite Anwendungsfelder zur Verbesserung von Servicequalität und -produktivität, die zu einer Steigerung der internationalen Wettbewerbsfähigkeit beitragen können. Im Sinne der Nachhaltigkeit könnten alleine durch eine optimale Einstellung der existierenden Heizungsanlagen in den 40 Mio. Haushalten bis zu 5 % der Emissionen eingespart werden. Ein beeindruckender Erfolg, der als Exportprodukt wiederum dem deutschen Maschinen- und Anlagenbau zugute kommen könnte.

Ich wünsche dieser Abschlusspublikation eine weite Verbreitung, den Lesern eine ebenso spannende wie kritische Lektüre und eine intensive Diskussion in Theorie und Praxis.

Bonn, im Winter 2009   Bertolt Schuckließ, Projektträger im DLR

Vorwort

Produzierende Unternehmen erwirtschaften zunehmend größere Anteile Ihrer Umsätze und Erträge mit komplementären Dienstleistungen. Nicht zuletzt die Wirtschafts- und Finanzkrise rückt die Bedeutung dieser Dienstleistungsanteile ins Scheinwerferlicht. Überkapazitäten, stagnierende Absatzzahlen, eine verschärfte Konkurrenz auf den Weltmärkten und eine zunehmende Standardisierung und Qualitätsangleichung lassen kaum noch Differenzierungsstrategien zu – der Wettbewerb wird produktbezogen primär über den Preis geführt.

Dienstleistungen werden in einer solchen Konstellation zum zentralen Ansatzpunkt einer nachhaltigen Wettbewerbs- und Wachstumsstrategie. Einerseits sichern produktbezogene Dienstleistungen einen kontinuierlichen Umsatz auch oder gerade in Phasen mit hohen Absatzschwankungen. Andererseits wächst bei sinkenden Produktmargen der relative Wertschöpfungsanteil komplementärer Dienstleistungen. Produktbezogene Dienstleistungen werden so zum entscheidenden Differenzierungsmerkmal und Katalysator hybrider Wertschöpfungskonzepte. Hierbei verschmelzen der (materielle) Produktkern und der komplementäre Dienstleistungsanteil zunehmend zu einem komplexen Wertschöpfungsbündel, welches – je nach Ausbaustufe – mehr oder minder ganzheitlich vermarktet wird. Hieraus resultieren Anforderungen an Finanzierungs- und Geschäftsmodelle sowie veränderte Rechts- und Eigentumsverhältnisse. Verkaufte beispielsweise bislang ein Produzent von Heiztechnik komplexe technische Anlagen, so könnte er morgen zum Betreiber dieser Anlagen oder gar Lieferant von „Wärme" werden und diese bedarfsbezogen abrechnen. Der Lebenszyklus eines Produkts – von der Forschung und Entwicklung über die Produktion bis hin zum Betrieb – rückt damit zusammen mit der Kundenzufriedenheit in den Vordergrund.

War bislang der Produktkern eine notwendige Bedingung zum Markterfolg, so sind es zukünftig der Dienstleistungskern und die Kundenschnittstelle. Eine zentrale Rolle spielen dabei Informationssysteme zur Integration von Produktion und Dienstleistung, da nur mit ihrer Hilfe die traditionellen lösungsorientierten und produktionsnahen Sichtweisen in problemorientierte und kundennahe Strukturen überführt werden können. Je nach Ausgestaltung der Anwendungsszenarien sind dabei mobile, multimediale und vernetze Endgeräte der technische „Enabler" – sie verändern die Arbeitsweise der Dienstleistungserbringer nachhaltig.

Im Rahmen des Forschungsprojekts PIPE (das Akronym steht für „Hybride Wertschöpfung im Maschinen- und Anlagenbau – Prozessorientierte Integration von Produktentwicklung und Servicedokumentation zur Unterstützung des technischen Kundendienstes), das vom Bundesministerium für Bildung und Forschung (BMBF) im Rahmen des Förderkonzepts „Innovation mit Dienstleistungen" und des Programms „Rahmenkonzept Forschung für die Produktion von morgen" gefördert wurde (Förderkennzeichen: 01FD0623), wurde ein solches Informationssystem zur mobilen und internetbasierten Unterstützung des technischen Kundendienstes (TKD) im Maschinen- und Anlagenbau entwickelt. Das System stellt TKD-Mitarbeitern Serviceinformationen strukturiert und interaktiv zur Verfügung. Im Mittelpunkt steht dabei der Lebenszyklus der Gesamtleistung, die der Kunde erhält, d.h. sowohl die Anlage als auch die Services. Hierzu sind in einer Zusammenarbeit zwischen Herstellern, spezialisierten Dienstleistungsunternehmen und TKD-Anwendern prozessorientierte Serviceinformationen bereitzustellen, zu nutzen und kontinuierlich zu verbessern. Die entsprechenden Dienstleistungen werden mit der technischen Produktentwicklung integriert, sodass der TKD nicht nur ein rein technisches, sondern ein hybrides Produkt erhält, das die Sicherung des Leistungsergebnisses für den Endkunden fokussiert.

Innovativ an diesem Ansatz ist, dass durch die frühzeitige Verzahnung von Produktentwicklung, Dokumentation, TKD, Prozessberatung und moderner Informations- und Kommunikationstechnologie ein hybrides Produkt entsteht, welches die Erstellung integrierter prozessorientierter Produkt- und Serviceinformationen beim Hersteller erstmals mit vertretbarem Aufwand ermöglicht. Serviceorganisationen können auf diese Informationen mobil zugreifen. Die Informationen über durchgeführte TKD-Arbeiten werden wieder zum Anlagenhersteller zurückgeführt und fließen dort in die Weiterentwicklung sowohl der Produkte als auch der Serviceprozesse ein. In unterschiedlichen Geschäftsmodellen können sich die Anwender des PIPE-Systems an der Zusammenarbeit hinsichtlich der Weiterentwicklung von Produkt und Serviceprozessen beteiligen. Dieses Partizipationsmodell ist ein zentraler Punkt, der den Innovationscharakter des PIPE-Ansatzes unterstreicht. Das Potenzial des Systems ist an realen Fallbeispielen aus dem Bereich der Sanitär-, Heizungs- und Klimatechnik erprobt worden.

Der vorliegende Herausgeberband *Hybride Wertschöpfung – Mobile Informationssysteme zur Integration von Produktion und Dienstleistung* fasst die Ergebnisse des Forschungsprojekts PIPE zusammen und gibt zugleich einen Überblick über den State-of-the-Art der Gestaltung hybrider Leistungsbündel. Dabei werden sowohl aktuelle Problemstellungen und Lösungsansätze als auch zukünftige Entwicklungsperspektiven betrachtet. Die einzelnen Kapitel fokussieren einerseits die Produktion und den Absatz hybrider Produkte und andererseits Informationssysteme, welche die Produktion und den Absatz hybrider Produkte unterstützen.

Der Aufbau des Herausgeberbandes folgt einer Fünfteilung des Gegenstandsbereichs. Im ersten Teil des Bandes *Grundlagen und Anwendungsszenarien* stellen Oliver Thomas, Philipp Walter, Peter Loos, Michael Schlicker und Markus Nüttgens die zentrale Fallstudie des Buches vor. Philipp Walter erweitert das Blickfeld einerseits mithilfe einer Einordnung und Klassifikation technischer Kundendienstleistungen und andererseits durch eine an der Sanitär-, Heizungs- und Klimatechnikbranche ausgerichtete empirische Untersuchung zu den Arbeitsformen und der IT-Unterstützung im technischen Kundendienst.

Im zweiten Teil *Methoden und Modelle* widmen sich Oliver Thomas, Philipp Walter und Peter Loos der Konstruktion und Anwendung der Entwicklungsmethodik für Product-Service Systems, die zur Implementierung des PIPE-Informationssystems herangezogen wurde. Mit einem State-of-the-Art-Beitrag zu Vorgehensmodellen des Product-Service Systems Engineering erweitern Marc Gräßle, Oliver Thomas und Thorsten Dollmann das Blickfeld um eine ingenieurwissenschaftliche Perspektive und ordnen die zuvor gestaltete Entwicklungsmethodik in einen Gesamtzusammenhang ein. Die im Rahmen der hybriden Wertschöpfung relevanten und in der Praxis einzusetzenden Lebenszyklusmodelle werden von Nadine Blinn, Markus Nüttgens, Michael Schlicker, Oliver Thomas und Philipp Walter präsentiert. Michael Schlicker, Nadine Blinn und Markus Nüttgens zeigen auf, wie Modellierungssprachen zur Erfassung, Dokumentation und Erstellung von technischen Serviceprozessen als Bestandteile hybrider Leistungsbündel entwickelt werden können und verdeutlichen deren Einsatz anhand der PIPE-Fallstudie.

Im dritten Teil *Werkzeuge und IT-Unterstützung* untersuchen Oliver Thomas, Julian Krumeich und Michael Fellmann die durch integrierte Informationssysteme generell erreichbare Unterstützung technischer Kundendienstleistungen. Die hierbei gewonnenen Erkenntnisse überführen Michael Schlicker und Stefan Leinenbach in das im Rahmen von PIPE gestaltete Serviceportal, mit dem es möglich wird, den technischen Kundendienst mobil, multimedial und prozessorientiert mit einem adäquaten „Informations-Mix" zu versorgen.

Im vierten Teil *Evaluation und Entwicklungsbegleitende Normung* wird das mobile PIPE-Anwendungssystem – im Sinne des Design-Science-Forschungsparadigmas – von Nadine Blinn und Michael Schlicker evaluiert, um kritisch und für den Leser nachvollziehbar zu überprüfen, inwiefern die Nutzung des Systems die Wahrscheinlichkeit für eine erfolgreiche Reparatur, Instandhaltung und Wartung erhöht. Die aus dem Forschungsprojekt hervorgegangenen Aktivitäten zur Entwicklungsbegleitenden Normung im Kontext hybrider Wertschöpfung stellt Paul Wakke vor.

Der fünfte Teil *Kooperationen und Geschäftsmodelle* erweitert die vorhergehenden Überlegungen um eine Untersuchung zu IT-gestützten Wertschöpfungspartnerschaften zur Integration von Produktion und Dienstleistung im Maschinen- und Anlagenbau von Philipp Walter, Nadine Blinn, Michael Schlicker und Oliver Thomas. Die aus PIPE resultierenden Geschäftsmodelle hybrider Wertschöpfung werden von Michael Schlicker, Oliver Thomas und Frank Johann aufgearbeitet. Der Herausgeberband schließt mit dem Beitrag von Carsten Metelmann, der die Perspektive der zumeist klein- und mittelständischen Handwerksbetriebe auf die IT-Unterstützung von Instandhaltungs-, Wartungs- und Reparaturprozessen erläutert.

Insgesamt haben die Diskussionen während der Laufzeit des Forschungsprojekts PIPE und nicht zuletzt bei der Zusammenstellung dieses Bandes verdeutlicht, dass das Themengebiet *Hybride Wertschöpfung* stärker als bisher eine interdiszi-

plinäre Ausrichtung erfordert. Konzepte der Betriebswirtschaftslehre (unter anderem Produktion, Dienstleistungsmanagement, Marketing), der Ingenieurwissenschaften (unter anderem Konstruktionslehre, Produktentwicklung) und der Wirtschaftsinformatik (unter anderem Modellierung, Dienstleistungsinformationssys-
teme, mobile Anwendungen) sind in ein gemeinsames Verständnis zur Gestaltung
hybrider Leistungsbündel einzuordnen. Wir hoffen, dass der Herausgeberband
hierzu einen nachhaltigen Beitrag leistet.

Osnabrück, Saarbrücken und Hamburg, im Winter 2009   Oliver Thomas
                                                              Peter Loos
                                                          Markus Nüttgens

Inhaltsübersicht

Inhaltsverzeichnis

**IT-Unterstützung von Instandhaltungs-, Wartungs- und Reparaturprozessen:
die Perspektive der SHK-Betriebe**
Carsten Metelmann **339**

Teil I:
Grundlagen und
Anwendungsszenarien

PIPE – Hybride Wertschöpfung im Maschinen- und Anlagenbau

Oliver Thomas, Philipp Walter, Peter Loos, Michael Schlicker
und Markus Nüttgens

PIPE behandelt die prozessorientierte Integration von Produktentwicklung und Servicedokumentation zur Unterstützung des technischen Kundendienstes (TKD) im Maschinen- und Anlagenbau, exemplarisch in der Branche Sanitär-, Heizungs- und Klimatechnik (SHK). Durch die mit der integrierten Betrachtung verbundene Gestaltung eines hybriden Produkts kann die Effizienz des Vorgehens in der Serviceerbringung mithilfe mobiler Anwendungssysteme erhöht werden. Die Entwicklung und Bereitstellung des hybriden Produkts bedingt dabei eine interdisziplinäre Sichtweise. In diesem Kapitel detailliert dargestellt werden die Problemstellung, der Lösungsansatz auf Basis hybrider Wertschöpfung, die Struktur des hybriden Produkts, die informationstechnische Konzeption sowie die Umsetzung der Serviceprozessmodellierung. Als Anwendungsfall dient die Fehlerdiagnose an einem Heizgerät zur Erwärmung von Wasser.[1]

1 Einleitung

1.1 Problemstellung

Der Maschinen- und Anlagenbau ist mit ca. 6.000 Unternehmen und ca. 862.000 Beschäftigten die größte Industriebranche Deutschlands (VDMA 2006). Dem gestiegenen Wettbewerbsdruck begegnen die Unternehmen – neben Rationalisierungs- und Differenzierungsmaßnahmen – vor allem durch Kundenbindung. Ein zentraler Aspekt der Hersteller von Maschinen und Anlagen ist hierbei die Ausweitung und Verbesserung ihres Serviceangebots speziell im technischen Kunden-

---

[1] Bei diesem Kapitel handelt es sich um eine überarbeitete Fassung des Konferenzbeitrags „Thomas O, Walter P, Loos P, Schlicker M, Nüttgens M (2007) Hybride Wertschöpfung im Maschinen- und Anlagenbau : Prozessorientierte Integration von Produktentwicklung und Servicedokumentation zur Unterstützung des technischen Kundendienstes. In Oberweis A et al. (Hrsg) eOrganisation: Service-, Prozess-, Market-Engineering, 8. Internationale Tagung Wirtschaftsinformatik, Karlsruhe, 28.02.–02.03.2007, Band 1. Karlsruhe, Universitätsverlag, 403–420".

O. Thomas et al. (eds.), *Hybride Wertschöpfung*,
DOI 10.1007/978-3-642-11855-5_1, © Springer-Verlag Berlin Heidelberg 2010

dienst (TKD), der Schnittstelle zwischen Herstellung und Nutzung der Produkte (Krooß 1966; LaLonde 1976; Czepiel 1980; Meffert 1982; Peel 1987; Muser 1988; Sterling und Lambert 1989; Teichmann 1994; Harms 1999; Breunig 2001; Harms 2003; Bolumole et al. 2006; Harris 2007). Hier agieren sowohl werkseigene Serviceorganisationen des Herstellers als auch ausgelagerte klein- und mittelständische Unternehmen und Handwerksbetriebe, welche die im Produktlebenszyklus anfallenden Inspektions-, Wartungs- und Instandhaltungsarbeiten ausführen (Willerding 1987).

Um die mit diesen Dienstleistungen verbundenen Aufgaben adäquat erfüllen zu können, muss ein TKD-Mitarbeiter mit dem richtigen Informations-Mix versorgt werden. Ein zentrales Problem ist hierbei die Beantwortung der Frage nach dem Umfang, Zeitpunkt und Verdichtungsgrad der entscheidungsrelevanten Informationen (Horstmann 1988; Hermes 1999; Bullinger et al. 2000; Sawy und Bowles 2003; Timm 2005). Aktuelle Ansätze zur Unterstützung des TKD scheitern oftmals an der gestiegenen Komplexität der Maschinen und dem hiermit verbundenen gestiegenen Bedarf zur Repräsentation der Serviceerbringungsprozesse. Die Folge sind fehlerhafte Inbetriebnahme-, Wartungs- und Reparaturarbeiten und daraus resultierend eine Verlängerung von Maschinenausfallzeiten, die letztlich in erhöhten Kosten für die Kunden und Marktanteilsverluste beim Hersteller münden.

1.2   Zielsetzung und Lösungsansatz

Dem zuvor beschriebenen Umstand wird in dem Projekt PIPE[2] durch die integrierte Entwicklung von physischem Produkt und servicerelevanten Informationsbausteinen sowie der Zusammenführung dieser beiden Produktionsfaktoren zu effizienten Serviceprozessen, die dem TKD mobil zur Verfügung gestellt werden, entgegengewirkt. Die zentrale These dieses Konzepts ist, dass durch die mit der integrierten Betrachtung verbundene Gestaltung eines neuen hybriden Produkts die Anforderungen des TKD an eine kundengerechte Inbetriebnahme, Instandhaltung, Wartung und Reparatur von Maschinen und Anlagen gewährleistet sowie die Effizienz des TKD erhöht werden können. Innovativ an diesem Ansatz ist, dass durch die frühzeitige Verzahnung von Produktentwicklung, Dokumentation, TKD, Prozessberatung und moderner Informations- und Kommunikationstechnologie ein hybrides Produkt entsteht, welches die Erstellung integrierter prozessorientierter Produkt- und Serviceinformationen beim Hersteller mit vertretbarem Aufwand ermöglicht. Serviceorganisationen, wie ein werkseigener Kundendienst oder der Kundendienst eines klein- und mittelständischen Handwerksbetriebs, können auf diese Informationen mobil zugreifen.

---

[2] Das Akronym PIPE steht für „Prozessorientierte Integration von Produktentwicklung und Servicedokumentation zur Unterstützung des technischen Kundendienstes". Das Verbundprojekt wird vom BMBF im Rahmen des Konzepts „Innovation mit Dienstleistungen" gefördert (Förderkennzeichen: 01FD0623).

1.3   Konkretisierung der Anwendungsdomäne

Zur Erzielung richtungweisender Forschungsergebnisse in Bezug auf Problemstellung, Zielsetzung und Lösungsansatz eignet sich der Wirtschaftszweig Sanitär-, Heizungs- und Klimatechnik (SHK) idealtypisch. Zum einen stellen die Hersteller dieser Branche technisch komplexe Produkte her, zum anderen wird der TKD zum größten Teil von den Handwerksbetrieben und Serviceorganisationen des SHK-Handwerks ausgeführt (Mosen 1987; Hoppe und Sander 1996) (vgl. Abb. 1).

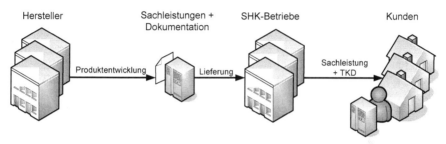

Abb. 1. Status quo der Wertschöpfungskette im SHK-Bereich

Die Instandhaltungsobjekte der SHK-Branche werden in sehr unterschiedlichen Ausprägungen gefertigt, sodass Instandhaltungsarbeiten an einfach aufgebauten Produkten, wie z. B. die Reparatur eines defekten Spülkastens, ebenso anfallen wie die Störungsbehebung innerhalb einer sehr komplexen Wärmeerzeugungs- und Verteilungsanlage (Billesberger 1997; Schlagnitweit und Wagner 2004; Westphal 2004; Bundesinstitut für Berufsbildung 2004).

Das Kapitel ist wie folgt organisiert: In Abschnitt 2 werden die zentralen Herausforderungen für den technischen Kundendienst im SHK-Bereich aus den Perspektiven der Hersteller, der Handwerksbetriebe sowie der Kundendiensttechniker erklärt. Anschließend wird in Abschnitt 3 ein Lösungsansatz vorgestellt, der geeignet ist, diesen Herausforderungen zu begegnen. Die Einsatzpotenziale des erarbeiteten Konzepts werden in Abschnitt 4 anhand eines realen Anwendungsfalls der Sanitär-, Heizungs- und Klimatechnik veranschaulicht. Eine Zusammenfassung der Ergebnisse und ein Ausblick in Abschnitt 5 schließen das Kapitel ab.

2   Kundendienstprozesse der Sanitär-, Heizungs- und Klimatechnik

2.1   Herausforderungen aus Sicht der Hersteller

Die Hersteller der SHK-Branche bedienen den Markt mit ihren Produkten überwiegend über die ca. 50.000 SHK-Fachbetriebe und deren ca. 300.000 Mitarbeiter. Der TKD wird dabei sowohl vom Werkskundendienst des Herstellers als auch durch vom Hersteller ausgewählte Servicepartner oder die SHK-Fachbetriebe der Branche ausgeführt (Mosen 1987; Willerding 1987; Hoppe und Sander 1996). Die Herausforderung für die Hersteller im Bereich des TKD besteht darin, den Kundendienstorganisationen das Reparatur- und Produktwissen zu vermitteln. Zu diesem Zweck werden TKD-Schulungen angeboten, telefonische Unterstützung in der Reparaturausführung über Callcenter eingerichtet und technische Unterlagen papierbasiert oder elektronisch, z.B. auf CD-ROM, zur Verfügung gestellt. Daraus ergibt sich für die Hersteller ein sehr hoher Aufwand bezüglich der Wissensvermittlung und -bereitstellung. So werden in manchen Betrieben in der technischen Beratung die Beraterplätze ständig aufgestockt, um der steigenden Nachfrage nach Reparaturinformationen begegnen zu können. Trotz dieser hohen Aufwendungen der Hersteller werden aber bei der Arbeitsausführung im TKD immer noch viele Fehler gemacht. Aufgrund fehlerhafter Wartungs- und Reparaturarbeiten entstehen dem Hersteller einerseits Kosten für zusätzliche Leistungen (z.B. Garantie, Gewährleistung oder Kulanz), die nicht auf den Kunden umgelegt werden können. Andererseits besteht für den Hersteller die Gefahr, dass er bei dauerhafter Kundenunzufriedenheit bedeutsame Marktanteile verliert.

2.2   Herausforderungen aus Sicht der SHK-Betriebe

Auch der SHK-Fachbetrieb muss sich von seinen Wettbewerbern abheben, vorhandene Kunden an sein Unternehmen binden und neue Kunden gewinnen (Breunig 2001; Ruhnke 2002; Bundesinstitut für Berufsbildung 2003; McQuiston 2005). Dies erfolgt heute stärker als in der Vergangenheit über den TKD. Die Herausforderung für den SHK-Betrieb im Bereich des TKD besteht darin, Produkte unterschiedlicher Hersteller zu bearbeiten und aus der Fülle der von den Herstellern angebotenen Informationsquellen die für eine bestimmte Reparatursituation richtigen Informationen herauszufiltern (Bunk 2004; Howell et al. 2005) (vgl. Abb. 1). Dabei ist es in der Praxis schwierig, unterschiedliche Gerätekenntnisse der Kundendiensttechniker auszugleichen, die Informationen in eine adäquate Reparaturhandlung umzusetzen und den Wissensverlust im Unternehmen durch das Ausscheiden erfahrener Mitarbeiter auszugleichen. In Analogie zur Argumentation aus der Perspektive der Hersteller ergeben sich auch für die SHK-Betriebe Kosten, die in der Regel aus zusätzlichen Kundendiensteinsätzen resultieren.

2.3   Herausforderungen aus Sicht der SHK-Kundendiensttechniker

Die Art der Arbeitsausführung hat sich von der funktionsorientierten Arbeitsteilung hin zur prozessorientierten Arbeitsausführung gewandelt. Dabei steht der gesamte Prozess des Kundenauftrags im Mittelpunkt der Betrachtung – dies gilt insbesondere im TKD. Der Kundendiensttechniker erbringt die Leistungen überwiegend im „Alleingang" vor Ort. Er ist verantwortlich für die korrekte Arbeitsverrichtung, das Identifizieren der benötigten Ersatzteile und die Ersatzteilbeschaffung. Die erfolgreiche Ausführung eines Reparaturauftrags – und damit auch der wirtschaftliche Erfolg des ausführenden SHK-Unternehmens – werden dabei wesentlich von der Effektivität und Effizienz seiner Arbeitsausführung bestimmt. Das Problem für den Kundendiensttechniker liegt vor allem in der hohen Anzahl der zu betreuenden Hersteller und Produkte. Die hieraus resultierende Komplexität der Aufgaben im TKD ist selbst für erfahrene Kundendiensttechniker kaum zu bewältigen. Daher wächst die Bedeutung der Identifizierung und optimalen Gestaltung der Serviceprozesse und der Unterstützung im TKD durch mobile, internetbasierte Informationssysteme, über die ein Kundendiensttechniker zu jeder Zeit und an jedem Ort auf aktuelle Serviceinformationen zugreifen kann (Lehner 2003; Höpfner und Saake 2004; Kirste und Fachgruppe Mobilität und Mobile Informationssysteme 2006; Isaac und Leclercq 2006).

3 Hybride Wertschöpfung als Innovationsmotor

3.1 Strategischer Lösungsansatz

Leitgedanke des Forschungsprojekts PIPE ist eine Effizienzsteigerung des TKD im Maschinen- und Anlagenbau. Dazu wurde auf Basis der integrierten prozessorientierten Betrachtung von Produktentwicklung und Servicedokumentation eine Methodik zur Entwicklung hybrider Produkte gestaltet und ein solches hybrides Produkt am Beispiel der SHK-Branche prototypisch umgesetzt. Die Forschungsergebnisse sind generell auf die Branche des Maschinen- und Anlagenbaus anwendbar und ermöglichen sowohl die „Hybridisierung" bestehender als auch zukünftig zu entwickelnder technischer Erzeugnisse.

Bei der materiellen Komponente des hybriden Produkts handelt es sich um ein technisches Erzeugnis des Maschinen- und Anlagenbaus sowie dessen Dokumentation. Diese bestehende oder zukünftig zu entwickelnde technische Anlage wird zu einem hybriden Produkt aufgewertet, indem Dienstleistungen zur Entwicklung, Bereitstellung, Anwendung und Überarbeitung integrierter Serviceprozessbeschreibungen konzipiert werden, die so den kompletten Lebenszyklus der Serviceprozessdokumentation abdecken. Darüber hinaus soll ein Informationssystem die effiziente Erhebung und Modellierung relevanter Serviceinformationen beim Hersteller ermöglichen. Serviceorganisationen sollen auf die durch das System bereitgestellten Serviceinformationen mobil zugreifen können. Zwei wesentliche Implikationen des skizzierten Lösungsansatzes sind:

Durch die mit der integrierten Betrachtung verbundene Gestaltung eines hybriden Produkts können die Anforderungen des TKD an eine kundengerechte Inbetriebnahme, Instandhaltung, Wartung und Reparatur von Maschinen und Anlagen gewährleistet sowie die Effizienz des Vorgehens im TKD erhöht werden. Aufgrund der frühzeitigen Verzahnung von Produktentwicklung, Dokumentation, TKD, Prozessberatung und moderner Informationstechnologie entstehen hybride Produkte, welche den Lebenszyklus integrierter prozessorientierter Produkt- und

Serviceinformationen beim Hersteller erstmals mit vertretbarem Aufwand abbilden.

Insgesamt ergibt sich damit im Projekt PIPE das in Abb. 2 dargestellte Szenario zur hybriden Wertschöpfung im Maschinen- und Anlagenbau, welches als Erweiterung des Status quo der Wertschöpfungskette im SHK-Bereich (vgl. nochmals Abb. 1) zu verstehen ist.

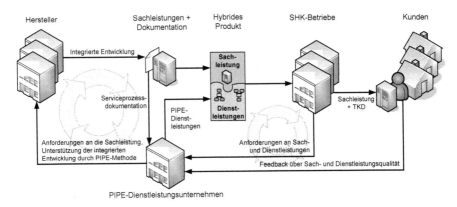

Abb. 2. Hybride Wertschöpfung mit dem PIPE-Konzept

Es bestehen *zwei* Kreisläufe, die zur kontinuierlichen Verbesserung des hybriden Produkts und damit erstens zur Verbesserung der Produktentwicklung seitens der Hersteller und zweitens zur Verbesserung des Dienstleistungsangebots seitens der SHK-Betriebe beitragen (vgl. Abb. 2). Der erste Kreislauf besteht zwischen dem Gestaltungsprozess des neuen hybriden Produkts durch den PIPE-Dienstleister[3] und den beiden Feedbackprozessen, die von den SHK-Betrieben ausgehen (vgl. Abb. 2, rechts). Das Feedback bezieht sich einerseits auf die Anforderungen der SHK-Betriebe an die Komponenten des hybriden Produkts und andererseits auf die Beurteilung der tatsächlich durch die SHK-Betriebe unter Verwendung des hybriden Produkts erbrachten Qualität der Komponenten, die ergänzend durch die Endkunden zu beurteilen ist.

Der zweite Kreislauf besteht zwischen den Herstellern und dem PIPE-Dienstleistungsunternehmen, an das die Hersteller technische Dokumentationen sowie die grundlegenden Informationen über die Serviceprozesse weiterleiten (vgl. Abb. 2, links). In der Gegenrichtung gibt der PIPE-Dienstleister erstens das Feedback der SHK-Betriebe an die Hersteller weiter und unterstützt zweitens die herstellerseitige Produktentwicklung durch die PIPE-Methodik. Im Ergebnis liegt eine prozessorientierte Integration von Produktentwicklung und Servicedokumentation vor, die zur Verbesserung des TKD im Maschinen- und Anlagenbau dienen kann.

---

3   Die Darstellung des Geschäftsmodells des Dienstleistungsunternehmens, das die Dienstleistung anbietet, welche eine technische Anlage zum hybriden Produkt aufwertet, ist Gegenstand des Beitrags von Schlicker, Thomas und Johann, S. 314 ff.

3.2   Struktur des hybriden Produkts

Im Wesentlichen besteht das zu gestaltende hybride Produkt neben der materiellen Komponente (z. B. Heizungsanlage) aus mehreren Dienstleistungskomponenten. Diese sind, wie in Abb. 3 gezeigt, thematisch um die Servicedokumentation zentriert und in vier Bereiche gegliedert.

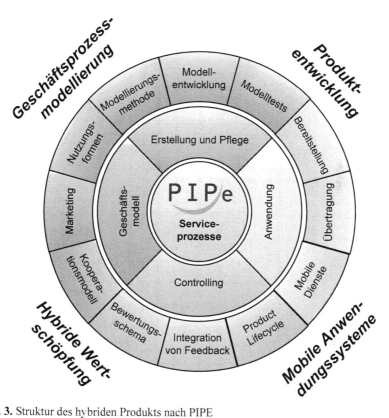

Abb. 3. Struktur des hybriden Produkts nach PIPE

Der erste Bereich umfasst alle mit der Serviceprozessmodellierung verbundenen Dienstleistungen: die Entwicklung einer Modellierungsmethode, die Erstellung der eigentlichen Serviceprozessmodelle nach dieser Methode sowie Tests zur Qualitätssicherung der Modelle.

Der zweite Bereich fokussiert die Anwendung der Serviceprozessmodelle, insbesondere die mobile Anwendung und damit die Bereitstellung mobiler Dienste im TKD-Bereich. Dazu zählt zunächst deren Bereitstellung für den Online-Zugriff via Netzwerk sowie den Offline-Zugriff über eine „Stand Alone"-Anwendung auf CD-ROM. Die Übertragung der Serviceprozessmodelle umfasst neben deren Transport auch eine geeignete Konvertierung – die Darstellung auf einem PDA erfordert z. B. eine stärkere Informationsreduktion als auf einem Desktop-PC.

Der dritte Bereich umfasst das Controlling der Serviceprozesse mit den Zielen, Optimierungspotenziale bei den Serviceprozessen aufzudecken und konstruktionsbedingte Schwachstellen in der technischen Anlage selbst zu identifizieren (ein Indiz für eine solche Schwachstelle ist z.B. eine Häufung von Reparaturen an einer bestimmten Baugruppe). Grundlage für das Controlling ist ein Bewertungsschema, das dem TKD-Mitarbeiter ein strukturiertes Feedback ermöglicht, das in den Produktlebenszyklus der Anlage und in den Prozesslebenszyklus des Serviceprozesses integriert werden kann.

Der vierte Bereich adressiert die wirtschaftliche Nutzung der Serviceprozesse, indem ein Geschäftsmodell mit mehreren Komponenten entwickelt und gepflegt wird. Sein Kern ist ein Kooperationsmodell, das die wirtschaftliche Interaktion der beteiligten Parteien (z.B. Hersteller, Anwender, Modellierer, Portalbetreiber) skizziert und dabei ihren wirtschaftlichen Interessen Rechnung trägt. Weitere Komponenten sind die Identifikation von und die Anpassung an neue Nutzungsformen für die Serviceprozessmodelle (z.B. der Einsatz im Rahmen von Schulungen) sowie die Bereitstellung von Werkzeugen für das Marketing.

Dieser hybride Lösungsansatz verdeutlicht, dass das Projekt PIPE stark interdisziplinär angelegt ist und unterschiedliche Themenfelder auf innovative Weise miteinander verbindet, wie in Abb. 3 exemplarisch dargestellt. Die Geschäftsprozessmodellierung fungiert als methodische Grundlage der Serviceprozessmodellierung. Die technische Produktentwicklung stellt die inhaltliche Grundlage der Serviceprozessmodelle dar. Das Forschungsfeld mobiler Anwendungssysteme ist eng mit der mobilen Anwendung und dem Controlling der Serviceprozessmodelle durch den TKD vor Ort verbunden. Das Schema der hybriden Wertschöpfung schlägt sich besonders in der Verzahnung von Produkt- und Serviceprozesslebenszyklus nieder.

3.3   Informationstechnische Konzeption

Basis der Nutzung der Prozessmodellierung für mobile Anwendungssysteme im technischen Kundendienst ist die in Abb. 4 dargestellte PIPE-Systemarchitektur. Sie unterstützt die Erstellung, Bereitstellung und das Controlling der immateriellen Leistungen im hybriden Produkt.

Im Mittelpunkt des hybriden Produkts stehen die mit den Serviceprozessmodellen verbundenen Dienstleistungen der Erstellung und Pflege, der Anwendung und des Controllings. Kern der Architektur bildet daher ein Repository für Serviceprozessbeschreibungen und Verknüpfungen zu damit zusammenhängenden Stammdaten (z.B. Kunden, Geräte, Teile) sowie für technische Dokumentationen, die im Allgemeinen in unstrukturierter Form vorliegen (z.B. in Form von PDF-Dateien). Das Repository vereinigt die heterogenen Datenquellen unter einer prozessorientierten Sicht und bildet so die datentechnische Grundlage der in Abschnitt 3.2 umrissenen Leistungen.

Um das Repository herum sind weitere Komponenten angesiedelt, welche die Durchführung der PIPE-Dienstleistungen unterstützen. Erstellung und Pflege der

Modelle im Repository sind dezentral über eine Client-Server-Modellierungsan-
wendung realisiert, bei der auch mehrere Modellierer gleichzeitig über ihren jeweiligen Client auf einen zentralen Modellierungsserver zugreifen können. Der
Modellierungsserver unterstützt dabei die Nebenläufigkeit der verschiedenen Mo-
dellierungsprozesse, indem etwa simultane Zugriffe auf unteilbare Ressourcen
durch Sperren und Freigeben gesteuert werden. Über das Modellierungssystem
wird ebenfalls die Einbindung technischer Dokumente in die Modelle gesteuert.

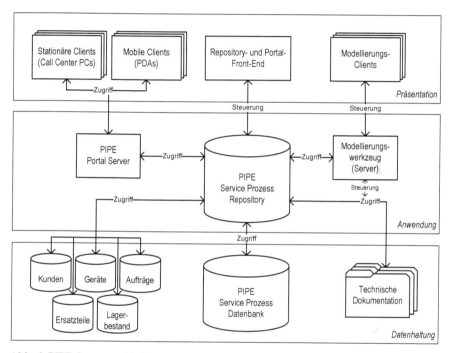

Abb. 4. PIPE-Systemarchitektur

Anwendung und Controlling werden über einen Portalserver unterstützt, auf
den die verschiedenen Clients, mobile oder stationäre, zugreifen. Der Portalserver
übernimmt dabei die Kommunikation mit den Clients in zwei Richtungen. In der
Richtung vom Repository zum Client ist im Portalserver zunächst der Auswahl-
mechanismus implementiert, über den ein Client ein Serviceprozessmodell suchen
und selektieren kann. Im nächsten Schritt wird das gewählte Modell vom Portalserver entsprechend den Anforderungen des Clients konvertiert und zum Client
transportiert. Auf dem Client wird der Serviceprozess dann visualisiert und interaktiv unterstützt. In der Rückrichtung vom Client zum Repository nimmt der Portalserver Controllingdaten vom Client entgegen und integriert sie in das Repository. Das Repository und der Portalserver werden über ein integriertes Front-End
konfiguriert und gesteuert.

Betreiber des Portals ist das PIPE-Dienstleistungsunternehmen. Somit steht die IT-Architektur in Verbindung mit beiden in Abb. 2 gezeigten Kreisläufen. Der rechte Kreislauf, d.h. die kontinuierlichen Verbesserung der Serviceprozesse, wird hierbei durch die Benutzung der Serviceprozessmodelle und das anschließende Feedback der Benutzer angestoßen, die mit dem PIPE-Portalserver in Kontakt stehen, über den sie Modelle abrufen und Feedback zurücksenden. Das Benutzerfeedback bildet die Schnittstelle zum Modellierer, der die Serviceprozesse mit dem Modellierungswerkzeug auf Basis des Inputs verbessert. Gespeichert werden die Feedback-Informationen zusammen mit den Serviceprozessmodellen im Repository, das aus IT-Perspektive den Schnittpunkt zwischen beiden Kreisläufen darstellt, denn der linke Kreislauf, die Weiterentwicklung des technischen Produkts, wird ebenfalls durch Benutzerfeedback aus dem Repository angestoßen. Bei dem Feedback muss es sich nicht zwangsläufig um dedizierte Bewertungen des Benutzers handeln – eine Analyse der Häufigkeit bestimmter Fehler oder die Verteilung der Fehlerzahl über die Baugruppen eines Gerätes können schon die Notwendigkeit einer konstruktionstechnischen Überarbeitung anzeigen. Aus diesen Informationen kann das PIPE-Dienstleistungsunternehmen Anforderungen an die Sachleistung ableiten und dem Hersteller zur Verfügung stellen. Nach Verbesserung der Sachleistung schließt sich der linke Kreislauf dann mit der Einarbeitung der Änderungen in die Serviceprozessmodelle. Neben aktualisierten Dokumentationen zur Sachleistung, die im Repository abgelegt werden, müssen ggf. auch Serviceprozessmodelle mit Hilfe des Modellierungswerkzeugs angepasst werden.

3.4   Implementierung und Umsetzung

Dieser Abschnitt behandelt die technische Umsetzung der bisher vorgestellten Konzepte. Dabei findet eine Fokussierung auf die Serviceprozesse statt, die den Kern des hybriden Lösungsansatzes und damit auch der Systemarchitektur bilden. Im Folgenden sollen die Strukturierung der Serviceprozesse und ihre Einordnung in das Gesamtkonzept im Vordergrund stehen.

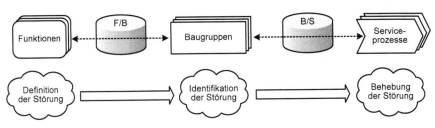

Abb. 5. Modellierung technischer Anlagen mit Funktionen und Serviceprozessen

Kernidee der Serviceprozessmodellierung, die dem PIPE-Ansatz zugrunde liegt, ist die Unterscheidung von Funktion, Aufbau und Serviceprozessen technischer Anlagen. Sowohl die Funktionen als auch die Serviceprozesse einer techni-

schen Anlage sind unmittelbar mit ihrem Aufbau verknüpft. Abb. 5 zeigt, wie dieser Zusammenhang in PIPE abgebildet und genutzt wird, indem auf Basis der
Funktionsstruktur die Störung definiert wird, die für die Funktionserfüllung relevanten Baugruppen identifiziert und entsprechende Serviceprozesse vorgeschlagen
werden.

3.4.1   Funktionen

Die Modellierung der Funktionen einer technischen Anlage ist die Grundlage für
die Definition einer Störung, die als „Ausfall einer Funktion" definiert wird. Im
Gegensatz zu Definitionen möglicher Störungen sind die Funktionen einer technischen Anlage im Allgemeinen aufzählbar und – wie im nächsten Abschnitt ausführlich dargestellt – technischen Baugruppen zuordenbar, die letztendlich die Be-
zugspunkte für die Arbeit des TKD sind.

Die Modellierung der Funktion technischer Anlagen in ablauflogischer Form
als Prozess wäre nicht zielführend – die Verortung einer Funktionsstörung im Pro-
zessablauf der Anlage kann zwar ggf. bei der Organisation der Diagnoseschritte
helfen („von vorne nach hinten an der Wasserleitung entlang"), für die Störungs-
definition ist diese jedoch nicht relevant.[4] Sinnvoller ist eine Gliederung von
Funktionen und eine Zuordnung ihrer jeweiligen Teilfunktionen, wie sie in Abb. 6
dargestellt ist. Sie ermöglicht es, Störungen effizient zu lokalisieren. So kann von
der allgemeinen Störung der Funktion „Wasser erhitzen" die Störung auf die Teil-
funktion „Brenner betreiben" und „Heizöl verbrennen" eingegrenzt werden. Dies
ermöglicht einen effizienten Einstieg in die Störungsdiagnose durch die Vorgabe
weniger, klar abgegrenzter Alternativen, die zudem einfach zu verifizieren sind
(„verminderte Heizleistung", „Rauchentwicklung").

3.4.2   Baugruppen

Der funktionalen Gliederung gegenüber steht die technische Gliederung der Anlage in verschiedene Baugruppen (vgl. Abb. 6, rechts). Sie ergibt sich aus der technischen Produktentwicklung, bei der zunächst einfache Bauteile hergestellt und
dann in mehreren Stufen zu komplexeren Baugruppen zusammengesetzt werden.[5]

Die Verknüpfung von Baugruppen mit Funktionen erfolgt auf Grundlage der
technischen Aufgabenteilung – eine Baugruppe wird den Funktionen zugeordnet,
für deren Erfüllung sie notwendig ist. Ziel ist dabei die Identifikation von Baugruppen, die für eine Störung als Ursache in Frage kommen. Daraus ergibt sich eine m:n-Beziehung zwischen Baugruppen und Funktionen. In Abb. 6 sind die m:n-

---

[4]   Die Organisation der Diagnoseschritte wird dem Nutzer später vom PIPE-System emp-
      fohlen, z. B. auf der Basis von empirisch ermittelten Ausfallhäufigkeiten der einzelnen
      Funktionen oder dem jeweiligen Diagnoseaufwand.

[5]   Bei der industriellen Herstellung kann die technische Gliederung des Produkts als gege-
      ben vorausgesetzt werden, da über die entsprechenden Stücklisten beispielsweise auch
      die Materialdisposition erfolgt.

Relationen zwischen Funktionen und Baugruppen der Übersichtlichkeit halber vereinfacht als 1:1-Relationen abgebildet. Weiterhin wurde eine Baumstruktur zur Gliederung der Funktionen und Baugruppen verwendet. Hier sind auch andere Ansätze denkbar, z. B. m:n-Relationen zwischen den Funktionen bzw. zwischen den Baugruppen.

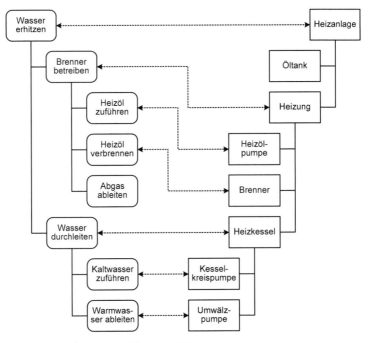

Abb. 6. Relationen zwischen Funktionen und Baugruppen

3.4.3   Serviceprozesse

Ziel der Störungsdiagnose ist die Störungsbehebung, die durch die Durchführung von Serviceprozessen auf den Baugruppen der technischen Anlage erreicht wird. Dies wird durch eine Verknüpfung von Serviceprozessen mit Baugruppen auf unterschiedlichen Detaillierungsebenen ermöglicht (vgl. Abb. 7). Durch die Zusammensetzung mehrerer Baugruppen ergeben sich Funktionen, die über die Summe der Einzelfunktionen der Baugruppen hinausgehen – eine Heizung kann z. B. Wasser erhitzen, was keine ihrer Baugruppen alleine vermag. Analog ergeben sich bei der Assemblierung von Baugruppen neue Serviceprozesse, welche die Zusammenwirkung der einzelnen Komponenten betreffen. Daher ist auch hier eine hierarchische Anordnung von Serviceprozessen und Teilprozessen vorgesehen, wie sie z. B. bei Scheer und Thomas (2005) erläutert wird. Die Zusammensetzung einer Baugruppe führt so nicht nur zur Übernahme der Prozesse ihrer Komponenten, sondern macht auch die Ergänzung um neu hinzugekommene Prozesse möglich.

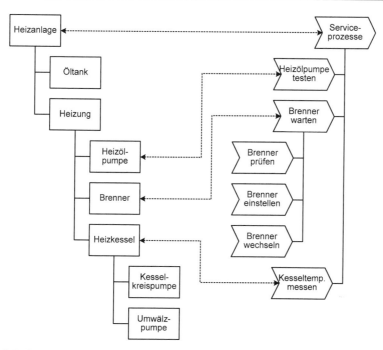

Abb. 7. Relationen zwischen Baugruppen und Serviceprozessen

Sind über die oben beschriebene Funktionsgliederung Baugruppen als mögliche Träger der Störung identifiziert, können über die Verknüpfung mit den Serviceprozessen Maßnahmen zur Behebung der Störung gewählt und durchgeführt werden. Dabei wird auch die Baugruppen-Prozess-Verknüpfung als m:n-Relation abgebildet; das Vorhandensein mehrerer Serviceprozesse für eine Baugruppe (1:n) ist offensichtlich, aber auch umgekehrt kann ein generischer Serviceprozess („Strom abschalten") auf mehrere Baugruppen (m:1) anwendbar sein.

4   Anwendungsszenario „Warmwasser wird nicht warm"

4.1   Generelle Beschreibung

Der dargestellte Lösungsansatz soll durch ein realistisches mobiles Anwendungsszenario exemplarisch veranschaulicht werden. Dieses Szenario beschreibt einen Fehlerfall mit einem Heizgerät zur Erwärmung von Wasser, das der Kundendiensttechniker beim Kunden vor Ort defekt vorfindet. Ausgangspunkt des Szenarios ist der Fehler „Warmwasser wird nicht warm", d.h. es ist eine Störung an dem Gerät eingetreten, die seine Funktion beeinträchtigt, sodass das Wasser im Gerät nicht mehr wie vorgesehen erhitzt wird. Die Bearbeitung dieses Reparaturprozesses stellt hohe Anforderungen an den TKD, da nahezu jedes Bauteil der Heizungsanlage als Ursache für den Fehler in Frage kommt. Folglich ist dieses Szenario ideal geeignet, die grundsätzliche Machbarkeit des dargestellten Lösungsansatzes zu demonstrieren.

4.2 Vorbereitung der Störungsbehebung

Zur Vorbereitung der Störungsbehebung muss der Hersteller zunächst für den Typ des defekten Geräts die notwendigen Serviceprozessinformationen verfügbar machen. Zu den Serviceinformationen gehören die Funktions-, Produkt- und Serviceprozessstruktur sowie die Serviceprozessmodelle, die mit den relevanten technischen Unterlagen zu verknüpfen sind. Im Rahmen dieses Szenarios ergibt sich ein Serviceprozess, wie er in Abb. 8, 9 und 10 dargestellt ist. Das Prozessmodell „Fehlerbehebung Warmwasser wird nicht warm", dessen grundlegende Strukturen an Schlicker (2004) angelehnt sind, ist aus Gründen der Übersichtlichkeit in drei Ausschnitten dargestellt. Zur Repräsentation des Serviceprozesses ist die EPK verwendet worden. Die Verknüpfungen zwischen den Modellen sind mittels Prozesswegweisern realisiert, die im erweiterten Sprachumfang der EPK enthalten sind. Auf die Desaggregation aller Funktionsverfeinerungen des Gesamtmodells wird aus Vereinfachungsgründen verzichtet. Sie sind an den entsprechenden EPK-Funktionen durch das Symbol „⚏" angedeutet.

Das Gesamtmodell enthält auf der obersten Hierarchiestufe 28 Funktionen. Die drei Abbildungen zeigen aus Platzgründen lediglich einen Ausschnitt des Modells. Basis der Modellkonstruktion ist die Identifikation derjenigen Bauteile des Heizgeräts, die als Ursache für den Fehler „Warmwasser wird nicht warm" in Frage kommen. Hierbei wurden acht Bauteile ermittelt (Wasserschalter, Mikroschalter, Leiterplatte, Hydraulikschalter, Warmwasser-NTC, Kabelbaum/Leiterplatte zu NTC, Gasarmatur und Wärmetauscher) und in Abhängigkeit ihrer Bearbeitungsreihenfolge zur Fehlerbehebung geordnet. Jedes der Bauteile wurde auf Prüf- sowie Tausch- und Prüffunktionen abgebildet. Der Reparaturprozess ist um Funktionen zur Erhebung allgemeiner Geräte- und Anlagendaten ergänzt, die sich z.B. auf das Erfassen der Warmwasserauslaufmenge oder das Prüfen des Gasanschlussfließdrucks beziehen.

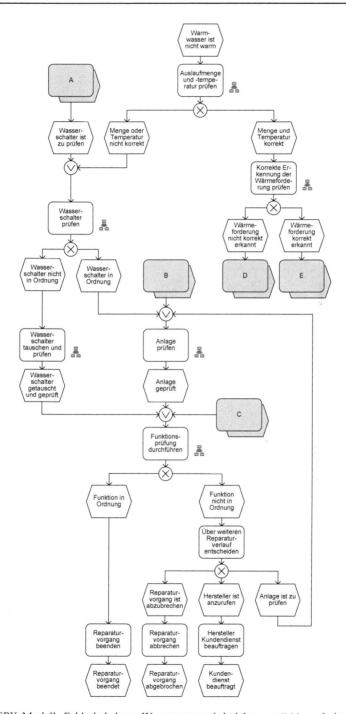

Abb. 8. EPK-Modell „Fehlerbehebung Warmwasser wird nicht warm" (Ausschnitt 1)

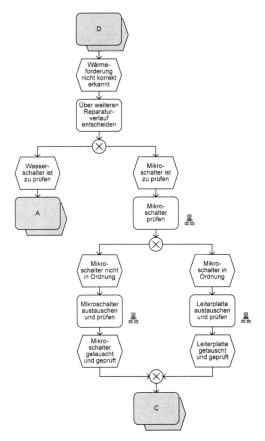

Abb. 9. EPK-Modell „Fehlerbehebung Warmwasser wird nicht warm" (Ausschnitt 2)

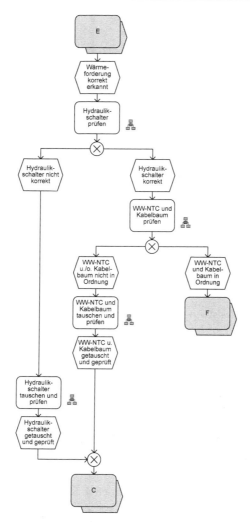

Abb. 10. EPK-Modell „Fehlerbehebung Warmwasser wird nicht warm" (Ausschnitt 3)

4.3 Durchführung der Störungsbehebung

Leitmotiv des Projekts PIPE ist es, den TKD zu befähigen, schnell und effizient die geschilderte Störung zu beheben. Dazu erhält der Kundendiensttechniker ein mobiles Endgerät (PDA, Notebook), mit dem er über den PIPE-Portalserver auf das Serviceprozess-Repository zugreifen kann (vgl. Abb. 9). Die Störungsbehebung erfolgt in zwei Phasen: Identifikation des Geräts sowie Diagnose und Behebung der Störung.

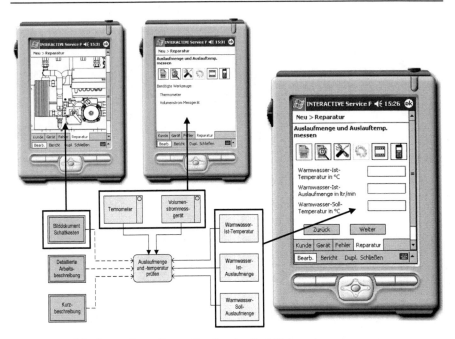

Abb. 11. Mobile Anwendung „Interactive Service Portal"

4.3.1   Identifikation des defekten Geräts

Als ersten Schritt der Fehlerbehebung identifiziert der Kundendiensttechniker das defekte Gerät. Dies kann mobil vor Ort erfolgen, da zur Vorbereitung des TKD-Einsatzes keine gerätespezifischen Unterlagen mitgeführt werden müssen. Durch den Online-Zugriff auf das PIPE-Repository steht dem TKD eine Bibliothek an Serviceinformationen zur Verfügung. Somit entfällt die zeitraubende Identifizierung des Geräts durch den Kunden via Telefon oder durch den SHK-Betrieb auf Basis alter Rechnungen und es müssen keine Serviceunterlagen in Papierform mehr verwaltet, gesucht und transportiert werden. Der Gerätetyp wird nach der Identifikation in den Kontext des Dialogs mit dem PIPE-Server aufgenommen, sodass bei allen nachfolgenden Operationen des TKD nur die für das Gerät relevanten Serviceinformationen sichtbar sind.

4.3.2   Diagnose und Behebung der Störung

Nach der Identifikation des Gerätes steht dessen Produkt-, Funktions- und Serviceprozessstruktur dem Kundendiensttechniker über sein mobiles Endgerät zur Verfügung (vgl. Abb. 9). Nun beginnt der Störungsdiagnoseprozess, wie er zuvor beschrieben wurde: Auf Basis der ausgefallenen Funktion werden zunächst die Bauteile des Heizgerätes identifiziert, die für den gewählten Fehler in Frage kommen (zum Prozess vgl. Abb. 8, 9 und 10). Die Reihenfolge der Diagnoseschritte kann

z. B. durch eine empirische Analyse von Ausfallwahrscheinlichkeiten oder durch Aufwandsschätzungen für die Diagnoseschritte dynamisch bestimmt werden. Dabei ist auch die Möglichkeit für den Kundendiensttechniker vorgesehen, den vorgeschlagenen Diagnoseweg zu verlassen. Das kann z. B. notwendig sein, falls eine Störung im System nicht eindeutig abgebildet wird oder fehlt. In diesem Fall stehen zwar keine Serviceprozessmodelle zur Verfügung, technische Dokumente können aber dennoch für die einzelnen Baugruppen abgerufen werden.

4.4   Nachbereitung der Störungsbehebung

Nach der Behebung einer Störung ist eine Bewertung der IT-Unterstützung durch den Kundendiensttechniker vorgesehen. Die gewonnenen Feedback-Informationen werden über den PIPE-Portalserver wieder in das Repository integriert, z. B. durch kontinuierliche Pflege von Metadaten der Serviceprozessmodelle. Der Hersteller kann die aggregierten Feedback-Informationen zu seinen Geräten bspw. zur Verbesserung seiner Serviceprozesse, aber auch der Geräte selbst heranziehen. Ist etwa die Ausfallwahrscheinlichkeit einer bestimmten Baugruppe signifikant hoch, kann eine Änderungskonstruktion in Betracht gezogen werden.

5   Zusammenfassung der Ergebnisse und Ausblick

Der technische Kundendienst im Maschinen- und Anlagenbau steht vor der Herausforderung, seine Serviceleistungen bei stetig steigender Komplexität der technischen Produkte effizient erbringen zu müssen. Im Zentrum des hier vorgestellten Lösungsansatzes stehen Modelle zur effizienten Beschreibung von Serviceprozessen, die mobil kommuniziert werden können. Diese IT-Unterstützung durch mobile Anwendungssysteme ermöglicht es dem technischen Kundendienst, Servicewissen strukturiert vorzuhalten und kontinuierlich zu verbessern. Zur Realisierung des Konzepts ist eine Vielzahl von Technologien und Dienstleistungen notwendig, die zum Teil eng miteinander verwoben sind. Daher wurde ein Lösungsansatz durch hybride Wertschöpfung gewählt, in dessen Mittelpunkt ein hybrides Produkt rund um die Serviceinformationen steht. Aus technologischer Sicht wurden eine Systemarchitektur präsentiert, die für die Realisierung des Konzepts geeignet ist, sowie eine Struktur zur Modellierung von Serviceinformationen. Diese einzelnen Punkte wurden anhand eines mobilen Anwendungsszenarios illustriert.

Die Frage, ob es sich bei einer Problemlösung um eine Sachleistung, eine Dienstleistung oder um eine Kombination handelt, wird zukünftig von Seiten eines Kunden immer schwieriger zu beantworten sein und in ihrer Bedeutung in den Hintergrund rücken – die Grenzen zwischen Sach- und Dienstleistung verschwimmen. Für die Wirtschaftsinformatik besteht daher auch in Zukunft eine zentrale Herausforderung darin, die hybride Wertschöpfung durch die Gestaltung adäquater Informationssysteme zu unterstützen.

6   Literatur

Billesberger UB (1997) Praxisanleitung zur Stärken-Schwächen-Analyse im Sanitär-, Heizungs- und Klimatechnik-Handwerk. München, IHW (IHW-Studien und -Berichte)

Bolumole YA, Knemeyer AM, Lambert DM (2006) The customer service management process. Sarasota, Fla., Supply Chain Management Institute

Breunig L (2001) Technischer Kundendienst : Kunden gewinnen und halten mit aktiven Servicestrategien. Augsburg, WEKA, Fachverl. für techn. Führungskräfte

Bullinger H-J, Schuster E, Gudszend T (Hrsg) (2000) Optimale Informationsunterstützung für den Technischen Kundendienst : Entwicklungen und Anwendungen im Service des Maschinen- und Anlagebaus ; Forum mit Fachausstellung am 21. März 2000. Stuttgart, Fraunhofer Institut Arbeitswirtschaft und Organisation

Bundesinstitut für Berufsbildung (Hrsg) (2003) Ein Kundenauftrag im SHK-Handwerk : in der Praxis ; mit Handlungshilfen. Konstanz, Christiani, Technisches Inst. für Aus- und Weiterbildung

Bundesinstitut für Berufsbildung (Hrsg) (2004) Anlagenmechaniker/-in für Sanitär-, Heizungs- und Klimatechnik – ein neuer Name oder mehr? Neuordnung. Bielefeld, Bertelsmann

Bunk HD (2004) Evaluation als eine Methode der kontrollierten Zielerreichung für Qualifizierungsmaßnahmen im SHK-Handwerk. Aachen, Shaker

Czepiel JA (1980) Managing customer satisfaction in consumer service businesses. Cambridge, Mass., Marketing Science Institute (Report No. 80,109)

Harms V (1999) Kundendienstmanagement : Dienstleistung, Kundendienst, Servicestrukturen und Serviceprodukte ; Aufgabenbereiche und Organisation des Kundendienstes. Herne, Verl. Neue Wirtschafts-Briefe

Harms V (2003) Produktbegleitende Dienstleistungen/Kundendienst. In Pepels W (Hrsg) Betriebswirtschaft der Dienstleistungen: Handbuch für Studium und Praxis. Herne, Verlag Neue Wirtschafts-Briefe, 129–157

Harris EK (2007) Customer service : a practical approach. 4. Aufl, Upper Saddle River, NJ, Pearson Prentice Hall

Hermes P (1999) Entwicklung eines Customer-Self-Service-Systems im technischen Kundendienst des Maschinenbaus. Heimsheim, Jost-Jetter

Höpfner H, Saake G (Hrsg) (2004) Beitragsband zum Workshop „Grundlagen und Anwendungen mobiler Informationstechnologie" des GI-Arbeitskreises Mobile Datenbanken und Informationssysteme, Heidelberg, 23.–24. März 2004. Magdeburg, Univ., Fak. für Informatik

Hoppe M, Sander M (1996) SHK – eine Branche im Wandel. Sanitär + Heizungstechnik 61(3):38–46

Horstmann G (1988) Entwicklung eines Informationssystems für den Kundendienst an medizinisch-technischen Geräten : Rechnungsauswertung und Ersatzteilüberwachung. Diplomarbeit WS 1987/88.

Howell RH, Sauer HJ, Coad WJ (2005) Principles of heating ventilating and air conditioning. Atlanta, Ga, American Society of Heating, Refrigerating and Air Conditioning Engineers

Isaac H, Leclercq A (2006) Give me a mobile phone, and I will work harder! Assessing the value of mobile technologies in organizations : an exploratory research. In International Conference on Mobile Business : ICMB 2006. Los Alamitos, Calif., IEEE Computer Society, 18 ff.

Kirste T, Fachgruppe Mobilität und Mobile Informationssysteme (Hrsg) (2006) Mobile Informationssysteme – Potentiale, Hindernisse, Einsatz : 1. Fachtagung Mobilität und Mobile Informationssysteme (MMS), 20.–22. Februar 2006, Passau, Germany ; im Rahmen der MKWI. Bonn, Gesellschaft für Informatik

Krooß R (1966) Der technische Kundendienst als Instrument der Absatzpolitik. Nürnberg, Spindler (Marktwirtschaft und Verbrauch; 21)

LaLonde BJ (1976) Customer service: meaning and measurement. Chicago, Ill., National Council of Physical Distribution Management

Lehner F (2003) Mobile und drahtlose Informationssysteme : Technologien, Anwendungen, Märkte. Berlin, Springer

McQuiston FC (2005) Heating, ventilating, and air conditioning: analysis and design. 6. Aufl, Hoboken, NJ, John Wiley & Sons

Meffert H (Hrsg) (1982) Kundendienst-Management : Entwicklungsstand und Entscheidungsprobleme der Kundendienstpolitik. Frankfurt a. M., Lang

Mosen K (1987) Marktgerechte Unternehmensführung im Handwerk : dargestellt am Beispiel der Sanitär-, Heizungs- und Klimatechnik-Branche. Stuttgart, Gentner

Muser V (1988) Der integrative Kundendienst : Grundlagen für ein marketingorientiertes Kundendienstmanagement. Augsburg, FGM-Verl. (Schwerpunkt Marketing)

Peel M (1987) Customer service : how to achieve total customer satisfaction. London, Kogan Page

Ruhnke A (2002) Marketingkonzeption für ein mittelständisches Fachgroßhandelsunternehmen der SHK-Branche. Fachhochschule Stralsund, Dipl.-Arb.

Sawy OAE, Bowles G (2003) Information technology and customer service. Oxford, Butterworth-Heineman

Scheer A-W, Thomas O (2005) Geschäftsprozessmodellierung mit der ereignisgesteuerten Prozesskette. Das Wirtschaftsstudium 34(8–9):1069–1078

Schlagnitweit H, Wagner H (2004) Sanitär- und Klimatechnik. Heizungs- und Lüftungsinstallation. 1. Aufl, Wien, Bohmann Fachbuch im Verlag Jugend & Volk

Schlicker M (2004) Entwicklung und Markteinführung eines mobilen IT-gestützten Service-Tools zur Unterstützung effizienter Kundendienstprozesse – Herausforderung, Geschäftsmodell und Prototyp. Hamburger Fern-Hochschule, Diplomarbeit

Sterling JU, Lambert DM (1989) Customer service research : past, present and future. International journal of physical distribution & materials management 19(2):2–23

Teichmann J (1994) Kundendienstmanagement im Investitionsgüterbereich : vom notwendigen Übel zum strategischen Erfolgsfaktor. Frankfurt a. M., Lang

Timm PR (2005) Technology and customer service: profitable relationship building ; loyalty, satisfaction, organizational success. Upper Saddle River, NJ, Pearson Prentice Hall

VDMA (Hrsg) (2006) Maschinenbau in Zahl und Bild 2006. Mühlheim am Main, reuffurth (Volkswirtschaft und Statistik). – URL http://www.vdma.org/wps/wcm/resources/file/eb4b880915fcb86/Maschinenbau_in_Zahl_und_Bild_2006.pdf

Westphal P (2004) Anlagenmechaniker, Anlagenmechanikerin für Sanitär-, Heizungs- und Klimatechnik : Umsetzungshilfen zum neu gestalteten Ausbildungsberuf. 1. Aufl, Nürnberg, BW Bildung und Wissen, Verl. und Software

Willerding T (1987) Gestaltungsmöglichkeiten der Kooperation im technischen Kundendienst zwischen Hersteller und Handel. Bochum, Studienverlag Brockmeyer

Technische Kundendienstleistungen: Einordnung, Charakterisierung und Klassifikation

Philipp Walter

Zentraler Bestandteil der hybriden Produkte, die das Forschungsprojekt PIPE fokussiert, ist der technische Kundendienst. Bis heute besteht weder in der wissenschaftlichen Literatur noch im praktischen Sprachgebrauch Einigkeit über Definition und Abgrenzung des Begriffs „technischer Kundendienst" (TKD) sowie zahlreicher, häufig synonym verwendeter Begriffe, wie z. B. „Service". Ziel dieses Kapitels ist daher die Konkretisierung des TKD-Begriffs. Dazu wird zunächst die Entwicklung des Begriffs in der Literatur dargestellt und auf dieser Basis eine konstitutive Begriffsdefinition über Merkmale und ihre Ausprägungen abgeleitet. Abschließend wird der TKD im Spektrum der produktbegleitenden Dienstleistungen verortet und um eine Zusammenfassung der Terminologie der Instandhaltung ergänzt.

1 Entwicklung des Begriffsfeldes um den technischen Kundendienst

Im Zuge der wachsenden Bedeutung industrieller Dienstleistungen im 20. Jahrhundert wurde auch der TKD zunehmend zum Gegenstand wissenschaftlicher Betrachtungen. Eine erste umfassende Analyse und Strukturierung dieses Begriffsfelds nimmt Muser (1988) auf Basis der deutsch- und englischsprachigen Literatur bis dato vor. Er untersucht die Definitionen des Begriffs „Kundendienst" in 34 deutsch- und 19 englischsprachigen Quellen unter den drei Aspekten „Leistungsart", „Leistungsinhalt" und „Leistungszeitpunkt" und schafft damit eine grundlegende Gliederung, der bis heute gefolgt wird. Die Leistungsart beschreibt dabei, (a) ob es sich beim Kundendienst um Dienstleistungen, Sachleistungen oder eine Kombination aus beiden handelt, (b) ob er als eigenständige Primärleistung oder als Sekundärleistung zu einer Hauptleistung erbracht wird, und (c) ob ausschließlich freiwillig erbrachte Leistungen zum Kundendienst zählen, oder auch solche, die aus Vertragspflichten heraus erbracht werden. Der Leistungsinhalt wird unterschieden in kaufmännische und technische Leistungen. Der Leistungszeitpunkt beschreibt, ob ein Kundendienst vor, während oder nach Absatz der Hauptleistung stattfindet.

O. Thomas et al. (eds.), *Hybride Wertschöpfung*,
DOI 10.1007/978-3-642-11855-5_2, © Springer-Verlag Berlin Heidelberg 2010

Muser kommt zunächst zu dem Schluss, dass Kundendienst immer als eine zu einer Hauptleistung komplementäre Zusatzleistung aufgefasst wird. Diese Auffassung hat sich etabliert und wird bis heute geteilt. Über Sach- und Dienstleistungsanteile, Freiwilligkeit, Leistungsinhalt und Leistungszeitpunkt besteht in den von ihm betrachteten Quellen dagegen keine Einigkeit.

Weber (1989) legt seiner Begriffsbildung die unternehmerische Praxis zugrunde und versteht unter dem Begriff „Kundendienst" in aller Regel die Dienstleistungen eines Unternehmens, „die dazu dienen, ein technisches Produkt bei Ausfall zu reparieren bzw. durch vorbeugende Maßnahmen das Ausfallrisiko zu reduzieren" (Weber 1989, S. 27f.). Weiterhin zählt er die technische Beratung vor dem Kauf und Installationsleistungen explizit zum Kundendienst. „Service" sieht Weber als den umfassenderen Begriff an, da er nach seiner Meinung auch produktunabhängige Primärdienstleistungen beinhaltet. Weber zählt 19 technische und kaufmännische Leistungen auf, die er in Muss-, Soll- und Kann-Leistungen gruppiert und zeitlich vor, während und nach Absatz der Hauptleistung verortet.

Davidow und Uttal (1991) definieren den Begriff „Service" aus Kundensicht: „Der Service umfasst alle Merkmale, Tätigkeiten und Informationen, die die Möglichkeiten des Kunden verbessern, den potenziellen Wert eines Kernprodukts oder einer Kerndienstleistung zu realisieren" (Davidow und Uttal 1991, S. 41). Das bedeutet, es wird beim Service von einem produktbegleitenden Angebot ausgegangen, dessen Zusammensetzung aus Sach- und Dienstleistungselementen nicht a priori beschränkt ist.

Casagranda (1994) untersucht die Terminologie des Kundendienstes, insbesondere des TKD, im umfassenderen Kontext industrieller Serviceleistungen. Er kombiniert die Definitionsansätze von Weber, Davidow und Uttal: zum einen sieht er Kundendienst explizit als einen von mehreren Bestandteilen von Service, zum anderen definiert er auf Basis der Definition von Davidow und Uttal industriellen, technischen Kundendienst als „all jene Serviceleistungen, die direkt [...] und/oder indirekt [...] am Produkt erbracht werden und somit objektgerichtet sind" (Casagranda 1994, S. 71). Darüber hinaus grenzt er industrielle Dienstleistungen dagegen ab als „all jene Serviceleistungen, die direkt [...] und/oder indirekt [...] am Nachfrager erbracht werden und somit personengerichtet sind" (Casagranda 1994, S. 71).

Zborschil (1994) definiert auf Basis der Begriffsbestandteile „technisch", „Kunde" und „Dienst" den TKD als „alle immaterielle Unternehmensleistungen eines Herstellers technischer Güter im Zusammenhang mit (herstellereigenen oder herstellerfremden) technischen Gütern, die vor oder nach deren Nutzungsbeginn beim Kunden erbracht werden und der Herstellung, Wiederherstellung, Erhaltung oder Erhöhung des Funktionsnutzens (Nutzenpotenzials) der technischen Güter dienen" (Zborschil 1994, S. 11). Er grenzt den TKD explizit von kaufmännischen Kundendienstleistungen sowie dem Begriff „Service" als Oberbegriff ab.

Teichmann (1994) bezieht sich mit seiner Kundendienstdefinition auf Muser und definiert den TKD darüber hinaus als „Untermenge der Kundendienstleistungen [...], die ausschließlich im Zusammenhang mit technischen Gütern auftreten"

(Teichmann 1994, S. 13), die in der Regel von Letztverwendern technischer Güter in Anspruch genommen werden. Service setzt er bedeutungsmäßig gleich mit Kundendienst.

Holzer (1996) definiert den Begriff „Kundendienst" im Kontext von Kundendienst- und Servicepolitik sehr umfassend und schließt explizit kaufmännische und technische Leistungsinhalte ein, die vor, während und nach Absatz einer Hauptleistung erbracht werden und sowohl fakultative und obligatorische als auch entgeltliche und unentgeltliche Elemente enthalten können. Er unterscheidet weiterhin zwischen Leistungen, die direkt, indirekt oder nicht produktabhängig, sach- oder dienstleistungsbegleitend sowie in unterschiedlichem Maße standardisiert sein können. Nach der Aktionsform des Kundendienstes differenziert er Instruktions-, Versorgungs- und Serviceleistungen. Kundendienst und Service werden von Holzer synonym verwendet, eine wörtliche Definition wird nicht gegeben.

Schröder (1997) verwendet die Begriffe „Service" und „Kundendienst" ebenfalls synonym und legt ihrer Definition die Kundensicht zugrunde: „Der Kundendienst hat die Aufgabe, die Differenz zwischen der vom Kunden subjektiv erwarteten und der wahrgenommenen Leistung eines Produkts zu beseitigen" (Schröder 1997, S. 5f.). Aus der Definition leitet er unter anderem ab, dass die Zusammensetzung des Kundendienstes aus Sach- und Dienstleistungsbestandteilen sowie kaufmännischen und technischen Leistungen definitorisch unerheblich ist, der Kundendienst aber immer produktbegleitend in der Nachkaufphase stattfindet.

Harms (1999) differenziert den Kundendienst als Zusatzleistung zu einer Hauptleistung in allgemeinen Kundendienst und technischen Kundendienst. Er gliedert den Produktlebenszyklus der Hauptleistung in Angebotsphase, Kaufabschluss und After-Sales-Phase, wobei letztere wiederum unterteilt ist in Auslieferungs-, Garantie- und Außergarantiephase. Schwerpunkt des allgemeinen Kundendienstes sind nach Harms die Phasen bis zur Auslieferung, während der TKD überwiegend, aber nicht ausschließlich, ab der Auslieferungsphase tätig wird.

Hermes (1999) stützt seine Definition des TKD als produktbegleitende objektgerichtete Dienstleistung auf Muser und Casagranda und setzt den TKD mit der Instandhaltung nach DIN 31051 gleich, die in der Nachkaufphase stattfindet. Weiterhin schränkt er den TKD-Begriff auf vom Hersteller der Primärleistung selbst beim Kunden vor Ort erbrachte Kundendienstleistungen ein.

Dauben (2001) entwickelt vor dem Hintergrund des Investitionsgüterbereichs eine detailreiche Definition des Begriffs „technischer Kundendienst", und zwar zunächst als Nebenleistung zu einer Hauptleistung in deren Nachkaufphase. Darüber hinaus schränkt er den Begriff anhand mehrerer Merkmale deutlich ein: Installationsarbeiten und andere obligatorische Leistungen schließt er vom Kundendienst aus, Demontagearbeiten und fakultative Leistungen bezieht er ein; TKD beinhaltet ausschließlich Leistungen des Herstellers der Hauptleistung, produktunabhängiger TKD ist nicht vorgesehen.

Kallenberg (2002) untersucht den Begriff „Service" aus institutionaler, d.h. mit Fokus auf die leistungserbringenden Organisationseinheiten, und leistungsbezogener Perspektive, d.h. mit Fokus auf die Leistungsergebnisse. Er kommt zu dem

Schluss, dass die institutionale Perspektive keine Formulierung eines übertragbaren Bezugsrahmens zulässt, da die Aufgabenteilung zwischen den Organisationseinheiten von Unternehmen zu Unternehmen zu stark variiert, und definiert Service daher aus leistungsbezogener Sicht als investive, industrielle, externe und produktbezogene Dienstleistungen.

Vasen (2003) beschränkt den TKD auf „technische Dienstleistungen, die in Zusammenhang mit einer Sachleistung stehen [und] den Gebrauchsnutzen dieser Sachleistung sicherstellen, wiederherstellen oder erhöhen" (Vasen 2003, S. 8). Der Leistungszeitpunkt des TKD liegt nach Absatz der Primärleistung.

Weinrauch (2005) klassifiziert den TKD unter der Bezeichnung „technischer Service" als industrielle Dienstleistung, d.h. er beschränkt diese auf den Business-to-Business-Bereich und schließt Leistungen für Privatpersonen explizit aus. Als Kernleistung nennt er „schwerpunktmäßig instandhaltungsorientierte Aufgaben in der Phase des Anlagenbetriebs", die „durch den Anlagen- bzw. Komponentenhersteller, durch spezialisierte Service-Unternehmen oder von der betreibereigenen Instandhaltungsabteilung erbracht werden" (Weinrauch 2005, S. 64–80).

Klostermann (2007) definiert den TKD als „Dienstleistung, die von einem Industrieunternehmen durch den Einsatz IuK-technologisch unterstützter menschlicher Arbeit an einem technischen Produkt nach dessen Kauf am Ort des Leistungsnachfragers entweder eigenverantwortlich oder in Kooperation mit Dritten sach- oder verrichtungsorientiert zur Sicherung oder Wiederherstellung der Funktionsfähigkeit des technischen Produkts erbracht wird" (Klostermann 2007, S. 13). Insbesondere beschränkt sie den TKD auf Leistungen des Herstellers der Primärleistung und schließt Leistungen von produktunabhängigen Anbietern vom TKD-Begriff explizit aus.

Harnasch (2008) definiert Service als „alle Leistungen, die ergänzend zum Produkt den Kunden vor, während und nach dem Kauf begleiten und einen optimalen Nutzen des Investitionsgutes ermöglichen" (Harnasch 2008, S. 18). Darüber hinaus nennt er als Kernaufgaben des technischen Services die „Maßnahmen zur Ausfallvermeidung und Reduzierung der Ausfallkosten" (Harnasch 2008, S. 25), im Speziellen die Bereitstellung von Produktdokumentation, die Instandhaltung und die Modernisierung. Kundenschulungen, Installation und Inbetriebnahme zählt er zum „peripheren Bereich" des technischen Services, die Unterstützung der Wiedervermarktung und die Entsorgung schließt er explizit aus.

2   Merkmale des Kundendienstes

Die Definition der Begriffe „allgemeiner Kundendienst" (AKD) (synonym: Kundendienst bzw. Service) und „technischer Kundendienst" (TKD) erfolgt durch die Identifizierung begriffsbestimmender Merkmale, die im Folgenden in den Merkmalsgruppen „Wesensmerkmale", „Leistungsinhalt" und „Leistungsumfeld" zusammengefasst werden. Der Gliederung liegt die ursprüngliche Merkmalsstruktur aus Leistungsart, Leistungsinhalt und Leistungszeitpunkt nach Muser (1988) zugrunde, die um zusätzliche Merkmale aus der Literaturrecherche den vorangegangenen Abschnitt ergänzt und so dem heutigen Kenntnisstand und Sprachgebrauch entsprechend weitergehend interpretiert wurde. Die charakteristisch genannten Ausprägungen sind konstitutiv für die Begriffsdefinition, d.h. für jedes der Merkmale einer Leistung muss eine der charakteristischen Ausprägungen zutreffend sein, damit es sich bei der Leistung um einen TKD bzw. AKD im Sinne des vorliegenden Kapitels handelt. Darüber hinaus wird der AKD als Oberbegriff des TKD aufgefasst, d.h. der AKD beinhaltet sowohl den TKD als auch einige darüber hinausgehende Leistungen, sodass auf den AKD mehr Merkmalsausprägungen zutreffen als auf den TKD.[6]

2.1   Wesensmerkmale des Kundendienstes

Als Wesensmerkmale werden die Charakteristika bezeichnet, die Kundendienstleistungen als Absatzobjekte beschreiben. Sie sind in Abb. 1 zusammenfassend dargestellt und werden im Folgenden diskutiert.

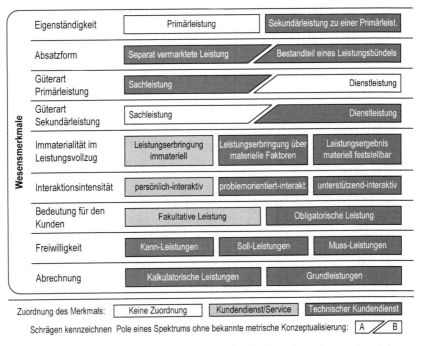

Abb. 1. Wesensmerkmale des Kundendienstes (hell schattierte Ausprägungen) und des technischen Kundendienstes (dunkel schattiert).

---

[6]   Umgekehrt sind bei einzelnen Merkmalen bereits alle Ausprägungen durch den TKD besetzt, sodass sie sich nicht eignen, um zwischen AKD und TKD zu differenzieren. In diesen Fällen wird auf den AKD nicht gesondert eingegangen.

2.1.1   Eigenständigkeit

Kernleistungen eines Unternehmens, die losgelöst von anderen Leistungen bezogen werden können, werden im Allgemeinen als Primärleistungen bezeichnet, während Sekundärleistungen in der Regel nur in Kombination mit einer Primärleistung sinnvoll sind (Vasen 2003; Klostermann 2007; Meffert, Burmann und Kirchgeorg 2008; Bruhn 2007). In Übereinstimmung mit der überwiegenden Mehrzahl der Quellen wird der TKD im Folgenden als eine Sekundärleistung betrachtet, die sich nur an einer Primärleistung manifestieren kann (Muser 1988; Hermes 1999; Dauben 2001; Harnasch 2008). Dies gilt auch, wenn der TKD nicht vom Hersteller der Primärleistung, sondern von einem Dritten bezogen wird, da der TKD aus Sicht des Nachfragers weiterhin im Kontext der Primärleistung erbracht wird.[7]

Auch der weiter gefasste AKD wird als Sekundärdienstleistung betrachtet, da auch er in der Regel im Kontext einer Primärleistung erbracht wird, z. B. als Bedarfsanalyse, Kaufberatung, Finanzierung oder Kundenclub, wenngleich diese Primärleistung nicht unmittelbar in Erscheinung tritt (Harms 1999; Bliemel und Fassott 2007).

2.1.2   Absatzform

Sowohl AKD als auch TKD können gleichermaßen im Sinne einer Einzelleistung als Bestandteil eines Leistungsbündels (z. B. als Value Added Service oder bei Betreibermodellen) vermarktet werden (Meffert und Bruhn 2006; Sfat und Montanus 2005; Wildemann 2004). Beide Arten sowie alle Zwischenformen (z. B. die Bündelung ausgewählter Einzelleistungen mit der Primärleistung) werden im Folgenden gleichermaßen als AKD bzw. TKD betrachtet.

2.1.3   Güterarten

Bei der Primärleistung, um die sich AKD und TKD entfalten, handelt es sich hauptsächlich um ein technisches Erzeugnis, d. h. um eine Sachleistung. AKD und TKD selbst werden überwiegend als Dienstleistungen betrachtet.[8] Eine vollkommen dichotome Unterscheidung ist jedoch nicht zielführend: Sachleistungen, die Bestandteil der AKD/TKD-Leistung sein können (z. B. Ersatzteile, vgl. den folgenden Punkt), ändern den Dienstleistungscharakter des AKD/TKD ebenso wenig wie Dienstleistungsbestandteile den Sachleistungscharakter der Primärleistung

---

[7] Hiervon abweichende Meinungen (z. B. Hermes 1999) beziehen in der Regel die Angebotsform in dieses Kriterium mit ein und bezeichnen einen eigenständig vermarkteten TKD als Primärleistung, obschon auch dieser nur in Verbindung mit einer Hauptleistung nachgefragt wird.

[8] Diese Klassifizierung entspricht der aktuell vorherrschenden Auffassung (z. B. Hermes 1999; Vasen 2003; Klostermann 2007).

verändern (z.B. die Finanzdienstleistungen im Rahmen des Leasings einer Maschine).[9]

2.1.4   Immaterialität im Leistungsvollzug

Hinsichtlich der Immaterialität im Vollzug einer Leistung sind drei Abstufungen zu unterscheiden. Bei immaterieller Leistungserbringung sind weder der Vollzug an sich noch das Ergebnis materiell greif- oder sichtbar (z.B. bei Schulungen oder Beratungen). Bei Leistungserbringung über materielle Faktoren ist das Leistungsergebnis zwar ebenfalls nicht materiell fassbar, beim Leistungsvollzug kommen aber materielle Faktoren zum Einsatz (z.B. bei einer Reparatur mit Werkzeug). Ist das Leistungsergebnis materiell feststellbar, hat die Leistung zu einer greif- oder sichtbaren Veränderung eines physischen Gegenstands geführt (Casagranda 1994; Dauben 2001). Dem TKD werden unter diesem Aspekt nur Leistungen zugerechnet, die zumindest über materielle Faktoren erbracht werden. Rein immateriell erbrachte Leistungen sind dem AKD vorbehalten.

2.1.5   Interaktionsintensität

Die Intensität, in der im Rahmen einer Dienstleistung eine Interaktion zwischen Leistungserbringer und Kunde stattfindet, kann ebenfalls in drei Graden unterschieden werden. Die höchste Interaktionsintensität weisen persönlich-interaktive Leistungen auf: sie finden ausschließlich in direkter Interaktion zwischen Anbieter und Kunde statt (z.B. die Durchführung einer Telefonkonferenz). Problemorientiert-interaktive Leistungen umfassen darüber hinaus auch Bestandteile, die nicht unter direkter Interaktion von Anbieter und Kunde erbracht werden (z.B. Planung einer Anlage nach Erhebung von Kundenanforderungen). Überwiegt die Leistung außerhalb der Interaktion deutlich, handelt es sich um eine unterstützend-interaktive Leistung, bei der die Interaktion nur zur Unterstützung einer außerhalb der Interaktion stattfindenden Hauptleistung dient (Casagranda 1994; Dauben 2001). Im Rahmen des TKD erbrachte Leistungen können nur unterstützend-interaktiv oder problemorientiert-interaktiv vollzogen werden, da sie immer auch in Interaktion mit der Primärleistung stattfinden müssen. AKD im weiteren Sinne kann dagegen auch persönlich-interaktiv sein (z.B. bei einer telefonischen Kaufberatung).

2.1.6   Bedeutung für den Kunden

Aus Sicht des Kunden ist zu unterscheiden zwischen fakultativen Leistungen einerseits, die zur Aufrechterhaltung der Nutzbarkeit seiner Primärleistung nicht zwingend benötigt werden, z.B. Schönheitsreparaturen bei Lackschäden, sowie obligatorischen Leistungen andererseits, die er für die dauerhafte Nutzung der

---

[9]   Um dieser Unschärfe Rechnung zu tragen, werden die Merkmalsausprägungen in Abb. 1 durch abgeschrägte Kanten als Pole eines Spektrums von Ausprägungen gekennzeichnet, das zwar metrischen Charakter hat, für das bisher aber noch keine passende metrische Konzeptualisierung gefunden wurde.

Primärleistung unabdingbar in Anspruch nehmen muss, z. B. den regelmäßigen Austausch der Bremsflüssigkeit im PKW oder eine Instandsetzung nach einer Störung (Hermes 1999; Klostermann 2007). Im Rahmen der vorliegenden Betrachtung wird davon ausgegangen, dass es sich bei der Primärleistung um eine Sachleistung handelt, die der Kunde aus ökonomischen oder technischen Gründen nicht selbst instand halten kann, sodass die Leistungen des TKD als obligatorisch anzusehen sind. Ist der Kunde in der Lage, eine TKD-Leistung selbst zu erbringen (z. B. einen Reifenwechsel bei einem PKW), so ist er zwar nicht auf ihre externe Beschaffung angewiesen, dennoch ist die Leistung aber als obligatorisch einzustufen, da sie für die fortgesetzte Nutzbarkeit der Primärleistung unverzichtbar ist. AKD-Leistungen können hingegen aus Kundensicht auch fakultativ sein.

2.1.7 Freiwilligkeit

Das Merkmal der Freiwilligkeit ist aus heutiger Sicht nicht mehr differenzierend, wird aber aufgrund seiner häufigen Einbeziehung vor allem in frühen Definitionsansätzen (Muser 1988) vollständigkeitshalber in die Systematik aufgenommen. Es bezieht sich auf die Freiwilligkeit des Angebots einer Kundendienstleistung: während es dem Anbieter einer Primärleistung freisteht, Kann-Leistungen anzubieten (z. B. Unterweisung im Gebrauch), wird das Angebot von Soll-Leistungen in der Regel von ihm erwartet (z. B. technische Beratung) und ist das Angebot von Muss-Leistungen für ihn obligatorisch (z. B. Gewährleistung und vertragliche Zusagen).[10] Auf die vorliegende AKD- und TKD-Definition hat die Freiwilligkeit des Angebots eines Leistungsbestandteils keinen Einfluss, folglich werden alle Ausprägungen in die Definitionen mit einbezogen.

2.1.8 Abrechnung

Um durch AKD- und TKD-Leistungen entstehende Kosten zu decken, können sie entweder als Grundleistungen unmittelbar fakturiert werden, oder sie werden als kalkulatorische Leistungen nicht fakturiert, sondern im Rahmen einer Mischkalkulation verrechnet, z. B. mit den Erlösen aus dem Absatz der Primärleistung oder mit Garantierückstellungen (Mumm 2008, S. 14; Plinke und Söllner 2006, S. 765–767). Welche Variante für welche (Teil-)Leistungen herangezogen wird, ist Gegenstand der Preis- und Servicepolitik des Unternehmens. Für die Begriffsbildung ist die Abrechnungsart jedoch unerheblich, sodass gleichwohl Grund- wie kalkulatorische Leistungen als möglicher Bestandteil des AKD und TKD gesehen werden.

---

[10] Vgl. Weber (1989). Vereinzelt beziehen sich Interpretationen dieses Merkmals auf die Freiwilligkeit der Erbringung, nicht des Angebots einer Leistung. So nennt unter anderem Dauben (2001) exemplarisch Kulanzfälle und unklare Vertragsverhältnisse. Dieser Auffassung wird hier nicht gefolgt, da z. B. Kulanzleistungen im einzelfallabhängigen Ermessen des Anbieters liegen und somit nicht zur generellen Klassifikation herangezogen werden können.

2.2   Leistungsinhalt des Kundendienstes

Die in Abb. 2 zusammengefassten Merkmale zum Leistungsinhalt charakterisieren Kundendienstleistungen unter inhaltlichen Gesichtspunkten, d.h. mit Fokus auf die Leistungserstellung. Sie werden in diesem Abschnitt erörtert.

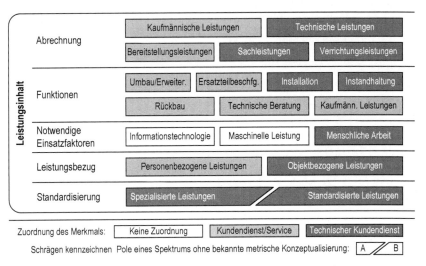

Abb. 2. Konstitutive Inhaltsmerkmale des Kundendienstes (hell schattierte Ausprägungen) und des technischen Kundendienstes (dunkel schattiert).

2.2.1   Leistungstyp

Kundendienstleistungen können zum einen unterschieden werden in kaufmännische Leistungen und technische Leistungen. Der TKD erbringt technische Leistungen, der weiter gefasste AKD kann darüber hinaus auch kaufmännische Bestandteile umfassen, z.B. Bedarfsanalysen oder Finanzierungsangebote (Zborschil 1994). Zum anderen können Kundendienstleistungen untergliedert werden in Bereitstellungsleistungen, z.B. Beratungen und Finanzierungen, Sachleistungen, z.B. Ersatzteillieferungen, und Verrichtungsleistungen, z.B. Instandhaltungsarbeiten (Hermes 1999, S. 21; Freiling und Gersch 2007, S. 74; Klostermann 2007, S. 15; Wischniewski et al. 2007, S. 167). Im Folgenden werden dem TKD sowohl Sach- als auch Verrichtungsleistungen zugeordnet. Bereitstellungsleistungen sind dagegen ausschließlich Gegenstand des AKD im weiteren Sinne.

2.2.2   Funktionen

Kernaufgabe des TKD im Sinne der vorliegenden Untersuchung sind Instandhaltungstätigkeiten. Darüber hinaus sind dem TKD auch Installationsarbeiten, d.h. alle Maßnahmen, die zur Montage und Inbetriebnahme der Primärleistung notwendig sind, zugeordnet. Alle weiteren Tätigkeiten, z.B. technische Beratung, Ersatzteilbeschaffung sowie Umbau oder Erweiterung der Primärleistung, werden dagegen dem weiter gefassten AKD zugerechnet.

2.2.3   Notwendige Einsatzfaktoren

Haupteinsatzfaktor im TKD ist die Arbeitsleistung des Kundendiensttechnikers. Versuche zur automatisierten Instandhaltung ohne menschliches Zutun sind bisher an der Komplexität selbst einfacher TKD-Teilaufgaben gescheitert, sodass davon auszugehen ist, dass der entscheidende Leistungsträger im TKD auch weiterhin der Mensch bleibt (Weinrauch 2005). Gleichwohl ist eine Unterstützung durch maschinelle Werkzeuge und Informationstechnologie aufgrund der Komplexität der Instandhaltungsobjekte heute unverzichtbar (Harnasch 2008). Ihr Einsatz wird im Rahmen der Begriffsbildung jedoch nicht explizit verlangt – lediglich menschliche Arbeit wird als konstitutiv sowohl für AKD als auch TKD vorausgesetzt.

2.2.4   Leistungsbezug

Kundendienstleistungen können nach ihrem Bezugsobjekt differenziert werden in personenbezogene Leistungen, z.B. Beratungen oder Schulungen, und objektbezogene Leistungen, z.b. Reparaturen (Casagranda 1994; Schröder 1997; Klostermann 2007). Im Folgenden werden dem TKD ausschließlich objektbezogene Leistungen zugerechnet, während der AKD auch personenbezogene Leistungen umfassen kann.

2.2.5   Standardisierung

Nach dem Grad der Standardisierung können Kundendienstleistungen unterschieden werden in spezialisierte Leistungen, die ad hoc vom Dienstleister entwickelt und erbracht werden, und standardisierte Leistungen, die vorab entwickelt und dokumentiert werden (Schröder 1997; Wischniewski et al. 2007). Der TKD umfasst sowohl weitgehend standardisierte Leistungen, z.B. Wartungen mit Checklisten, als auch spezialisierte Leistungen, z.B. Störungsdiagnosen, die ein hohes Maß an Wissen und Kreativität vom Ausführenden erfordern.

2.3   Leistungsumfeld des Kundendienstes

Abb. 3 verortet Kundendienstleistungen in ihrem Leistungsumfeld in zeitlicher, räumlicher und organisatorischer Hinsicht. Die entsprechenden Merkmale und ihre Ausprägungen sind Gegenstand dieses Abschnitts.

2.3.1   Zeitpunkt

Der TKD wird häufig als After-Sales-Service bezeichnet, da er in der Regel nach Absatz der Primärleistung stattfindet (Harms 1999; Dauben 2001) – diesem Verständnis wird auch hier gefolgt. Die dem Absatz der Primärleistungen vorausge-

henden bzw. damit einhergehenden Kundendienstaufgaben (z. B. die Prüfung von
Einbau-, Betriebs- und Installationsbedingungen vor der Erweiterung einer Anlage) werden dagegen dem begrifflich weiter gefassten AKD zugerechnet.

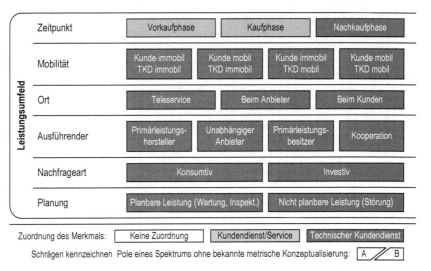

Abb. 3. Konstitutive Merkmale des Leistungsumfelds des Kundendienstes (hell schattierte
Ausprägungen) und des technischen Kundendienstes (dunkel schattiert).

2.3.2 Mobilität und Ort

Technische Kundendienstleistungen können als Werkstatteinsatz am Ort des Kun-
dendienstanbieters, als Außendiensteinsatz am Ort des Kunden oder IKT-gestützt
aus der Ferne als Remote Service bzw. Teleservice ausgeführt werden (Harms
1999; Dauben 2001; Holtbrügge, Holzmüller und von Wangenheim 2007). Die im
Einzelfall infrage kommenden Alternativen sind zunächst durch die Mobilität des
Kunden eingeschränkt: ist es dem Kunden nicht möglich, sein Instandhaltungsobjekt zum TKD-Anbieter zu transportieren (z. B. bei fest installierten Anlagen) ist
ein Werkstatteinsatz des TKD nicht möglich (Wischniewski et al. 2007). Umgekehrt kann ein TKD-Anbieter auf rein mobilen TKD spezialisiert sein (z. B. im
Fall der Pannenhilfsdienste der Automobilclubs, die keine Werkstätten betreiben).

2.3.3 Ausführende

Ausführende von Kundendienstleistungen können (a) Hersteller sein, die den
AKD und TKD ausschließlich für ihre eigenen Produkte anbieten, (b) andere produktunabhängige Dienstleister, die AKD und TKD an Fremdprodukten erbringen,
sowie (c) der Besitzer der Primärleistung selbst (Dauben 2001; Weinrauch 2005).
Darüber hinaus sind in mehrstufigen Vertriebswegen auch Kooperationen zwischen Herstellern und produktunabhängigen Dienstleistern üblich (Töpfer 2007),

die es Herstellern erlauben, einen kostengünstigen und flächendeckenden AKD und TKD anzubieten (Runge und Nebl 2007; Kleinaltenkamp et al. 2006).

2.3.4   Nachfrageart

Nach dem Empfänger von Kundendienstleistungen kann unterschieden werden zwischen konsumtiven Leistungen, die von Privatpersonen nachgefragt werden, und investiven Leistungen, die von Unternehmen in Anspruch genommen werden. Dabei wird unterstellt, dass bei Privatpersonen ein Wertverzehr (Konsum) vorliegt, während bei Unternehmen die Kundendienstleistung in die eigene Leistungserstellung einfließt und es sich somit um eine Investition handelt. Da diese Unterscheidung keine Auswirkungen auf Inhalte und Ausführung der anfallenden Kundendiensttätigkeiten hat und es dem Sprachgebrauch entspricht, in beiden Fällen von „Kundendienst" zu sprechen, werden im Rahmen der vorliegenden Arbeit beide Nachfragearten äquivalent als AKD bzw. TKD behandelt.

2.3.5   Planung

Kundendienstleistungen können unterschieden werden in aktiv geplante, vorbeugende Leistungen, z. B. turnusmäßige Wartungen und Inspektionen, sowie reaktive, ausfallorientierte Leistungen, die sich z. B. aus einer Störung ergeben, die nach ihrem ungeplanten Eintritt behoben werden muss. Der TKD muss explizit beide Leistungsarten erbringen.

2.4   Zusammenfassende Definition

Die für Kundendienst und technischen Kundendienst als konstitutiv erachteten Merkmale, die in den vorangegangenen Abschnitten diskutiert wurden, sollen abschließend in jeweils einer Definition zusammengefasst werden. Merkmale, die aus Gründen der terminologischen Handhabbarkeit keinen direkten Niederschlag in der Definition finden, sind als Präzisierung der Definition im Sinne der vorangegangenen Ausführungen zu verstehen. Ausgangspunkt der Definitionen ist der Kundendienstbegriff:

Unter dem *allgemeinen Kundendienst (AKD)*[11] im Sinne einer Dienstleistung werden alle kaufmännischen und technischen Dienstleistungen verstanden, die im Kontext eines technischen Erzeugnisses (der Primärleistung) vor, während oder nach dessen Anschaffung erbracht werden. Leistungen des allgemeinen Kundendienstes, die über den technischen Kundendienst hinausgehen, sind für den Betrieb der Primärleistung nicht zwingend erforderlich.

Der technische Kundendienstbegriff stellt eine Teilmenge davon dar. Unter dem *technischen Kundendienst (TKD)* werden alle Kundendienstleistungen verstanden, die zur dauerhaften Sicherung des Nutzwerts einer Primärleistung nach ihrer An-

---

[11] Synonym werden die Begriffe „Kundendienst", „Kundendienstleistung" und „Service" verwendet.

schaffung unabdingbar sind, insbesondere Installations- und Instandhaltungsleistungen.

3   Der TKD im Spektrum produktbegleitender Dienstleistungen

Produktbegleitende Dienstleistungen werden mittlerweile von beinahe allen Unternehmen des produzierenden Gewerbes angeboten (Bullinger und van Husen 2006) – eine Auswahl häufig in Erscheinung tretender Leistungen ist in Tabelle 1 systematisch dargestellt. Sie werden hier einerseits nach ihrem überwiegenden Leistungsinhalt in kaufmännische und technische Leistungen differenziert, andererseits nach dem Leistungszeitpunkt in Abhängigkeit vom Absatz der Primärleistung in Vorkauf-, Kauf- und Nachkaufphase eingeordnet.

Tabelle 1. Systematisierung produktbegleitender Dienstleistungen (van Husen 2007)

	Kaufmännische Leistungen	*Technische Leistungen*
Pre-Sales	▪ Wirtschaftlichkeitsanalysen ▪ Beratung ▪ Bestelldienst ▪ Marktinformationen	▪ Technische Beratung ▪ Informationsveranstaltungen ▪ F&E-Dienstleistungen ▪ Bedarfs-/Systemanalysen ▪ Feasibility-Studien ▪ Produktdemonstrationen ▪ Testgeräte ▪ Planung und Projektierung ▪ Bereitstellung von Planungssoftware
Sales	▪ Generalunternehmerschaft ▪ Finanzierung, Leasing ▪ Vermietung ▪ Logistikkonzepte ▪ Absatzgarantien ▪ Rücknahmegarantien	▪ Engineering, Softwareentwicklung ▪ Transport ▪ Montage, Inbetriebnahme ▪ Technische Anpassungen ▪ Technische Schulungen/Dokumentation ▪ Probefertigung
After-Sales	▪ Schulung ▪ Managementberatung ▪ Personalvermittlung ▪ Absatzhilfen	▪ Wartung, Inspektion ▪ Reparatur ▪ Reinigung ▪ Serviceverträge, Servicehotline ▪ Ferndiagnose, Teleservice ▪ Ersatzteilservice ▪ Maschinenverleih/-vermietung, Tauschgeräte ▪ Modernisierung ▪ Rücknahme ▪ Gebrauchtmaschinenvermittlung ▪ Demontage, Recycling, Entsorgung

Ergänzend zur Systematik in Tabelle 1 zeigt Abb. 4 das Ergebnis einer Sonder-erhebung des statistischen Bundesamtes zu produktbegleitenden Dienstleistungen im Jahr 2002. Dargestellt ist hier der Anteil verschiedener produktbegleitender Dienstleistungsarten im produzierenden Gewerbe Deutschlands an seinem Ge-samtumsatz mit produktbegleitenden Dienstleistungen. Über die Hälfte des Um-satzes entfällt dabei auf die Leistungsarten „Wartung, Reparatur" sowie „Montage, Inbetriebnahme": hierbei handelt es sich um die Tätigkeitsfelder des technischen Kundendienstes.

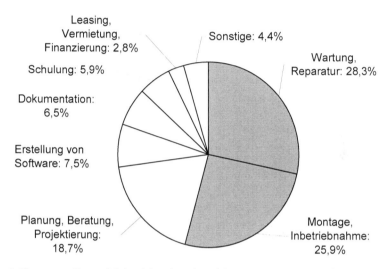

Abb. 4. Umsatzanteile produktbegleitender Dienstleistungen nach Dienstleistungsarten in Unternehmen des Verarbeitenden Gewerbes im Jahr 2002 in Deutschland (Statistisches Bundesamt 2004)

Darüber hinaus besitzen diese Tätigkeiten Eigenschaften, die eine Integration in ein Leistungsbündel begünstigen. *Erstens* ist der technische Kundendienst zur dauerhaften Nutzung der meisten komplexen technischen Gebrauchsgüter unab-dingbar. *Zweitens* handelt es sich um Dienstleistungen mit unmittelbarem Pro-duktbezug, da das Produkt in der Regel als externer Faktor in die Leistungserstel-lung eingeht, sodass hier deutliche Integrationspotenziale durch eine gemeinsame Informationsbasis gegeben sind. *Drittens* handelt es sich um komplexe, d.h. wis-sensintensive Tätigkeiten, weshalb die Kundendiensttechniker von einer Informa-tionsintegration in besonderem Maße profitieren können. *Viertens* ist auch ein In-formationsaustausch in Gegenrichtung sinnvoll, d.h. von der immateriellen zur materiellen Teilleistung, z.B. durch die Integration von Erfahrungswissen der Kundendiensttechniker aus der Produktnutzungsphase in die Produktverbesserung. Keine andere der aufgezählten produktbegleitenden Dienstleistungsarten kann ne-ben einer hohen volkswirtschaftlichen Bedeutung diese vier Eigenschaften vorweisen, daher eignet sich der technische Kundendienst idealtypisch als Bestandteil hybrider Produkte.

4   Terminologie der Instandhaltung

Kerntätigkeit des TKD ist die Instandhaltung, die seit 1974 Gegenstand der DIN-Norm 31051 „Grundlagen der Instandhaltung" ist (Normenausschuss Instandhaltung (NIN) im DIN 2003). 2001 wurden wesentliche Bestandteile in die Europäische Norm EN 13306 transferiert, die seither auch den Status einer Deutschen Norm hat und durch die neueste Version der DIN 31051 lediglich ergänzt wird (Comité Européen des Normalisation (CEN), TC 319 2001). Die zentralen Begriffe werden im Folgenden im Sinne einer Nachschlagemöglichkeit zusammengefasst:[12]

Einheit (auch *Betrachtungseinheit*) ist die Bezeichnung für „jedes Teil, Bauelement, Gerät, Teilsystem, jede Funktionseinheit, jedes Betriebsmittel oder System, das für sich allein betrachtet werden kann. [...] Eine Anzahl von Einheiten[,] z.B. ein Kollektiv von Einheiten oder ein Muster[,] kann selbst als Einheit angesehen werden." Ist eine Einheit „instandhaltungswürdig", spricht man von einem *Instandhaltungsobjekt*. Eine Einheit, die „unter gegebenen Bedingungen[13] nach einem Ausfall in einen Zustand zurückgeführt werden kann, in dem sie eine geforderte Funktion erfüllen kann", wird als *reparierbar*, nach einer konkreten Reparatur als *repariert* bezeichnet. Im Zusammenhang mit Einheiten werden häufig folgende Begriffe verwendet:

- *Geforderte Funktion* definiert die Norm als eine „Funktion oder Kombination von Funktionen einer Einheit, die für die Erbringung einer gegebenen Leistung als notwendig erachtet werden". Der Sammelbegriff *Funktionssicherheit* dient dabei der Beschreibung „der Verfügbarkeit und ihrer Einflussfaktoren: Zuverlässigkeit, Instandhaltbarkeit und Instandhaltungsvermögen", d.h. er umfasst neben Zuverlässigkeit und Instandhaltbarkeit des Instandhaltungsobjekts mit dem *Instandhaltungsvermögen* auch die „Fähigkeit einer Instandhaltungsorganisation, die richtige Instandhaltungsunterstützung [...] zur Verfügung zu stellen".

- *Abnutzung* bezeichnet den unvermeidbaren „Abbau des Abnutzungsvorrats", d.h. des „Vorrat[s] der möglichen Funktionserfüllungen [...], der einer Betrachtungseinheit [...] innewohnt."

---

[12] Beide Normen haben einen überschaubaren Umfang sowie einen Index, sodass die hier zitierten Inhalte einfach aufzufinden sind. Auf einzelne Stellenangaben wird daher verzichtet.
[13] „Gegebene Bedingungen können wirtschaftlicher, ökologischer, technischer und/oder anderer Natur sein."

- *Schwachstelle* ist die Bezeichnung für eine „Betrachtungseinheit, bei der ein Ausfall häufiger als es der geforderten Verfügbarkeit entspricht, eintritt und bei der eine Verbesserung möglich und wirtschaftlich vertretbar ist".

- *Instandhaltung* ist definiert als „Kombination aller technischen und administrativen Maßnahmen sowie Maßnahmen des Managements während des Lebenszyklus einer Einheit zur Erhaltung des funktionsfähigen Zustandes oder der Rückführung in diesen, sodass sie die geforderte Funktion erfüllen kann."

- *Präventive Instandhaltung* wird „in festgelegten Abständen oder nach vorgeschriebenen Kriterien zur Verminderung der Ausfallwahrscheinlichkeit oder der Wahrscheinlichkeit einer eingeschränkten Funktionserfüllung einer Einheit" durchgeführt – mithin bevor eine Störung eintritt. Wird sie nach Zeitplan oder Nutzungsumfang (z. B. gefahrene Kilometer) durchgeführt, liegt eine geplante Instandhaltung vor. Wird der Zustand des Instandhaltungsobjekts überwacht, kann beim Eintreten bestimmter Bedingungen eine zustandsorientierte Instandhaltung erfolgen. Kann das Eintreten einer Verschlechterung bereits vorhergesagt werden, kann eine voraussagende Instandhaltung erfolgen.

- *Korrektive Instandhaltung* wird „nach der Fehlererkennung [ausgeführt], um eine Einheit in einen Zustand zu bringen, in dem sie eine geforderte Funktion erfüllen kann" – also erst nach Eintritt einer Störung, in der Regel durch eine Reparatur.

Die Instandhaltung kann vollständig in vier Tätigkeiten untergliedert werden. Als Teilaspekt der präventiven Instandhaltung dient die *Wartung* „zur Verzögerung des Abbaus des vorhandenen Abnutzungsvorrats". Im Rahmen einer *Inspektion* wird der Ist-Zustand eines Instandhaltungsobjekts beurteilt, darauf aufbauend werden dann Konsequenzen für die weitere Nutzung abgeleitet. Die *Instandsetzung* umfasst „Maßnahmen zur Rückführung einer Betrachtungseinheit in den funktionsfähigen Zustand, mit Ausnahme von Verbesserungen".[14] Als *Verbesserung* werden Maßnahmen „zur Steigerung der Funktionssicherheit einer Betrachtungseinheit, ohne die von ihr geforderte Funktion zu ändern" bezeichnet.

5 Literatur

Bliemel F, Fassott G (2007) Sekundärdienstleistungen. In Albers, Herrmann (Hrsg) Handbuch Produktmanagement : Strategieentwicklung – Produktplanung – Organisation – Kontrolle. Gabler, Wiesbaden, 142–159
Bruhn M (2007) Marketing : Grundlagen für Studium und Praxis, 8. Aufl, Betriebswirtschaftlicher Verlag Dr. Th. Gabler und GWV Fachverlage, Wiesbaden

---

[14] Synonym wird im Folgenden von *Störungsbehebung* oder *Reparatur*, d. h. „physische[n] Maßnahmen, die ausgeführt werden, um die geforderte Funktion einer fehlerhaften Einheit wiederherzustellen", gesprochen.

Bullinger H, van Husen C (2006) Aktuelle Chancen und Trends im Servicegeschäft. In Barkawi, Baader, Montanus (Hrsg) Erfolgreich mit After Sales Services : Geschäftsstrategien für Servicemanagement und Ersatzteillogistik. Springer, Berlin, 17–36

Casagranda, M (1994) Industrielles Service-Management : Grundlagen, Instrumente, Perspektiven. Gabler, Wiesbaden

Comité Européen des Normalisation (CEN), TC 319 2001, Begriffe der Instandhaltung. Beuth, Berlin

Dauben SA (2001) Qualitätsfehlercontrolling für Dienstleistungen im Investitionsgüterbereich : das Beispiel technischer Kundendienst, 1. Aufl, Betriebswirtschaftlicher Verlag Dr. Th. Gabler und Deutscher Universitäts-Verlag, Wiesbaden

Davidow WH, Uttal B (1991) Service total : mit perfektem Dienst am Kunden die Konkurrenz schlagen, Campus, Frankfurt a. M.

Freiling J, Gersch, M (2007) Kompetenztheoretische Fundierung dienstleistungsbezogener Wertschöpfungsprozesse. In Bruhn M, Stauss B (Hrsg) Forum Dienstleistungsmanagement: Wertschöpfungsprozesse bei Dienstleistungen. Gabler, Wiesbaden, 72–94

Harms V (1999) Kundendienstmanagement : Dienstleistung, Kundendienst, Servicestrukturen und Serviceprodukte, Aufgabenbereiche und Organisation des Kundendienstes. Verlag Neue Wirtschafts-Briefe, Herne

Harnasch R (2008) Kooperatives Informations- und Knowledge-Management in wissensintensiven Anwendungsfeldern am Beispiel des technischen Service. Kovac, Hamburg

Hermes P (1999) Entwicklung eines Customer Self-Service-Systems im technischen Kundendienst des Maschinenbaus. Jost-Jetter, Heimsheim

Holtbrügge D, Holzmüller H, von Wangenheim F (Hrsg) (2007) Remote Services : neue Formen der Internationalisierung von Dienstleistungen, 1. Aufl, Deutscher Universitäts-Verlag, Wiesbaden

Holzer MW (1996) Kundendienst/Service und neue Medien : symbiotische Strategieansätze für die Investitionsgüterindustrie, Dissertation, Universität des Saarlandes

Kallenberg R (2002) Ein Referenzmodell für den Service in Unternehmen des Maschinenbaus. Shaker, Aachen

Kleinaltenkamp M, Jacob F, Plinke W, Söllner A (Hrsg) (2006) Markt- und Produktmanagement : Die Instrumente des Business-to-Business-Marketing, 2. Aufl, Betriebswirtschaftlicher Verlag Dr. Th. Gabler und GWV Fachverlage, Wiesbaden

Klostermann T (2007) Optimierung kooperativer Dienstleistungen im Technischen Kundendienst des Maschinenbaus, 1. Aufl, Gabler, Wiesbaden

Meffert H, Bruhn M (2006) Dienstleistungsmarketing : Grundlagen, Konzepte, Methoden. 5. Aufl, Betriebswirtschaftlicher Verlag Dr. Th. Gabler und GWV Fachverlage, Wiesbaden

Meffert H, Burmann C, Kirchgeorg M (2008) Marketing : Grundlagen marktorientierter Unternehmensführung ; Konzepte – Instrumente – Praxisbeispiele. 10. Aufl, Gabler, Wiesbaden

Mumm M (2008) Kosten- und Leistungsrechnung : internes Rechnungswesen für Industrie- und Handelsbetriebe. Physica, Heidelberg

Muser V (1988) Der integrative Kundendienst : Grundlagen für ein marketingorientiertes Kundendienstmanagement. FGM-Verlag, Augsburg

Normenausschuss Instandhaltung (NIN) im DIN 2003, Grundlagen der Instandhaltung. Beuth, Berlin

Plinke W, Söllner A (2006) Preisgestaltung im Produktgeschäft. In Kleinaltenkamp, Jacob, Plinke, Söllner (Hrsg) Markt- und Produktmanagement : Die Instrumente des Business-to-Business-Marketing. Gabler, Wiesbaden, 709–771

Runge P, Nebl T (2007) Instandhaltungsorganisation. Zeitschrift für wirtschaftlichen Fabrikbetrieb 102:64–69

Schröder M (1997) Informationsverarbeitung im Kundendienst : Einsatz- und Gestaltungsmöglichkeiten. Deutscher Universitäts-Verlag, Wiesbaden

Sfat R, Montanus S (2005) Zukunftsperspektiven im After-Sales-Geschäft. Zeitschrift für wirtschaftlichen Fabrikbetrieb 100(9):517–519

Statistisches Bundesamt 2004, Produktbegleitende Dienstleistungen 2002. Statistisches Bundesamt, Wiesbaden

Teichmann J (1994) Kundendienstmanagement im Investitionsgüterbereich : vom notwendigen Übel zum strategischen Erfolgsfaktor. Peter Lang, Frankfurt a. M.

Töpfer A (2007) Betriebswirtschaftslehre : anwendungs- und prozessorientierte Grundlagen. 2. Aufl, Springer, Berlin

van Husen C (2007) Anforderungsanalyse für produktbegleitende Dienstleistungen. Jost-Jetter, Heimsheim

Vasen J (2003) Einsatzplanung für den Technischen Kundendienst im Maschinenbau mit Bildung von Auftragsreihenfolgen durch ein kombiniertes Prioritätsregelverfahren. Shaker, Aachen

Weber MR (1989) Erfolgreiches Service-Management : gewinnbringende Vermarktung von Dienstleistungen. Verlag Moderne Industrie, Landsberg am Lech

Weinrauch M (2005) Wissensmanagement im technischen Service : praxisorientierter Gestaltungsrahmen am Beispiel industrieller Großanlagen. 1. Aufl, Deutscher Universitäts-Verlag, Wiesbaden

Wildemann H (2004) Betreibermodelle und Pay-on-Produktion-Konzepte: Modeerscheinung oder nachhaltiger Beitrag zur Gestaltung der Wertschöpfung. In Luczak H (Hrsg) Betriebliche Tertiarisierung, Wiesbaden, 327–335

Wischniewski S, Mende K, Deuse J, Paulus M (2007) Standardisierung im Technischen Kundendienst als Basis für Innovationen. In Carell, Herrmann, Kleinbeck (Hrsg) Innovationen an der Schnittstelle zwischen technischer Dienstleistung und Kunden. 1 : Konzeptionelle Grundlagen. Physica, Heidelberg, 163–179

Zborschil IA (1994) Der Technische Kundendienst als eigenständiges Marketing-Objekt : Besonderheiten, Probleme und Gestaltungsmöglichkeiten eines dienstleistungsspezifischen Kundendienst-Marketing, dargestellt am Beispiel der EDV-Branche. Lang, Frankfurt a. M.

Arbeitsformen und IT-Unterstützung im technischen Kundendienst: eine empirische Untersuchung am Beispiel der Sanitär-, Heizungs- und Klimatechnikbranche

Philipp Walter

Im Anschluss an die terminologische Erörterung des technischen Kundendienstes (TKD) im vorangegangenen Kapitel sollen in diesem Kapitel nun die praktischen Rahmenbedingungen, innerhalb derer der TKD tätig wird, behandelt werden. Technische Kundendienste sind in einer Vielzahl von Branchen tätig, sodass zunächst die Untersuchungsdomäne einzugrenzen ist – dies ist Gegenstand des ersten Beitragsteils. Sie wird im Anschluss daran einer empirischen Untersuchung unterzogen, die im zweiten Beitragsteil dargestellt wird. Das Kapitel schließt mit einer Zusammenfassung der Ergebnisse.

1 Eingrenzung der Untersuchungsdomäne

Technische Kundendienste sind in einer Vielzahl von Branchen tätig – in der Regel immer dort, wo technische Gebrauchsgüter zur Sicherung ihres Nutzens über ihre gesamte Lebensdauer TKD-Leistungen, z.B. Reparaturen im Störungsfall oder regelmäßige Instandhaltung, erfordern. Als technische Gebrauchsgüter werden dabei technische Erzeugnisse bezeichnet, d.h. materielle Realgüter mit technischer Funktionsweise, die sowohl als Investitions- als auch als Konsumgüter Verwendung finden und zur längerfristigen Nutzung bestimmt sind. In der europäischen statistischen Systematik (Statistisches Amt der Europäischen Kommission, Eurostat 2006) sind technische Gebrauchsgüter z.B. in den Abschnitten XVI, XVII und XVIII zu verorten, in denen unter anderem „Maschinen, Apparate, mechanische Geräte und elektrotechnische Waren" und „Beförderungsmittel" klassifiziert sind. Die Wirtschaftszweige, die technische Gebrauchsgüter herstellen und instand halten, umfassen ein dementsprechend breites und diversifiziertes Spektrum an Teilbranchen. Um Erkenntnisse über den TKD im technischen Gebrauchsgüterbereich zu gewinnen, ist daher zunächst ein Teilbereich als Untersuchungsdomäne auszuwählen.

O. Thomas et al. (eds.), *Hybride Wertschöpfung*,
DOI 10.1007/978-3-642-11855-5_3, © Springer-Verlag Berlin Heidelberg 2010

1.1 Der Wirtschaftszweig Sanitär-, Heizungs- und Klimatechnik als idealtypischer Vertreter der technischen Gebrauchsgüterbranche

Als idealtypischer Vertreter der technischen Gebrauchsgüterbranche wurde für die Untersuchung der Wirtschaftszweig der Sanitär-, Heizungs- und Klimatechnik (SHK) ausgewählt, da er in sich eine Obermenge aller für die prototypische Anwendung relevanten Charakteristika vereint:

- *Produktkomplexität:* Die technische Komplexität der Instandhaltungsobjekte der SHK-Branche deckt einen weiten Bereich ab, sowohl durch die Vielfalt der zum Einsatz kommenden Technologien (vom einfachen Wasseranschluss bis zur softwaregestützten Verbrennungssteuerung), als auch durch die hohe Anzahl an Gerätevarianten (vom WC-Spülkasten bis zum Blockheizkraftwerk) sowie deren Zusammenstellung zu komplexen Anlagen (Schramek, Recknagel und Sprenger 2007; Rudolph und Wagner 2008; Pech und Jens 2006; Pech und Jens 2005). Insbesondere ist zur dauerhaften Nutzung der Produkte in der Regel eine regelmäßige Instandhaltung durch fachlich geschultes Personal notwendig.

- *Kundenstruktur:* Der Bedarf nach SHK-Produkten besteht bei privaten, gewerblichen und öffentlichen Haushalten gleichermaßen (Zentralverband SHK Deutschland 2008) – ein SHK-Produkt kann per definitionem also sowohl Investitions- als auch Konsumgut sein. Die SHK-Branche deckt daher ein so weites Marktspektrum ab, dass die im Anwendungsszenario zu gewinnenden Erkenntnisse nicht auf eine bestimmte Kundenart, z.B. klein- und mittelständische Unternehmenskunden, beschränkt sind.

- *Wertschöpfungskette:* Der TKD wird in der SHK-Branche zum größten Teil von den Handwerksbetrieben und Serviceorganisationen des SHK-Handwerks ausgeführt. Darüber hinaus betreiben die SHK-Hersteller jedoch in der Regel auch eigene Werkskundendienste (WKD), die im Gewährleistungsfall oder auf Anforderung tätig werden.

- *Mobilität:* Die Produkte der SHK-Branche sind in der Regel immobil, d.h. Dienstleistungen, die unmittelbaren Zugriff auf das Produkt erfordern, z.B. der TKD, müssen mobil vor Ort beim Kunden erbracht werden. Werkstattreparaturen, wie sie z.B. in der Automobilbranche die Regel sind, da der Kunde und sein Produkt hier mobil sind, spielen dagegen keine Rolle. Der mobile TKD ist als Generalisierung des Werkstatt-TKD zu betrachten, da er überall, auch in einer Werkstatt, zum Einsatz kommen kann.

1.2 Der TKD als zentraler Integrationspunkt in der Wertschöpfungskette

Innerhalb der SHK-Branche findet eine organisationsübergreifende Aufgabenteilung statt, die in Abb. 1 skizziert ist (Thomas et al. 2006; Walter et al. 2009) (vgl.

das Kapitel von Thomas et al., S. 3 ff., in diesem Band). Die Herstellerunternehmen produzieren nicht nur technische Gebrauchsgüter sowie die produktbegleitende Dokumentation, sondern bieten in der Regel auch produktbegleitende Dienstleistungen an, z. B. einen Werkskundendienst, Websites mit Produktinformationen und Hinweisen zu Fördermöglichkeiten, Telefonhotlines und Schulungen für Fachhandwerker. Großhändler nehmen die klassischen Distributionsaufgaben des Großhandels wahr, wobei aber z. B. der SHK-Hersteller Vaillant ein eigenes Vertriebsnetz ohne Einbeziehung des Großhandels betreibt. Die Endkunden der deutschen SHK-Branche sind de facto alle Haushalte der Bundesrepublik Deutschland, d. h. private, gewerbliche und öffentliche.

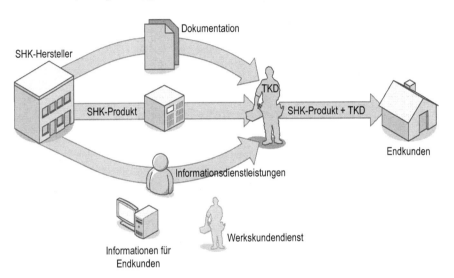

Abb. 1. Wertschöpfungskette der SHK-Branche
(Thomas et al. 2006; Walter et al. 2009)

Die zentrale Rolle in der Wertschöpfungskette fällt den ca. 50.000 herstellerunabhängigen Handwerksbetrieben des SHK-Handwerks zu, deren 275.000 Beschäftigte in 2007 einen Jahresumsatz von 24,4 Mrd. € erwirtschafteten (Zentralverband SHK Deutschland 2008). Sie übernehmen als TKD-Organisationen die Aufgabe, den Endkunden individuell auf ihre Bedürfnisse angepasste Anlagen aus SHK-Produkten zusammenzustellen, diese zu installieren und über Zeiträume von zum Teil mehreren Jahrzehnten betriebsfähig zu halten. Dazu setzen sie auf das Leistungsangebot der Hersteller, die sie mit produktbegleitenden Informationen und Informationsdienstleistungen versorgen, z. B. Installations- und Bedienungsanleitungen, Schulungen, Websites und Telefonhotlines für Fachhandwerker. In der Regel kommt der Endkunde ausschließlich mit den SHK-Betrieben in Kontakt, nur in seltenen Einzelfällen, z. B. auf besondere Anforderung des Endkunden oder in Gewährleistungsfällen, werden auch herstellereigene Werkskundendienste beim Endkunden tätig.

Aus Sicht des TKD ist das SHK-Produkt des Kunden das Ergebnis der Produktion des Herstellers und geht als externer Faktor in die TKD-Leistung ein. Die Dokumentation, die der Hersteller für TKD-Organisationen bereitstellt, nimmt der TKD-Anbieter in sein Leistungspotenzial auf, d.h. er ist selbst für Vollständigkeit, Aktualität, Auswahl der relevanten Informationen und Transport der Unterlagen verantwortlich. Bei Bedarf kann er außerdem während der Leistungserstellung auf Informationsdienstleistungen wie Hotlines der Hersteller zurückgreifen.

Der Kunde erhält auf diese Weise einerseits das SHK-Produkt und andererseits die TKD-Leistung. Ziel des Projekts PIPE ist die informationstechnische Integration von SHK-Produkt und TKD (vgl. das Kapitel von Thomas et al., S. 3 ff., in diesem Band). Mit einem Integrationsanbieter tritt ein neuer Akteur in die Wertschöpfungskette ein, der dem TKD-Anbieter Integrationsleistungen abnimmt und ihm so ermöglicht, sich auf seine Kernaufgaben, nämlich die Instandhaltung, zu konzentrieren. Insbesondere zählt dazu, dass der TKD-Anbieter das TKD-relevante Konstruktionswissen nicht mehr in Form von Dokumentation selbst zusammenstellen, transportieren, auswählen und pflegen oder über Hotline-Telefonate ad hoc akquirieren muss, sondern bei Bedarf instantan und ggf. mobil in einem problemadäquaten Verdichtungsgrad zur Verfügung gestellt bekommt. Durch die Interaktion mit dem Integrationsanbieter können zudem simultan Informationen aus der Nutzungsphase generiert werden, um sie in die Verbesserung von Produktion, Integration und TKD einfließen zu lassen.

Der Kunde ist von der Integration insofern betroffen, als dass er ein hybrides Produkt erhält, dessen Teilleistungen über den gesamten Produktlebenszyklus informationstechnisch integriert sind. Nichtsdestotrotz bleibt dem TKD-Anbieter seine zentrale Rolle in der Wertschöpfungskette erhalten, da er auch weiterhin primär für den Kundenkontakt verantwortlich ist, d.h. die Kundenanforderungen entgegen nimmt, interpretiert und als Lösung umsetzt. Mit seinen Instandhaltungsleistungen dominiert er darüber hinaus den größten Teil der Nutzungsphase, an der der Hersteller mit Abschluss der Produktion in der Regel nicht mehr aktiv teilnimmt. Das folgende Anwendungsszenario konzentriert sich daher vor allem auf den TKD. Da er alleiniger Ansprechpartner der Endkunden ist, werden Endkundenanforderungen nicht explizit betrachtet. Ein SHK-Handwerker, der regelmäßig im Rahmen seiner Tätigkeit die Wünsche zahlreicher Endkunden in Beratungsgesprächen erfasst, kann in der Regel ein deutlich genaueres Bild von den Kundenanforderungen zeichnen, als diese es selbst ohne Beratung formulieren könnten. Mithin ist davon auszugehen, dass die Anforderungen des TKD die Endkundenanforderungen bereits hinreichend berücksichtigen.

2   Empirische Untersuchung im technischen Kundendienst der SHK-Branche

Um ein tieferes Verständnis für den technischen Kundendienst in der SHK-Branche zu entwickeln, wurde im Rahmen des Projekts PIPE eine empirische Untersuchung durchgeführt, die zwei Ziele fokussierte. Zum einen sollte sie den Bedarf nach einer Lösung wie der in PIPE entwickelten belegen und Einflussfaktoren auf den Bedarf identifizieren. Zum anderen sollten praxisrelevante Anforderungen an die Lösung abgeleitet werden. Die folgenden Abschnitte stellen die Untersuchungsplanung, den Untersuchungsablauf sowie die Untersuchungsergebnisse dar.

2.1 Untersuchungsplanung und -ablauf

Da der Untersuchungsbereich bisher unerforscht ist, wurde als Forschungsmodell das *Vorstudienmodell* gewählt: zuerst wurde in einer qualitativen Vorstudie ein Untersuchungsmodell generiert, das anschließend zur Durchführung einer quantitativen Hauptstudie eingesetzt wurde (Srnka 2007).

Ziel der Vorstudie war die Operationalisierung geeigneter Messinstrumente für die Hauptstudie. Für diese Untersuchungsphase haben sich qualitative Experteninterviews als zweckmäßig erwiesen, die im Rahmen mehrerer Workshops des Projekts PIPE im April und Mai 2007 mit Projektpartnern und Vertretern der deutschen SHK-Branche durchgeführt wurden. Als Interviewform wurde dabei das *Fokusgruppeninterview* gewählt, d.h. ein unstrukturiertes, freies Interview mit einer kleinen Expertengruppe, das in der Regel von der Problemstrukturierung und Hypothesenbildung bis hin zur Evaluierung von Fragebögen zur Anwendung kommt (Mayerhofer 2007). Während auf der einen Seite bei komplexen Themen wie dem vorliegenden eine *Homogenität* der Diskussionsteilnehmer gefordert wird, wird auf der anderen Seite eine *Meinungsvielfalt* in der Gruppe als für das Ergebnis wichtig betrachtet (Mayerhofer 2007). Dementsprechend gehörten die insgesamt neun teilnehmenden Experten verschiedenen Bereichen der SHK-Branche (Verbände, Handwerker, Hersteller) und anderer dort tätiger Organisationen an: die Gruppe setzte sich zusammen aus zwei Führungskräften des Fachverbands Sanitär-, Heizungs- und Klimatechnik Hessen, drei selbständigen Unternehmern des SHK-Handwerks, einer Führungskraft eines großen deutschen SHK-Herstellers, zwei Unternehmern der IKT-Branche sowie einem Vertreter des Deutschen Instituts für Normung (DIN). Nach jedem Workshop wurde der erzielte Konsens als Arbeitsergebnis der Gruppe schriftlich protokolliert und in den Entwurf der Untersuchung integriert. Die nachfolgenden Abschnitte stellen die operationalisierten Ergebnisse dieser Fokusgruppeninterviews dar.

Die quantitative Hauptstudie wurde mithilfe eines standardisierten Fragebogens durchgeführt, der nach dem Vorgehensmodell von Bortz und Döring (2006) gestaltet und nach einem erfolgreichen Pretest innerhalb der Fokusgruppe im Juni 2007 veröffentlicht wurde. Um eine möglichst große Zahl an Teilnehmern zu erreichen, wurde die Erhebung über mehrere Kanäle angestoßen. Zum einen wurde der Fragebogen über die Website des Projekts PIPE in digitaler, interaktiv ausfüllbarer Form bereitgestellt. Die URL des Fragebogens wurde nur auf Anfrage zugänglich gemacht, um Verfälschungen durch unbeteiligte Dritte, die den Fragebogen z.B. über Suchmaschinenergebnisse erreicht hätten, zu vermeiden. Auf der Papierversion des Fragebogens wurde ebenfalls auf diese URL hingewiesen, sodass Adressaten, die den Fragebogen auf Papier erhielten, auch die Möglichkeit hatten, ihn direkt über Internet auszufüllen. Zum anderen wurde die Umfrage zeitgleich über den Fachverband Sanitär-, Heizungs- und Klimatechnik Hessen sowie über die Fachverbände anderer Bundesländer annonciert sowie in einem Artikel einer SHK-Fachzeitschrift angekündigt (Walter und Schlicker 2007). Der Papierversion des Fragebogens wurde ein Begleitschreiben beigelegt, zudem wurde den Befragten als Anreiz zur Beantwortung die Übersendung der Umfrageergebnisse angeboten. Bis zum Ende des Befragungszeitraums Anfang Dezember 2007 gingen 128 vollständige Antworten ein, von denen lediglich drei die Konsistenzprüfung nicht bestanden, sodass schließlich N = 125 Datensätze in die Auswertung einflossen. Zur Auswertung der Daten wurde die Open-Source-Statistiksoftware *R* eingesetzt und entsprechend den Anforderungen an die Darstellung von Diagrammen und Tabellen erweitert (R Development Core Team 2009).

2.2 Zusammensetzung der Stichprobe und Bedarf nach einer Lösung zur hybriden Wertschöpfung

Abb. 2 zeigt die Struktur der 125 Befragte umfassenden Stichprobe. Die fast ausschließlich männlichen Befragten setzen sich überwiegend aus Handwerksmeistern bzw. Hochschulabsolventen, die ihre Ausbildung bereits abgeschlossen haben, sowie einer kleinen Gruppe von Meisterschülern zusammen. Das Alter der Befragten liegt zwischen 24 und 68 Jahren mit Schwerpunkt im mittleren Alter zwischen 40 und 50 Jahren. Die Betriebe, denen die Befragten angehören, führen überwiegend Montage- und TKD-Arbeiten im Sanitär- und Heizungstechnikbereich durch (Mehrfachantworten waren erlaubt). Die Betriebsgrößen spiegeln die Verteilung der Unternehmensgrößen im Handwerksbereich wieder. Die Befragten konnten eine oder mehrere Aufgaben nennen, die sie in ihren Betrieben wahrnehmen: die überwiegende Mehrzahl der Antworten stammt von Inhabern, Teilhabern oder Geschäftsführern der Betriebe sowie von Mitarbeitern im TKD.

Den Befragten wurde die Lösung aus ihrer Perspektive als „elektronisches Werkzeug für den TKD" dargestellt, das ihre Arbeit mobil mit Informationen unterstützt. Sie wurden aufgefordert, ihre Anforderungen an das Werkzeug und im Anschluss ihre Nutzungsabsicht zu benennen. Das untere rechte Diagramm in Abb. 2 zeigt das Ergebnis: die überwiegende Mehrzahl der Befragten attributierte ihre Nutzungsabsicht mit „ziemlich wahrscheinlich" oder sogar „ganz sicher". Obschon allein durch die absolute Zahl von rund 100 Befürwortern ein Bedarf nach einer Lösung zur hybriden Wertschöpfung im SHK-Bereich damit als belegt betrachtet werden kann, steht im Mittelpunkt der empirischen Untersuchung vor allem die Frage, welche Einflussfaktoren die Nutzungsabsicht bedingen. Werden solche Einflussfaktoren z.B. in größeren, populationsbeschreibenden Studien erhoben, erlaubt die Kenntnis solcher Zusammenhänge eine Bedarfsschätzung. Sie sind daher Gegenstand der folgenden Teilabschnitte.

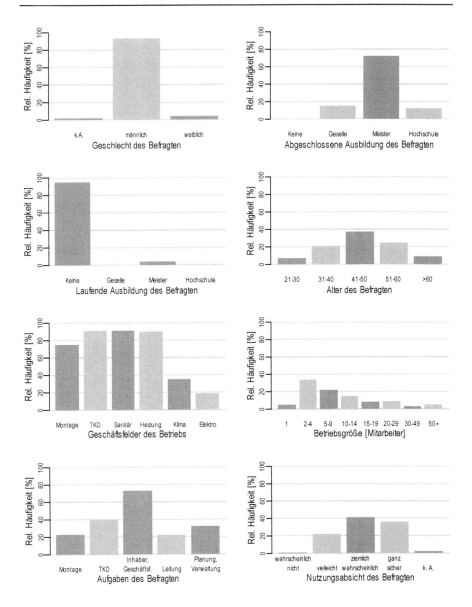

Abb. 2. Zusammensetzung der Stichprobe der quantitativen Hauptstudie

2.3   Demografische Faktoren

Da die Stichprobe fast ausschließlich aus männlichen Befragten besteht, die ihre Ausbildung bereits abgeschlossen haben, wird auf eine Differenzierung nach Geschlecht und laufender Ausbildung verzichtet. Den Einfluss der übrigen beiden persönlichen demografischen Merkmale, d. h. Alter und Bildungsabschluss, auf die Nutzungsabsicht zeigt der obere Teil von Abb. 3: in beiden Fällen ist kein signifikanter Einfluss festzustellen. Die unteren beiden Diagramme zeigen die Nutzungsabsicht der Befragten nach Größe des Unternehmens, in dem sie tätig sind, bzw. der Anzahl an TKD-Monteuren in jeweiligen Unternehmen. Auch hier sind keine signifikanten Einflüsse zu verzeichnen, bzw. erlauben die geringen Fallzahlen in einzelnen Kategorien, >10 TKD-Monteure, keine Rückschlüsse. Ein Zusammenhang zwischen demografischen Faktoren und der Nutzungsabsicht konnte daher nicht ermittelt werden.

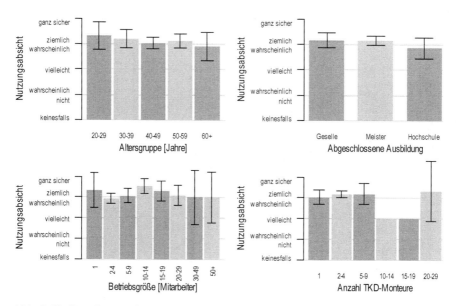

Abb. 3. Einfluss demografischer Faktoren auf die Nutzungsabsicht der Befragten

2.4   Hilfsmittel im TKD

Als ein für die Nutzungsabsicht möglicherweise ausschlaggebender Faktor wurde während der Vorstudie unter anderem die Erfahrung der Befragten mit den bereits verfügbaren Hilfsmitteln angenommen. Die Teilnehmer der Umfrage wurden daher unter anderem zur Häufigkeit, mit der sie verschiedene Hilfsmittel im TKD einsetzen, sowie zu ihrer Zufriedenheit unter bestimmten Aspekten befragt. Im Rahmen der Vorstudie wurde eine Menge von zehn Hilfsmitteln identifiziert, die in der Praxis überwiegend zum Einsatz kommen:

- *Anleitungen* sind die klassische Form der Informationsunterstützung und papierbasiert in Buch- oder Heftform sowie als digitale Dokumente verfügbar. Ein inhaltlicher oder funktionaler Unterschied besteht zwischen digitalen und papierbasierten Varianten in der Regel nicht. Der Transportaufwand ist bei digitalen Dokumenten zwar geringer, dafür setzt der Zugriff darauf einen geeigneten Computer oder Laptop sowie entsprechende IT-Kenntnisse voraus.

- *Ersatzteilkataloge (ETK)* beinhalten ein Verzeichnis aller Teile, aus denen eine Produktreihe besteht, inklusive Abbildungen, z. B. Explosionszeichnungen. Sie sind sowohl papierbasiert als auch digital verfügbar. Die digitalen Varianten zeichnen sich unter anderem durch interaktive Benutzerführung aus, wodurch der Anwender z. B. ein Produkt anhand verschiedener Merkmale selektieren und danach durch seine Erzeugnisgliederung navigieren kann. Um diese Vorteile nutzen zu können, sind neben grundlegenden IT-Kenntnissen allerdings auch ein Computer oder Laptop erforderlich, auf dem die Kataloganwendung ausgeführt werden kann. Daher ist bei der Nutzung des digitalen ETK noch einmal zwischen stationärer Nutzung am PC und mobiler Nutzung am Laptop zu unterscheiden.

- *Serviceordner* fassen papierbasierte Dokumentationen (Anleitungen, ETK) zu einem Produkt oder einer Produktreihe zusammen. Sie werden nicht nur von den Herstellern abgegeben, sondern zum Teil auch von den Kundendiensttechnikern selbst aus Einzeldokumenten zusammengestellt.

- *Hotlines der Hersteller* sind in der Regel zu den gängigen Arbeitszeiten (werktags, tagsüber) telefonisch erreichbar und stellen dem TKD fernmündlich Informationen zur Verfügung, sind aber naturgemäß auf die Sprache als Medium beschränkt.

- *Diagnosegeräte* sind in der Regel herstellerspezifische Instrumente, die in der Fehlerdiagnose und bei Einstellarbeiten zum Einsatz kommen. Verfügt das Instandhaltungsobjekt über eine kompatible Diagnoseschnittstelle, kann das Diagnosegerät daran angeschlossen werden und erlaubt dem Bediener die Abfrage von Betriebsdaten und die Einstellung bestimmter Betriebsparameter. Immer mehr Produkte werden allerdings auch mit einer Geräteelektronik ausgestattet, die selbst über eine Anzeige, Fehlerdiagnosefunktionen und Einstellmöglichkeiten verfügt. An ihre Grenzen stoßen diese Lösungen jedoch unter anderem schon bei physischen Defekten, die von der Elektronik nicht genau lokalisierbar sind. Wird z. B. ein Sensordefekt festgestellt, kommen nicht nur der Sensor selbst, sondern auch alle Verbindungen bis hin zur Geräteelektronik als Fehlerursachen infrage, eine manuelle Diagnose bleibt mithin unverzichtbar.

- *Beratung mit Kollegen* trägt dem Umstand Rechnung, dass TKD-Wissen insbesondere Erfahrungswissen ist und als solches in den Köpfen der Kundendiensttechniker steckt. Eine Option zur Informationsbeschaffung ist daher die Abfrage dieses Wissens im persönlichen oder telefonischen Gespräch mit TKD-Kollegen.

- *Websites der Hersteller* bieten Fachkunden in der Regel geschlossene, auf den jeweiligen Benutzer personalisierte Bereiche, in denen Sie unter anderem Informationen für Wiederverkäufer und den TKD nachschlagen und auf aktuelle digitale Produktdokumentationen zugreifen können.

Neben diesen Alternativen hatten die Befragten auch die Möglichkeit, eigene Hilfsmittel zu ergänzen, was zwar vereinzelt genutzt wurde, letztlich aber nur Synonyme für die bereits aufgeführten Hilfsmittel hervorbrachte. Die Auswertung orientiert sich daher an den bereits genannten Hilfsmitteln.

Abb. 4 zeigt die Ergebnisse für die Gesamtheit der Befragten, die zwischen den verschiedenen Hilfsmitteln zum Teil signifikante Unterschiede in der Nutzungshäufigkeit aufweist. Die relativ schmalen 95%-Konfidenzintervalle zeigen darüber hinaus, dass die abgegebenen Antworten insgesamt nicht sehr breit gestreut sind, d.h. die Befragten ein weitgehend ähnliches Nutzungsverhalten zeigen. Die Gesamtzufriedenheit mit den Hilfsmitteln bewegt sich im Indifferenzbereich und weist ebenfalls keine hohe Streuung auf.

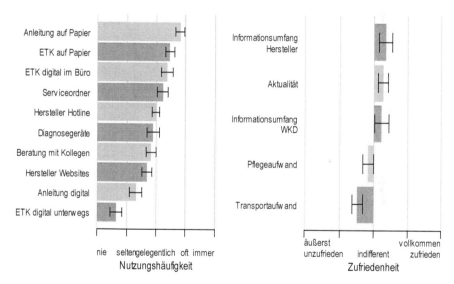

Abb. 4. Nutzungshäufigkeit von und Zufriedenheit mit TKD-Hilfsmitteln

2.4.1   Nutzungshäufigkeit von und Zufriedenheit mit bestehenden Hilfsmitteln als Einflussfaktoren auf die Nutzungsabsicht

Neben dieser obligatorischen univariaten Auswertung wurde auch der bivariate Zusammenhang zwischen Hilfsmittelnutzung und Zufriedenheit ermittelt. Dazu wurde für jede Kombination von Hilfsmittel und Zufriedenheitsaspekt ihre *Produkt-Moment-Korrelation* $-1 \leq r \leq +1$ berechnet, die Richtung und Stärke des Zusammenhangs angibt (Bortz 2005). Positive r bedeuten dabei, dass mit häufigerer Nutzung des jeweiligen Hilfsmittels auch der jeweilige Zufriedenheitsaspekt höher bewertet wurde, negative r entsprechend das Gegenteil. Je näher r an 1 bzw. -1 liegt, umso stärker ist der Effekt ausgeprägt. Ergänzend dazu gibt der Wert P das Signifikanzniveau des Ergebnisses an, d.h. die Irrtumswahrscheinlichkeit. Beschränkt man diese auf 5% ($P \leq 0{,}05$), verbleibt nur eine signifikante Korrelation: die Nutzungshäufigkeit der Herstellerhotlines korreliert positiv mit der Zufriedenheit hinsichtlich Aktualität. Dies ist insofern verständlich, als dass die Hotlines in der Regel nur aktuelle Informationen zur Verfügung stellen.

Betrachtet man die Korrelationen zwischen Nutzungshäufigkeiten von bzw. Zufriedenheit mit Hilfsmitteln einerseits und der Nutzungsabsicht andererseits unter den gleichen Annahmen ($P \leq 0{,}05$), so wird der Pflegeaufwand als signifikanter Einflussfaktor sichtbar: Unzufriedenheit mit diesem Aspekt geht einher mit einer hohen Nutzungsabsicht hinsichtlich der in PIPE entwickelten Lösung.

2.4.2   Identifizierung charakteristischer Nutzerprofile

Wenngleich die Nutzungshäufigkeiten der verschiedenen Hilfsmittel insgesamt nicht sehr stark um die Mittelwerte streuen, ist dennoch für die Auswertung von Interesse, ob sich die vorhandene Streuung zum Teil durch unterschiedliche Nutzerprofile erklären lässt. Über die bereits betrachteten Zusammenhänge hinaus werden die Antworten daher im Folgenden mithilfe einer Clusterzentrenanalyse dahingehend untersucht, ob bestimmte Gruppen von Befragten (so genannte *Cluster*) erkennbar sind, die sich durch ein charakteristisches Nutzungsverhalten auszeichnen (Bortz 2005). Abb. 5 zeigt die Ergebnisse: da im Struktogramm nach dem Elbow-Kriterium kein konklusiver Anhaltspunkt für die Zahl zu differenzierender Gruppen erkennbar war, wurde ihre Anzahl über das im linken Teil der Abb. gezeigte Dendrogramm auf drei festgelegt (waagerechte Markierung). Eine anschließende Clusteranalyse nach dem *k-means-Verfahren* ergab die im rechten Abbildungsteil dargestellten Clusterzentren, die die Nutzergruppen charakterisieren. Die Größe der Kreise symbolisiert dabei, wie häufig eine Gruppe die verschiedenen Hilfsmittel nutzt. Die drei identifizierten Gruppen lassen sich wie folgt charakterisieren:

- *Papiernutzer* sind in der Stichprobe am häufigsten vertreten und zeichnen sich durch die überwiegende Nutzung klassischer Unterstützungsformen aus: sie bevorzugen vor allem die papierbasierte Dokumentation in Form von Serviceordnern, Anleitungen und Ersatzteilkatalogen (ETK) sowie die Beratung mit Kollegen und Diagnosegeräte.

- *IT-Nutzer* nutzen vor allem digitale Medien. Die von den Papiernutzern bevorzugten klassischen Hilfsmittel sind für sie zweitrangig, mit Ausnahme der Hersteller-Hotlines und der Diagnosegeräte.

- *Wenignutzer* verzichten weitgehend auf Hilfsmittel und wenden sich bei Bedarf, aber vergleichsweise selten, überwiegend direkt an die Hotline des Herstellers.

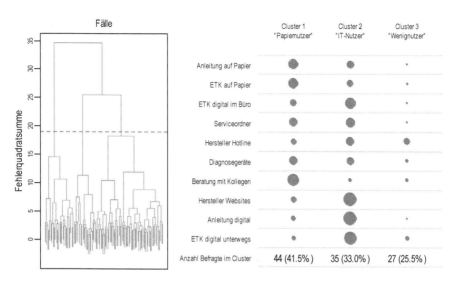

Abb. 5. Ergebnisse der Clusterzentrenanalyse zur Nutzung von TKD-Hilfsmitteln

Insbesondere im Zusammenhang mit der Abgrenzung von „Papiernutzern" und „IT-Nutzern" wurde in den Interviews während der Vorstudie häufig die Vermutung geäußert, dass zwischen beiden Gruppen ein signifikanter Altersunterschied bestehe: die „Jüngeren", die mit Informationstechnologie aufgewachsen seien, würden sie selbstverständlicher und häufiger nutzen als die „Älteren", die sich damit eher schwer täten. Die Untersuchungsergebnisse bestätigen diese Hypothese indes nicht: die Papiernutzer sind mit durchschnittlich 46,5 Jahren nur geringfügig älter als die IT-Nutzer mit durchschnittlich 42,2 Jahren. Auch die Nutzungsabsicht unterscheidet sich zwischen den drei Gruppen nicht: alle drei bezeichnen sie im Mittel ungefähr als „ziemlich wahrscheinlich".

2.5 IT-Affinität

2.5.1 Persönliche IT-Nutzung

Unter dem Stichwort der „EDV-Nutzung" wurden die Teilnehmer zu Art und Häufigkeit befragt, mit denen sie bzw. ihr Unternehmen Informationstechnologie einsetzen. Zunächst stand die persönliche Nutzung durch die Befragten im Mittelpunkt: sie sollten die Häufigkeit, mit der sie Computer und Internet privat und beruflich nutzen, auf einer nicht äquidistanten 4-Punkt-Skala von „jeden oder fast jeden Tag" über „mindestens einmal pro Woche", „mindestens einmal pro Monat" bis hin zu „seltener als einmal pro Monat" einordnen. Obschon die Skala aus methodischer Sicht keine feingranulare Unterscheidung der Nutzungshäufigkeit oder eine Mittelwertbildung erlaubt, wurde sie in der Vorstudie als geeignet erachtet, da davon auszugehen war, dass die Befragten mit einer Angabe von Nutzungstagen je Woche oder Monat überfordert gewesen wären und keine oder eine nur unzutreffende Schätzung abgegeben hätten (Bortz und Döring 2006). Zur bivariaten Auswertung werden die drei Klassen von „mindestens einmal pro Woche" bis zu „seltener als einmal pro Monat" zusammengefasst, da sie im Vergleich zur Klasse „täglich oder fast täglich" geringe Fallzahlen aufweisen. Die so entstehende *künstliche Dichotomie* (Bortz und Döring 2006) reduziert die Unterscheidung auf (fast) tägliche Nutzung einerseits und seltenere Nutzung andererseits.

Darüber hinaus konnte der Fragebogen entweder in Papierform oder online über Internet ausgefüllt werden. Auf der Papierversion wurde deutlich darauf hingewiesen, wie die Umfrage über Webbrowser auszufüllen sei, sodass davon auszugehen ist, dass auch diejenigen Befragten, die nur den Papierfragebogen erhielten, die Möglichkeit hatten, ihre Antworten über Internet abzugeben. Die Form der Antwort (papierbasiert per Post oder Fax bzw. online über Internet) wird daher ebenfalls als Indikator für die IT-Affinität herangezogen. 77 (61,6%) der Befragten gaben ihre Antwort papierbasiert, 48 (38,4%) online ab.

Die potenziellen Einflussfaktoren aus dem Bereich der persönlichen IT-Affinität der Befragten sind folglich durchweg dichotom, sodass zur Bestimmung ihres Einflusses auf die Nutzungsabsicht die *punktbiseriale Korrelation* (Bortz 2005) herangezogen wird. Die Ergebnisse weisen allerdings keinerlei signifikante Korrelation auf, d.h. ein Zusammenhang zwischen dem Grad der IT-Nutzung der Befragten und ihrer Nutzungsabsicht kann durch die Untersuchung nicht nachgewiesen werden.

2.5.2 Betriebliche IT-Nutzung

Neben der persönlichen IT-Nutzung der Befragten wurde auch erhoben, in welcher Weise die Betriebe, denen sie angehören, Informationstechnologie nutzen. Der Einsatz einer kaufmännischen Software zur Angebots- und Rechnungsstellung ist hier der Regelfall – die Mehrzahl der Befragten konnte auch Hersteller und Produkt benennen. Seltener wird sie für die Buchhaltung und zur Erfassung von Arbeitsberichten des TKD eingesetzt. Als weitere Nutzungsformen kaufmännischer Software ergänzten die Befragten „Lohn- und Gehaltsabrechnung", „Mahnwesen", „Briefe", „Planung und Energieberatung" sowie „Zeiterfassung". Zur Internetnutzung ihrer Betriebe gaben etwa zwei Drittel der Befragten das Vorhandensein einer Firmenhomepage an. E-Mail nutzen die Betriebe vor allem zur Kommunikation mit Kunden, seltener auch zur Kommunikation mit dem TKD oder innerhalb des Büros. Unter „sonstige Internetnutzung" ergänzten einige Befragte darüber hinaus „Lieferanten" bzw. „Bestellwesen", „Hotline" sowie „Ehrenämter".

Einen breiten Gestaltungsspielraum zur Nutzung von Informationstechnologie bietet die Abwicklung der Auftragsübermittlung an die TKD-Monteure. Aufträge werden üblicherweise im Rahmen einer Tourenplanung angelegt (Harms 1999) und müssen dem zuständigen TKD-Monteur anschließend übermittelt werden. Da die Planung in der Regel am Firmensitz des SHK-Betriebs stattfindet, der TKD aber am Ort des Kunden tätig wird, muss diese Disposition eine räumliche Distanz überbrücken. Dazu können entweder die Auftragsinformationen an den Ort des

TKD-Monteurs übertragen werden, oder der TKD-Monteur muss sich an den Pla-nungsort, d.h. den SHK-Betriebssitz, begeben, um Aufträge entgegenzunehmen. Aufträge können darüber hinaus in Papierform als so genannter *Auftragszettel*, in digitaler Form oder sogar nur als mündliche Anweisung existieren. Durch die Vielzahl möglicher Lösungskombinationen wird die Häufigkeit, in der verschie-dene ausgewählte Dispositionsformen genutzt werden, ebenfalls als Indikator für die betriebliche IT-Nutzungsintensität herangezogen. Abb. 6 veranschaulicht die Ergebnisse: die mit Abstand häufigste Form der Disposition ist der traditionelle Auftragszettel, den der Kundendiensttechniker im Büro erhält, ersatzweise über-mittelt das Büro Aufträge auch telefonisch an Kundendiensttechniker, die unter-wegs sind. Telefonische Auftragserteilung durch Kunden direkt an den TKD ist eher unüblich, ebenso wie die Anforderung eines Rückrufs durch den TKD per Kurznachricht aufs Mobiltelefon. Eine internetbasierte Disposition findet in der Regel nicht statt. Die zu Kontrollzwecken aufgeführte, äußerst unrealistische Dis-positionsform, einen Auftragszettel per Post an die Privatadresse des TKD-Mon-teurs zu schicken, wurde von den Befragten wie vorgesehen nahezu gänzlich aus-geschlossen.

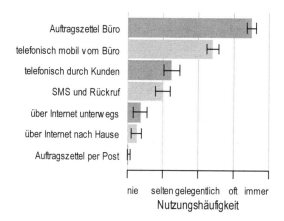

Abb. 6. Häufigkeit verschiedener Formen der Auftragsübermittlung an Kundendienst-techniker

Der Einfluss des betrieblichen IT-Nutzungsgrads auf die Nutzungsabsicht der Befragten wird für die dichotomen Merkmale mit einer punktbiserialen und für die intervallskalierten Häufigkeiten der Dispositionsarten mit einer Produkt-Moment-Korrelation ermittelt. Als signifikant ($P \leq 0,05$) erweist sich dabei ausschließlich die negative Korrelation zwischen der Nutzungsabsicht und der Verwendung einer kaufmännischen Software zur Rechnungsstellung. Insgesamt ist kein Zusammen-hang zwischen der betrieblichen IT-Nutzung und der Nutzungsabsicht erkennbar.

2.6   Ökonomische TKD-Aspekte

Unter dem Schlagwort „Wirtschaftlichkeit des TKD" wurden die Befragten aufgefordert, sowohl Erfolgsbeitrag des TKD zum und seinen Umsatzanteil am Be-
triebsergebnis als auch verschiedene Kostenfaktoren, z.B. Mehrfachbesuche und
Telefonate zur Informationsbeschaffung, zu schätzen. Insgesamt sehen die Befragten den TKD als Quelle „leichter Gewinne". Zieht man näherungsweise die Klas-
senmitten zur Mittelwertbildung heran, wird dem TKD ein Umsatzanteil von rund
30 % zugesprochen. Um Informationen zu erhalten, die sie für ihre Arbeitsausführung benötigen, telefonieren die Kundendiensttechniker im Durchschnitt rund
zwei Stunden pro Woche und verwenden 4,5 Arbeitstage pro Jahr für Schulungen.

Die Ergebnisse zu den übrigen Kostenfaktoren zeigt Abb. 7. Am häufigsten entstehen Kosten durch Mehrfachbesuche, da das zugrundeliegende Problem beim
ersten TKD-Einsatz nicht gelöst werden konnte und der TKD wiederholt anrücken
muss. Zwar lassen sich bei bestimmten Problemstellungen Mehrfachbesuche prin-
zipbedingt nicht ausschließen, da z.B. eine inkrementelle Problembehebung in
mehreren Schritten vorgenommen wird, generell sind die SHK-Betriebe aber be-
strebt, die Mehrfachbesuchsrate zu minimieren, da die Kunden in der Regel erwarten, dass ihr Problem mit einem Einsatz gelöst wird. Sind Mehrfachbesuche im
Zuge von Nachbesserungen notwendig, sinkt die Kundenzufriedenheit deutlich,
und nicht selten erachtet es der SHK-Betrieb dann als notwendig, dem Kunden
zum Erhalt der Geschäftsbeziehung preislich entgegenzukommen. Darüber hinaus
können SHK-Betriebe auch die Werkskundendienste (WKD) der Hersteller anfor-
dern, was am häufigsten bei Reparaturen genutzt wird. Außerhalb der Gewährleis-
tungsfrist, nach dem Kauf eines SHK-Produkts, während der der WKD bei Störungen automatisch und unentgeltlich tätig wird, entstehen beim Einsatz des WKD
ebenfalls Kosten.

Abb. 7. Kostenfaktoren des TKD

Welchen Einfluss die genannten ökonomischen Faktoren auf die Nutzungsabsicht der Befragten haben, wurde mithilfe der Produkt-Moment-Korrelationen bestimmt. Als einziger signifikanter Faktor hat sich hier der Erfolgsbeitrag des TKD
herausgestellt, der positiv mit der Nutzungsabsicht korreliert. Weitere Zusammenhänge wurden im Bereich der ökonomischen TKD-Aspekte nicht gefunden.

3   Zusammenfassung

Obschon die absolute Teilnehmerzahl von N = 125 an der Umfrage im Vergleich zur Zahl der im SHK-Bereich Beschäftigten gering erscheinen mag, kann gerade die starke Befürwortung von Teilnehmern mit Geschäftsführungs-, Leitungs- und TKD-Aufgaben als Beleg für einen Bedarf nach einer Lösung zur hybriden Wertschöpfung gewertet werden. Zudem wird das Thema der Befragung trotz seiner zielgruppengerechten Aufbereitung im Fragebogen von den Domänenexperten, die an der Vorstudie teilnahmen, als eher visionär eingestuft – viele Praktiker, so die Experten, würden sich erst beim Vorliegen einer konkreten Implementierung mit einer solchen Lösung auseinandersetzen.

Ebenfalls aus diesem Grund beschränkte sich die empirische Untersuchung auch auf operative Aspekte der TKD-Unterstützung. Als einziger weitergehender Aspekt der hybriden Wertschöpfung wurde die Bereitschaft der Befragten, Informationen an den Hersteller zurückzugeben, erhoben. Fast 90 % der Befragten geben hier an, manche Hersteller aktiv auf technische Probleme anzusprechen: eine grundlegende Bereitschaft, den Lebenszyklus des hybriden Produkts durch Bereitstellen von Informationen zu unterstützen, kann daher angenommen werden.

Dass die Teilnehmer der Untersuchung ihre Nutzungsabsicht überwiegend als „ziemlich wahrscheinlich" bzw. „ganz sicher" einstuften, ist aus Sicht des Projekts PIPE zwar prinzipiell positiv, erschwert aber die Identifikation von Determinanten der Nutzungsabsicht – es fehlt schlicht an ausreichend vielen Gegenbeispielen. Dennoch konnte zumindest die Unzufriedenheit mit dem Pflegeaufwand bei bestehenden Hilfsmitteln schon als signifikanter Einflussfaktor ermittelt werden. Darüber hinaus gibt die Erhebung der Nutzungshäufigkeit bestehender TKD-Hilfsmittel und die Identifikation der drei Nutzergruppen einen deutlichen Hinweis darauf, dass eine mit der in PIPE entwickelten vergleichbare Lösung offenbar noch nicht existiert – insbesondere, da auch die teilnehmenden „IT-Nutzer" nicht auf eine solche hingewiesen haben.

4   Literatur

Bortz J (2005) Statistik : für Human- und Sozialwissenschaftler. 6. Aufl, Springer Medizin, Heidelberg

Bortz J, Döring N (2006) Forschungsmethoden und Evaluation : für Human- und Sozialwissenschaftler. 4. Aufl, Springer, Heidelberg

Harms V (1999) Kundendienstmanagement : Dienstleistung, Kundendienst, Servicestrukturen und Serviceprodukte, Aufgabenbereiche und Organisation des Kundendienstes. Verlag Neue Wirtschafts-Briefe, Herne

Mayerhofer W (2007) Das Fokusgruppeninterview. In Buber R, Holzmüller H (Hrsg) Qualitative Marktforschung : Konzepte – Methoden – Analysen. Gabler, Wiesbaden, 477–490

Pech A, Jens K (2005) Heizung und Kühlung. 1. Aufl, Springer, Wien

Pech A, Jens K (2006) Lüftung und Sanitär. 1. Aufl, Springer, Wien

R Development Core Team (2009) R: A Language and Environment for Statistical Comput-
ting. http://www.r-project.org, abgerufen am 25.08.2009

Rudolph M, Wagner U (2008) Energieanwendungstechnik : Wege und Techniken zur effi-
zienteren Energienutzung. Springer, Berlin

Schramek ER, Recknagel H, Sprenger E (2007) Taschenbuch für Heizung + Klimatechnik :
einschließlich Warmwasser- und Kältetechnik. Oldenbourg Industrieverlag, München

Srnka KJ (2007) Integration qualitativer und quantitativer Forschungsmethoden. Marketing
: Zeitschrift für Forschung und Praxis 29(4):247–260

Statistisches Amt der Europäischen Kommission (Eurostat) (Hrsg) (2006) Statistische Systematik der Wirtschaftszweige in der Europäischen Gemeinschaft (NACE), Rev. 2

Thomas O, Walter P, Loos P, Schlicker M, Leinenbach S (2006) Mobile Anwendungssysteme für effiziente Dienstleistungsprozesse im technischen Kundendienst. In Hochberger C, Liskowsky R (Hrsg) Informatik 2006: Informatik für Menschen ; Band 1 : Beiträge der 36. Jahrestagung der Gesellschaft für Informatik e.V. (GI) ; 2. bis 6. Oktober
2006 in Dresden. Köllen, Bonn, 202–207

Walter P, Blinn N, Schlicker M, Thomas O (2009) IT-gestützte Wertschöpfungspartnerschaften zur Integration von Produktion und Dienstleistung im Maschinen- und Anlagenbau. In Hansen HR, Karagiannis D, Fill H-G (Hrsg) Business Services: Konzepte,
Technologien, Anwendungen : 9. Internationale Tagung Wirtschaftsinformatik, 25.-27.
Februar 2009, Wien. Band 1. Wien, Österreichische Computer Gesellschaft, 389–398

Walter P, Schlicker M (2007) Gefragt: die Meinung des Kundendienstmanns : Praxisnahe
Software-Entwicklung. SI Informationen (5):90

Zentralverband SHK Deutschland (Hrsg) (2008) Jahresbericht 2008, St. Augustin

Teil II:
Methoden
und Modelle

Konstruktion und Anwendung einer Entwicklungsmethodik für Product-Service Systems

Oliver Thomas, Philipp Walter und Peter Loos

Dieses Kapitel beschreibt eine Entwicklungsmethodik für Product-Service Systems (PSS). Mit ihrer Hilfe werden zunächst die Eigenschaften eines PSS, die das Verhalten kennzeichnender Sach- und Dienstleistungskomponenten beschreiben, systematisch aus Kundenanforderungen abgeleitet. Aus den PSS-Eigenschaften werden anschließend die Struktur und die strukturbeschreibenden Merkmale des PSS entwickelt. Charakteristisch für diese Methodik ist, dass die Erfüllung einer kundenseitig geforderten Eigenschaft nicht von vornherein entweder an eine Sach- oder eine Dienstleistungskomponente geknüpft ist. Diese Zuordnung ergibt sich erst während des Entwicklungsprozesses des PSS. Durch den vorgestellten Ansatz, der am Beispiel der Sanitär-, Heizungs- und Klimabranche illustriert wird, werden bestehende Ansätze der materiellen Produktentwicklung und der systematischen Entwicklung von Dienstleistungen adäquat integriert.[15]

1 Einleitung

Die Dichotomie von Sach- und Dienstleistungen ist heutzutage überwunden. Absatzobjekte, die am Markt von Unternehmen angeboten werden, stellen in der Regel Leistungsbündel dar (Shostack 1977; Engelhardt et al. 1993). Die Teilleistungen dieser Leistungsbündel kommen einerseits auf der Basis eines vordisponierten Leistungspotenzials in unterschiedlichem Ausmaß durch die Integration externer Faktoren (Personen, Nominalgüter oder Informationen) in den Leistungserstellungsprozess zustande (Scharitzer 1993, S. 94 ff.; Corsten 2001, S. 22), sie sind andererseits durch unterschiedlich hohe Anteile von immateriellen und materiellen Komponenten im Leistungsergebnis charakterisiert (Kleinaltenkamp 2001, S. 38).

---

[15] Bei diesem Beitrag handelt es sich um eine überarbeitete Fassung des Journalbeitrags „Thomas O, Walter P, Loos P (2008) Product-Service Systems: Konstruktion und Anwendung einer Entwicklungsmethodik. Wirtschaftsinformatik 50(3):208–219", herausgegeben von H. Krcmar und J. Becker als Sonderheft „Integration von Produkt und Dienstleistung – Hybride Wertschöpfung".

O. Thomas et al. (eds.), *Hybride Wertschöpfung*,
DOI 10.1007/978-3-642-11855-5_4, © Springer-Verlag Berlin Heidelberg 2010

Zur Beschreibung der integrativen Betrachtung von Sach- und Dienstleistungen aus Anbieter- und Entwicklungssicht haben sich in den verschiedenen Wissenschaftsdisziplinen unterschiedliche Begriffe etabliert. So findet man in der betriebswirtschaftlichen Literatur – neben dem bereits genannten „Leistungsbündel" – bspw. die Termini „Compack" (complex package) (Bressand 1986), „Leistungssystem" (Belz et al. 1991) und „Verbundsystem" (Corsten und Gössinger 2007). In den Ingenieurwissenschaften spricht man von „kovalenten Produkten" (Weber et al. 2002) oder von „Servicification" bzw. „Post Mass Production Paradigm" (Tomiyama 2002). In der deutschsprachigen Betriebswirtschaftslehre und Wirtschaftsinformatik scheint sich – aktuell beeinflusst durch die Terminologie des BMBF-Förderkonzepts „Innovation mit Dienstleistungen" und des Programms „Rahmenkonzept Forschung für die Produktion von morgen" – der Begriff „hybrides Produkt" durchzusetzen (Korell und Ganz 2000; Zahn et al. 2004; Schenk et al. 2006; Kersten et al. 2006; Böhmann und Krcmar 2006; Thomas et al. 2007), synonym wird gelegentlich auch von einem „hybriden Leistungsbündel" gesprochen (z. B. Meier et al. 2005). Dieses Begriffsverständnis widerspricht allerdings demjenigen der Technik, in der unter hybriden Produkten im Allgemeinen mechatronische Produkte verstanden werden (z. B. Heimann et al. 2007). Da in diesem Kapitel darüber hinaus eine entwicklungsorientierte Perspektive eingenommen werden soll, wird der ingenieurwissenschaftlich geprägte Begriff „Product-Service System" (PSS) verwendet (Goedkoop et al. 1999; Masselter und Tischner 2000; Mont 2000; Ehrenfeld 2001; Manzini et al. 2001; Mont 2004; Steinbach 2005; Aurich et al. 2006; Botta 2007).

Unabhängig der von den Autoren verwendeten Terminologie herrscht über die Einsatzmöglichkeiten und den ökonomischen Nutzen von PSS in der Literatur weitgehend Einigkeit (Ehrenfeld 2001; Tomiyama 2002; Tan et al. 2006). Gleichwohl sind in der Literatur kaum Ansätze zur integrierten Entwicklung von Sach- und Dienstleistungen zu finden. Es wird unter anderem argumentiert, es bestehe noch keine konkrete Nachfrage nach PSS als integrierte Lösung eines Kundenproblems (Mont 2000, S. 1) bzw. mit PSS ließen sich insbesondere in der industriellen Produktion noch keine entscheidenden Wettbewerbsvorteile erzielen (Steinbach 2005, S. 2). Die Tatsache, dass der wirtschaftliche Erfolg eines Angebots maßgeblich von dessen Konzeption und kundenindividueller Gestaltung abhängt, wird damit vernachlässigt. Als eine der zentralen Herausforderungen für Product-Service Systems ist daher deren systematische Entwicklung und kontinuierliche Verbesserung anzusehen. Benötigt wird daher eine Methodik, welche die Entwicklung, Produktion und Nutzung von PSS unterstützt.

Eine solche Methodik wird in dem vorliegenden Kapitel, im Anschluss an eine kritische Würdigung des Forschungsstands (Abschnitt 2), konstruiert (Abschnitt 3) und in der Sanitär-, Heizungs- und Klimabranche beispielhaft angewendet (Abschnitt 4). Das Kapitel schließt mit einem Ausblick auf zukünftige Forschungsfragen (Abschnitt 5).

2 Stand der Forschung

2.1 Produktentwicklung

Produktentwicklungsprozesse, d. h. zusammenhängende Abfolgen von Aktivitäten zur Produktentwicklung, sind durch Kreativität gekennzeichnet und weisen aufgrund ihrer Vielfältigkeit und ihrer Abhängigkeit vom menschlichen Urteilsvermögen eine hohe Komplexität auf. Zur „Beherrschbarmachung" dieser Komplexität haben sich in der Konstruktionslehre seit Jahrzehnten Vorgehensmodelle etabliert (vgl. die Übersichten bei Hubka und Eder 1992; Pahl et al. 2005). Sie beruhen auf der Idee des Produktlebenszyklus und werden als ein Rahmenkonzept verstanden, dem jede Produktentwicklung folgen soll. Sie dienen der zeitlichen und logischen Strukturierung der durchzuführenden Aktivitäten innerhalb der Entwicklungs- und Einsatzphasen von Produkten, der Zuordnung von Mitarbeitern zu diesen Aktivitäten sowie der Beschreibung der zu erzielenden Ergebnisse. Als ein De-facto-Standard hat sich insbesondere im deutschsprachigen Raum die VDI-Richtlinie 2221 etabliert (VDI-Gesellschaft Entwicklung Konstruktion Vertrieb 1993).

Vorgehensmodelle der Produktentwicklung – auch als Konstruktions- oder Entwicklungsmethodiken bezeichnet – haben sich in der ingenieurwissenschaftlichen Literatur in den letzten Jahren kaum verändert. Sie berücksichtigen in der Regel ausschließlich technische Systeme; ein Bezug zur Entwicklung von Dienstleistungen wird nur selten hergestellt (Gausemeier 2000, S. 15).

2.2 Dienstleistungsentwicklung

Für die Entwicklung und Gestaltung von Dienstleistungen wird die Übertragung von Methoden aus dem industriellen Sektor seit langem diskutiert (Carp 1974; Altenburger 1980; Corsten 1985). Die systematische Entwicklung von Dienstleistungen hat sich jedoch erst Mitte der 1990er-Jahre im deutschsprachigen Raum – parallel zum amerikanischen New Service Development (z. B. Scheuing und Johnson 1989; Edvardsson und Olsson 1996) – unter dem Begriff „Service Engineering" (z. B. DIN 1998; Bullinger und Scheer 2006) etabliert. Interdisziplinär ausgerichtet macht sich Service Engineering das aus den klassischen Ingenieurwissenschaften stammende Know-how der Produktentwicklung für die Entwicklung von Dienstleistungen nutzbar. Es wurden Modelle entwickelt, die eine systematische Vorgehensweise bei der Dienstleistungsentwicklung unterstützen sollen. Dabei lassen sich unter anderem lineare (Scheuing und Johnson 1989; Edvardsson und Olsson 1996) und iterative Vorgehensmodelle (Kingman-Brundage und Shostack 1991) unterscheiden; ein Standard zur branchenunabhängigen Entwicklung von Dienstleistungen wurde vom DIN (1998) vorgeschlagen. Eine Verbreitung der Methoden und Vorgehensmodelle ist jedoch lediglich in „reinen" Dienstleistungsunternehmen, in denen die Dienstleistung die Funktion der Hauptleistung übernimmt, zu erkennen (Hermsen 2000, S. 2).

2.3   Integrierte Entwicklung von Sach- und Dienstleistungen

Die Interpretation eines Produkts als eine Problemlösung, die durch das „Schnü-ren" von Leistungsbündeln aus bereits existierenden Sach- und Dienstleistungs-komponenten entsteht, ist seit geraumer Zeit ein bekanntes Konzept in Wissen-schaft und Praxis (Shostack 1977; Levitt 1976, 1980; Engelhardt et al. 1993; Lovelock 1994). Gleichwohl existieren nur wenige Ansätze, welche die integrative Betrachtung von Sach- und Dienstleistungen aus Entwicklungssicht berücksichti-gen.

Hermsen (2000) entwickelt auf Grundlage bereits existierender produktnaher Dienstleistungen in der Investitionsgüterindustrie ein Vorgehensmodell zu ihrer Variantenbildung auf Basis eines modularisierten Dienstleistungsbaukastens. Der Autor stellt die Transformationsschritte von den Kundenanforderungen zum Entwurf der abgewandelten Leistungen jedoch nicht dar und betrachtet die Funktionen, die von den Sach- bzw. Dienstleistungen erfüllt werden, als a prio-ri gegeben.

Auch Spath und Demuß (2001; 2006) gehen auf die integrierte Entwicklung von Sach- und Dienstleistungskomponenten hybrider Leistungsbündel ein. Dabei erfolgt die Entwicklung von Sach- und Dienstleistungen parallel auf der Basis ei-ner integrierten Anforderungsanalyse und Produktkonzeption, ohne dass jedoch die Zuordnung zwischen Produkteigenschaften und -komponenten erläutert wird.

Mont (2000; 2004) untersucht Voraussetzungen und Notwendigkeiten zur Ein-führung des Konzepts des Product-Service Systems in Unternehmen und identifi-ziert dabei Faktoren wie Unternehmenskultur und -philosophie oder gesetzliche Einflussnahme. Darüber hinaus untersucht die Autorin Umwelteigenschaften von PSS, geht aber nicht auf die integrierte PSS-Entwicklung ein.

McAloone et al. (Tan et al. 2006; McAloone 2006) erweitern klassische Pro-duktentwicklungsmethoden um die Betrachtung von PSS. In ihrem Ansatz betonen sie zwar die Betrachtung zweier Lebenszyklen zur Sach- und Dienstleistungsent-wicklung, sie beschränken deren Integration jedoch auf die Nutzungsphase der materiellen Komponente eines PSS. Eine Integration von Kundenanforderungen in frühe Phasen der PSS-Entwicklung sowie deren Aufteilung in Sach- und Dienst-leistungskomponenten finden nicht statt.

Botta, Steinbach und Weber (Weber et al. 2004a; Weber et al. 2004b; Steinbach et al. 2005; Steinbach 2005; Botta 2007) entwickeln mit dem Product-Service Sys-tems Engineering (PSSE) die bislang umfassendste Methode zur integrierten Ent-wicklung von hybriden Leistungsbündeln. PSSE basiert auf dem ursprünglich auf materielle Produkte ausgerichteten Property-driven Development (PDD) (Weber et al. 2003) und unterscheidet zwischen strukturbeschreibenden Merkmalen und ver-haltensbeschreibenden Eigenschaften einer Leistung (Andreasen 1995). Die Be-stimmung der PSS-Merkmale und -Eigenschaften erfolgt durch Iterationen von Synthese- und Analysephasen. Die Autoren veranschaulichen die von ihnen ge-meinsam entwickelte Methode aus Gründen der Verständlichkeit und Nachvoll-ziehbarkeit am Beispiel des PSS „Guter Schlaf" (Steinbach 2005, S. 208; Botta

2007, S. 128), in dem materielle und immaterielle Leistungen so konfiguriert werden, dass sie dem Kunden eine erholsame Nachtruhe sichern. Aufgrund seiner Einfachheit lässt das Beispiel jedoch kaum Schlüsse zu, inwiefern die PSSE-Methode sinnvoll auf Bereiche übertragbar ist, in denen Kunden komplexe integrierte Problemlösungen an Stelle der Lieferung einzelner Sach- oder Dienstleistungen verlangen.[16]

Aus dem Stand der Forschung lassen sich die folgenden Erkenntnisse über Entwicklungsmethodiken von PSS zusammenfassen:

1. Sowohl in der betriebswirtschaftlichen als auch in der ingenieurwissenschaftlichen Literatur besteht ein Konsens, dass ein PSS als eine Problemlösung anzusehen ist, mit dessen Eigenschaften Kundenanforderungen befriedigt werden. Ob diese Anforderungen durch seine Sach- oder Dienstleistungskomponenten erfüllt werden, ist zunächst zweitrangig und sollte sich erst im Laufe des Entwicklungsprozesses ergeben.

2. Sach- und Dienstleistungskomponenten eines PSS sind gleichberechtigt zu behandeln. Vorgehensmodelle, die a priori ein Schwergewicht auf die Entwicklung von entweder Sach- oder Dienstleistungen legen, können zur Entwicklung von PSS nicht adäquat eingesetzt werden.

3. In Analogie der Übertragung von Erkenntnissen der industriellen Produktentwicklung auf das Service Engineering betonen nahezu alle Autoren, dass die Qualität des Entwicklungsprozesses maßgeblichen Einfluss auf die Qualität eines PSS hat. Hieraus resultiert ein hoher Anspruch an die nachfolgend zu konstruierende Entwicklungsmethodik für PSS.

3 Konstruktion einer Entwicklungsmethodik für Product-Service Systems

3.1 Ordnungsrahmen der PSS-Entwicklungsmethodik

Der Ordnungsrahmen der PSS-Entwicklungsmethodik (vgl. Abb. 1) strukturiert die zur Entwicklung von PSS notwendigen Tätigkeiten in einer schlüssigen Abfolge. Er gibt Empfehlungen zu einer inkrementellen Entwicklung, d.h. die Konstruktion erfolgt schrittweise, wobei von Schritt zu Schritt das PSS-Produktmodell weiter ausgebaut wird. Der Ordnungsrahmen ist iterativ aufgebaut, wodurch ein wiederholtes Durchlaufen von Vorgängen oder Vorgangsfolgen gewährleistet wird. Entwickler und Kunde nähern sich auf diese Weise schrittweise in sich wiederholenden Aktivitäten der Lösung des zugrunde liegenden Problems.

---

[16] Einen detaillierten Überblick über die bei der Entwicklung von hybriden Produkten generell einsetzbaren Vorgehensmodelle geben Gräßle, Thomas und Dollmann, S. 82 ff., in diesem Band.

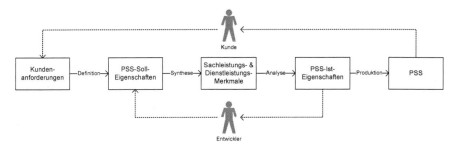

Abb. 1. Ordnungsrahmen der PSS-Entwicklungsmethodik

Der vorliegende Ansatz baut auf der PSSE-Methodik von Botta, Steinbach und Weber auf, insbesondere auf der aus dem PDD stammenden Unterscheidung zwischen strukturbeschreibenden Merkmalen und verhaltensbeschreibenden Eigenschaften. Die Merkmale definieren das PSS von konstruktiver Seite her und können vom Entwickler des PSS direkt festgelegt werden. Die PSS-Eigenschaften beschreiben das Produktverhalten und können von ihm nur indirekt beeinflusst werden.

Ein PSS wird in einem iterativen Prozess entwickelt, der aus zwei Zyklen besteht. Beim übergeordneten Zyklus (obere Schleife in Abb. 1) steht der Kunde im Mittelpunkt, mit dessen Anforderungen die Entwicklung beginnt, an deren Ende ein PSS steht. Ergeben sich bei Inanspruchnahme des PSS durch den Kunden neue Anforderungen, können diese bei einem weiteren Entwicklungsdurchlauf in eine Änderungskonstruktion des PSS einfließen. Im inneren Zyklus (untere Schleife in Abb. 1) passt der Entwickler die Konstruktion des PSS solange iterativ an, bis die Kundenanforderungen adäquat abgedeckt sind. In Anlehnung an die Konstruktionslehre (Ehrlenspiel 1995, S. 55, 642; Pahl et al. 2005, S. 72 ff.) sowie Vorarbeiten zum PSSE (Botta 2007, S. 97 ff.) wird die Festlegung von Merkmalen auf Basis gegebener Eigenschaften als Synthese bezeichnet. Umgekehrt charakterisiert die Analyse von PSS die Ermittlung oder Vorhersage von Eigenschaften und der Wirkung eines PSS aufgrund seiner Merkmale.

Da wirtschaftlicher Erfolg in erster Linie auf einer strikten Orientierung von Unternehmen an Kundenanforderungen beruht, werden diese in den Ordnungsrahmen der PSS-Entwicklungsmethodik explizit mit aufgenommen. In bestehenden Vorarbeiten wird dieser Aspekt häufig vernachlässigt – die geforderten Eigenschaften eines PSS fallen regelrecht „vom Himmel", indem z. B. in den Vorgehensempfehlungen terminologisch nicht zwischen Kundenanforderungen und Soll-Eigenschaften eines PSS getrennt wird (Steinbach et al. 2005, S. 550; Steinbach 2005, S. 172; Botta 2007, S. 111). In dem hier verfolgten Ansatz werden die PSS-Soll-Eigenschaften auf Basis der Kundenanforderungen definiert. In dieser Definitionsphase interagieren der Kunde und der Entwickler: Nicht erst die Konstruktion, sondern bereits die Bestimmung der Anforderungen an das zu konstruierende PSS ist das Ergebnis eines multipersonellen Einigungsprozesses, in dem es einen Konsens über die relevante Problemdomäne zu erzielen gilt.

Der Ordnungsrahmen der PSS-Entwicklungsmethodik ist unabhängig von der zu verwendenden Konstruktionsart (Neu- oder Änderungskonstruktion) formuliert worden und stellt auch in dieser Hinsicht eine Erweiterung der PSSE-Methode von Botta, Steinbach und Weber dar. Die Autoren betonen zwar die Verwendung aller Konstruktionsarten, ihre methodischen Empfehlungen und Beispiele fokussieren jedoch ausschließlich die Neukonstruktion von Produkten. Der insbesondere für PSS bedeutende Aspekt einer Änderungskonstruktion im Sinne einer „Hybridisierung" bestehender Produkte zur Erzielung nachhaltiger Wettbewerbsvorteile tritt dadurch in den Hintergrund. Solche Änderungskonstruktionen sind bspw. für den Investitionsgüterbereich zu beachten, falls Dienstleistungen zunächst lediglich in ein bestehendes Produktportfolio eingebunden werden, diese jedoch anschließend zu Änderungen an materiellen Komponenten zwecks kontinuierlicher Verbesserung der Dienstleistungserbringung führen.

3.2   Bestimmung der Kundenanforderungen

Die Bestimmung der Kundenanforderungen erfolgt auf fachlicher Ebene in der Kundendomäne und einmalig zu Beginn eines jeden Entwicklungszyklus. Da die Anforderungserhebung in der Regel mit einem hohen Aufwand verbunden ist, sind weitere Erhebungen während der übrigen Phasen des Zyklus nicht vorgesehen. Hierbei ist zu beachten, dass der Kunde in die inneren Entwicklungsschritte nicht eingebunden ist und ausschließlich in den Begriffen seiner Domäne denkt, sodass eine Vorstellung von dem, was „machbar" ist, die Formulierung seiner Anforderungen nicht beeinflusst. Diese Trennung von Kunden- und Konstruktionsdomäne schmälert nicht den Beitrag des Kunden, vielmehr strukturiert sie die Interaktion zwischen Kunde und Entwickler, sodass die definierten Übergabepunkte vom Kunden zum Entwickler und zurück die Zusammenarbeit effizienter machen. Der Kunde begleitet den Entwicklungsprozess durch Wiederholungen dieser Phase (vgl. äußerer Kreislauf in Abb. 1), in denen ihm das jeweilige Zwischenergebnis der Entwicklung präsentiert wird.

Die Gestaltung dieser Phase ist von der Konstruktionsart abhängig. Bei der Neukonstruktion eines PSS existiert in der Regel keine vergleichbare Lösung, anhand derer dem Kunden der Nutzen des PSS verdeutlicht werden kann. In diesem Fall kann die Skizzierung des mentalen Modells einer möglichen Lösung die Veranschaulichung bestimmter, vom Kunden geforderter Funktionen unterstützen. Die Entwicklung eines solchen Modells kann auf Basis einer Erhebung des Status quo durchgeführt werden: durch die Darstellung komplexer Problemlösungsvorgänge werden in der Regel bereits Unterstützungs- und Optimierungspotenziale deutlich. Eine Zusammenfassung möglicher Lösungsansätze in Form des Modells einer Lösung kann dem Kunden als Anregung dienen, weitere Lösungsvarianten zu entwickeln, um diese dann in Form von Anforderungen definieren zu können. Bei der Änderungskonstruktion eines PSS ist diese Problemstellung nicht mehr gegeben: da die Potenziale der Lösung bereits wahrnehmbar sind, kann der Kunde auf Basis des existierenden PSS Kritik üben und Wünsche äußern.

Diese Phase kann sich an den Anforderungsanalysen etablierter Vorgehensmodelle zur (materiellen) Produktentwicklung orientieren, wie z.B. an der Konstruktionsmethodik nach Pahl et al. (2005), der integrierten Entwicklungsmethodik nach Ehrlenspiel (1995), der Produktkonstruktion und -entwicklung nach Ulrich und Eppinger (2005), dem Konstruktionsprozess nach Ullman (2003) oder dem Total Quality Development nach Clausing (1995). Die Erfassung und Handhabung von Kundenanforderungen sind umfassend von Ahrens (2000, S. 7ff.) untersucht worden. Das von der Autorin entwickelte Vergleichsmuster kann zur Bewertung der genannten Ansätze herangezogen werden.

3.3   Definition der PSS-Soll-Eigenschaften

Auf Basis der Kundenanforderungen werden im nächsten Schritt die Soll-Eigenschaften des PSS definiert. Da diese ausschließlich von den Kundenanforderungen abhängen, ändern sie sich nur einmal pro Durchlauf des äußeren Entwicklungszyklus.

Die Anwendungsbeispiele bekannter Entwicklungsmethoden sind in der Regel einfach gehalten, sodass die allgemeinverständlich formulierbaren Kundenanforderungen direkt im Entwicklungsprozess verwendet werden können. Bei komplexen PSS für Fachanwender scheitert dieses Vorgehen jedoch schon an der Fachsprache der Kunden, die den Entwickler dazu zwingen würde, ständig zwischen der Sprache des Kunden und seiner eigenen zu wechseln. Im vorliegenden Ansatz ist daher vorgesehen, die in der Kundenfachsprache formulierten Anforderungen in Soll-Eigenschaften aus der Begriffswelt der Entwickler zu übersetzen, indem bspw. Fachliteratur und Domänenexperten (ggf. auch der Endkunde selbst) zu Rate gezogen werden (Ehrlenspiel 1995; Ahrens 2000, S. 34). Darüber hinaus kann die Grenze zwischen Beschreibung des Produktverhaltens (Eigenschaften) und seiner Konstruktion (Merkmale) fließend sein: die Forderung nach einem „ruhigen Innenraum" bei einem Automobil kann z.B. gegliedert werden in die beiden Eigenschaften „gute Dämpfung von Außengeräuschen" und „guter Ausgleich von Bodenunebenheiten", die das Verhalten des Produkts im Hinblick auf seine Entwicklung differenzieren. Eine Anforderung kann also auf mehrere Soll-Eigenschaften abgebildet werden, insbesondere können bei Änderungskonstruktionen neu hinzukommende Anforderungen auf schon bestehende Eigenschaften abgebildet werden.

Zur Handhabbarmachung der mit der Entwicklung von PSS verbundenen Komplexität kann die Klassifikation von PSS-Eigenschaften nach Steinbach, Botta und Weber verwendet werden. Sie ist als gemeinsames Klassifikationssystem von Sach- und Dienstleistungseigenschaften definiert, da zu Anfang weder ein vollständiger Alternativenraum noch ein endgültiges Designziel festgelegt werden können (Steinbach et al. 2005, S. 548; Steinbach 2005, S. 138ff.; Botta 2007, S. 77ff.):

- *Sucheigenschaften* kann der Kunde a priori bewerten (z.B. das in seiner Wahrnehmung ästhetische Aussehen der materiellen Komponente eines PSS), wobei auch nichtmaterielle Komponenten ästhetische Eigenschaften haben können (z.B. Benutzeroberfläche einer Software).

- *Erfahrungseigenschaften* offenbaren sich dem Kunden erst im Laufe der PSS-Nutzung (z.B. das Kundenverständnis des Erbringers einer Dienstleistung als PSS-Komponente).

- *Vertrauenseigenschaften* kann der Kunde im Allgemeinen selbst nicht bewerten, sondern lediglich auf deren Vorhandensein vertrauen (z.B. Übereinstimmung des PSS mit Gesetzen und Normen).

3.4   Synthese der Sach- und Dienstleistungsmerkmale

In der Synthesephase werden auf Basis der Soll-Eigenschaften des PSS dessen Sach- und Dienstleistungsmerkmale in zwei Stufen bestimmt: zunächst wird eine Struktur aus Merkmalen entwickelt, die das PSS beschreibt, danach werden diese Merkmale geeignet zu den Eigenschaften in Bezug gesetzt.

Ebenso wie in der Produktentwicklung ist die Merkmalssynthese aus den Soll-Eigenschaften auch bei PSS hauptsächlich von der Kreativität des Entwicklers geprägt und nicht formal darstellbar. Etablierte Synthesemethoden zielen daher primär auf die Unterstützung der Ideenfindung, z.B. durch konventionelle Methoden (Kollektionsverfahren, Analyse existierender natürlicher oder technischer Systeme, Analogiebetrachtungen und Modellversuche), intuitive Methoden (Brainstorming, Methode 635, Galeriemethode, Delphi-Methode und Synektik) oder diskursive Methoden (systematische Untersuchung physikalischer Zusammenhänge, Ordnungsschemata und Lösungskataloge) (Pahl et al. 2005, S. 106 ff.). Quantitative Ansätze wie das Quality Function Deployment (QFD) (Akao 1990) erlauben eine Bewertung der Beziehungsintensitäten zwischen Eigenschaften und Merkmalen, indem z.B. bei QFD für jedes Eigenschaft-Merkmal-Paar bestimmt wird, ob ein starker, mittelstarker, schwacher oder nicht vorhandener Zusammenhang zwischen Eigenschaft und Merkmal besteht.

In Analogie zur Klassifikation der PSS-Eigenschaften kann in dieser Phase auch das Klassifikationssystem für PSS-Merkmale nach Steinbach, Botta und Weber eingesetzt werden (Steinbach et al. 2005, S. 548; Steinbach 2005, S. 130 ff.; Botta 2007, S. 72 ff.). Dieses System trennt in Sach- und Dienstleistungen, da Sachleistungsmerkmale wie „Werkstoff" oder „Oberfläche" nicht auf Dienstleistungen übertragbar sind. Die Klassifikation orientiert sich an den Dimensionen des Dienstleistungsbegriffs (Hilke 1989, S. 10 ff.; Meyer 1991, S. 196 ff.) und differenziert in Potenzial- und Prozessmerkmale:

- *Potenzialmerkmale* charakterisieren die Fähigkeit und die Bereitschaft, mittels einer Kombination von Potenzialfaktoren eine Dienstleistung zu erbringen (Hilke 1989, S. 11; Meyer 1991, S. 197; Engelhardt et al. 1993, S. 398 f.). Sie sind zunächst auf die Bereitstellung der Ressourcen zur Leistungserstellung gerichtet. Die Erstellung der Leistung wird erst durch das Kombinieren interner Potenzialfaktoren möglich.

• *Prozessmerkmale* charakterisieren Dienstleistungen dadurch, dass bei ihrer Erstellung immer eine Integration externer Faktoren in den Leistungserstellungsprozess stattfindet (Engelhardt et al. 1993, S. 401; Kleinaltenkamp 2001, S. 36). Vielfach ist der Leistungserstellungsprozess selbst das Produkt (Scharitzer 1993, S. 94 ff.).

3.5   Analyse der PSS-Ist-Eigenschaften

Die Analyse ist der Vorgang der Ableitung bzw. Vorhersage der Eigenschaften eines PSS aus der Merkmalsstruktur der Synthesephase, auch wenn noch keine Möglichkeit zur (physischen) Evaluation existiert (Steinbach 2005, S. 109). Sie erlaubt dem Entwickler, den Grad der Zielerreichung eines von ihm konstruierten PSS zu überprüfen und ggf. einen weiteren Synthese-Analyse-Schritt zu durchlaufen.

In frühen Durchläufen des Entwicklungszyklus sind dazu Abschätzungen, Prototypen und Usability-Tests gängige Werkzeuge. In späteren Durchläufen, in denen das Produkt sich bereits am Markt befindet, bietet die Marktforschung etablierte Analysemethoden (Kotler et al. 2003). Weitere bekannte Methoden, die vor allem in der technischen Entwicklung angewendet werden, sind Simulationen, Fehlererkennungsmethoden wie FMEA oder Ursache-Wirkungsketten aus der Schwachstellenanalyse (Pahl et al. 2005, S. 661 ff.).

3.6   Produktion des PSS

Aus der Perspektive des Kunden stellt ein PSS eine Problemlösung dar, bestehend aus einem komplexen Sachgut oder aus einer Kombination von Sachgütern und immateriellen Gütern (Arbeitstätigkeiten, Dienstleistungen, Informationen). Unter Produktion wird hier „die Kombination und Transformation von Produktionsfaktoren (Einsatzgütern) nach bestimmten Verfahren zu Produkten (Ausbringungsgütern)" (Schweitzer 1993, S. 3328) verstanden, wobei es sich bei beiden um materielle oder immaterielle Güter handeln kann.

Bei „reinen" Dienstleistungskomponenten ist der immaterielle Charakter des Ergebnisses der dienstleistenden Tätigkeit zu beachten (Engelhardt et al. 1993, S. 400; Kleinaltenkamp 2001, S. 33), d. h. der Zustand, der nach Abschluss des Dienstleistungserstellungsprozesses vorliegt. Dabei ist eine Differenzierung zwischen dem prozessualen Endergebnis und den eigentlichen Zielen von Dienstleistungstätigkeiten sowie deren Folgen bzw. Wirkungen zu berücksichtigen (Corsten 2001, S. 23). Im Vordergrund steht dabei die Simultanität von Leistungserstellung und Leistungsabgabe, d. h. die Produktion und der Absatz der Dienstleistung erfolgen simultan, was auch als Uno-actu-Prinzip bezeichnet wird (Corsten 2001, S. 22). Erst mit der Einbeziehung des externen Faktors „Kunde" beginnt die Umsetzung des Dienstleistungsprodukts. Somit wird der Kunde zum prozessauslösenden und -begleitenden Element.

4   Anwendung der Entwicklungsmethodik für Product-Service Systems

4.1   Einführung in die Anwendungssituation

Der Wirtschaftszweig der Sanitär-, Heizungs- und Klimatechnik (SHK) ist mit ca. 300.000 Beschäftigten in ca. 50.000 Betrieben ein Vertreter des Maschinen- und Anlagenbaus in Deutschland (VDMA 2006). Während die Hersteller in erster Linie Produzenten von Sachgütern sind, wird der für den Betrieb der Anlagen notwendige technische Kundendienst (TKD) vorwiegend von klein- und mittelständischen Betrieben erbracht (Krooß 1966; Willerding 1987; Breunig 2001). Der Endkunde erhält ein Leistungsbündel, bestehend aus der Anlage des Herstellers und den TKD-Dienstleistungen der SHK-Betriebe (vgl. Abb. 2).

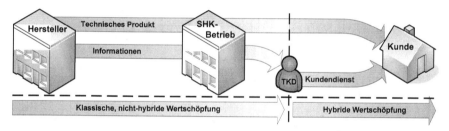

Abb. 2. Wertschöpfungskette im SHK-Bereich

Um die mit der Instandhaltung und Wartung der Anlagen verbundenen Aufgaben adäquat zu erfüllen, muss der TKD mit dem richtigen „Informations-Mix" versorgt werden. Da sich aufgrund immer kürzerer Entwicklungszyklen und neuer Technologien (z.B. für regenerative Energien) die Komplexität der SHK-Produkte permanent erhöht, stoßen klassische Ansätze zur Versorgung des TKD mit aktuellen Serviceinformationen an ihre Grenzen. Daher werden in der SHK-Branche zurzeit mobile Anwendungssysteme diskutiert, die dem TKD die benötigten Informationen ortsunabhängig und aktuell bereitstellen und ihm gleichzeitig die Möglichkeit bieten, Informationen an den Hersteller zurückzugeben. Der Einsatz solcher mobilen Systeme erweitert das ursprüngliche SHK-Leistungsbündel um Sachleistungen (Computer, PDA) und Dienstleistungen (Informationsaufbereitung, -bereitstellung, Betrieb der Infrastruktur durch einen herstellerunabhängigen Dienstleister) und verlagert die „Hybridisierung" des Produktbündels (vgl. Abb. 3).

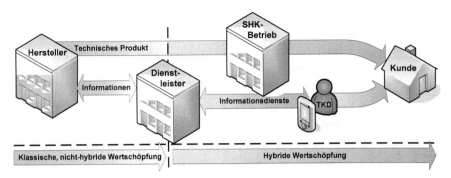

Abb. 3. Verlagerung der hybriden Wertschöpfung in der SHK-Branche

Im Folgenden wird die Entwicklung dieses PSS, die im Rahmen des Forschungsprojekts PIPE (http://www.pipe-projekt.de) in Zusammenarbeit mit der INTERACTIVE Software Solutions GmbH (http://www.interactive-software.de) und der Vaillant Deutschland GmbH & Co. KG (http://www.vaillant.de) durchgeführt wurde, anhand der zuvor eingeführten Methodik nachgezeichnet. Aufgrund der Kürze des Kapitels konzentriert sich die Beschreibung auf den Themenkomplex „Kundendienstberichte".

4.2   Bestimmung der Kundenanforderungen

In Kundendienstberichten dokumentieren SHK-Monteure ihre durchgeführten Arbeiten, die Arbeitszeit bzw. das benötigte Material sowie Messwerte und Anlagendaten. In den im Projekt PIPE durchgeführten Gesprächen mit Experten aus dem SHK-Bereich ergaben sich für die in der Regel handschriftlich auf einem Papierformular erstellten Kundendienstberichte die folgenden Verbesserungspotenziale:

- Unterstützung bei der Berichterstellung,

- Automatische Integration von Messwerten und Anlagendaten aus der Geräteelektronik in den Bericht,

- Automatische Übertragung des Berichts über das Internet in den Betrieb,

- Berichte für Kollegen elektronisch zugänglich machen,

- Zugriff auf Berichte über Arbeiten, die schon an einer Anlage durchgeführt wurden,

- Automatische statistische Auswertung der Berichte durch den eigenen Betrieb,

- Anonyme Speicherung der Berichte zur statistischen Auswertung durch den Hersteller.

Um ein repräsentatives Bild der Kundenanforderungen zu erhalten, wurde eine empirische Anforderungserhebung durchgeführt, bei der den Befragten aus dem

SHK-Handwerk auch die Verbesserungsvorschläge zu Kundendienstberichten zur Bewertung vorgelegt wurden. Jeder Vorschlag konnte mit einer Zahl zwischen 1 (völlig unwichtig) und 5 (äußerst wichtig) bewertet werden. Eine offene Frage ergänzte die Bewertung um die Möglichkeit, eigene Vorschläge zu formulieren. Abb. 4 zeigt die Ergebnisse der Befragung.

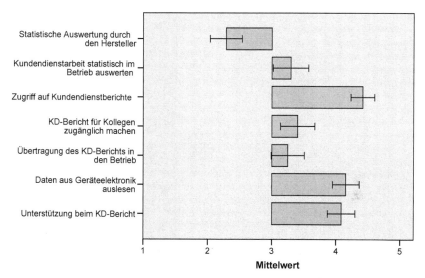

Abb. 4. Bewertung der Funktionen zu Kundendienstberichten (Mittelwerte durch Rechtecke gekennzeichnet, Erhebung mit N=113). Die Fehlerbalken markieren die 95%-Konfidenzintervalle, d.h. sie zeigen an, wie stark die Meinungen über die Wichtigkeit der betreffenden Funktion auseinandergehen.

4.3   Definition der PSS-Soll-Eigenschaften

Die erhobenen Anforderungen und ihre Gewichtungen wurden auf Soll-Eigenschaften des PSS abgebildet (vgl. Tabelle 1). Die Kundenbewertungen wurden dazu auf das Intervall [0,1] normiert und daraus prozentuale Gewichtungen der Funktionen ermittelt. Durch Faktorisieren und Systematisieren wurden Soll-Eigenschaften definiert sowie ihr jeweiliger Bezug zu den Anforderungen bestimmt (Pahl et al. 2005, S. 76f.).

Ein unmittelbarer Bezug zeigt an, dass die jeweilige Eigenschaft für die Anforderung unabdingbar ist; ein mittelbarer Bezug besteht zwischen einer Anforderung und den Eigenschaften, die lediglich eine Möglichkeit darstellen, sie zu erfüllen. Unmittelbare Bezüge wurden bei Verteilung der Gewichtungen auf die Soll-Eigenschaften doppelt so stark gewertet wie mittelbare Beziehungen. Ein Ergebnis ist z.B., dass die wichtigste Soll-Eigenschaft mit 24% die Speicherung der Berichte für die Verwendung im eigenen Betrieb darstellt.

Tabelle 1. Ableitung der Soll-Eigenschaften aus den Anforderungen. Die Darstellung ähnelt aufgrund der graduellen Schätzung der Intensität eines Bezugs dem QFD, auch wenn im QFD nicht explizit zwischen Anforderungen und Eigenschaften unterschieden wird.

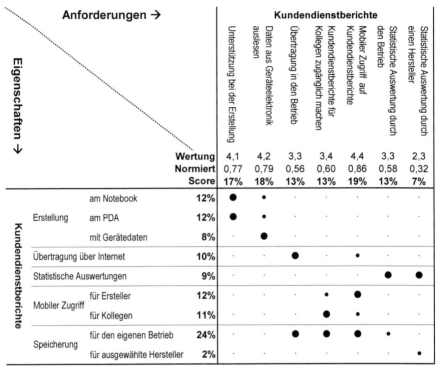

Eigenschaften ↓ / Anforderungen →			Unterstützung bei der Erstellung	Daten aus Geräteelektronik auslesen	Übertragung in den Betrieb	Kundendienstberichte für Kollegen zugänglich machen	Mobiler Zugriff auf Kundendienstberichte	Statistische Auswertung durch den Betrieb	Statistische Auswertung durch einen Hersteller
Wertung			4,1	4,2	3,3	3,4	4,4	3,3	2,3
Normiert			0,77	0,79	0,56	0,60	0,86	0,58	0,32
Score			17%	18%	13%	13%	19%	13%	7%
Erstellung	am Notebook	12%	●	•	·	·	·	·	·
	am PDA	12%	●	•	·	·	·	·	·
	mit Gerätedaten	8%	·	●	·	·	·	·	·
Übertragung über Internet		10%	·	·	●	·	•	·	·
Statistische Auswertungen		9%	·	·	·	·	·	●	●
Mobiler Zugriff	für Ersteller	12%	·	·	·	•	●	·	·
	für Kollegen	11%	·	·	·	●	•	·	·
Speicherung	für den eigenen Betrieb	24%	·	·	●	●	●	•	·
	für ausgewählte Hersteller	2%	·	·	·	·	·	·	●

● = unmittelbarer Bezug   • = mittelbarer Bezug   · = kein Bezug

4.4   Synthese der Sach- und Dienstleistungsmerkmale

Die Entwicklung der Merkmalsliste des PSS erfolgte in zwei Schritten. Zunächst wurde durch Analogieschluss von existierenden Systemen auf die Problemstellung die ausschnittsweise in Abb. 5 gezeigte IT-Architektur entwickelt. Sie ermöglicht den Kundendienstmonteuren, mobil über Internet Kundendienstberichte zu erstellen, diese zentral über den Portalserver in einer Datenbank abzulegen und später darauf zuzugreifen. Verwaltungsmitarbeiter im SHK-Betrieb können darüber hinaus auf die Kundendienstberichte bspw. zur Rechnungsstellung aufrufen (diese Funktion ergab sich im Themenkomplex „Arbeitsnachbereitung").

Auf dieser Basis wurden durch Betrachtung informationstechnischer Zusammenhänge (d. h. welche Detailkomponenten für die Ausführung der Funktionen notwendig sind) systematisch die Detailmerkmale des PSS abgeleitet, die am linken Rand von Tabelle 2 aufgeführt sind.

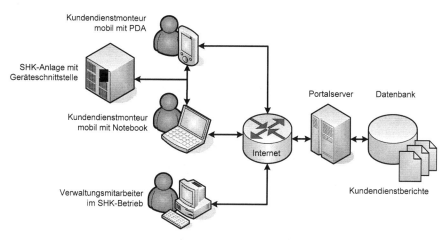

Abb. 5. Ausschnitt der IT-Architektur zur Integration von Datenhaltung und Funktionen zu Kundendienstberichten.

Tabelle 2. Synthese-Kreuztabelle für Funktionen zu Kundendienstberichten. Sachleistungen (z. B. Display) und Dienstleistungen (z. B. Datensicherung) werden nicht explizit kategorisiert.

Eigenschaften → / **Kundendienstberichte**

			Merkmal	Score	am Notebook (Erstellung)	am PDA (Erstellung)	mit Gerätedaten	Übertragung über Internet	Statistische Auswertungen	für Ersteller (Mobiler Zugriff)	für Kollegen	für den eigenen Betrieb (Speicherung)	für ausgewählte Hersteller
					12%	12%	8%	10%	9%	12%	11%	24%	2%
Kundendienstberichte	Werkzeug	Display	Größe / Auflösung	6%	•	•	·	·	·	•	•	·	·
			Farbe / Kontrast	6%	•	•	·	·	·	•	•	·	·
			Touchscreen	3%	·	●	·	·	·	·	·	·	·
		Eingabe	Maus / Tastatur	5%	●	•	·	·	·	·	·	·	·
			Stift	5%	•	●	·	·	·	·	·	·	·
			Sprache	3%	•	•	·	·	·	·	·	·	·
		Software	Viewer	6%	·	·	·	·	·	•	•	·	·
			Editor	7%	●	●	·	·	·	·	·	·	·
			Suchmaske	3%	·	·	·	·	·	•	•	·	·
			Textbausteine	3%	•	•	·	·	·	·	·	·	·
		Netzwerk	WLAN	5%	·	·	·	•	·	•	•	·	·
			GPRS / EDGE / UMTS	6%	·	·	·	●	·	•	•	·	·
	Portal	Berichte	Zentrale Speicherung	11%	·	·	·	·	•	•	•	●	●
			Suchfunktion	6%	·	·	·	·	·	•	•	·	·
			Web Service "Berichte"	7%	·	·	·	●	•	•	·	·	·
			Web Service "Statistik"	3%	·	·	·	·	●	·	·	·	·
			Datensicherung	4%	·	·	·	·	·	·	·	•	•
			Mandantenfähigkeit	7%	·	·	·	·	·	·	·	●	●
	Anlage	Diagnose	Schnittstelle	2%	·	·	●	·	·	·	·	·
			Anzeige	1%	·	·	•	·	·	·	·	·	·

● = unmittelbarer Bezug   • = mittelbarer Bezug   · = kein Bezug

Im nächsten Schritt wurden die Soll-Eigenschaften des PSS auf seine Merkmale abgebildet, indem die Bezüge zwischen ihnen in gleicher Weise quantifiziert wurden wie die zwischen Anforderungen und Eigenschaften in Abschnitt 4.3 (Zeile und Spalte „Score" in Tabelle 2). Als wichtigstes Merkmal mit einer Gewichtung von 11 % ergab sich die zentrale Speicherung der Berichte.

Die ermittelten Gewichtungen erlauben zwar keine Aussagen über konstruktive Details, sie ermöglichen dennoch eine methodische Übertragung der Anforderungen aus der Benutzer- in die Konstruktionsdomäne. Die Interpretation der Gewichtungen obliegt dem Entwickler. Da in der Entwicklung aber in der Regel eine begrenzt vorhandene Ressource die Planung limitiert (z. B. Herstellungskosten bei Konsumgütern, Gewicht bei Flugzeugen, Energieverbrauch bei Immobilien), ist eine anforderungsgerechte Verteilung dieser knappen Ressource über die Gewichtungen möglich.

4.5   Analyse der PSS-Ist-Eigenschaften

Die Analyse ermöglichte die Überprüfung der Zielerreichung unter verschiedenen Gesichtspunkten. So ergab z. B. die Abbildung der Merkmalsgewichtungen auf die Kosten des mobilen Werkzeugs, dass eine Spracheingabe die Kosten etwa um 10 % erhöhen würde, während das Merkmal aber nur mit 3 % priorisiert war. Aus kalkulatorischer Sicht war dieses Merkmal also entweder auszulassen oder erst bei Verfügbarkeit einer günstigeren Technologie zu integrieren. Die Konzeption mit Einbeziehung einer Spracheingabemöglichkeit wurde folglich verworfen und das geänderte Konzept einem weiteren Synthese-Analyse-Durchgang unterzogen.

4.6   Produktion des PSS

Nach Abschluss der Entwicklung wurde das PSS prototypisch implementiert. Abb. 6 zeigt links die Anwendung, über die der Kundendienstmonteur einen Kundendienstbericht eingibt, rechts ist die Suchfunktion für den mobilen Zugriff auf bereits abgelegte Kundenberichte dargestellt. Diese Anwendungen entsprechen in Tabelle 2 den Merkmalen „Werkzeug/Software/Editor" bzw. „Werkzeug/Software/Viewer" und versehen das PSS mit den Eigenschaften „Erstellung von Kundendienstberichten" und „Mobiler Zugriff auf Kundendienstberichte".

Die Herstellung eines PSS erfordert zwar unterschiedliche Herstellungsverfahren für Sach- und Dienstleistungskomponenten, die integrierte Betrachtung und Weiterentwicklung durch weitere Durchläufe des Synthese-Analyse-Kreislaufs sind damit jedoch nicht aufgehoben. Verändern sich z. B. die Kundenanforderungen, so sind die Gewichtungen der Eigenschaften anzupassen, was in einem erneuten Syntheseschritt zu geänderten, neuen oder obsoleten Produktmerkmalen, womöglich sogar zu einer neuen Produktstruktur führt. Umgekehrt führen auch weitere Analysedurchläufe zu Verfeinerungen der im ersten Durchlauf lediglich zweistufig geschätzten Beziehungsintensitäten zwischen Merkmalen und Eigenschaften, da bei späteren Durchläufen das PSS ja bereits existiert und somit z.B. für Usability-Tests und Simulationen eingesetzt werden kann, die genauere Ergebnisse liefern als die Abschätzungen in der ersten Analysephase.

Abb. 6. Editor und Suchfunktion für Kundendienstberichte

5   Konklusion und Ausblick

Eine Übertragung bestehender Ansätze der Produktentwicklung auf die Entwicklung von PSS ist schwierig zu operationalisieren, da bei ihnen (1) wesentliche Entwicklungsschritte von der Kreativität und dem Wissen der Entwickler abhängen, (2) sie auf die Entwicklungscharakteristika komplexer PSS nicht abgestimmt sind, und (3) sie in wichtigen Teilschritten konzeptionell bleiben, ohne konkrete Vorgehensweisen vorzuschlagen. In diesem Kapitel wurde daher eine Methodik zur systematischen Entwicklung von PSS vorgestellt, die den Anforderungen der Entwicklung eines PSS durch eine integrierte Sichtweise auf Sach- und Dienstleistungskomponenten Rechnung trägt. Die Methodik wurde auf einen Anwendungsfall aus dem Maschinen- und Anlagenbau angewendet und die Entwicklungsschritte von der Erhebung der Kundenanforderungen bis zum fertigen PSS konkretisiert. Dabei wurde gezeigt, wie die Kundenanforderungen durch Abbildung ihrer Gewichtungen auf Eigenschaften und Merkmale den gesamten Entwicklungsprozess steuern können.

Weiterentwicklungen des gezeigten Ansatzes sollten in Zukunft verstärkt eine Variantenkonstruktion unterstützen, indem z. B. Anforderungsprofile unterschiedlicher Zielgruppen eines PSS identifiziert werden und so individualisierte PSS-Varianten für die Zielgruppen mit möglichst geringem Aufwand entworfen werden können.

6 Literatur

Ahrens G (2000) Das Erfassen und Handhaben von Produktanforderungen : methodische Voraussetzungen und Anwendung in der Praxis. Elektronische Ressource. – URL http://edocs.tu-berlin.de/diss/2000/ahrens_gritt.pdf

Akao Y (1990) Quality function deployment : integrating customer requirements into product design. New York, NY, Productivity Press

Altenburger OA (1980) Ansätze zu einer Produktions- und Kostentheorie der Dienstleistungen. Berlin, Duncker & Humblot (Betriebswirtschaftliche Schriften; 101)

Andreasen MM (1995) System Modelling : PhD Course on Design Theory and Research. Lyngby, Technical University of Denmark

Aurich JC, Fuchs C, Wagenknecht C (2006) Life cycle oriented design of technical Product-Service Systems. Journal of Cleaner Production 14(17):1480–1494

Belz C, Büsser M, Bircher B (1991) Erfolgreiche Leistungssysteme: Anleitungen und Beispiele. Stuttgart, Schäffer, Verl. für Wirtschaft und Steuern (Absatzwirtschaft; 12)

Böhmann T, Krcmar H (2006) Komplexitätsmanagement als Herausforderung hybrider Wertschöpfung im Netzwerk. In Wojda F, Wodja B (Hrsg) Innovative Kooperationsnetzwerke. Wiesbaden, Dt. Univ.-Verl., 81–106

Botta C (2007) Rahmenkonzept zur Entwicklung von Product-Service Systems : Product-Service Systems Engineering. Lohmar, Eul

Bressand A (1986) Dienstleistungen in der neuen „Weltwirtschaft" : Auf der Suche nach einem konzeptionellen Bezugsrahmen. In Pestel E (Hrsg) Perspektiven der Dienstleistungswirtschaft: Beiträge zu einem Internationalen Dienstleistungssymposium der Niedersächsischen Landesregierung vom 13.–15. Mai 1985 in Hannover. Göttingen, Vandenhoeck und Ruprecht, 73–82

Breunig L (2001) Technischer Kundendienst : Kunden gewinnen und halten mit aktiven Servicestrategien. Augsburg, WEKA, Fachverl. für Techn. Führungskräfte

Bullinger H-J, Scheer A-W (Hrsg) (2006) Service Engineering : Entwicklung und Gestaltung innovativer Dienstleistungen. 2. Aufl, Berlin, Springer

Carp H-J (1974) Der Transformationsprozess in Dienstleistungsunternehmungen : Eine Untersuchung der Leistungserstellung im außerindustriellen Bereich, dargestellt am Beispiel der Verkehrsunternehmung. Freie Universität Berlin, Institut für Bank- und Kreditwirtschaft, Dissertation

Clausing D (1995) Total quality development : a step-by-step guide to world-class concurrent engineering. 3. Druck, New York, ASME Press (ASME Press series on international advances in design productivity)

Corsten H (1985) Die Produktion von Dienstleistungen. Berlin, Schmidt

Corsten H (2001) Dienstleistungsmanagement. 4. Aufl, München, Oldenbourg

Corsten H, Gössinger R (2007) Dienstleistungsmanagement. 5. Aufl, München, Oldenbourg

DIN (Hrsg) (1998) Service Engineering : Entwicklungsbegleitende Normung (EBN) für Dienstleistungen. Berlin, Beuth (DIN-Fachbericht; 75)

Edvardsson B, Olsson J (1996) Key Concepts for New Service Development. The Service Industries Journal 16(2):140–164

Ehrenfeld J (2001) Designing ‚Sustainable' Product/Service Systems. In International Symposium on Environmentally Conscious Design and Inverse Manufacturing : Proceedings ; December 11–15, 2001, Tokyo, Japan. Los Alamitos, CA, IEEE Computer Society

Ehrlenspiel K (1995) Integrierte Produktentwicklung : Methoden für Prozessorganisation, Produkterstellung und Konstruktion. München, Hanser

Engelhardt WH, Kleinaltenkamp M, Reckenfelderbäumer M (1993) Leistungsbündel als Absatzobjekte : Ein Ansatz zur Überwindung der Dichotomie von Sach- und Dienstleistungen. Zeitschrift für betriebswirtschaftliche Forschung 45(5):395–426

Gausemeier J (2000) Kooperatives Produktengineering : Ein neues Selbstverständnis des ingenieurmäßigen Wirkens. Paderborn, Heinz-Nixdorf-Inst.

Goedkoop MJ, van Halen CJG, te Riele HRM, Rommens PJM (1999) Product Service systems, Ecological and Economic Basics. Den Haag, The Netherlands Ministry of Spatial Planning, Housing and the Environment (VROM)

Heimann B, Gerth W, Popp K (2007) Mechatronik : Komponenten – Methoden – Beispiele ; mit 23 Tabellen und 61 ausführlich durchgerechneten Beispielen. 3. Aufl, München, Fachbuchverl. Leipzig

Hermsen M (2000) Ein Modell zur kundenindividuellen Konfiguration produktnaher Dienstleistungen : Ein Ansatz auf Basis modularer Dienstleistungsobjekte. Aachen, Shaker (Schriftenreihe des Lehrstuhls für Produktionssysteme; 2000, 2)

Hilke W (1989) Grundprobleme und Entwicklungstendenzen des Dienstleistungs-Marketing. In Hilke W (Hrsg) Dienstleistungs-Marketing : Banken und Versicherungen, freie Berufe, Handel und Transport, nicht-erwerbswirtschaftlich orientierte Organisationen. Wiesbaden, Gabler (Schriften zur Unternehmensführung; 35), 5–44

Hubka V, Eder WE (1992) Einführung in die Konstruktionswissenschaft : Übersicht, Modell, Ableitungen. 1. Aufl, Berlin, Springer (Springer-Lehrbuch)

Kersten W, Zink T, Kern E-M (2006) Wertschöpfungsnetzwerke zur Entwicklung und Produktion hybrider Produkte: Ansatzpunkte und Forschungsbedarf. In Blecker T, Gemünden HG (Hrsg) Wertschöpfungsnetzwerke : Festschrift für Bernd Kaluza. Berlin, Erich Schmidt, 189–202

Kingman-Brundage J, Shostack LG (1991) How to design a service. In Congram CA, Friedman ML (Hrsg) The AMA Handbook of Marketing for the Service Industries. New York, NY, Amacom, 243–261

Kleinaltenkamp M (2001) Begriffsabgrenzungen und Erscheinungsformen von Dienstleistungen. In Bruhn M, Meffert H (Hrsg) Handbuch Dienstleistungsmanagement : Von der strategischen Konzeption zur praktischen Umsetzung. 2. Aufl, Wiesbaden, Gabler, 27–50

Korell M, Ganz W (2000) Design hybrider Produkte – Der Weg vom Produkthersteller zum Problemlöser. In Bullinger H-J (Hrsg) Wettbewerbsfaktor Kreativität : Strategien, Konzepte und Werkzeuge zur Steigerung der Dienstleistungsperformance. Wiesbaden, Gabler, 153–160

Kotler P, Armstrong G, Saunders J, Wong V (2003) Grundlagen des Marketing. 3. Aufl, München, Pearson Studium

Krooß R (1966) Der technische Kundendienst als Instrument der Absatzpolitik. Nürnberg, Spindler (Marktwirtschaft und Verbrauch; 21)

Levitt T (1976) The industrialization of service. Harvard Business Review 54(5):63–74

Levitt T (1980) Marketing Success through Differentiation – of Anything. Harvard Business Review 58(1):83–91

Lovelock CH (1994) Product plus: how product + service = competitive advantage. New York, McGraw-Hill

Manzini E, Vezzoli C, Clark G (2001) Product-Service Systems: Using an Existing Concept as a New Approach to Sustainability. Journal of Design Research 1(2). – URL http://www.inderscience.com/jdr/backfiles/articles/issue2001.02/article2.html

Masselter S, Tischner U (2000) Nachhaltige Systeminnovationen : Endbericht des Forschungsvorhabens. Köln, econcept, Agentur für Ökologie- und Designberatung

McAloone TC (2006) Teaching and Implementation Models for Sustainable PSS Development: Motivations, Activities and Experiences. In Sustainable Consumption and Production: Opportunities and Threats, 23–25 November 2006, Wuppertal, Germany : Launch conference of the Sustainable Consumption Research Exchange (SCORE!) Network, supported by the EU's 6th Framework Programme, 119–130

Meier H, Uhlmann E, Kortmann D (2005) Hybride Leistungsbündel : Nutzenorientiertes Produktverständnis durch interferierende Sach- und Dienstleistungen. wt – Werkstatttechnik online 95(7/8):528–532

Meyer A (1991) Dienstleistungs-Marketing. Die Betriebswirtschaft 51(2):195–209

Mont O (2000) Product-service systems : final report. Stockholm, Naturvårdsverket (AFR-report; 288)

Mont O (2004) Product-service systems : panacea or myth? Lund (IIIEE Dissertations)

Pahl G, Beitz W, Feldhusen J, Grote KH (2005) Konstruktionslehre : Grundlagen erfolgreicher Produktentwicklung ; Methoden und Anwendung. 6. Aufl, Berlin, Springer

Scharitzer D (1993) Das Dienstleistungs-'Produkt'. der markt 32(2):94–107

Schenk M, Ryll F, Schady R (2006) Anforderungen an den Produktentwicklungsprozess für hybride Produkte im Anlagenbau. Industrie Management 22(1):55–58

Scheuing EE, Johnson EM (1989) A Proposed Model for New Service Development. Journal of Services Marketing 3(2):25–34

Schweitzer M (1993) Produktion. In Wittmann W (Hrsg) Enzyklopädie der Betriebswirtschaftslehre. Bd. 2 : Handwörterbuch der Betriebswirtschaft. 5. Aufl, Stuttgart, Schäffer-Poeschel, 3328–3347

Shostack LG (1977) Breaking Free from Product Marketing. Journal of Marketing 41(2): 73–80

Spath D, Demuß L (2001) Integrierte Produkt- und Dienstleistungsentwicklung für den Maschinen- und Anlagenbau : Neue Anforderungen an den Produktentstehungsprozess durch die systematische Entwicklung von Betreibermodellen. In Verein Deutscher Ingenieure (Hrsg) Instandhaltung – Ressourcenmanagement. Düsseldorf, VDI-Verl. (VDI-Berichte; 1598), 395–410

Spath D, Demuß L (2006) Entwicklung hybrider Produkte – Gestaltung materieller und immaterieller Leistungsbündel. In Bullinger H-J, Scheer A-W (Hrsg) Service Engineering : Entwicklung und Gestaltung innovativer Dienstleistungen. 2. Aufl, Berlin, Springer, 463–502

Steinbach M (2005) Systematische Gestaltung von Product Service Systems: Integrierte Entwicklung von Product Service Systems auf Basis der Lehre von Merkmalen und Eigenschaften. Saarbrücken, LKT, Lehrstuhl für Konstruktionstechnik/CAD, Univ. des Saarlandes (Schriftenreihe Produktionstechnik; 35)

Steinbach M, Botta C, Weber C (2005) Integrierte Entwicklung von Product-Service Systems. wt – Werkstatttechnik online 95(7/8):546–553

Tan A, McAloone TC, Andreasen MM (2006) What Happens to Integrated Product Development Models with Product/Service-System Approaches. In Proceedings of the 6th Integrated Product Development Workshop, IPD2006, 2006, Otto-von-Guericke-Universität Magdeburg, Schönebeck/Bad Salzelmen, Magdeburg, October 18–20, 2006

Thomas O, Walter P, Loos P, Schlicker M, Nüttgens M (2007) Hybride Wertschöpfung im Maschinen- und Anlagenbau : Prozessorientierte Integration von Produktentwicklung und Servicedokumentation zur Unterstützung des technischen Kundendienstes. In Oberweis A, Weinhardt C, Gimpel H, Koschmider A, Pankratius V, Schnizler B (Hrsg) eOrganisation: Service-, Prozess-, Market-Engineering : 8. Internationale Tagung Wirtschaftsinformatik ; Karlsruhe, 28. Februar – 2. März 2007 ; Band 1. Karlsruhe, Universitätsverlag, 403–420

Tomiyama T (2002) Service Engineering to Intensify Service Contents in Product Life Cycles. Japan ECP Newsletter(19). – URL http://www.jemai.or.jp/english/e-ecp/ecp_no19/19d.pdf

Ullman DG (2003) The mechanical design process. 3. Aufl, Boston, McGraw-Hill (McGraw-Hill series in mechanical engineering)

Ulrich KT, Eppinger SD (2005) Product design and development. 3. Aufl, New York, McGraw-Hill

VDI-Gesellschaft Entwicklung Konstruktion Vertrieb (Hrsg) (1993) Methodik zum Entwickeln und Konstruieren technischer Systeme und Produkte. Düsseldorf, VDI-Verl. (VDI-Richtlinien; 2221)

VDMA (Hrsg) (2006) Maschinenbau in Zahl und Bild 2006. Mühlheim am Main, reuffurth (Volkswirtschaft und Statistik)

Weber C, Pohl M, Steinbach M, Botta C (2002) Diskussion der Probleme bei der integrierten Betrachtung von Sach- und Dienstleistungen – „Kovalente Produkte". In 13. Symposium „Design for X", Neukirchen/Erlangen 10.–11.10.2002 : Tagungsband ; Friedrich-Alexander-Universität Erlangen-Nürnberg, 61–70

Weber C, Steinbach M, Botta C (2004a) Properties and Characteristics of Product-Service Systems – an Integrated View. In Lehtonen T, Pulkkinen A, Riitahuhta A (Hrsg) Product design in changing environment : Proceedings of NordDesign 2004 ; 18–20 August 2004, Tampere, Finland., Tampere University of Technology, Product Development Laboratory, 260–270

Weber C, Steinbach M, Botta C, Deubel T (2004b) Modelling of Product-Service Systems (PSS) – Based on the PDD Approach. In Marjanovic D (Hrsg) Design 2004 : Proceedings of the 8th International Design Conference, Dubrovnik/Croatia, 18.–21.05.2004. Zagreb, Faculty of Mechanical Engineering and Naval Architecture, University of Zagreb, 547–554

Weber C, Werner H, Deubel T (2003) A Different View on PDM and its Future Potentials. Journal of Engineering Design 14(4):447–464

Willerding T (1987) Gestaltungsmöglichkeiten der Kooperation im technischen Kundendienst zwischen Hersteller und Handel. Bochum, Studienverlag Brockmeyer (Bochumer wirtschaftswissenschaftliche Studien; 117)

Zahn E, Foschiani S, Lienhard P, Meyer S (2004) Kundenorientierte Servicestrategien für hybride Produkte. In Luczak H (Hrsg) Betriebliche Tertiarisierung : der ganzheitliche Wandel vom Produktionsbetrieb zum dienstleistenden Problemlöser. Wiesbaden, Dt. Univ.-Verl. (HAB-Forschungsbericht)

Vorgehensmodelle des Product-Service Systems Engineering

Marc Gräßle, Oliver Thomas und Thorsten Dollmann

Das Leistungsspektrum produzierender Unternehmen wird durch die steigende Nachfrage und der sich ergebenden Möglichkeit, sich gegenüber der unmittelbaren Konkurrenz direkt abgrenzen zu können, gezielt um konfigurierbare Sach- und Dienstleistungskomponenten ergänzt. Dabei verschmelzen die Grenzen zwischen Sach- und Dienstleistungen zusehends und bilden neuartige hybride Wertschöpfungsstrukturen. Hierbei zeigt sich ein Manko in der zum Teil unzureichenden Integration der Entwicklungsprozesse von Sach- und Dienstleistungen. Neuartige Vorgehensmodelle zur Entwicklung von Product-Service Systems (PSS) können hier eine erste Abhilfe schaffen, indem sie den Unternehmen eine Handlungsanweisung zur Entwicklung von neuen Leistungsangeboten, bestehend aus integrierten Sach- und Dienstleistungen, liefern. In diesem Kapitel wird ausgehend von PSS-spezifischen Anforderungen ein Überblick über ausgewählte Vorgehensmodelle des Product-Service Systems Engineering (PSSE) gegeben und erläutert. Anschließend erfolgt eine detaillierte Klassifikation und Bewertung der Vorgehensmodelle mit Hilfe eines konzipierten Vergleichsrahmens. Dieses Kapitel erweitert insofern das Blickfeld um eine ingenieurwissenschaftliche Perspektive und verortet die zuvor gestaltete PIPE-Entwicklungsmethodik.

1 Einleitung

Das Leistungsangebot der produzierenden Unternehmen ist über die Jahre hinweg historisch gewachsen. Sach- und Dienstleistungen wurden unabhängig voneinander entwickelt und existierten parallel. Die Kernaktivitäten vieler Unternehmen lagen meist ausschließlich in der Entwicklung und dem Vertrieb von Produkten. Bedingt durch diese stark einseitige Fokussierung, konnten die von den Produkten losgelösten und separat angebotenen Dienstleistungen nur selten den individuellen Anforderungen der Kunden genügen. Die Dienstleistungen wurden infolgedessen auch zu preiswerten – aus Unternehmenssicht oftmals nicht kostendeckenden – Konditionen zwecks Absatzsteigerung des Kernprodukts offeriert (Spath und Demuß 2006, S. 465). Niedrige Deckungsbeiträge und das nicht erkannte Potenzial, welches in den produktbegleitenden Dienstleistungen steckt, waren somit aus-

O. Thomas et al. (eds.), *Hybride Wertschöpfung*,
DOI 10.1007/978-3-642-11855-5_5, © Springer-Verlag Berlin Heidelberg 2010

schlaggebende Gründe für eine lang anhaltende Geringschätzung von Dienstleistungen aus Sicht der produzierenden Unternehmen.

Gestiegene kundenseitige Anforderungen zeigen sich insbesondere in einer zunehmenden Verlagerung der Nachfrage der Konsumenten und des weiterverarbeitenden Gewerbes von standardisierten Sach- und Dienstleistungen hin zu kundenspezifischen Komplettlösungen (Rai und Sambamurthy 2006, S. 327 ff.). Das Schnüren von bereits existierenden Sach- und Dienstleistungen zu einem Leistungsbündel wird daher aus Vertriebssicht als bewährtes Konzept zur Erfüllung der kundenindividuellen Anforderungen angesehen (Thomas, Walter und Loos 2008, S. 209). Gleichwohl konnte sich dessen strategisch wichtige Bedeutung erst in den letzten Jahren in den Köpfen der Produktentwickler verankern (Luczak 2004). Zugleich ergibt sich mit der beständigen Sichtweise, Sach- und Dienstleistungen als nebeneinander existierende Leistungsprogramme zu verstehen, jedoch eine unsystematische Entwicklung von integrierten Sach- und Dienstleistungsbündeln, die in vielen Unternehmen zu einem inflexiblen und ineffektiven Leistungsangebot führt (Spath und Demuß 2006, S. 464 f.). Dies hat zur Folge, dass die stetig komplexer werdenden kundenindividuellen Anforderungen zum Teil nicht ausreichend bedient werden können.

Motiviert durch die steigende Nachfrage und der sich ergebenden Möglichkeit, sich gegenüber der unmittelbaren Konkurrenz direkt abgrenzen zu können, gehen die produzierenden Unternehmen dazu über, ihr Leistungsspektrum gezielt um konfigurierbare Sach- und Dienstleistungskomponenten zu ergänzen. Durch die Neuausrichtung des Leistungsangebots können die Unternehmen ihre Marktposition festigen, was zur Absicherung oder im bestmöglichen Fall zum Ausbau bestehender Marktanteile führt (Knackstedt, Pöppelbuß und Winkelmann 2008, S. 235). Infolgedessen wandeln sich sowohl die produzierenden Unternehmen als auch die Dienstleistungsanbieter selbst zu so genannten Lösungsanbietern (Leimeister 2008, S. 248). Dabei verschmelzen die Grenzen zwischen Sach- und Dienstleistungen zusehends und bilden neuartige hybride Wertschöpfungsstrukturen für ein kundenindividuelles Lösungsgeschäft der Unternehmen.

Entsprechend der gestiegenen Relevanz der hybriden Wertschöpfung, planen knapp 80 % der im Rahmen einer Untersuchung (Sturm, Bading und Schubert 2007) befragten mittelständischen Unternehmen, den Umsatzanteil der Dienstleistungen in Zukunft zu erhöhen und auf kundenindividuelle Anforderungen durch spezifische hybride Leistungsbündel zu reagieren (Knackstedt, Pöppelbuß und Winkelmann 2008, S. 243). Hierdurch erhoffen sich die Unternehmen Vorteile im Allgemeinen, in der Differenzierung gegenüber dem Wettbewerb und der eigenen Imagestärkung, in der Erhöhung der Kundenzufriedenheit und -bindung sowie in der Individualisierung der angebotenen Leistungen bzw. Lösungen (Knackstedt, Pöppelbuß und Winkelmann 2008, S. 239). Jedoch zeigt sich in diesem Zusammenhang ein Manko in der zum Teil unzureichenden Integration der Entwicklungsprozesse von Sach- und Dienstleistungen. In etwa nur die Hälfte der befragten Unternehmen stimmen diese aufeinander ab (Sturm, Bading und Schubert 2007, S. 33 ff.).

Neuartige Vorgehensmodelle zur Entwicklung von Product-Service Systems können hier eine erste Abhilfe schaffen, indem sie den Unternehmen eine Handlungsanweisung zur Entwicklung von neuen Leistungsangeboten, bestehend aus integrierten Sach- und Dienstleistungen, liefern.

Ziel dieses Kapitels ist es, dem Leser einen Überblick über ausgewählte Vorgehensmodelle des Product-Service Systems Engineering zu geben. Zum systematischen Aufbau eines Vergleichsrahmens wird zunächst ein kurzer Überblick über bestehende Vorgehensmodelle gegeben, bevor auf die PSS-spezifischen Anforderungen eingegangen wird. Darauf folgen eine detaillierte Betrachtung der Modelle und deren Vergleich mit Hilfe des zu konzipierenden Vergleichsrahmens.

2   Neue Anforderungen an Vorgehensmodelle durch Product-Service Systems

Die etablierten Entwicklungsmethodiken der Produkt- und Dienstleistungsentwicklung, die im Kapitel von Thomas, Walter und Loos, S. 61 ff., vorgestellt wurden, können den Anforderungen, die sich aus dem neuartigen Angebot an aus Sach- und Dienstleistungen bestehenden kundenindividuellen Problemlösungen ergeben, nicht mehr genügen. Dieser Herausforderung folgend, hat sich sowohl in der Wissenschaft als auch in der Praxis ein neues Forschungs- und Versuchsfeld aufgetan. Daraus resultierte eine Reihe von neuartigen Methodiken, die teils explizit auf die Belange des PSSE zugeschnitten sind.

Die noch relativ junge Disziplin des Service Engineering und die eher als traditionell anzusehende Produktentwicklung nehmen bei der integrierten Sach- und Dienstleistungsentwicklung eine besondere Stellung ein, indem sie in dem gesamten Entwicklungsprozess die Systemführerschaft übernehmen (Spath und Demuß 2006, S. 499). Gleichermaßen steigt mit der Entwicklung von PSS die Komplexität an das Anforderungsmanagement (Spath und Demuß 2006, S. 495). Anforderungen sind in diesem Zusammenhang gleichzusetzen mit den geforderten Eigenschaften, die der Kunde als Grundlage zur Qualitätsbeurteilung der Problemlösung heranzieht (Botta 2007). Im Anforderungsmanagement werden in erster Linie die Anforderungen festgehalten, die an die materiellen und immateriellen Leistungsbündel bestehen. Zugleich zeigt das Anforderungsmanagement auf, inwieweit einzelne Leistungskomponenten voneinander abhängen und wie schwierig es ist, sie voneinander zu trennen. Dennoch sind die einzelnen Komponenten der zu entwickelnden Problemlösungen auf die verschiedenen wissenschaftlichen Disziplinen, d.h. auf die unterschiedlichen Entwicklungsmethodiken, aufzuteilen, um eine parallele – oftmals schnellere und kostengünstigere – Entwicklung durchführen zu können (Spath und Demuß 2006, S. 495).

Bedingt durch die parallele bzw. ganzheitliche Entwicklung neuer PSS oder durch die Veränderung bereits bestehender Angebote im Sinne einer Anpassungsentwicklung, müssen Vorgehensmodelle des PSSE einer Vielzahl an Anforderungen genügen. Eine Auswahl an wesentlichen Charakteristika, welche die Entwicklung von PSS betreffen, ist nachfolgend übersichtlich dargestellt:

- Mit dem Angebot von PSS verändert sich die Perspektive der Unternehmen. Nicht mehr die Absatzzahlen der Produkte, sondern der generierte Umsatz aller erbrachten Leistungen über den gesamten Lebenszyklus hinweg rückt in den Fokus (Tan, McAloone und Andreasen 2006, S. 1 f.). Damit erlangt der Produktentwicklungsprozess eine neue strategische Bedeutung. Produkte sind langlebig, robust, einfach zu handhaben und insbesondere individuell konfigurierbar zu konzipieren (Van Halen, Vezzoli und Wimmer 2005, S. 21).

- Ein wesentliches Merkmal von kundenspezifischen PSS ist die Notwendigkeit zur Integration eines externen Faktors in den Prozess der Lösungserstellung (Spath und Demuß 2006, S. 493 f.). Die Integration des Kunden in den Entwicklungsprozess kann sich als Schwachstelle erweisen, wenn geeignete Methoden zu Identifikation der Kundenanforderungen fehlen oder sich durch deren Anwendung nur unzureichende Ergebnisse erzielen lassen (Sturm und Bading 2008, S. 184).

- Dienstleistungen sind im Gegensatz zu Sachleistungen grundsätzlich immaterieller Natur. Die Produktion und der Konsum von Dienstleistungen finden zur gleichen Zeit und an derselben Stelle statt. Das heißt, Dienstleistungen sind weder lager- noch transportfähig oder greifbar (Hermsen 2000, S. 56). Eine besondere Herausforderung besteht in der richtigen Einschätzung der Dienstleistungserbringungsfrequenz und -häufigkeit sowie der für einen bestimmten Zeitraum gebundenen Ressourcen.

- Dienstleistungen werden in der Regel von dem produzierenden Unternehmen selbst, einem dem Wertschöpfungsnetzwerk angeschlossenen Unternehmen oder von einem außenstehenden Dienstleister erbracht (Becker und Krcmar 2008, S. 169 f.). Infolgedessen sind hohe Ansprüche an die Mitarbeiter der verschiedenen Unternehmen zu stellen, da fehlerhafte Ausführungen der Dienstleistungen nicht mehr den einzelnen Dienstleistungsanbietern, sondern dem Anbieter des PSS negativ angerechnet werden.

- Einfache, nicht an ein spezifisches Produkt gebundene Dienstleistungen können häufig sehr schnell und ohne großen Aufwand von unmittelbaren Konkurrenten imitiert werden. Im Gegensatz dazu können die Mitbewerber bei einer auf das PSS abgestimmten Dienstleistung nicht ohne weiteres nachziehen, da entweder das Produkt fehlt oder die Kunden mit den produzieren Unternehmen in einem langfristigen Vertragsverhältnis stehen (Van Halen, Vezzoli und Wimmer 2005, S. 21). Folglich sollte der Entwicklungsprozess verschiedene Optionen aufzeigen, dieses Alleinstellungsmerkmal zu erfüllen.

- Die Ausübung vieler Dienstleistungen führt zu einem immateriellen Ergebnis, das nur schwer zu beschreiben ist. Die Herausforderung besteht darin, die einzelnen Funktionen der Dienstleistung und die daraus resultierenden immateriellen Werte definitorisch für den Entwicklungsprozess des PSS festzulegen. Beispielhaft stellt sich die Frage, wie eine Dienstleistung zu definieren ist, deren Resultat nicht mehr eine „schnelle Reparatur" sondern eine „sehr schnelle Reparatur" sein soll (Van Halen, Vezzoli und Wimmer 2005, S. 21).

3 Vorgehen zum Vergleich von Product-Service-Systems-Engineering-Vorgehensmodellen

Zum Vergleich von ausgewählten Vorgehensmodellen für das PSSE soll nachfolgend ein Vergleichsrahmen konzipiert werden. Um die wesentlichen Aspekte zur Charakterisierung der Vorgehensmodelle abzuleiten, wird ein Klassifikationsschema erarbeitet und in den Vergleichsrahmen eingebettet. Allgemein liegt eine Klassifikation dann vor, wenn ein Untersuchungsgegenstand nach einem bestimmten Merkmal und dessen Ausprägungen gegliedert wird. Die einzelnen Merkmalsausprägungen sind nicht streng disjunkt, d.h. sie sind als sich nicht gegenseitig ausschließend zu verstehen. Zum besseren Verständnis werden die Merkmale zu Merkmalsklassen gruppiert.

Da entsprechende Vorarbeiten zur Klassifikation von PSSE-Vorgehensmodellen fehlen, soll sich das in dieser Untersuchung verwendete Klassifikationsschema an wesentlichen in der Literatur zu Vorgehensmodellen ausgeführten generellen Merkmalsklassen und -ausprägungen orientieren, die um PSSE-Aspekte zu ergänzen sind. Einen ersten Ansatz zur Herleitung von verschiedenen Merkmalsklassen bietet das von Thomas entwickelte Klassifikationssystem für Prozessmodelle (Thomas 2009, S. 44–73). Von besonderem Interesse in diesem Kontext sind die Merkmalsklassen „Konstruktionsprozess" und „Konstruktionsergebnis". Die einzelnen Merkmale dieser Klassen geben detaillierte Auskünfte über die Art und Weise, wie die Vorgehensmodelle erstellt wurden und wie sie den potenziellen Anwendern präsentiert werden. Für die Merkmalsklassen „PSS-Entwicklungsziel" und „PSSE-spezifische Vorgehensmerkmale" erweisen sich sowohl die Typologisierung hybrider Produkte von Burianek et al. (2007, S. 7ff.) als auch die von Botta (2007, S. 146ff.) durchgeführte Typologisierung von PSS-Merkmalen als wichtige Referenzpunkte. Gleichermaßen fließen die Erkenntnisse aus einer State-ofthe-Art-Analyse zur Entwicklung von PSS von Burianek et al. (2007) als auch die Arbeiten von Tukker und Tischner (2005, S. 26ff.) zu den Haupt- und Unterkategorien von PSS ein. Die Fachgruppe „Vorgehensmodelle für die betriebliche Anwendungsentwicklung" der Gesellschaft für Informatik e.V. beschäftigt sich intensiv mit der Typisierung und den charakteristischen Dimensionen zur Einordnung von Vorgehensmodellen (Fliß et al. 2005; Höhn 2007). Auf einzeln ausgewählte Charakteristika wird in der Merkmalsklasse „PSSE-unspezifische Vorgehensmerkmale" näher eingegangen.

Die Selektion geeigneter Vorgehensmodelle für das PSSE erfolgt anhand von zwei wesentlichen Kriterien. Zum einen müssen die Vorgehensmodelle entweder direkt von den jeweiligen Konstrukteuren als Vorgehensmodelle für das PSSE deklariert sein oder aufgrund ihrer thematischen Nähe sich indirekt als geeignet für die Entwicklung von PSS herausstellen. Zum anderen muss sich aus den vorliegenden Beschreibungen und Abbildungen der Vorgehensmodelle ein Großteil der Merkmalsausprägungen des Klassifikationsschemas ableiten lassen, um einen methodischen Vergleich der Vorgehensmodelle zu ermöglichen.

Neben den als Vorgehensmodell deklarierten Modellen sind im Rahmen dieses Vergleichsansatzes auch Ordnungsrahmen und Methodiken zur Entwicklung von PSS zu berücksichtigen. Diese müssen jedoch dem Anspruch genügen, dass der Anwender zur Wahrung des Überblicks über die Abfolge der einzelnen Entwicklungsphasen die teils komplexen Handlungsfolgen, die zur Entwicklung von PSS nötig sind, eindeutig einordnen kann (Fließ et al. 2005, S. 184).

Darüber hinaus sollen nur solche Vorgehensmodelle Berücksichtigung finden, die den PSS-Entwicklungsprozess im weitesten Sinne „vollständig" abbilden. Die Beurteilung des Kriteriums der Vollständigkeit erfolgt an dieser Stelle jedoch nicht anhand eines expliziten Bewertungsschemas, sondern anhand der Zielsetzung, welche die jeweiligen Autoren mit ihrem Vorgehensmodell verfolgen. Insofern besteht eine weitere Mindestanforderung an PSSE-Vorgehensmodelle darin, dass sie in ihrem Umfang klar abgrenzbar und inhaltlich auf die konkrete Vorgehensbeschreibung fokussiert sein sollten. Eine bereits erfolgte Evaluation der Vorgehensmodelle in der Praxis ist darüber hinaus eine wünschenswerte Eigenschaft, jedoch kein Ausschlusskriterium.

Aufgrund der Begriffsvielfalt die sich im Kontext der hybriden Wertschöpfung ergibt, ist bei der Beschreibung der Vorgehensmodelle zunächst das Verständnis der Autoren über den Begriff des Product-Service Systems zu klären. Um die Aussagen der Autoren nicht unbewusst zu verfälschen, sind die jeweils von den Autoren gewählten Begrifflichkeiten in den entsprechenden Beschreibungen der Vorgehensmodelle zu übernehmen. Während im deutschen Sprachgebrauch ein breiteres Spektrum an Begriffen Verwendung findet, lässt sich in der englischsprachigen Literatur durchweg nur der Terminus „Product-Service Systems" identifizieren (vgl. das Kapitel von Thomas, Walter und Loos, S. 61 ff.).

Nachfolgend wird ein Überblick über die ausgewählten Vorgehensmodelle gegeben und zugleich deren Herkunft sowie deren grundlegender Aufbau näher betrachtet. Anschließend erfolgt die Klassifikation und Bewertung der Vorgehensmodelle.

4 Selektion von Vorgehensmodellen des Product-Service Systems Engineering

4.1 Vorgehensmodell nach Abdalla

Abdalla (2006) stellt eine Methode zur Entwicklung von PSS vor, welche auf den Grundsätzen der Nachhaltigkeit und des Umweltbewusstseins, der menschlichen Bedürfnisse und den wirtschaftlichen Zielen sowie der Erleichterung der Problemdefinition und -lösung basiert. Als weiterführende Handlungsempfehlung zur Entwicklung zweckdienlicher PSS schlägt der Autor 40 ökologisch effiziente Prinzipien vor, welche als das Ergebnis von mehreren Studien hervorgingen (Abdalla 2006, S. 157 ff.). Dem umwelt- und nachhaltigkeitsorientierten Gedanken folgend, sind bei der Entwicklung von PSS die folgenden Bedingungen zu beachten (Abdalla 2006, S. 150 f.):

- Die Komponenten eines PSS sind umweltschonend zu gestalten. Intakte und voll funktionsfähige Komponenten eines Produkts sind über dessen Lebenszyklus hinaus weiter zu verwenden.

- Die Entwickler sind dazu angehalten, ressourcensparende Produkte zu entwerfen und diese nach der Nutzungsphase durch den Kunden zurückzunehmen und umweltschonend wiederzuverwenden bzw. zu entsorgen.

- Die Zusammensetzung des Produkts ist dem Kunden gegenüber verständlich zu erläutern, damit im Hinblick auf das Recycling der Produkte keine Missverständnisse entstehen.

- Anhand der Werbeauszeichnung müssen sich die Kunden ein Bild über den Energieverbrauch der Produkte machen können, um die verschiedenen Angebote direkt auf deren Umweltverträglichkeit hin vergleichen zu können.

Das Vorgehensmodell innerhalb der als „Balance" bezeichneten Methodik (vgl. Abb. 1) sorgt bei der Entwicklung von PSS für eine ausgeglichene Gewichtung zwischen der Nachhaltigkeit und der Umweltverträglichkeit, der Befriedigung der Kundenbedürfnisse sowie der Wettbewerbsfähigkeit des zu entwickelnden Geschäftsmodells (Abdalla 2006, S. 152). Beginnend mit der ersten Phase, sind die bestehenden Probleme bzw. Bedürfnisse, die in bestimmten Schichten in der Industrie, dem Handel oder der Gesellschaft allgemein existieren, zu identifizieren. Als Alternative besteht die Möglichkeit, existierende Produkte aufzugreifen und diese innerhalb einer neu zu entwickelnden Lösung zu integrieren. In den nachfolgenden Phasen ist das erdachte PSS mit den spezifischen Anforderungen, die mit der Entwicklungsmethode verfolgt werden sollen, zu vergleichen und eventuell anzupassen. Während der vierten Phase ist ein vollständiges Konzept des geplanten PPS zu erstellen, welches Beschreibungen über die Problemstellung, die Zielgruppe, die verfolgten Ziele, das Geschäftsmodell sowie die Aufgaben der einzelnen Akteure beinhaltet. Die nachfolgende Phase dient zur marktreifen Ausarbeitung des konzipierten PSS. Neben der Identifikation und Dokumentation aller strukturellen und funktionalen Eigenschaften des PSS sind die wichtigsten Ansatzpunkte festzuhalten, über die sich das PSS in einem weiteren Entwicklungszyklus verbessern lassen würde. Abschließend mit der sechsten Phase wird eine Evaluation des PSS vorgenommen. Zur Minimierung der Kosten und der aufzuwendenden Zeit sind die Tests direkt am Modell des PSS durchzuführen. Nur wenn die Aussicht auf ein erfolgreiches PSS besteht, ist ein Praxistest am physischen Produkt vorzunehmen. Ein entwickeltes PSS erweist sich als erfolgreich, wenn es im Vergleich zu einer am freien Markt angebotenen Gesamtleistung klar identifizierbare Vorteile mit sich bringt (Abdalla 2006, S. 154f.).

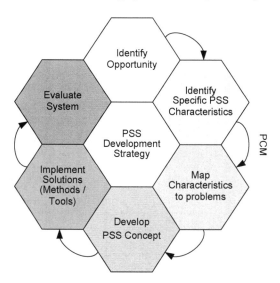

Abb. 1. PSS-Entwicklungsstrategie „Balance" (Abdalla 2006, S. 153)

4.2 Vorgehensmodell nach Aurich et al.

Aurich et al. entwerfen eine Entwicklungsmethode zur modellbasierten Beschreibung von PSS (Aurich, Fuchs und Barbian 2004; Aurich, Schweiter und Fuchs 2007; Aurich et al. 2007; Aurich, Schweiter und Mannweiler 2008). Entsprechend dem zugrundeliegenden Begriffsverständnis, wonach ein PSS aus einer materiellen Komponente besteht, die über eine bestimmte Nutzungsdauer hinweg zielgerichtet durch produktbegleitende Dienstleistungen ergänzt wird, lassen sich zwei unterschiedliche Lebenszyklen identifizieren (Aurich et al. 2007, S. 579f.). Dies ist zum einen der Produktlebenszyklus aus der Perspektive des Herstellers. Dabei finden alle Aktivitäten von der Organisationsgestaltung bis hin zur PSS-Realisierung in einem erweiterten Wertschöpfungsnetzwerk statt, bestehend aus den Produktions- und Dienstleistungsnetzwerken des Herstellers. Zum anderen ist dies der Lebenszyklus aus der Perspektive des Kunden, welcher die aktive Nutzungsphase des PSS durch den Kunden repräsentiert.

Das Vorgehensmodell, welches von den Autoren auch als Life Cycle Management (LCM) von PSS verstanden wird, sieht als ersten Schritt die Organisationsgestaltung vor (vgl. Abb. 2). Das Ziel dieser Phase ist es, aufbau- und ablauforganisatorischen Voraussetzungen für das LCM zu schaffen. Zu den ablauforganisatorischen Voraussetzungen zählt die standardisierte Beschreibung aller bestehender

Produkte und Dienstleistungen des Unternehmens. Entsprechend des jeweiligen Kontexts sind die zu erfassenden Daten innerhalb von Produkt-, Prozess- oder Ressourcenmodellen zu dokumentieren (Aurich et al. 2007, S. 582). Ausgehend von dem modularisierten, in einzelne Aktivitäten unterteilten Produktentwicklungsprozess ist für jeden Prozessbaustein zu prüfen, ob er zur Beschreibung der definierten Dienstleistungsmodelle herangezogen werden kann. Durch die Aggregation der ausgewählten und gegebenenfalls leicht modifizierten Prozessbausteine ergibt sich der Dienstleistungsentwicklungsprozess. Die standardisierten Prozessbausteine der Produkt- und Dienstleistungsentwicklung bilden somit eine Prozessbibliothek, welche für ein einheitliches Verständnis innerhalb des Wertschöpfungsnetzwerks sorgt. Abschließend mit der Phase der Organisationsgestaltung sind die aufbauorganisatorischen Rahmenbedingungen festzulegen. Neben der zentralen Anlaufstelle, die für die Koordination sämtlicher Aktivitäten zuständig ist, sind die einzelnen Organisationseinheiten und deren Aufgaben zu bestimmen.

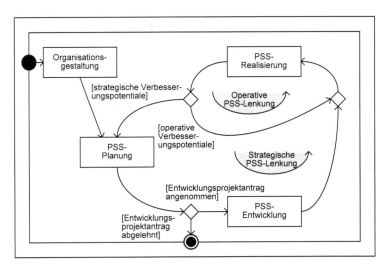

Abb. 2. Vorgehensmodell für das PSS Life Cycle Management (Aurich et al. 2007, S. 581)

Die Phase der PSS-Planung dient vornehmlich zur Ideenfindung neuer PSS. Als Planungsgrundlage sind hersteller- und kundenspezifische Anforderungen an PSS heranzuziehen, aus denen die zu erfüllenden Merkmale und Funktionen des PSS abzuleiten sind. In der nachfolgenden Phase der PSS-Entwicklung ist zunächst das Entwicklungsprojekt zu planen. Durch die Spezifikation einzelner Aktivitäten, strikt getrennt nach Sach- und Serviceproduktentwicklung, entsteht ein Projektablaufplan, der nachfolgend schrittweise auf einzelne detaillierte Teilaufgaben heruntergebrochen wird. Die Beschreibung der einzelnen Teilaufgaben erfolgt anhand der Prozessbausteine aus der Prozessbibliothek. Die Verwendung der Prozessbausteine gewährleistet eine einheitliche Kommunikation zwischen den Bereichen Konstruktions- und Dienstleistungsentwicklung. Darauf folgend sind Schnittstellen zwischen den einzelnen Teilprozessen zu identifizieren. Entsprechend ihrer Vernetzung sind die Prozessbausteine sequenziell, integrativ oder parallel anzuordnen. Als Resultat des Entwicklungsprozesses ergibt sich eine vollständige Beschreibung des physischen Produkts sowie der dazugehörigen Dienstleistungen. Mit der Markteinführung des neu entwickelten PSS erfolgt der Übergang zwischen der dritten und der vierten Phase des Vorgehensmodells. Zu den Aufgaben der PSS-Realisierung zählen die Auslieferung und Konfiguration des kundenspezifischen PSS sowie die Bereitstellung der Dienstleistungen während dessen Nutzungsphase (Aurich et al. 2007, S. 583 f.).

4.3   Vorgehensmodell nach Botta, Steinbach und Weber

Botta, Steinbach und Weber entwickeln mit dem PSSE eine umfassende Methode zur integrierten Entwicklung von hybriden Leistungsbündeln (Weber et al. 2004; Weber, Steinbach und Botta 2004; Steinbach, Botta und Weber 2005; Steinbach 2005; Botta 2007). Das Rahmenkonzept des PSSE orientiert sich grundlegend an dem methodischen Ansatz des Property-driven Development (PPD) (Botta 2007, S. 85 ff.), welcher bei der Beschreibung von Sachleistungen und Produktentwicklungsprozessen Anwendung findet. Die Methodik des PSSE ist als eine Schale zu betrachten, die den Entwicklungsprozess des PSS und die damit zusammenhängenden Aspekte beinhaltet (Botta 2007, S. 96). Der Zusammenhang zwischen dem als Schalen-Modell des PSSE bezeichneten Rahmenkonzept und dem Phasenmodell des PSSE ist in Abb. 3 dargestellt.

Den Ausgangspunkt des iterativen Prozesses zur Entwicklung von PSS stellt eine Liste an geforderten Eigenschaften dar. Die synonym auch als Anforderungen bezeichneten verhaltensbeschreibenden Eigenschaften dienen dem Kunden zu einem späteren Zeitpunkt als Grundlage der Qualitätsbeurteilung des vollständig fertig entwickelten PSS (Botta 2007, S. 97). Aus der Liste der geforderten Eigenschaften wird mit Hilfe von Synthesewerkzeugen eine Merkmalsstruktur generiert, die das noch weiter zu entwickelnde PSS abbildet. Als nächster Schritt erfolgt eine Analyse der strukturbeschreibenden Merkmale, die hinsichtlich ihrer gegenwärtigen Eigenschaften, den Ist-Eigenschaften, überprüft werden. Die sich aus dem Abgleich zwischen aktuellen Eigenschaften und Ist-Eigenschaften ergebende Differenz bildet den weiteren Entwicklungsbedarf. Nach Beendigung eines jeden Zyklus wird als dessen Ergebnis ein Produktmodell dargestellt. Der iterative Entwicklungsprozess bewirkt mit jeder Wiederholung des aufgezeigten Zyklus eine Annäherung der Ist-Eigenschaften an die vom Kunden an das PSS gestellten Anforderungen. Der Entwicklungsprozess ist solange zu wiederholen, bis sich das gewünschte Ergebnis eingestellt hat. Die Entscheidung, wann die Differenz zwischen Soll-Eigenschaften und Ist-Eigenschaften als hinreichend klein zu betrachten ist, liegt je nach Aufgabenstellung in den Händen des entwickelnden Unternehmens (Botta 2007, S. 115).

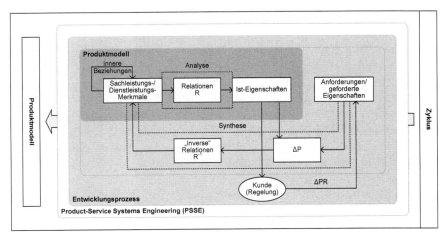

Abb. 3. Phasen- und Schalenmodell des PSSE
(Botta 2007, S. 115)

4.4   Vorgehensmodell nach Lindahl et al.

Lindahl et al. entwickeln mit dem Integrated Product and Service Engineering (IPSE) eine umfassende Methode zur Entwicklung von integrierten Produkt- und Dienstleistungsangeboten (Lindahl et al. 2006a; Lindahl et al. 2006b; Lindahl et al. 2007; Lindahl et al. 2008). Das Konzept des IPSE baut auf den Forschungsergebnissen aus einem breiten Spektrum an Forschungsdisziplinen auf, das von dem Konzept des PSS über die Produktentwicklung und des Service Engineering bis hin zum Design for Environment (DfE) reicht. Bedingt durch das starke Engagement der Autoren im Bereich der Umweltforschung, ist das IPSE stark auf umweltschonende Geschäftsmodelle ausgerichtet. Nach Meinung der Autoren birgt die Entwicklungsmethode das Potenzial in sich, bestehende Konsummuster durch neue umweltfreundliche Produkt- und Dienstleistungsangebote nachhaltig zu beeinflussen (Lindahl et al. 2006a, S. 2). Dieses Vorhaben lässt sich jedoch nicht nur alleine durch den Einsatz von neuen Ressourcen sparenderen Produktionsverfahren erreichen. Dementsprechend ist die Entwicklungsmethode des IPSE hauptsächlich aus der Perspektive des Produktlebenszyklus heraus konzipiert, d. h. nicht nur das produzierende Unternehmen selbst, sondern auch die vor- und nachgelagerten Unternehmen innerhalb der Supply Chain werden bei der Angebotserstellung berücksichtigt. Somit stellt das IPSE für die Unternehmen einen Ansatz dar, welcher verbesserte Grundvoraussetzungen für die Entwicklung von integrierten Produkt- und Dienstleistungsangeboten bietet, die sowohl für die Lieferanten der Unternehmen als auch für die Kunden und die Gesellschaft an sich gewinnbringend sind (Lindahl et al. 2006a, S. 4). Zur Erfüllung dieser aufgestellten Ziele sind sechs Phasen zu durchlaufen.

Beginnend mit der ersten Phase „Need- & requirement analysis" ist eine genaue Analyse der Kundenbedürfnisse und -anforderungen vorzunehmen (vgl. Abb. 4).

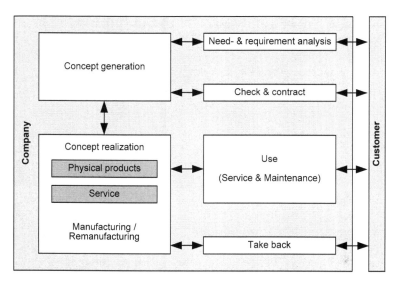

Abb. 4. Integrated Product and Service Engineering
(Lindahl et al. 2006b, S. 591)

Während die Bedürfnisanalyse auf die anzubietenden Produkte und Dienstleistungen abzielt, sind mit der Anforderungsanalyse die Funktionen der vom Kunden geforderten Produkte oder Dienstleistungen zu erfassen (Lindahl et al. 2007, S. 138). Jedoch sollten in dieser Phase nicht nur der Kunde alleine, sondern auch die beteiligten Unternehmen innerhalb der Supply Chain eine Berücksichtigung finden. Basierend auf den Ergebnissen der Analysephase, ist innerhalb der zweiten Phase „Concept generation" ein entsprechendes Angebotskonzept zu erarbeiten. Je nach Anteil der Produkt- oder Dienstleistungskomponente empfehlen sich hierfür unterschiedliche Entwicklungsmethoden (Lindahl et al. 2007, S. 138). Das erarbeitete Konzept ist in der nachfolgenden Phase „Check & contract" dem Kunden zu präsentieren. Dabei ist zu prüfen, inwieweit der Nutzen, der von dem Angebot ausgeht, von dem Kunden erkannt wird und ob das Gesamtkonzept an sich zufriedenstellend ist. Gegebenenfalls ist an dieser Stelle eine Nachbesserung des vorgeschlagenen Konzepts nötig, was einem Rücksprung in die zweite Phase gleicht. Nach erfolgreichem Vertragsabschluss zwischen dem Kunden und dem Unternehmen ist in der vierten Phase „Concept realization" der physische Bestandteil des Angebots herzustellen und auszuliefern. Die Ausführung der Dienstleistungen erfolgt innerhalb der fünften Phase „Support & Maintenance". Um einen kontinuierlichen Lerneffekt zu erzielen, sollte während der aktiven Inanspruchnahme des Angebots ein Dialog zwischen Kunde und Unternehmen erfolgen (Lindahl et al. 2006b, S. 592). Dies ermöglicht eine schrittweise Verbesserung der Angebotspalette. Bedingt durch den umweltfreundlichen Gedanken, der hinter der Entwicklungsmethode des IPSE steckt, sind die Angebote für gewöhnlich darauf ausgerichtet, während der Vertragslaufzeit dem Kunden lediglich das physische Produkt ohne Übertragung der Eigentumsrechte zu überlassen (Lindahl et al. 2007, S. 139). Nach Beendigung des Vertrags können somit die gebrauchten Produkte wiederverwendet oder recycelt werden. Diese Aktivität wird durch die sechste und damit zugleich auch die letzte Phase „Take back" repräsentiert.

4.5   Vorgehensmodell nach McAloone et al.

Nach McAloone et al. betrachten traditionelle Produktionsunternehmen physische Produkte als Hauptbestandteil eines Angebots, wohingegen produktbegleitende Dienstleistungen lediglich eine ergänzende Position einnehmen (Tan, McAloone und Andreasen 2006, S. 2). Der größte Teil des Umsatzes wird durch den Verkauf von Produkten generiert. Je mehr Produkte ein Unternehmen verkauft, desto größer ist der Ertrag. Jedoch geht zum Zeitpunkt des Verkaufs der Besitz und die Verantwortung für das Produkt vom Unternehmen zum Kunden über (Tan, McAloone und Andreasen 2006, S. 1). Da ein Großteil der Wertschöpfung eines Produkts während dessen Nutzung stattfindet, schreiten die Autoren an dieser Stelle ein und greifen den Ansatz des PSS auf. Mit Ansicht eines veränderten Wertschöpfungsprozesses ist infolgedessen die Phase der Produktnutzung in den Mittelpunkt der Betrachtung zu stellen (McAloone 2006, S. 120 f.). Traditionelle Denkmuster, in denen das physische Produkt und nicht ein vollständiges Leistungssystem – bestehend aus materiellen und immateriellen Leistungen – im Blickpunkt stehen, und eine noch nicht ausreichend fundierte Forschung auf dem Gebiet des PSS stehen dieser Entwicklung jedoch noch im Wege (Tan und McAloone 2006, S. 1435). Dem Konzept des PSS folgend, müssen die Unternehmen ihre Strategie wechseln und anstelle von Verkaufszahlen den Wert des Nutzens, den der Kunde aus einem Produkt und den damit direkt verbundenen Dienstleistungen zieht, in den Fokus der Betrachtung stellen (Bey und McAloone 2006, S. 573). Als Beispiel hierfür wäre ein Leistungsangebot, bei dem der Kunde nur für die Nutzung des Produkts bezahlt und sich nicht – wie sonst üblich – um die Installation, Wartung und Beseitigung kümmern muss. Das Unternehmen ist demzufolge freier in der Entscheidung, Produkte wiederzuverwenden, die Produktion zu rationalisieren und die angebotenen Produkte und Dienstleistungen weiterzuentwickeln, die über den gesamten Produktlebenszyklus eingesetzt werden können (Bey und McAloone 2006, S. 573).

Bei der Entwicklung von PSS müssen die produzierenden Unternehmen zwei unterschiedliche Lebenszyklen beachten (Tan, McAloone und Andreasen 2006, S. 4) (vgl. Abb. 5).

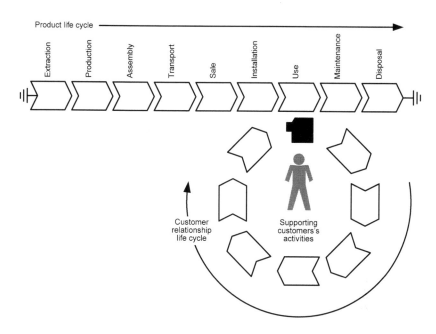

Abb. 5. Die zwei Lebenszyklen eines PSS
(Tan, McAloone und Andreasen 2006, S. 5)

Zum einen ist dies der Lebenszyklus des physischen Produkts, der von der Herstellung einzelner Produktkomponenten bis hin zum Recycling ausgedienter Produkte verläuft. Zum anderen ist es die Phase der Produktnutzung, in der sich der Kunden intensiv mit dem Produkt auseinander setzt und möglicherweise produktbegleitende Dienstleistungen in Anspruch nimmt. Um erfolgreiche PSS entwickeln zu können, müssen sich die produzierenden Unternehmen dementsprechend einerseits intensiv mit dem Produktlebenszyklus und andererseits dem erweiterten Kreis an Personen, die in die Nutzung des Produkts miteinbezogen sind, beschäftigen. Das Ziel des Produktentwicklungsprozesses muss daher nicht mehr das Produkt sein, sondern ein Leistungssystem, welches dem Kunden Nutzen stiftet (Bey und McAloone 2006, S. 573). Zur Realisierung des aufgezeigten Szenarios geben die Autoren die folgenden Hinweise (McAloone und Andreasen 2004, S. 1551; Tan und McAloone 2006, S. 1441):

• Anhand eines PSS-Entwicklungsmodells müssen die Integration der einzelnen Unternehmensabteilungen und deren Entwicklungsaktivitäten ablesbar sein.

• Die Produktplanung auf strategischer Ebene sollte im besten Fall in Kooperation mit Partnern der Supply Chain erfolgen.

- Die existierenden Produktentwicklungsmethoden sind auf das Konzept des PSS anzupassen, da nicht mehr das Produkt, sondern das Leistungssystem im Fokus der Entwicklung steht.

- Sowohl die Definition des Ertragsmodells als auch die Definition der angebotenen Dienstleistungen sind in einer frühen Phase des Entwicklungsprozesses festzulegen.

- Die Unternehmen müssen eine neue Generation an Leistungssystemen, bestehend aus einer physischen Komponente und mehreren ergänzenden Dienstleistungen, für die Nutzungsphase des Produkts entwickeln.

Der aufgezeigte Ansatz gibt den Unternehmen somit verschiedene Möglichkeiten, welche von der Restrukturierung der Hauptgeschäftsprozesse, über die Gewinnung neuer und loyaler Kunden bis hin zur grundlegenden Beeinflussung des Konsumentenverhaltens reichen (McAloone 2006, S. 120).

4.6   Vorgehensmodell nach Mont

Die zahlreichen Arbeiten von Mont zum Thema PSS, insbesondere die Dissertation aus dem Jahre 2004, zählen mit zu den am häufigsten zitierten bzw. darauf verwiesenen Quellen im Themengebiet des PSS. Die Autorin definiert ein PSS als „a system of products, services, networks of actors and supporting infrastructure that continuously strives to be competitive, satisfy customer needs and have a lower environmental impact than traditional business models" (Mont 2004, S. 71). Diese Definition stellt eine klare Abgrenzung gegenüber den weit verbreiteten „all-inclusive" Begriffsdefinitionen dar, welche auf die Mehrheit aller Produkte und Dienstleistungen zutreffen, da nahezu jedes Produkt oder jede Dienstleistung in Kombination mit einem weiteren Produkt oder einer weiteren Dienstleistung angeboten wird und somit ein Leistungsbündel darstellt (Mont 2004, S. 67). Darüber hinaus moniert die Autorin, dass bei den neueren Begriffsbestimmungen ein zunehmender Verfall der umweltorientierten Komponente zu beobachten ist, welche innerhalb des ursprünglichen Entwicklungsprozess von PSS vorgeschlagen wurde (Mont 2004, S. 67f.).

Zur Verfolgung der ursprünglichen Entwicklungsziele von PSS identifiziert die Autorin innerhalb mehrerer Untersuchungen die grundlegenden Elemente, welche bei der Entwicklung von innovativen PSS zu berücksichtigen und kontinuierlich aufeinander abzustimmen sind (Mont 2000, S. 83ff.; Mont 2002, S. 64ff.; Mont 2004, S. 69ff.). Die identifizierten Elemente sowie weitere Erkenntnisse aus den Untersuchungen sind mittels eines Ordnungsrahmens illustriert, welcher aus einer systematischen Perspektive die Entwicklung und Evaluation von PSS ermöglicht (vgl. Abb. 6).

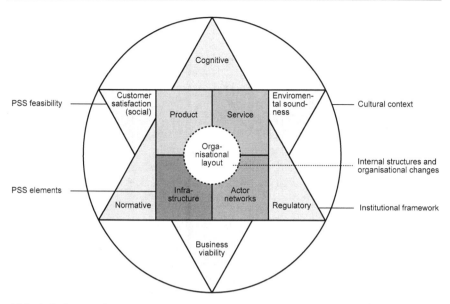

Abb. 6. Ordnungsrahmen zur Analyse von Product-Service Systems
(Mont 2004, S. 71)

Das Produkt bildet das erste Element innerhalb eines PSS. Speziell bei der Optimierung des gesamten PSS ist dieses Element in Betracht zu ziehen, denn die Verbesserung des Produkts wirkt sich auf das ganze PSS aus. Darüber hinaus lässt sich durch Wiederverwendung des Produkts nach dessen Nutzungsphase, d.h. mittels Übertragung der Eigentumsrechte, eine umweltverträglichere Lösung finden. Das zweite Element umfasst alle Dienstleistungen, die angefangen von der Herstellung des PSS über dessen Vertrieb (z.B. Marketing, Leasing, etc.) bis hin zum Ende dessen Nutzungsphase (z.B. Wartung, Rücknahme, etc.) aufzubringen sind. Bilden die Dienstleistungen eine überwiegende Mehrheit des angebotenen PSS, so ist insbesondere im Bereich des Vertriebs der Fokus nicht mehr auf die Verkaufszahlen des Produkts, sondern auf die abzuschließenden Dienstleistungsverträge für die Nutzungsphase des PSS zu legen. Die gegebene Infrastruktur, die sich sowohl aus privaten als auch öffentlichen Systemen zusammensetzt, stellt das dritte Element von PSS dar. Als Beispiel sind öffentliche Straßen und Verkehrsmittel, Kommunikationsnetzwerke oder Entsorgungseinrichtungen zu nennen. Deswegen ist bei der Entwicklung von PSS die Überlegung in Betracht zu ziehen, ob eine Infrastruktur bereits existiert, die über die unterschiedlichen Nutzungsphasen des PSS hinweg in Anspruch genommen werden könnte, oder ob die Infrastruktur erst noch auszubauen oder neu anzulegen ist. Das vierte Element in einem PSS ist das Unternehmensnetzwerk, das aus denjenigen Akteuren besteht, die bei der Herstellung und Erbringung des PSS beteiligt sind. Da die Befriedigung der Kundenbedürfnisse und nicht etwa das Produkt oder die Dienstleistung den Ausgangspunkt des PSS Entwicklungsprozesses bildet, ist beim Aufbau des Netzwerkes abzuwägen, über welchen Akteur sich das PSS bestmöglich dem Kunden präsentieren und verkaufen lässt. Deshalb ist es nicht immer ratsam, das produzierende Unternehmen als zentrale Einheit in das Unternehmensnetzwerk zu integrieren.

Neben den erläuterten Elementen werden mit dem Ordnungsrahmen die Realisierbarkeit des PSS, das kulturelle Umfeld, die institutionellen Rahmenbedingungen und die intern bestehenden Strukturen des Unternehmens zueinander in Beziehung gesetzt. Während der Realisierbarkeitsstudie wird geprüft, inwiefern sich die Kundenbedürfnisse durch das PSS befriedigen lassen, ob das gesamte Konzept sich wirtschaftlich trägt und welche umweltpolitischen Rahmenbedingungen zu beachten sind. Die kognitiven, normativen und regulatorischen Aspekte, die mit dem PSS einhergehen, sind innerhalb der institutionellen Rahmenbedingungen zu diskutieren. Dem Ganzen übergeordnet ist das kulturelle Umfeld, an dem die gesamte Entwicklung des PSS auszurichten ist.

Entsprechend den bisherigen Ausführungen wird die Entwicklung eines PSS aus der Perspektive des Produktlebenszyklus betrachtet (vgl. Abb. 7).

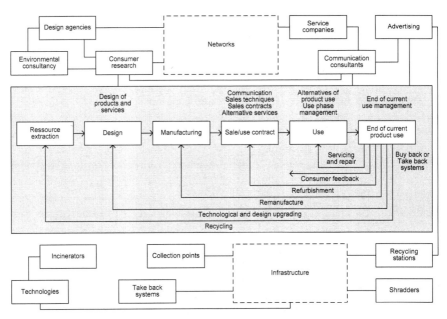

Abb. 7. Systematischer Aufbau von PSS
(Mont 2001, S. 11)

Der Lebenszyklus beginnt mit der Gewinnung von Ressourcen, mit Blick auf die Umwelt bevorzugt aus recycelten Materialien. Als nächstes sind unter Berücksichtigung des bereits erläuterten Ordnungsrahmens die angebotenen Produkte und Dienstleistungen zu konzipieren. Neben der Neugestaltung von PSS dient dieser Schritt auch der Anpassung bestehender Konzepte, die aufgrund von z.B. technologischen Fortschritten einer Überarbeitung bedürfen. Das hergestellte PSS wird darauf folgend dem Kunden präsentiert. Beim Vertragsabschluss besteht zum einen die Möglichkeit, die Eigentumsrechte über das Produkt vom Unternehmen zum Kunden durch dessen Verkauf zu übertragen, alternativ dazu besteht zum anderen die Möglichkeit, das Produkt über eine vereinbarte Vertragslaufzeit zu leasen. In beiden Fällen sind zusätzlich Dienstleistungsverträge abzuschließen, welche während der Nutzungsphase vom Unternehmensnetzwerk zu erbringen sind. Hierunter fallen bspw. Wartungs- und Reparaturaufgaben. Je nach Zustand des Produkts sind nach Beendigung von dessen Nutzungsphase einzelne Komponenten bis hin zum gesamten Produkt wiederzuverwenden oder zu recyceln. Zur kontinuierlichen Verbesserung des verwendeten PSS Konzepts ist bei dieser Gelegenheit Feedback vom Kunden einzuholen.

4.7   Vorgehensmodell nach Müller und Schmidt-Kretschmer

Müller und Schmidt-Kretschmer (2008) präsentieren ausgehend von einer breiten Literaturanalyse im Themengebiet des PSSE erste Erkenntnisse, die in einer integrierten PSS-Entwicklungsmethodik zu verfolgen sind. Der Untersuchung zufolge, gibt es die Angebotskombination von Produkten und Dienstleistungen bereits seit unzähligen Jahren. Als simples Beispiel hierfür dient die täglich am frühen Morgen direkt vom Bauern zugestellte Milch. Diese Annahme führt zu der These, dass es kein Produkt ohne eine Dienstleistung und keine Dienstleistung ohne ein Produkt oder dessen Einsatz gibt (Müller und Schmidt-Kretschmer 2008, S. 4). Begründen lässt sich der gemeinsame Verkauf von Produkten und Dienstleistungen über die Ausnutzung von ungenutzten wirtschaftlichen oder technologischen Potenzialen aus Perspektive der Unternehmen oder um den Nutzen für den Kunden gezielt zu steigern (Müller und Schmidt-Kretschmer 2008, S. 1). Jedoch wird die Befriedigung der Kundenwünsche nicht auf die reine Übertragung der Eigentumsrechte an einem Produkt heruntergebrochen. Die Autoren verstehen unter dem Terminus PSS vielmehr ein flexibel gestaltbares Angebot von Produkten und Dienstleistungen, das sich als nachhaltig und sozial verträglich erweist und über einen gewissen Zeitraum, d.h. während des Produktlebenszyklus, dem Kunden zur Verfügung gestellt wird (Müller und Schmidt-Kretschmer 2008, S. 1).

Die Entwicklung von Produkten und Dienstleistungen erfolgt für gewöhnlich innerhalb von separaten Entwicklungsprozessen (vgl. Abb. 8). Da dieser Zustand eine saubere Integration von Produkten und Dienstleistungen in ein gemeinsames System verhindert, sehen die Autoren die Notwendigkeit zur Schaffung einer eigenständigen Entwicklungsmethodik für PSS gegeben. Zwar existieren zahlreiche Ansätze zur Planung und Entwicklung von Produkten, Dienstleistungen und deren Kombination, jedoch fehlt letztendlich eine bekannte Methode zur integrierten Entwicklung von PSS. Das Ziel der von den Autoren durchgeführten Untersuchung ist es daher, konkrete Anhaltspunkte für ein Vorgehensmodell zu liefern, welches – ähnlich wie die VDI-Richtlinie 2221 (Verein Deutscher Ingenieure 1993) oder 2206 (Verein Deutscher Ingenieure 2004) – in der Industrie bekannt und anerkannt ist, mit dem sich ein gemeinschaftliches Verständnis zwischen den

unterschiedlichen am Entwicklungsprozess partizipierenden Wissenschaftsdisziplinen erreichen lässt. Die grob umrissenen Anforderungen an die Entwicklungsmethodik lassen sich wie folgt zusammenfassen (Müller und Schmidt-Kretschmer
2008, S. 2):

- Die existierenden Prozessmodelle, Terminologien und Methoden von den verschiedenen Wissenschaftsdisziplinen sind in die Konzeption des PSS mit einzubeziehen.

- Die unterschiedlichen Sichtweisen auf die Charakteristika des PSS sind mittels
  der Entwicklungsmethodik in Einklang zu bringen.

- Die Entwicklung von PSS muss anhand neuer Parameter und Problemlösungs-
  varianten erfolgen.

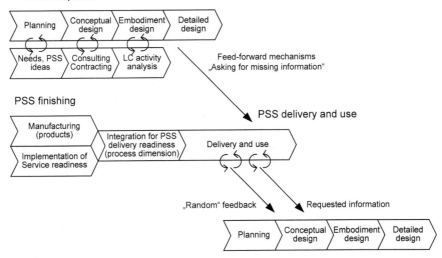

Abb. 8. Cycle of PSS Development
(Müller und Schmidt-Kretschmer 2008, S. 4)

Der Entwicklungsprozess von PSS beginnt mit der Phase der Nutzenfindung. In
der Literatur lassen sich zu dieser Phase sinnverwandte Terme, wie „Bedürfnisse",
„Anforderungen" oder „Added-value", finden (Müller und Schmidt-Kretschmer
2008, S. 43). Die Transformation der zumeist nur vage geäußerten Kundenbedürfnisse in technische Anforderungsdefinitionen zählt mit zu den besonderen Herausforderungen in diesem Prozessabschnitt. Der Analysephase folgend, ist ein kon-
zeptueller Entwurf des geplanten PSS zu erstellen. Wenn möglich, sind bereits zu
dieser frühen Phase die Meinungen von potenziellen Kunden einzuholen sowie die
einzelnen Inhaltspunkte der Abschlussverträge über das PSS zu bilden. Mit der
Phase der Ausgestaltung des konzipierten PSS geht die Analyse und Abstimmung

des Lebenszyklus einher. In der folgenden Phase ist das PSS marktreif auszuarbeiten. Das Ende eines PSS-Entwicklungsprozesses erweist sich als fließend, d.h. der Abschluss der Entwicklung lässt sich nicht scharf abgrenzen. Nach der Auslieferung des produzierten Produkts findet ein kontinuierlicher Informationsaustausch zwischen dem die produktbegleitenden Dienstleistungen in Anspruch nehmenden Kunden und dem die Dienstleistungen erbringenden Unternehmen statt. Diese Aktion impliziert ein Mitwirken des Kunden innerhalb früherer Phasen des Entwicklungsprozesses, z.B. bei der Weiterentwicklung oder Variantenbildung eines bestehenden PSS. Bedingt durch Wartungs- und Instandhaltungsarbeiten des Unternehmens verschwimmt die Grenze des Entwicklungsprozesses zunehmend.

Durch die Integration von gesammeltem Erfahrungswissen des dienstleistenden Unternehmens und dem generierten Kundenfeedback aus der Nutzungsphase in den Entwicklungsprozess entsteht ein Entwicklungszyklus, der zur kontinuierlichen Verbesserung des PSS beiträgt. Jedoch lässt sich dies nur durch die iterative Wiederholung des vollständigen Entwicklungsprozesses erreichen.

4.8   Vorgehensmodell nach Rexfelt und Af Ornäs

Rexfelt und Af Ornäs (2008) führen eine Untersuchung zur Kundenakzeptanz von PSS auf der Basis von Ergebnissen dreier Studien und existierender Ordnungsrahmen der Innovationsverbreitung und Kundenakzeptanz durch. Innerhalb der herangezogenen Praxisstudien wurden die ausschlaggebenden Faktoren identifiziert, welche die Kundenakzeptanz von PSS wesentlich beeinflussen. Zum einen ist dies die Art und Weise, wie das erworbene PSS das alltägliche Leben beeinflusst und zum anderen die bestehende Unsicherheit über die Qualität der produktbegleitenden Dienstleistung, die noch häufig vor der Inanspruchnahme des PSS existiert. Im Gegensatz zur Produktqualität, die sich leicht über die physikalischen Eigenschaften des Produkts bestimmen lässt, ist das kundenspezifische Resultat der erst noch zu erbringenden Dienstleistung nur sehr schwer bis gar nicht einzuschätzen (Rexfelt und Af Ornäs 2008, S. 15f.). Aufgrund der fehlenden objektiven Maßstäbe, orientieren sich die Kunden zur Beurteilung der Dienstleistungsqualität oftmals an der Beschreibung des PSS. Die Akzeptanz einer angebotenen Problemlösung hängt demnach nicht nur von der objektiven Qualität des Produkts ab, sondern auch von der Wahrnehmung des Kunden (Rexfelt und Af Ornäs 2008, S. 17). Dementsprechend sollte die Gestaltung der Produkt- und Dienstleistungsbeschreibung viel Aufmerksamkeit erfahren. In diesem Zusammenhang spielt auch die Präsentation des PSS eine wichtige Rolle. Die Problemlösung muss gegenüber alternativen Angeboten einen unverkennbaren Mehrwert für den Kunden bieten. Dazu müssen die Entwickler ein Verständnis für die besonderen Anforderungen der Zielgruppe erlangen.

Aus den gewonnenen Erkenntnissen leiten die Autoren ein Vorgehensmodell zur Entwicklung und Beschreibung von PSS ab (vgl. Abb. 9). Aufgrund des nicht minder zu bewertenden Einflusses der Produkt- und Dienstleistungsbeschreibung sind innerhalb des Entwicklungsprozesses zwei Produkte parallel anzufertigen.

Diese sind zum einen das PSS an sich, bestehend aus einem physischen Produkt und einer produktbegleitenden Dienstleistung, und zum anderen ein Konzept, wie das Produkt dem Kunden gegenüber zu präsentieren ist. Zur Herstellung des PSS empfehlen die Autoren einen iterativen Entwicklungsprozess zu wählen, der an die DIN EN ISO 13407 Norm (ISO 1999; Deutsches Institut für Normung e.V. 2000) angelehnt ist. Die Autoren greifen einen Vorschlag von Alonso-Rasgado, Thompson und Elfström (2004) auf, der einen iterativen Entwicklungsprozess mit den Phasen „Prototyping", „Testing" und „Refining" vorsieht.

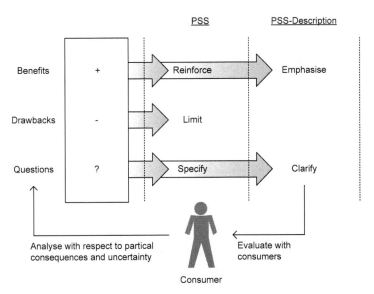

Abb. 9. Inkrementeller Entwicklungsprozess von PSS und dessen Beschreibung (Rexfelt und Af Ornäs 2008, S. 18)

Bevor die prototypische Implementierung des PSS erfolgen kann, ist eine Analyse der Kundenbedürfnisse und des -verhaltens vorzunehmen. Anstatt zu versuchen eine Problemlösung zu entwerfen, die allen Kundenanforderungen genügt, sollten vielmehr spezifische, nach Kundensegmenten differenzierte Einzellösungen im Fokus der Entwicklung stehen (Rexfelt und Af Ornäs 2008, S. 18). Darüber hinaus lassen sich durch die Untersuchung von möglichen Konkurrenzprodukten sowohl für die Zukunft tendenziell richtungweisende Veränderungen innerhalb der Branche bestimmen als auch für die Entwicklung des PSS bedeutsame Soll-Eigenschaften ermitteln. Nach der Analyse der Kundenanforderungen sind für die zu entwickelnde Problemlösung sowohl der Nutzen als auch die Vor- und Nachteile gegenüber alternativen Angeboten festzuhalten. Diese Angaben sind den potenziellen Kunden in Form einer Meinungsumfrage vorzulegen. Die sich aus der Befragung ergebenden Fragen und Anmerkungen zum konzipierten PSS sind in einem weiteren Entwicklungszyklus mit einzubeziehen und zu lösen. Gleiches gilt für die identifizierten Nachteile, die mit dem PSS einhergehen. Durch diese Vorgehensweise wird das PSS mit jeder Wiederholung des Zyklus verbessert, indem Fragen geklärt, Nachteile minimiert oder sogar ausgeräumt und der Nutzen gesteigert werden.

4.9   Vorgehensmodell nach Schenk, Ryll und Schady

Die Mitarbeiter Schenk, Ryll und Schady (2006) des Fraunhofer-Instituts für Fabrikbetrieb und -automatisierung stellen einen Entwicklungsprozess für hybride Produkte im Maschinen- und Anlagenbau vor. Nach den Erkenntnissen der Autoren bieten die Unternehmen des Maschinen- und Anlagenbaus bereits seit mehreren Jahren Leistungsbündel in der Form von Produkt-Dienstleistungskombinationen an, deren einzelne Bestandteile in der Regel jedoch unabhängig voneinander entwickelt werden (Schenk, Ryll und Schady 2006, S. 55). Diese typischen Angebote von Leistungsbündeln bzw. die Anreicherung von Produkten um produktbegleitende Dienstleistungen sind häufig das Resultat einer durch den Marktdruck erzwungenen Notwendigkeit, durch die sich keine Differenzierungsmöglichkeiten gegenüber den Angeboten der unmittelbaren Konkurrenz erreichen lässt und die somit keinen beständigen Wettbewerbsvorteil bieten (Schenk, Ryll und Schady 2006, S. 56). Die Autoren sehen ein Angebot von kundenindividuellen Problemlösungen, bestehend aus hybriden Produkten, bei denen Dienstleistungen und Sachgüter ineinander verschmelzen, langfristig als erfolgversprechend an (Schenk, Ryll und Schady 2006, S. 55 f.). Da bei den meisten Herstellern im Maschinen- und Anlagenbau der Produktentwicklungsprozess zu den alltäglichen Aufgaben gehört und die Dienstleistungsentwicklung bestenfalls eine untergeordnete Rolle einnimmt, muss der Produktentwicklungsprozess zur Realisierung der aufgezeigten Strategie zu einem Produktentwicklungsprozess für hybride Produkte ausgebaut werden. Nach einer ausführlichen Analyse des Forschungsstands im Themenbereich der hybriden Produktentwicklung identifizieren die Autoren die nachfolgenden Fragestellungen, die sich aus Sicht eines einzelnen Unternehmens ergeben und für die Konzeption des hybriden Produktentwicklungsprozesses maßgebend sind (Schenk, Ryll und Schady 2006, S. 56):

- Welche Anforderungen bestehen für die am Markt nachgefragten hybriden Produkte?

- Wie lässt sich ermitteln, wann sich die Entwicklung eines kundenindividuellen hybriden Produkts als wirtschaftlich rentabel erweist?

- Wie ist der Entwicklungsprozess zur Generierung neuer hybrider Produkte intern zu gestalten?

- Mit welchen Methoden und Werkzeugen lassen sich verschiedene Ausprägungen kundenindividueller hybrider Produkte verwalten?

- In welchem Maß lassen sich neben dem Kunden auch die Lieferanten in den Entwicklungsprozess des hybriden Produkts mit einbeziehen?

- Wie lassen sich Dienstleistungen von Lieferanten im Entwicklungsprozess eigener hybrider Produkte berücksichtigen?

- Welche Anforderungen muss eine Dienstleistung der Lieferanten erfüllen, damit sie sich wirtschaftlich in das eigene hybride Produkt integrieren lässt?

- Besteht die Möglichkeit, alternativ zur Selbsterstellung der Dienstleistung diese von einem Partnerunternehmen erfüllen zu lassen?

- In welchem Fall ist eine Dienstleistungskomponente selbst zu erstellen und wann zuzukaufen?

Als Ausgangspunkt für den Entwicklungsprozess hybrider Produkte dient ein Lastenheft, in welchem die konkreten kundenspezifischen Anforderungen an die zu entwickelnde Problemlösung oder die auf Grundlage einer Marktanalyse und -bewertung identifizierten Anforderungen an die nachgefragten hybriden Produkte festzuhalten sind (Schenk, Ryll und Schady 2006, S. 56) (vgl. Abb. 10).

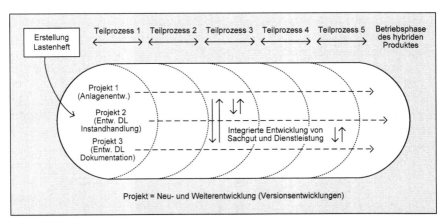

Abb. 10. Beispielhafter Entwicklungsprozess für hybride Produkte
(Schenk, Ryll und Schady 2006, S. 55)

In das Lastenheft sind neben den charakteristischen Merkmalen der Sachgüter auch Beschreibungen für die im Rahmen der geplanten Problemlösung zu erbringenden Dienstleistungen einzutragen. Durch die Modularisierung von Sachgütern und Dienstleistungen lassen sich kundenindividuell anpassbare Problemlösungsangebote entwickeln. Die Modularisierung ist unter Berücksichtigung der Stärken und Schwächen als auch der Potenziale und Risiken, die sich innerhalb des Unternehmensnetzwerks ergeben, durchzuführen (Kaiser und Schramm 2004). Zur Sicherstellung von Synergieeffekten sind die unterschiedlichen Aktivitäten entlang des Entwicklungsprozesses, die sich durch die Zerlegung der einzelnen Bestandteile des hybriden Produkts in Teilprojekte ergeben, zu vernetzen (Schenk, Ryll und Schady 2006, S. 57). Die Evaluation der entwickelten Problemlösungen erfolgt innerhalb einer Betriebsphase, in der sich wichtige Informationen über das hybride Produkt gewinnen lassen.

4.10 Vorgehensmodell nach Spath und Demuß

Spath und Demuß (2001; 2006, S. 493 ff.) stellen mit der Konstruktionsmethodik der hybriden Produktentwicklung ein Vorgehensmodell zur Entwicklung von kundenindividuellen Produkten, bestehend aus Sach- und Dienstleistungsbündeln, vor (vgl. Abb. 11). Dabei vertreten die Autoren die These, dass eine Trennung des kundenspezifischen Angebots in ein Sachleistungsangebot und ein produktbegleitendes Dienstleistungsangebot nur noch begrenzt möglich – jedoch nicht mehr sinnvoll – ist, da der Kunde keine Unterscheidung zwischen den materiellen und immateriellen Angebotsteilen vornimmt. Angereichert um Konzepte des Service Engineering stellt die hybride Produktentwicklung eine – den externen Faktor in den Leistungserstellungsprozess integrierende – Weiterentwicklung der Konstruktionsmethodiken „Integrierte Produktentwicklung" und „Integrierte Produkt- und Prozessentwicklung" dar (Spath und Demuß 2006, S. 488 ff.).

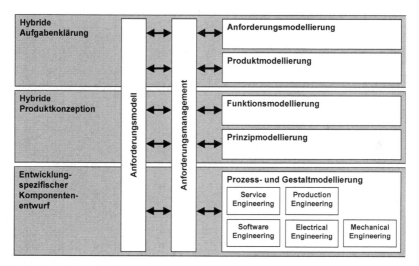

Abb. 11. Vorgehensmodell der hybriden Produktentwicklung
(Spath und Demuß 2006, S. 494)

Das Vorgehensmodell ist auf oberster Ebene in die drei Hauptphasen „Hybride Aufgabenklärung", „Hybride Produktkonzeption" und „Entwicklungsspezifischer Komponentenentwurf" unterteilt (vgl. Abb. 11). Jedoch werden bei der Produktentwicklung die früh auszuführenden Phasen der Aufgabenklärung und Produktkonzeption solange zusammengefasst und abwechselnd durchgeführt, bis für das zu entwickelnde hybride Produkt eine konzeptionelle Lösung gefunden ist. Die Phase der Aufgabenklärung setzt sich aus den zwei untergeordneten Phasen der „Anforderungsmodellierung" und der „Produktmodellierung" zusammen. Ziel der Anforderungsmodellierung ist es, zu Beginn des Entwicklungsprozesses alle Anforderungen an das hybride Produkt systematisch zu sammeln und zu analysieren. Darauf folgend sind in der Phase der Produktmodellierung alle Leistungsbündel und deren Strukturen zu ermitteln. Zur Gewährleistung der effizienten Konfiguration der kundenindividuellen Lösungen sind die hybriden Produktstrukturen in diesem Entwicklungsschritt möglichst modular, sowohl in materielle als auch in immaterielle Leistungsbündel, zu strukturieren. Als nächste Schritte des Entwicklungsprozesses sind die Phasen „Funktionsmodellierung" und „Prinzipmodellierung" durchzuführen, die zusammen die übergeordnete Phase der Produktkonzeption bilden. Im Rahmen der Funktionsmodellierung sind für die bereits festgelegten materiellen und immateriellen Produktstrukturen die Funktionsstrukturen der technischen Produkte und der Fertigungs- oder Dienstleistungsprozesse zu ermitteln. In der Phase der Prinzipmodellierung sind den technischen Produkten alle physikalischen, chemischen und biologischen Effekte oder Algorithmen zuzuordnen, die in einer formalen Beziehung zu den zuvor ermittelten Funktionen stehen. Die hybride Produktentwicklung wird mit dem entwicklungsspezifischen Komponentenentwurf abgeschlossen, der aus der Phase „Prozess- und Gestaltungsmodellierung" besteht. Ziel dieser letzten Phase ist die parallele Bearbeitung der den verschiedenen ingenieurwissenschaftlichen Disziplinen zugeordneten Wirk- und Funktionsstrukturen. Das Endergebnis des Entwicklungsprozesses ist ein Gesamtentwurf des hybriden Produkts, in dem das integrierte Produkt- und Prozessmodell beschrieben wird. Als kritische Schnittstellen zwischen den einzelnen Phasen des Vorgehensmodells sind das Anforderungsmodell und -management anzusehen, die entlang des gesamten Entwicklungsprozesses zwischen den verschiedenen ingenieurwissenschaftlichen Disziplinen vermitteln müssen.

4.11 Vorgehensmodell nach Thomas, Walter und Loos

Thomas, Walter und Loos (2008) entwerfen eine Methodik zur Konstruktion von PSS, die detailliert im vorhergehenden Kapitel dieses Bandes, S. 61 ff., hergeleitet wurde. Die PSS-Entwicklungsmethodik illustrieren die Autoren anhand eines Ordnungsrahmens, der alle zur Entwicklung von PSS notwendigen Tätigkeiten in eine vorgegebene Abfolge strukturiert (vgl. Abb. 1, S. 66). Die Entwicklungsmethodik sieht eine schrittweise Konstruktion des PSS-Produktmodells vor. Mit dem iterativen Aufbau des Ordnungsrahmens entsteht ein Entwicklungszyklus, der eine weitere, an die Kundenwünsche ausgerichtete Anpassung des in einem früheren Zyklus konstruierten PSS ermöglicht. Der von den Autoren vorgelegte Ansatz baut auf der von Botta, Steinbach und Weber entworfenen PSSE-Methodik auf (vgl. Abschnitt 4.3 in diesem Kapitel). Neben dem inkrementellen und iterativen Aufbau des Entwicklungsprozesses übernehmen die Autoren sowohl die strukturbeschreibenden Merkmale als auch die verhaltensbeschreibenden Eigenschaften als Unterscheidungskriterium für das PSS. Neben dem Entwickler findet sich auch der potenzielle Kunde in der Entwicklungsmethodik wieder. Die Integration des Kunden erfolgt innerhalb eines eigenständigen Zyklus. Über diesen Zyklus lassen sich zu den bereits existierenden Kundenanforderungen weitere Soll-Eigenschaften hinzufügen, die der Kunde bei der Inanspruchnahme des bestehenden PSS aufgestellt hat.

Die Bestimmung der Kundenanforderungen an das PSS stellt den ersten Schritt des zyklischen Entwicklungsprozesses dar. Da der wirtschaftliche Erfolg des PSS im Wesentlichen auf einer strikten Orientierung der Unternehmen an die Kundenanforderungen beruht (Thomas, Walter und Loos 2008, S. 210), ist dieser mit erheblichem Aufwand verbundene Entwicklungsschritt sorgsam durchzuführen. Je nach Konstruktionsart, d.h. Neuentwicklung oder Anpassung bestehender PSS, erweist sich die Gestaltung dieser Aufgabe unterschiedlich. Während bei der Neuentwicklung nur bis dahin noch unbekannte Kundenanforderungen vorliegen, kann bei der Anpassungskonstruktion neben den neuen Anforderungen noch auf bereits definierte und im besten Fall schon berücksichtigte Soll-Eigenschaften zurückgegriffen werden. Die erhobenen Kundenanforderungen dienen im nächsten Schritt der Definition der Soll-Eigenschaften des PSS. Da dieser Schritt nur einmal innerhalb eines Zyklus ausgeführt wird, ist auf formale Festlegung der Soll-Eigenschaften zu achten. Die Autoren weisen darauf hin, insbesondere bei komplexen PSS die vom Kunden umgangssprachlich formulierten Anforderungen an das PSS in den fachspezifischen Sprachgebrauch der Entwickler zu überführen (Thomas, Walter und Loos 2008, S. 211). Darüber hinaus ist zu prüfen, ob die Eigenschaften und Merkmale zugleich beschreibende Kundenanforderungen über eine oder mehrere Soll-Eigenschaft abzubilden sind. Auf Basis der zu realisierenden Eigenschaften werden innerhalb der Synthesephase die Merkmale der Sach- und Dienstleistungen bestimmt. Wie bei der Produktentwicklung hängt dieser Schritt primär von der Kreativität des Entwicklers ab (Thomas, Walter und Loos 2008, S. 212). Die in dieser Phase eingesetzten Methoden sollten daher überwiegend der Ideenfindung dienen. Der Synthese der Sach- und Dienstleistungsmerkmale folgt eine Analyse. Sie dient zur Voraussage der Ist-Eigenschaften des PSS auf Basis der Merkmalsstrukturen, ohne Evaluation eines existierenden PSS (Steinbach 2005, S. 109). Mit jeder Wiederholung des unteren Zyklus nähern sich die Ist-Eigenschaften an die Soll-Eigenschaften, sodass bei einer entsprechend niedrigen Differenz zwischen den beiden Messwerten die Produktion des PSS erfolgen könnte. Jedoch ist erst der externe Kunde das auslösende Element des Produktionsprozesses, der das Leistungsbündel, bestehend aus teils komplexen Sachgütern oder einer Kombination aus materiellen und immateriellen Gütern, vor Ort in Anspruch nimmt (Thomas, Walter und Loos 2008, S. 212).

5   Vergleich und Bewertung der Vorgehensmodelle des Product-Service Systems Engineering

Das Klassifikationsschema umfasst die fünf Merkmalsklassen „Konstruktionsprozess", „Konstruktionsergebnis", „PSS-Entwicklungsziel", „PSSE-unspezifische Vorgehensmerkmale" und „PSSE-spezifische Vorgehensmerkmale". Diese setzen sich wiederum aus 24 untergeordneten Merkmalen zusammen. In diesem Kapitel erfolgt für jede einzelne Klasse eine Erläuterung der jeweiligen Merkmale und ihrer Ausprägungen. Anschließend werden die Vorgehensmodelle bewertet.

5.1   Konstruktionsprozess

5.1.1   Herkunft

Der Ursprung von Vorgehensmodellen für die Entwicklung von PSS liegt sowohl in der Wissenschaft als auch in der Praxis. Dies ist zum einen dadurch begründet, dass die Unternehmen ihr Angebotsportfolio im Laufe der Zeit kontinuierlich umgestellt haben, was zu Veränderungen des Entwicklungsprozesses der Leistungsangebote führte. Durch die Dokumentation dieser Veränderungen entstanden Vorgehensmodelle mit Praxisbezug. Zum anderen wurden die Forschungsbemühungen im Bereich des PSSE stark durch staatlich geförderte Rahmenprogramme vorangetrieben, woraus wissenschaftlich geprägte Vorgehensmodelle hervorgingen. Eine Trennung zwischen Wissenschaft und Praxis gestaltet sich grundsätzlich jedoch schwierig, da Konstruktionsmethodiken sowohl für die Produktentwicklung als auch für das Service Engineering hauptsächlich aus der Wissenschaft stammen und über Jahre hinweg in den Unternehmen bei deren praktischen Anwendung unternehmensspezifische Modifikationen erfahren haben. Bei aktuellen Vorgehensmodellen aus der Praxis besteht somit eine Wechselwirkung zwischen Wissenschaft und Praxis. Da Vorgehensmodelle einen allgemeingültigen Charakter besitzen sollten und nicht lediglich eine Beschreibung eines unternehmensspezifischen Vorgehens, ist der Einbezug theoretischer Erkenntnisse unumgänglich.

5.1.2   Erkenntnisweg

In Analogie zu den wissenschaftlichen Grundmethoden zur Erkenntnisgewinnung lassen sich die Informationen zur Erstellung eines Vorgehensmodells auf induktivem und deduktivem Wege erlangen (Zelewski 1999, S. 34ff.; Wöhe und Döring 2002, S. 33ff.). Bei der Induktion wird von einer endlichen Anzahl von tatsächlich beobachteten Tatbeständen durch Abstraktion von Einzelheiten auf eine gesetzesartige Aussage gefolgert, um eine kausale Erklärung der Realität zu erlangen. Im Gegensatz dazu wird bei der deduktiven Vorgehensweise durch Abstraktion von allgemeingültigen Theorien auf spezifische Einzelerkenntnisse geschlussfolgert. Übertragen auf die Erstellung von Vorgehensmodellen für das PSSE kann die Gewinnung von Erkenntnissen erfolgen, z.B. durch die Beobachtung von existierenden PSS oder durch eine ausführliche Analyse wissenschaftlicher Literatur.

5.1.3   Interaktionsgrad

Die Konstruktion eines Vorgehensmodells kann individuell, kooperativ oder kollaborativ erfolgen (Thomas 2009, S. 67 f.). Diese Merkmalsausprägungen sind an die übliche Terminologie der CSCW angelehnt (Winograd und Flores 1986). Die kooperative (arbeitsteilige) Erstellung von Vorgehensmodellen zeichnet sich im Gegensatz zum individuellen Interaktionsgrad durch die Beteiligung mehrerer Personen am Erstellungsprozess aus. Ein Spezialfall der Kooperation bildet die (gemeinsam bearbeitende) Kollaboration. Hierbei erfolgt die Konstruktion des Vorgehensmodells durch mehrere Personen, die in einer physischen Kopräsenz direkte und sich wechselseitig beeinflussende Aktivitäten zur Aufgabenbewältigung ausüben. Übertragen auf die Erstellung von Vorgehensmodellen für das PSSE ist eine (kooperative) Entwicklung zu bevorzugen, bei der mehrere Akteure aus den verschiedenen Wissenschaftsdisziplinen, z.B. der Produktentwicklung und dem Service Engineering, ihr fachspezifisches Wissen in die Erstellung des Vorgehensmodells einbringen.

5.1.4   Bewertung

Die Merkmalsklasse „Konstruktionsprozess" dient der Charakterisierung der Modellentwicklung. Die Bewertungsergebnisse sind in Tabelle 1 dargestellt.

Tabelle 1. Merkmale mit Bezug zum Konstruktionsprozess

Merkmal	Merkmals-ausprägung	Abdalla	Aurich et al.	Botta, Steinbach und Weber	Lindahl et al.	McAloone et al.	Mont	Müller und Schmidt-Kretschmer	Rexfelt und Ornäs	Schenk, Ryll und Schady	Spath und Demuß	Thomas, Walter und Loos
Herkunft	Wissenschaft	✓	✓	✓	✓	✓	✓	✓	✓	✓	✓	✓
	Praxis	–	✓	–	–	–	–	–	(✓)	–	–	✓
Erkenntnisweg	Induktiv	✓	✓	✓	✓	✓	✓	✓	✓	✓	✓	✓
	Deduktiv	✓	✓	✓	✓	✓	✓	✓	✓	✓	✓	✓
Interaktionsgrad	Individuell	✓	–	–	–	–	✓	–	–	–	–	–
	Kooperativ	–	✓	–	✓	–	–	✓	–	✓	–	–
	Kollaborativ	–	–	✓	–	✓	–	–	✓	–	✓	✓

Legende: ✓ Merkmal erfüllt, – Merkmal nicht erfüllt, (✓) Merkmal teilweise erfüllt, ○ Merkmal nicht zu beurteilen.

Bei allen Vorgehensmodellen besteht ein wissenschaftlicher Hintergrund, während ein Bezug zur Praxis nur in den wenigsten Fällen nachvollzogen werden kann – die PIPE-Entwicklungsmethodik bildet hier eine der wenigen Ausnahmen. Bedingt durch den stark wissenschaftlich geprägten Bezug der Vorgehensmodelle finden sich bei den Modellen in Bezug auf den Erkenntnisweg sowohl induktiv als auch deduktiv geprägte Argumentationen. Bis auf wenige Ausnahmen zeichnet sich ihre Konstruktion durch einen kooperativen oder sogar kollaborativen Interaktionsgrad bei der Konstruktion des Vorgehensmodells aus, womit prinzipiell die Belange unterschiedlicher fachspezifischer Sichtweisen Berücksichtigung finden.

5.2   Konstruktionsergebnis

5.2.1   Repräsentation

Vorgehensmodelle lassen sich grundsätzlich sowohl auf textuelle als auch grafische Weise darstellen. Die Repräsentation eines Vorgehensmodells ist nicht mit dessen Ergebnisdokumentation gleichzusetzen, die aus der Anwendung des Vorgehensmodells resultiert. Die grundsätzliche Entscheidung, ein Vorgehensmodell dem späteren Anwender textuell oder grafisch zu repräsentieren, ist zunächst von geringer Bedeutung. Jedoch erleichtert eine grafische Darstellung des Vorgehensmodells ein schnelleres und besseres Verständnis für die Zusammenhänge zwischen den wesentlichen Modellelementen und der grundlegenden Anordnung der auszuführenden Prozessphasen. Eine textuelle Beschreibung des Vorgehensmodells ist jedoch für eine exakte und detailgetreue Umsetzung der einzelnen Prozessphasen im Sinne des Vorgehensmodellkonstrukteurs unumgänglich. Dieser Argumentation folgend, sind dementsprechend alle Vorgehensmodelle durchweg sowohl grafisch als auch textuell repräsentiert.

5.2.2   Hierarchisierung

Vorgehensmodelle beschreiben zum Teil komplexe Strukturen und deren Abhängigkeiten voneinander. Je nach Detaillierungsgrad eines Vorgehensmodells erweist sich die Hierarchisierung von einzelnen Prozessphasen als eine geeignete Möglichkeit zur Reduktion der bestehenden Komplexität. Dementsprechend lässt sich eine generelle Unterscheidung von hierarchisierten und nicht hierarchisierten Vorgehensmodellen vornehmen. Auf das PSSE übertragen, erscheint gerade bei der Beteiligung von unterschiedlichen Wissenschaftsdisziplinen am Entwicklungsprozess eine Hierarchisierung der Vorgehensmodelle zum besseren Verständnis der Aufgabenteilung zwischen den einzelnen Disziplinen als angebracht.

5.2.3   Realisierungsgrad

Mit dem Realisierungsgrad eines Vorgehensmodells wird beschrieben, inwiefern sich das empfohlene Vorgehen in die Praxis umsetzen lässt (Becker 2009, S. 118). Zum einen können die einzelnen Phasen eines Vorgehendmodells weitestgehend oder bereits vollständig ausgearbeitet und mittels unterschiedlicher Entwicklungsmethodiken unterstützt sein. Zum anderen können sie auch nur lediglich angedeutet und erst noch im Rahmen weiterer bewilligter Forschungsprojekte zu erarbeiten sein. Die Vorgehensmodelle lassen sich somit danach unterscheiden, ob sie als ein von fachspezifischen Experten als notwendiges bzw. empfohlenes theoretisches Vorgehen anzusehen sind oder eine konkrete Anleitung mit weiteren Methoden und Werkzeuge darstellen, die bestenfalls bereits eine praktische Evaluierung erfahren haben.

5.2.4   Bewertung

Die Merkmalsklasse „Konstruktionsergebnis" dient dazu, die Form der Dokumentation der PSSE-Vorgehensmodelle näher zu charakterisieren. Die Ergebnisse der Bewertung sind in Tabelle 2 dargestellt.

Tabelle 2. Merkmale mit Bezug zum Konstruktionsergebnis

Merkmal	Merkmals-ausprägung	Abdalla	Aurich et al.	Botta, Steinbach und Weber	Lindahl et al.	McAloone et al.	Mont	Müller und Schmid-Kretschmer	Rexfelt und Ornäs	Schenk, Ryll und Schady	Spath und Demuß	Thomas, Walter und Loos
Repräsentation	Textuell	✓	✓	✓	✓	✓	✓	✓	✓	✓	✓	✓
	Grafisch	✓	✓	✓	✓	✓	✓	✓	✓	✓	✓	✓
Hierarchisierung	Nicht vorh.	✓	–	–	✓	✓	✓	✓	✓	✓	–	✓
	Vorhanden	–	✓	✓	–	–	–	–	–	–	✓	–
Realisierungsgrad	Praxistauglich	–	–	✓	–	–	–	–	–	–	–	✓
	Forsch.bedarf	✓	✓	–	✓	✓	✓	✓	✓	✓	✓	–

Legende: ✓ Merkmal erfüllt, – Merkmal nicht erfüllt, (✓) Merkmal teilweise erfüllt, ○ Merkmal nicht zu beurteilen.

Alle Vorgehensmodelle sind durchweg sowohl grafisch als auch textuell repräsentiert und folgen damit der Argumentation, dass eine textuelle Beschreibung des Vorgehensmodells für eine exakte und detailgetreue Umsetzung der einzelnen Prozessphasen im Sinne des Vorgehensmodellkonstrukteurs unumgänglich ist. Gleichzeitig wird ein schnelles Verständnis für die Zusammenhänge zwischen den wesentlichen Modellelementen und der grundlegenden Anordnung der auszuführenden Prozessphasen durch eine grafische Repräsentation gewährleistet. Dem Punkt der Hierarchisierung können jedoch nur wenige Vorgehensmodelle genügen, da die einzelnen Phasen häufig auf einem zu abstrahierten Grad dargestellt sind und eine weitere Detaillierung fehlt. Ebenso können nur sehr wenige Vorgehensmodelle den Nachweis einer praktischen Evaluation erbringen. Vielmehr zeigt sich, dass bei vielen Modellen weiterer Untersuchungsbedarf für den praktischen Einsatz erforderlich ist.

5.3   PSS-Entwicklungsziel

5.3.1   Kundennutzen

Das primäre Entwicklungsziel von PSS sollte in der Befriedigung der Kundenbedürfnisse und in der Schaffung eines unverkennbaren Nutzens für den Kunden liegen. Diese kundenindividuelle Problemlösung kann sich vom Verkauf einer reinen Sachleistung über eine variable Kombination von Sach- und Dienstleistungen bis hin zur reinen Dienstleistungserbringung erstrecken. Im Wesentlichen lassen sich fünf grundlegende Nutzenangebote unterscheiden.

Über den Verkauf von reinen Sachleistungen und der Erbringung von reinen Dienstleistungen hinaus werden weitere Leistungsarten differenziert. Im Folgenden sind dazu die produktorientierten, nutzungsorientierten und ergebnisorientierten Leistungen näher zu betrachten (Tukker und Tischner 2005, S. 26 ff.; Burianek et al. 2007, S. 12 f.) (vgl. Abb. 12):

1. Neben der wesentlichen Sachleistung wird eine zusätzliche produktbegleitende Dienstleistung offeriert, die während der Produktnutzungsphase in Anspruch genommen wird. Beispiele hierfür sind Wartungs- oder Reparaturverträge.

2. Mit dem Verkauf der Sachleistung erfolgt eine Beratung des Kunden durch den Anbieter in Bezug auf das erworbene Produkt. Zu den Beratungsleistungen zählen z. B. Hinweise über den effizienten Einsatz der Sachleistung oder deren Integration in eine bestehende Infrastruktur.

3. Der Anbieter stellt dem Kunden über eine bestimmte Vertragslaufzeit eine Sachleistung gegen eine fest vereinbarte Gebühr zur Nutzung zur Verfügung. Während der Vertragslaufzeit bleibt das Eigentumsrecht an der Sachleistung beim Anbieter. Optional erbringt der Lösungsanbieter z. B. Wartungs- und Reparaturarbeiten während der Nutzungsphase.

4. Analog zur vorangegangenen Unterkategorie stellt der Lösungsanbieter dem Kunden eine Sachleistung gegen eine Nutzungsgebühr zur Verfügung. Auch hier bleiben die Eigentumsrechte sowie die Verantwortung der Instandhaltung der Sachleistung auf Seiten des Anbieters. Die Sachleistung wird jedoch nicht mehr nur einem einzelnen Kunden, sondern einer gesamten Kundenschicht zur Nutzung bereitgestellt. Somit hat der Kunde keinen exklusiven und uneingeschränkten Zugriff auf die Sachleistung.

5. Angelehnt an die vorherige Unterkategorie, erfolgt eine Nutzung der Sachleistung durch mehrere Kunden gleichzeitig.

6. Seit vielen Jahren werden von den Unternehmen spezifische Aufgaben an externe Dienstleister, die auf ein bestimmtes Themengebiet spezialisiert sind, abgegeben. Das unter dem Begriff „Outsourcing" bekannte Verfahren bildet eine Unterkategorie der ergebnisorientierten Leistungen.

7. Als Grundlage für diese Unterkategorie dient eine Sachleistung, die dem Kunden kostenlos zur Verfügung gestellt wird. Der Kunde zahlt im Gegenzug dafür eine nutzungsabhängige Prämie. Ein mögliches Beispiel ist die Anzahl der Kopien, die an einem Kopiergerät getätigt wurden.

8. Der Anbieter und der Kunde vereinbaren ein zu erzielendes Resultat. Es bleibt im Ermessen des Anbieters, wie das vereinbarte Ergebnis zustande kommt.

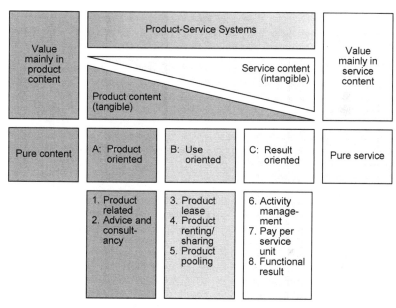

Abb. 12. Haupt- und Unterkategorien von PSS
(Tukker und Tischner 2005, S. 27)

In der wissenschaftlichen Literatur lassen sich über diese Einteilung der PSS hinweg weitere Kategorisierungsvorschläge identifizieren, die zum Teil dieser Einteilung widersprechen. Mont geht z. B. einen Schritt weiter und unterscheidet die verschiedenen immateriellen Leistungen nach weiteren Arten (Mont 2004, S. 75). Diese Betrachtung führt für die Zwecke dieses Kapitels jedoch zu weit und wird daher nicht weiter verfolgt.

5.3.2 Leistungsangebot

Eng verbunden mit dem Angebot des Kundennutzens, beschreibt der Umfang eines Leistungsangebots dessen Wirkungsbereich, der durch die erbrachte Leistung abgedeckt wird (Paloheimo, Miettinen und Brax 2004, S. 23 f.; Gebauer 2004, S. 51; Kersten, Zink und Kern 2006, S. 196 f.). Eine Differenzierung des Leistungsangebots lässt sich zwischen partiellem Umfang und umfassendem Umfang vornehmen, wobei der Übergang zwischen den beiden Extrema als fließend anzusehen ist (Burianek et al. 2007, S. 13 f.). Ein Leistungsangebot von partiellem Ausmaß richtet sich in der Regel auf den Verkauf einzelner Sachleistungen. Die zusätzlich angebotenen Dienstleistungen dienen lediglich der Sicherstellung der Funktions- und Nutzungsfähigkeit der Sachleistungen. Jedoch bildet der Einbezug einer Sachleistung in das partielle Leistungsangebot kein Ausschlusskriterium. Auch können reine Dienstleistungen, wie sie z. B. beim Outsourcing bestimmter Aktivitäten zu beobachten sind, ein partielles Leistungsangebot bilden. Je mehr sich die Problemlösung auf einzelne Bereiche und Geschäftsprozesse des Unternehmens auswirkt oder je mehr unterschiedliche Nutzenpotenziale die Lösung dem Kunden offeriert, desto eher ist von einem umfassenden Leistungsangebot zu sprechen. Sachleistungen sind in diesem Zusammenhang oftmals Mittel zum Zweck, d. h. zur Erfüllung der Nutzenstiftung, zu betrachten. Jedoch ist auch hier ein erhöhter Anteil an immateriellen Leistungen nicht als ein notwendiges Kriterium für ein umfassendes Leistungsangebot anzusehen.

5.3.3   Komplexitätsgrad

Ebenfalls eng verbunden mit der Art des Kundennutzens und dem Umfang des Leistungsangebots sind die Anzahl der Teilleistungen und die sich daraus ergebende Heterogenität des Leistungsangebots (Fröhling 2001, S. 6). Die Anzahl entspricht der benötigten Menge an Sach- und Dienstleistungen, die zur Erbringung des hybriden Leistungsbündels von Nöten sind. Ausgehend von diesem Leistungsspektrum erweist sich eine Problemlösung als umso heterogener, je mehr unterschiedliche Leistungskomponenten bei deren Realisierung zusammenwirken. Wirken hingegen nur gleichartige Leistungen zusammen, ist von einer homogenen Leistung die Rede. Infolgedessen erhöht eine zunehmende Anzahl an verschiedenartigen Teilleistungen die Komplexität des PSS. Da eine starke Abhängigkeit beider Größen gegeben ist, wird zwischen komplexen und nicht komplexen PSS unterschieden.

5.3.4   Intensitätsgrad

Charakteristisch für PSS ist die Bündelung von Sach- und Dienstleistungen zu einem Leistungsangebot. Mittels des Intensitätsgrads der Verknüpfung einzelner Leistungskomponenten wird beschrieben, in welchem Ausmaß eine innere Verzahnung der einzelnen Leistungsbestandteile besteht. Die Ausprägungen können entweder gering oder hoch sein. Bei geringer Intensität der Verknüpfung kann sich das PSS im Extremfall aus selbstständig vermarktbaren Teilleistungen zusammensetzten (Botta 2007, S. 148). Umgekehrt sind bei hoher Intensität der Verknüpfung die einzelnen Leistungsbestandteile eng miteinander verbunden und voneinander abhängig. In diesem Zusammenhang gilt es jedoch zu beachten, dass sich der Intensitätsgrad der Verknüpfungen zwischen den einzelnen Bestandteilen im Laufe des Systemlebenszyklus verändern kann (Langer et al. 2009, S. 73).

5.3.5   Individualitätsgrad

Das Merkmal „Individualität" beschreibt, wie stark ein PSS auf die kundenindividuellen Anforderungen ausgerichtet ist. Die Ausprägungen dieses Merkmals sind in „niedrig" und „hoch" zu differenzieren. Ein geringer Individualisierungsgrad bedeutet, dass es sich um standardisierte PSS handelt, die nur in geringem Ausmaß auf die spezifischen Anforderungen der Kunden ausgerichtet sind (Botta 2007, S. 148). Orientiert sich hingegen ein PSS an dem spezifischen Kundennutzen, impliziert dies die Erhebung, Prognose und Nachpflege der Kundenwünsche und -anforderungen (Korell und Ganz 2000, S. 156), die in den Entwicklungsprozess des PSS zu integrieren sind.

5.3.6   Realisierungsform

PSS stellen in der Regel zu kundenspezifischen Problemlösungen integrierte Leistungsbündel dar, welche durch die Integration von Sach- und Dienstleistungen einen unverwechselbaren Nutzen für den Kunden generieren. Diese Wertschöpfung wird von einem einzelnen Lösungsanbieter oder einem Wertschöpfungsnetzwerk erbracht (Zellner 2008, S. 190 f.; Beverungen, Knackstedt und Müller 2008, S. 220 f.). In Anlehnung an die Kooperationsformen Hierarchie, Kooperation und Markt (Schulte-Zurhausen 2002, S. 265) lässt sich eine Vierteilung dieses Merkmals vornehmen. Für gewöhnlich bieten die produzierenden Unternehmen bzw. die dienstleistenden Produzenten sämtliche Leistungsangebote selbstständig an. Jedoch lassen sich PSS auch von hierarchisch gegliederten Wertschöpfungsnetzwerken, die eine differenzierte funktionelle Wertschöpfungsstufe innerhalb der Supply Chain übernehmen, realisieren (Hertel, Zentes und Schramm-Klein 2005, S. 48). Eine besondere Bedeutung in dieser Konstellation erfahren die produzierenden Unternehmen, die oftmals den größten Einfluss auf die Entwicklung des PSS ausüben (Mont 2004, S. 77 f.). Dagegen nehmen die – zumeist das letzte Glied der Supply Chain bildenden – Verkäufer kaum an der Gestaltung des PSS teil. In dem ebenfalls aus mehreren Unternehmen bestehenden kooperativen Wertschöpfungsnetzwerk herrscht eine tendenziell eher gleichmäßige Einflussnahme auf die Entwicklung des PSS. Hierbei ist insbesondere auf die Anpassung der Organisationsstruktur, der Konzentration auf die Kernkompetenzen sowie auf die Koordination der Leistungserstellung zu achten (Picot, Reichwald und Wigand 2003, S. 422 ff.; Zellner 2008, S. 191). Darüber hinaus ist als weitere Kooperationsform der Zukauf von fehlenden Sach- bzw. Dienstleistungen von externen produzierenden bzw. dienstleistenden Unternehmen prinzipiell denkbar, jedoch auch mit einer gewissen Unsicherheit behaftet.

5.3.7   Erbringungsdauer

Durch das Angebot von PSS versuchen die produzierenden Unternehmen eine langfristige Beziehung mit den Kunden aufzubauen, die sich über den gesamten Produktlebenszyklus hinweg – und im besten Fall noch darüber hinaus – erstreckt (Tan, McAloone und Andreasen 2006). Dieses Vorgehen ist eine konsequente Folge des bereits vollzogenen Paradigmenwechsels im Marketing (Bruhn 2007, S. 31 ff.). Das typologische Merkmal der Erbringungsdauer, das den Zeitraum der Beziehung zwischen Anbieter und Kunde beschreibt, wird in die drei Ausprägungen „kurz", „mittel" und „lang" unterteilt (Botta 2007, S. 149). Da ein gewisses subjektives Maß bei der Einordnung der PSS in dieses Merkmal notwendig ist, stellen diese Ausprägungen keine trennscharfen Grenzen dar. Einen ersten Anhaltspunkt für die richtige Zuordnung der Merkmalsausprägungen bildet das Merkmal des Kundennutzens. Während die produktorientierten Leistungsangebote auf den einmaligen Absatz abzielen, verfolgen sowohl die nutzungsorientierten als auch die ergebnisorientierten Leistungsangebote tendenziell eine mittel- bis langfristige Kundenbeziehung (Burianek et al. 2007, S. 21).

5.3.8   Lebenszyklus

PSS bestehen aus materiellen und immateriellen Leistungen. Die immaterielle Leistungserbringung kann über alle Phasen des Sachlebenszyklus hinweg auftreten (Knackstedt, Pöppelbuß und Winkelmann 2008, S. 235). In der Literatur lässt sich eine Differenzierung in die drei unterschiedliche Phasen Vornutzung, Nutzung und Nachnutzung identifizieren (Beverungen, Knackstedt und Müller 2008, S. 220; Knackstedt, Pöppelbuß und Winkelmann 2008, S. 235; Becker et al. 2009, S. 118). Das Merkmal des (Sachleistungs-) Lebenszyklus beschreibt folglich, in welchen Nutzungsphasen des PSS das Vorgehensmodell eine Erbringung von immateriellen Leistungen vorsieht. Die erläuterten Ausprägungen sind nicht als sich gegenseitig ausschließend zu betrachten. Aus der ganzheitlichen Perspektive von PSS ist eine Abdeckung aller drei Phasen sogar äußerst wünschenswert.

5.3.9   Bewertung

Die Merkmalsklasse „PSS-Entwicklungsziel" dient zur Charakterisierung der Ziele und Zwecke, für die ein PSS-Vorgehensmodell entwickelt wurde (vgl. Tabelle 3). Während das breite Spektrum des Kundennutzens weitestgehend vollständig von allen Vorgehensmodellen abgedeckt wird, sehen die meisten Vorgehensmodelle bei der Realisierungsform von PSS lediglich einen unternehmensindividuellen Entwicklungsprozess vor, wohingegen eine unternehmensübergreifende Entwicklung zumeist nur angedeutet wird. Die Rahmenbedingungen für ein umfassendes Leistungsangebot, welche in allen Vorgehensmodellen gelegt werden, gewährleisten ebenfalls einen hohen Komplexitäts- und Intensitätsgrad der zur entwickelnden PSS. Darüber hinaus zeigt sich, dass verschiedene Vorgehensmodelle speziell auf den Entwicklungsprozess von PSS fokussiert sind, wohingegen bei anderen Vorgehensmodellen der Schwerpunkt auf der Beschreibung des Lebenszyklus der

PSS liegt. Entsprechend resultieren bei der Erbringungsdauer von Dienstleistungen und dem Lebenszyklus der PSS unterschiedliche Merkmalsausprägungen.

Tabelle 3. Merkmale mit Bezug zu PSS-Entwicklungszielen

Merkmal	Merkmals-ausprägung	Abdalla	Aurich et al.	Botta, Steinbach und Weber	Lindahl et al.	McAloone et al.	Mont	Müller und Schmidt-Kretschmer	Rexfelt und Ornäs	Schenk, Ryll und Schady	Spath und Demuß	Thomas, Walter und Loos
Kundennutzen	Produkt	–	–	–	–	–	–	(✓)	(✓)	✓	✓	–
	Produktorientiert	✓	✓	✓	(✓)	✓	✓	✓	✓	✓	✓	✓
	Nutzungsorientiert	✓	✓	✓	✓	✓	✓	✓	✓	(✓)	(✓)	✓
	Ergebnisorientiert	✓	✓	✓	✓	(✓)	✓	✓	✓	(✓)	(✓)	✓
	Dienstleistung	–	–	–	–	–	–	–	–	–	–	–
Leistungs-angebot	Partiell	–	–	✓	–	(✓)	–	(✓)	(✓)	✓	✓	✓
	Umfassend	✓	✓	✓	✓	✓	✓	✓	✓	✓	(✓)	✓
Komplexitäts-grad	Niedrig	(✓)	(✓)	✓	–	(✓)	–	(✓)	(✓)	✓	✓	✓
	Hoch	✓	✓	✓	✓	✓	✓	✓	✓	✓	✓	✓
Intensitäts-grad	Gering	(✓)	(✓)	✓	–	(✓)	(✓)	(✓)	(✓)	✓	✓	✓
	Hoch	✓	✓	✓	✓	✓	✓	✓	✓	✓	✓	✓
Individualitäts-grad	Niedrig	✓	✓	✓	✓	(✓)	✓	✓	✓	✓	✓	✓
	Hoch	✓	✓	✓	✓	✓	✓	✓	✓	✓	✓	✓
Realisierungs-form	Individual	✓	✓	✓	(✓)	✓	(✓)	✓	✓	✓	✓	✓
	Hierarchie	(✓)	(✓)	(✓)	✓	(✓)	✓	(✓)	(✓)	(✓)	(✓)	(✓)
	Kooperation	(✓)	(✓)	(✓)	✓	(✓)	✓	(✓)	(✓)	(✓)	(✓)	(✓)
	Markt	(✓)	(✓)	(✓)	✓	(✓)	✓	(✓)	(✓)	(✓)	(✓)	(✓)
Erbringungs-dauer	Kurz	(✓)	(✓)	✓	–	✓	(✓)	(✓)	(✓)	✓	✓	✓
	Mittel	✓	✓	✓	(✓)	✓	✓	✓	✓	✓	(✓)	✓
	Lang	✓	✓	✓	✓	(✓)	✓	✓	✓	(✓)	–	✓
Lebenszyklus	Vornutzung	✓	✓	✓	✓	✓	✓	✓	✓	✓	✓	✓
	Nutzung	✓	✓	✓	✓	✓	✓	✓	✓	✓	✓	✓
	Nachnutzung	✓	✓	(✓)	✓	✓	✓	(✓)	(✓)	(✓)	(✓)	(✓)

Legende: ✓ Merkmal erfüllt, – Merkmal nicht erfüllt, (✓) Merkmal teilweise erfüllt, ○ Merkmal nicht zu beurteilen.

5.4   PSSE-unspezifische Vorgehensmerkmale

5.4.1   Anwendungsdomäne

Spezifisch ausgerichtete Vorgehensmodelle beziehen sich für gewöhnlich auf bestimmte Branchen oder Wirtschaftszweige. Eine mögliche Differenzierung von Branchen könnte im Rahmen von PSS z. B. nach den produzierenden Unternehmen, den dienstleistenden Produzenten und den produzierenden Dienstleistern erfolgen (Spath und Demuß 2006, S. 488 ff.). Die spezifisch ausgerichteten Vorgehensmodelle sind auf die jeweiligen besonderen Eigenschaften einer Branche oder eines Sektors ausgerichtet und fördern somit von Beginn an einen qualitativ hochwertigen Entwicklungsprozess. Insbesondere bei der Anforderungserhebung besteht ein Unterschied zwischen der Produkt- und Dienstleistungsentwicklung, wobei erstere auf die funktionalen und letztere auf die ergebnisorientierten Aspekte abzielen.

5.4.2   Prozesssteuerung

Mit diesem Merkmal wird beschrieben, welcher Grundsatz einem Modell zur Definition der Phasenablaufreihenfolge zugrunde liegt (Noack und Schienman 1999, S. 175 f.). Bei aktivitätsorientierten Vorgehensmodellen werden die einzelnen Phasen sowie deren Ablaufreihenfolge angegeben. Darüber hinaus wird festgelegt, welche Bedingungen erfüllt sein müssen, um mit einzelnen Phasen beginnen zu können. Bei ergebnisorientierten Vorgehensmodellen wird hingegen der Schwerpunkt auf die Erstellung und Transformation der zu erzielenden Ergebnisse gelegt. Die Prozesssteuerung bei entscheidungsorientierten Vorgehensmodellen erfolgt dagegen mittels festgelegten Bedingungen, die über die Ausführung einzelner Phasen situationsabhängig entscheiden. Die erläuterten Merkmalsausprägungen sind nicht als sich gegenseitig ausschließend zu betrachten, sondern komplementär verwendbar. In der Regel finden mehrere Prozesssteuerungsprinzipien gleichzeitig Verwendung.

5.4.3   Phasenablauf

In der wissenschaftlichen Literatur, insbesondere im Bereich der Softwareentwicklung, lassen sich hinsichtlich der Art und Weise, wie Vorgehensmodelle ihre Anwender zum Ziel führen, verschiedene Verfahren unterscheiden (Fliß et al. 2005, S. 189). Im Rahmen dieser Untersuchung sind die sich differenzierenden Merkmalsausprägungen „linear", „iterativ" und „inkrementell" näher zu betrachten.

Lineare Vorgehensmodelle beschreiben einzelne Arbeitsschritte, die in sequenzieller Reihenfolge auszuführen sind (Scheer, Schneider und Zangl 2005, S. 81). Die Aneinanderreihung der ablaufenden Arbeitsschritte sorgt für einen transparenten Entwicklungsprozess (Schneider et al. 2006, S. 117). Jedoch sind mit der linearen Vorgehensweise auch gewisse Restriktionen verbunden. Eine nachfolgende Phase kann erst beginnen, wenn das Ergebnis der vorangegangenen Phase vor-

liegt. Darüber hinaus sind Rücksprünge in frühere Phasen generell nicht vorgesehen, was dem linearen Vorgehensmodell aus Sicht von PSS eine gewisse Praxisun-
tauglichkeit zuschreibt. Jedoch finden lineare Vorgehensmodelle aufgrund ihrer intuitiven Verständlichkeit und der damit einhergehenden einfachen Übertragbarkeit
in die Praxis einen hohen Anklang (Bullinger und Meiren 2001, S. 163).

Der Mangel an Flexibilität, der von linearen Vorgehensmodellen ausgeht, lässt
sich auf iterativem Wege beseitigen (Schneider et al. 2006, S. 118). Iterative Modelle ermöglichen dem Anwender, z.B. beim Auftreten neuer Erkenntnissen oder
Anforderungen, in frühere Phasen des Vorgehensmodells zurückzuspringen. Bei
iterativen Vorgehensweisen wird auch von zyklischen bzw. sich mehrfach wiederholenden Abläufen gesprochen (Scheer, Schneider und Zangl 2005, S. 81).

Inkrementelle Vorgehensmodelle zeichnen sich durch eine stufenweise Realisierung des Endergebnisses aus (Meyer et al. 2008, S. 107). Ausgehend von der
vollständigen Erhebung der Kundenanforderungen, wird mit jedem zyklischen
durchlaufen des gesamten Vorgehensmodells ein Zwischenergebnis erzeugt, das
dem Kunden präsentiert wird. Dieses Vorgehen ermöglicht, Erfahrungen und neue
Anforderungen in einem weiteren Entwicklungszyklus direkt mit einfließen zu
lassen. Das inkrementelle Vorgehensmodell stellt dementsprechend eine besondere
Form des iterativen Vorgehens dar, bei der nicht nur lediglich einzelne Phasen,
sondern der gesamte Zyklus auszuführen ist. In der wissenschaftlichen Literatur
lassen sich über diese Betrachtungsweisen des inkrementellen Vorgehens hinweg
weitere Möglichkeiten identifizieren (Balzert 2001, S. 58). Dabei wird das Problem in einzelne Teilbereiche zerlegt, die im weiteren Verlauf schrittweise zu ergänzen sind.

5.4.4   Phasenanordnung

Angelehnt an das typologische Merkmal des Phasenablaufs kann die Anordnung
der einzelnen Phasen des Vorgehensmodells seriell, parallel oder alternativ erfolgen (Höhn 2007, S. 20). Das parallele oder alternative Durchlaufen von einzelnen
Phasen schließt eine lineare Vorgehensweise im Sinne des Phasenablaufs nicht
aus. Besonders bei der Entwicklung von PSS ist eine Aufteilung von einzelnen
Leistungskomponenten auf die verschiedenen Wissenschaftsdisziplinen unumgänglich (Spath und Demuß 2006, S. 495). Zwar erfordert die parallele Bearbeitung einen intensiven Austausch von Zwischenergebnissen, sie ermöglicht jedoch
ein schnelleres und effizienteres Durchlaufen des Entwicklungsprozesses.

5.4.5   Methodenempfehlung

Sowohl in der Wissenschaftsdisziplin der Produktentwicklung als auch im Service
Engineering besteht ein breites Spektrum an unterschiedlichen Methoden zur Unterstützung der Produkt- bzw. Dienstleistungsentwicklung. Unter einer Methode
ist ein intersubjektiv nachvollziehbares und systematisch beschriebenes Verfahren
zu verstehen, das zur Lösung von bestehenden Problemen oder zur Erreichung von
angestrebten Zielen dient (Zelewski 1999, S. 34). Vorgehensmodelle können im

Rahmen der einzelnen Phasenbeschreibungen Empfehlungen für bereits existierende Entwicklungsmethodiken aussprechen. Aus der Perspektive von PSS empfehlen sich für einzeln ausgewählte Phasen etablierte Methodiken der Produkt- und Dienstleistungsentwicklung, die in vollem Umfang oder leicht abgewandelter Form Anwendung finden. Eine generelle Empfehlung von Methoden für Vorgehensmodelle wird lediglich als ein optionales Kriterium betrachtet. Eine Empfehlung würde jedoch die Ausgestaltung bzw. Realisierung der zu durchlaufenden Phasen ungemein erleichtert. Ein weiteres Kriterium das für einen dringlichen Einsatz von Methoden spricht, ist die Reduktion der oftmals bestehenden Komplexität innerhalb des Entwicklungsprozess. Die Empfehlung von Methoden steigert darüber hinaus die Akzeptanz des Vorgehensmodells von Seiten der Anwender (Mai und Gerber 2004, S. 49 f.).

Eine homogene Methodenempfehlung liegt vor, wenn sich die Methode innerhalb aller Phasen des Vorgehensmodells anwenden lässt. Werden hingegen mehrere unterschiedliche Methoden für die einzelnen Phasen des Vorgehensmodells vorgeschlagen, ist von einer heterogenen Empfehlung die Rede.

5.4.6   Sprachempfehlung

Analog zum Merkmal „Methodenempfehlung" können in Vorgehensmodellen Empfehlungen für Sprachen ausgesprochen werden. Zwischen der Empfehlung von Methoden und der Empfehlung von Sprachen kann eine gewisse Abhängigkeit bestehen. Diese tritt auf, wenn es sich bei der vorgeschlagenen Methode um eine Modellierungsmethode handelt. Diese setzt sich für gewöhnlich aus Modellierungstechniken zusammen, die wiederum aus Handlungsempfehlungen und Modellierungssprachen bestehen (Thomas 2006, S. 75). Diese Verbindung impliziert, dass mit der Empfehlung von Modellierungsmethoden unweigerlich auch die Empfehlung von einer oder mehreren Modellierungssprachen erfolgt.

Unter einer Modellierungssprache ist eine Menge von sprachlichen Gebilden und Regeln zu verstehen, welche zur Repräsentation von Informationssystemen dient (Thomas 2006, S. 75 f.). Analog zur Methodenempfehlung ist der Vorschlag einer Modellierungssprache als optional anzusehen. Eine singuläre Sprachempfehlung liegt vor, wenn innerhalb des gesamten Vorgehensmodells nur eine einzige Modellierungssprache Anwendung findet. Von pluralistischer Sprachempfehlung ist dagegen die Rede, wenn sich innerhalb eines Vorgehensmodells für die Verwendung von mehreren unterschiedlichen Sprachen ausgesprochen wird.

5.4.7   Ergebnisdokumentation

Analog zur Vorgehensweise der etablierten Vorgehensmodelle der Produkt- und Dienstleistungsentwicklung sind nach erfolgreicher Beendigung der einzelnen Phasen die Zwischenergebnisse zu dokumentieren. Die Dokumentation der Resultate kann zum einen textuell und zum anderen grafisch, in Form von Abbildungen oder Modellen, erfolgen. Insbesondere bei der Zusammenarbeit verschiedener Wissenschaftsdisziplinen entlang des Entwicklungsprozesses ist auf ein gemeinsames Vokabular zu achten, um Missverständnisse kategorisch zu vermeiden (Spath und Demuß 2006, S. 485 ff.). Dieses gilt im gleichen Maße für den Kontakt zwischen Entwicklern und Kunden im Rahmen der Anforderungsanalyse oder der Präsentation von Zwischenergebnissen.

5.4.8 Bewertung

Diese Merkmalsklasse umfasst generelle Eigenschaften, mit denen sich Vorgehensmodelle charakterisieren lassen. Tabelle 4 zeigt die Bewertung der untersuchten Vorgehensmodelle.

Tabelle 4. PSS-unspezifische Vorgehensmerkmale

Merkmal	Merkmals-ausprägung	Abdalla	Aurich et al.	Botta, Steinbach und Weber	Lindahl et al.	McAloone et al.	Mont	Müller und Schmidt-Kretschmer	Rexfelt und Ornäs	Schenk, Ryll und Schady	Spath und Demuß	Thomas, Walter und Loos
Anwendungs-domäne	Domänenneutral	✓	✓	✓	✓	✓	✓	✓	✓	–	–	✓
	Dom.spezifisch	–	–	–	–	–	–	–	–	✓	✓	–
Prozesssteuerung	Aktivitätsorientiert	✓	✓	✓	○	✓	○	✓	○	○	○	✓
	Ergebnisorientiert	✓	✓	✓	○	✓	○	✓	○	○	○	✓
	Entsch.orientiert	–	–	–	○	–	○	–	○	○	○	–
Phasenablauf	Linear	✓	–	–	○	✓	○	✓	–	✓	○	–
	Iterativ	–	–	–	○	–	○	–	–	–	○	–
	Inkrementell	–	✓	✓	○	–	○	–	✓	–	○	✓
Phasenanordnung	Seriell	✓	✓	✓	○	✓	○	✓	✓	–	○	✓
	Parallel	–	–	–	○	–	○	–	–	✓	○	–
	Alternativ	–	–	–	○	–	○	–	–	–	○	–
Methoden-empfehlung	Homogen	–	–	–	–	–	–	–	–	–	–	–
	Heterogen	✓	✓	✓	–	–	–	–	✓	–	✓	✓
Sprachempfehlung	Singulär	–	–	–	–	–	–	–	–	–	○	–
	Pluralistisch	✓	✓	✓	–	–	–	–	–	–	○	✓
Ergebnis-dokumentation	Textuell	○	○	✓	○	○	○	○	○	○	○	✓
	Grafisch	○	○	✓	○	○	○	○	○	○	○	✓

Legende: ✓ Merkmal erfüllt, – Merkmal nicht erfüllt, (✓) Merkmal teilweise erfüllt, ○ Merkmal nicht zu beurteilen.

Einige Modelle sprechen heterogene Methodenempfehlungen aus. Eine Methodenempfehlung für das gesamte Vorgehensmodell über alle Phasen hinweg auszusprechen, erweist sich in Anbetracht des noch recht jungen Forschungsgebiets des PSSE als schwierig bzw. nicht realisierbar. Im Rahmen von PSS ist weiterhin die Verwendung einer Modellierungssprache insbesondere im Bereich des Service Engineering zu empfehlen, um z. B. den Dienstleistungserbringungsprozesses modelbasiert abbilden zu können.

5.5   PSSE-spezifische Vorgehensmerkmale

5.5.1   Leistungserstellungsprozess

Das Merkmal „Leistungserstellungsprozess" beschreibt den Grad der Effizienz und Effektivität der Integration der Prozesse, welche bei der Leistungserstellung beteiligt sind (Zellner 2008, S. 191). Diese gilt es bestmöglich aufeinander abzustimmen, um einen effizienten und effektiven Entwicklungsprozess des PSS zu gewährleisten. Das heißt, es sind zum einen Schnittstellen zwischen den einzelnen am Leistungserstellungsprozess partizipierenden Unternehmensabteilungen zu schaffen, zum anderen auch für die Integration des Kunden, insbesondere bei hoher Abhängigkeit zwischen den materiellen und immateriellen Leistungen (Kersten, Zink und Kern 2006, S. 194).

5.5.2   Kundenintegration

Das Merkmal der Kundenintegration beschreibt die Intensität des beabsichtigten und planbaren Einbezugs des Kunden in den Entwicklungs- und Erstellungsprozess des PSS (Botta 2007, S. 147). Bei den Merkmalsausprägungen gilt es zu unterscheiden, in welchem Umfang die Integration des Kunden in die Entwicklung des PSS oder bei dessen Erbringung erfolgt. Da eine Zuordnung der Ausprägungen bei diesem Merkmal stark von der Subjektivität des einzelnen Betrachters abhängt, sind die Merkmalsausprägungen lediglich in die beiden Extrema „niedrig" und „hoch" zu differenzieren.

5.5.3   Zeitliche Dynamik

Unter dem Merkmal „Zeitliche Dynamik" sollen neben den bisher hauptsächlich statischen Kriterien auch zeitlichen Aspekte im erweiterten Rahmen von PSS Berücksichtigung finden. In der Systemtheorie wird unter dem Terminus „Dynamik" jede Bewegung oder jedes Verhalten verstanden (Ulrich 1968, S. 113). Auf das PSSE übertragen, ist näher zu analysieren, ob ein Vorgehensmodell Phasen zur Anpassung von getroffenen Leistungsvereinbarungen oder sich nach einer bestimmten Zeit veränderten Anforderungen vorsieht und in welchem Umfang geeignete Methoden und Instrumente dabei verwendet werde (Burianek et al. 2007, S. 20 ff.). Etablierte Ansätze zur Behandlung der zeitlichen Dynamik sind z. B. das Life Cycle Engineering oder das Life Time Management (Aurich et al. 2007, S.

581 ff.). Zwar ist die Berücksichtigung des Merkmals „Zeitliche Dynamik" im Rahmen des PSSE erstrebenswert, es bildet jedoch nur eine Option zur Beschreibung der Anpassungsfähigkeit der in Anspruch genommenen Leistungsbündel.

5.5.4 Bewertung

Bei der Entwicklung von PSS müssen viele Aspekte berücksichtigt werden, die in herkömmlichen Entwicklungsprozessen keine oder eine untergeordnete Rolle spielen. Bestehende PSSE-Vorgehensmodelle berücksichtigen diese PSS-spezifischen Vorgehensmerkmale auf unterschiedliche Art und Weise (vgl. Tabelle 5).

Tabelle 5. PSS-spezifische Vorgehensmerkmale

Merkmal	Merkmals-ausprägung	Abdalla	Aurich et al.	Botta, Steinbach und Weber	Lindahl et al.	McAloone et al.	Mont	Müller und Schmidt-Kretschmer	Rexfelt und Ornäs	Schenk, Ryll und Schady	Spath und Demuß	Thomas, Walter und Loos
Leistungserstellungs-prozess	Niedrig	–	–	–	–	–	–	–	–	–	✓	–
	Hoch	✓	✓	✓	✓	✓	✓	✓	✓	✓	–	✓
Kundenintegration	Niedrig	–	–	–	–	–	–	–	–	–	✓	–
	Hoch	✓	✓	✓	✓	✓	✓	✓	✓	✓	–	✓
Zeitliche Dynamik	Niedrig	–	–	(✓)	–	–	–	(✓)	–	–	–	(✓)
	Hoch	–	✓	–	✓	✓	✓	–	✓	–	–	–

Legende: ✓ Merkmal erfüllt, – Merkmal nicht erfüllt, (✓) Merkmal teilweise erfüllt, ○ Merkmal nicht zu beurteilen.

An der Entwicklung und Erstellung von PSS wirken verschiedene Leistungsprozesse aus unterschiedlichen Wissenschaftsdisziplinen zusammen. Bis auf eine Ausnahme wird der Grad der Effizienz und Effektivität der Integration der Prozesse, welche bei der Leistungserstellung beteiligt sind, als hoch bewertet.

Bei Vorgehensmodellen, die lediglich eine niedrige Kundenintegration in die Problemlösung vorsehen, findet der Kontakt zwischen Unternehmen und Kunde zumeist bei der Anforderungsanalyse und bei der Erbringung der immateriellen Leistung statt. Dies ist bedingt durch die nötige Integration eines externen Faktors bei der Dienstleistungserstellung. Die Vorgehensmodelle, bei denen eine hohe Intensität der Kundenintegrationen in den Lösungsentwicklungs- und Erstellungsprozessen vorgesehen ist, eignen sich vornehmlich für individuelle und stark auf den spezifischen Kundennutzen ausgerichtete PSS.

6   Zusammenfassung und Ausblick

Wie der ingenieurswissenschaftlichen Literatur zu entnehmen ist, gab es in den letzten Jahren im Bereich der Produktentwicklung keine weitreichenden Veränderungen. Infolgedessen werden in der Regel ausschließlich technische Systeme ohne Bezug zur Entwicklung von Dienstleistungen berücksichtigt. Beinahe analog dazu, wird die Dienstleistungsentwicklung lediglich innerhalb von auf Dienstleistungen fokussierten Unternehmen angewendet. Folgerichtig stellen Autoren im Themenfeld der hybriden Wertschöpfung übereinstimmend fest, dass es bisher keine „zufriedenstellende methodische Unterstützung eines integrierten Entwicklungsprozesses über den gesamten Lebenszyklus" (Becker und Krcmar 2008, S. 170) eines PSS gibt, insbesondere in Betrachtung eines komplexen Wertschöpfungsnetzwerks.

Zur methodischen Analyse des Entwicklungsprozesses von PSS wurde mithilfe eines breiten Literaturstudiums eine Auswahl an repräsentativen Vorgehensmodellen getroffen und detailliert erläutert. Zur Bewertung der verschiedenen Vorgehensmodelle wurde ein Vergleichsrahmen erarbeitet, anhand dessen die Vorgehensmodelle nach Merkmalen und deren Ausprägungen unterschieden wurden.

Bei der Anwendung des Vergleichsrahmens zeigte sich, dass die überwiegende Anzahl der Vorgehensmodelle eine wissenschaftlich geprägte Herkunft haben. Ein deutlicher Bezug zur Praxis lässt sich dagegen nur bei wenigen Vorgehensmodellen rekonstruieren. Während sich viele Arbeiten hauptsächlich mit den theoretischen Grundlagen des Themengebiets des PSS beschäftigen, präsentieren nur wenige Autoren Vorgehensmodelle, die detailliert auf einzelne Schritte des Entwicklungsprozesses von PSS eingehen.

Die in diesem Kapitel durchgeführte Untersuchung liefert erstmalig eine umfassende Bewertung von PSSE-Vorgehensmodellen und zeigt Verbesserungspotenziale für das Vorgehen bei der Neugestaltung von Entwicklungsprozessen für das PSSE und der Neuausrichtung bestehender Geschäftsmodelle auf. Der entwickelte Vergleichsrahmen bietet eine Vielzahl an PSS-spezifischen und -unspezifischen Merkmalen und ermöglicht die kritische Würdigung neu konstruierter Vorgehensmodelle. Die insbesondere im Rahmen der Merkmalsklassifikation gewonnenen Erkenntnisse können in einem konkreten PSS-Einführungsprojekt als Entscheidungsunterstützung für die Auswahl eines Vorgehens herangezogen werden.

7   Literatur

Abdalla A (2006) TRIZ innovation management approach for problem definition and product service systems. Shaker, Aachen

Alonso-Rasgado T, Thompson G, Elfström B-O (2004) The design of functional (total care) products. Journal of Engineering Design 15(6):515–540

Aurich JC, Fuchs C, Barbian P (2004) Ansatz zur Gestaltung technischer Produkt-Service-Systeme. Industrie Management 20(5):13–16

Aurich JC, Schweiter E, Fuchs C (2007) Life cycle management of industrial product-service systems. In Takata S, Umeda Y (Hrsg) Advances in life cycle engineering for sustainable manufacturing businesses : Proceedings of the 14th CIRP conference on life cycle engineering, Waseda University, Tokyo, Japan, June 11th–13th, 2007. Springer, London, 171–176

Aurich JC, Schweiter E, Mannweiler C (2008) Integrated Design of Industrial Product-Service Systems. In Mitsuishi M, Ueda K, Kimura F (Hrsg) Manufacturing systems and technologies for the new frontier : The 41st CIRP conference on manufacturing systems, May 26–28, 2008, Tokyo, Japan. Springer, London, 543–546

Aurich JC, Schweiter E, Siener M, Fuchs C, Jenne F, Kirsten U (2007) Life Cycle Management investiver PSS : Gestaltung und Realisierung investiver Produkt-Service Systeme. wt Werkstattstechnik online 97(7/8):579–585

Balzert H (2001) Lehrbuch der Software-Technik : Software-Entwicklung. 2. Aufl, Spektrum, Akad. Verl., Heidelberg

Becker J, Beverungen D, Knackstedt R, Glauner C, Stypmann M, Rosenkranz C, Schmitt R, Hatfield S, Schmitz G, Eberhardt S, Dietz M, Thomas O, Walter P, Lönngren H-M, Leimeister JM (2008) Ordnungsrahmen für die hybride Wertschöpfung. In Thomas O, Nüttgens M (Hrsg) Dienstleistungsmodellierung – State-of-the-Art und Entwicklungsperspektiven. Physica, Heidelberg, 107–126

Becker J, Krcmar H (2008) Integration von Produktion und Dienstleistung – Hybride Wertschöpfung. Wirtschaftsinformatik 50(3):169–171

Beverungen D, Knackstedt R, Müller O (2008) Entwicklung Serviceorientierter Architekturen zur Integration von Produktion und Dienstleistung – Eine Konzeptionsmethode und ihre Anwendung am Beispiel des Recyclings elektronischer Geräte. Wirtschaftsinformatik 50(3):220–234

Bey N, McAloone TC (2006) From LCA to PSS – Making leaps towards sustainability by applying product/service-system thinking in product development. In Duflou JR (Hrsg) LCE2006 – 13th CIRP International Conference on Life Cycle Engineering. Katholieke Univ. Leuven, Leuven (Belgium), 571–576

Botta C (2007) Rahmenkonzept zur Entwicklung von Product-Service Systems : Product-Service Systems Engineering. Eul, Lohmar

Bruhn M (2007) Marketing : Grundlagen für Studium und Praxis. 8. Aufl, Gabler, Wiesbaden

Bullinger H-J, Meiren T (2001) Service Engineering – Entwicklung und Gestaltung von Dienstleistungen. In Bruhn M, Meffert H (Hrsg) Handbuch Dienstleistungsmanagement : Von der strategischen Konzeption zur praktischen Umsetzung. 2. Aufl, Gabler, Wiesbaden, 149–175

Burianek F, Ihl C, Bonnemeier S, Reichwald R (2007) Typologisierung hybrider Produkte – Ein Ansatz basierend auf der Komplexität der Leistungserbringung. Arbeitsbericht Nr. 01 / 2007 des Lehrstuhls für Betriebswirtschaftslehre – Information, Organisation und Management der Technischen Universität München

Deutsches Institut für Normung e.V. (Hrsg) (2000) Benutzer-orientierte Gestaltung interaktiver Systeme (ISO 13407:1999). Beuth, Berlin

Fliß C, Höhn R, Höppner S, Schumacher M, Wetzel H (2005) Rahmen zur Auswahl von Vorgehensmodellen : Arbeitsbericht der GI-Fachgruppe WI-VM – Arbeitskreis „Vorgehensmodelltypen". In Petrasch R et al. (Hrsg) Entscheidungsfall Vorgehensmodelle : 12. Workshop der GI-Fachgruppe WI-VM, Berlin 2005. Shaker, Aachen, 183–227

626

6ion.26sten Dollmann

Fröhling O (2001) Typologisierung von Dienstleistungen im Kontext der Leistungskonfiguration. http://www.competence-site.de/dienstleistung.nsf/3258C0DA8D61FAB7C1256ACD005A660E/$File/dienstleistungstypologisierung.pdf

Gebauer H: Die Transformation vom Produzenten zum produzierenden Dienstleister. St. Gallen, Universität St. Gallen, 2004

Hermsen M (2000) Ein Modell zur kundenindividuellen Konfiguration produktnaher Dienstleistungen : Ein Ansatz auf Basis modularer Dienstleistungsobjekte. Shaker, Aachen

Hertel J, Zentes J, Schramm-Klein H (2005) Supply-Chain-Management und Warenwirtschaftssysteme im Handel. Springer, Berlin

Höhn R (2007) Beschreibungskriterien für Vorgehensmodelle. http://www1.gi-ev.de/fileadmin/gliederungen/fg-wi-vm/AK-VMK/AK-VMK-Beschreibungskriterien.doc

ISO (1999) ISO 13407 : Human-centred design processes for interactive systems

Kaiser A, Schramm JJ (2004) Kooperation innerhalb der Service-Chain. In Meier H (Hrsg) Dienstleistungsorientierte Geschäftsmodelle im Maschinen- und Anlagenbau: Vom Basisangebot bis zum Betreibermodell. Springer, Berlin, 191–208

Kersten W, Zink T, Kern E-M (2006) Wertschöpfungsnetzwerke zur Entwicklung und Produktion hybrider Produkte: Ansatzpunkte und Forschungsbedarf. In Blecker T, Gemünden HG (Hrsg) Wertschöpfungsnetzwerke : Festschrift für Bernd Kaluza. Erich Schmidt, Berlin, 189–202

Knackstedt R, Pöppelbuß J, Winkelmann A (2008) Integration von Sach- und Dienstleistungen – Ausgewählte Internetquellen zur hybriden Wertschöpfung. Wirtschaftsinformatik 50(3):235–247

Korell M, Ganz W (2000) Design hybrider Produkte – Der Weg vom Produkthersteller zum Problemlöser. In Bullinger H-J, Hermann S (Hrsg) Wettbewerbsfaktor Kreativität : Strategien, Konzepte und Werkzeuge zur Steigerung der Dienstleistungsperformance. Gabler, Wiesbaden, 153–159

Langer S, Kreimeyer M, Müller P, Lindemann U, Blessing L (2008) Entwicklungsprozesse hybrider Leistungsbündel – Evaluierung von Modellierungsmethoden unter Berücksichtigung zyklischer Einflussfaktoren. In Thomas O, Nüttgens M (Hrsg) Dienstleistungsmodellierung : Methoden, Werkzeuge und Branchenlösungen. Physica, Heidelberg, 71–87

Leimeister JM (2008) Hybride Produkte – Einordnung und Herausforderungen für die Wirtschaftsinformatik. Wirtschaftsinformatik 50(3):248–251

Lindahl M, Sandström GÖ, Sundin E, Öhrwall Rönnbäck A, Östlin J (2008) Learning networks: a method for Integrated Product and Service Engineering – experience from the IPSE project. In Mitsuishi M, Ueda K, Kimura F (Hrsg) Manufacturing systems and technologies for the new frontier : The 41st CIRP conference on manufacturing systems, May 26–28, 2008, Tokyo, Japan. Springer, London, 495–500

Lindahl M, Sundin E, Öhrwall Rönnbäck A, Ölundh G, Östlin J (2006a) Integrated Product and ServiceEngineering – the IPSE project. In Andersen MM, Tukker A (Hrsg) Proceedings: Changes to Sustainable Consumption, 20–21 April 2006, Copenhagen, Denmark. Workshop of the Sustainable Consumption Research Exchange (SCORE!) Network, supported by the EU's 6th Framework Programme. Copenhagen, 1–9

Lindahl M, Sundin E, Sakao T, Shimomura Y (2006b) An Interactive Design Methodology for Service Engineering of Functional Sales Concepts – A potential Design for Environment Methodology. In Proceedings of the DESIGN 2006 9th International Conference on Design. Faculty of Mechanical Engineering and Naval Architecture, Dubrovnik, Croatia, 589–594

Lindahl M, Sundin E, Sakao T, Shimomura Y (2007) Integrated product and service engineering versus design for environment – a comparison and evaluation of advantages and disadvantages. In Takata S, Umeda Y (Hrsg) Advances in life cycle engineering for sustainable manufacturing businesses : Proceedings of the 14th CIRP conference on life cycle engineering, Waseda University, Tokyo, Japan, June 11th–13th, 2007. Springer, London, 137–142

Luczak H (2004) Betriebliche Tertiarisierung – Der ganzeinheitliche Wandel vom Produktionsbetrieb zum dienstleistenden Problemlöser. DUV, Wiesbaden

Mai A, Gerber S (2004) Integrierte Entwicklungsmethoden – Ansatz zur Verbesserung der Akzeptanz von Vorgehensmodellen. In Petrasch R, Wiemers M, Kneuper R (Hrsg) Akzeptanz von Vorgehensmodellen : 11. Workshop der GI-Fachgruppe WI-VM, Berlin 2004. Shaker, Aachen, 49–60

McAloone TC (2006) Teaching and Implementation Models for Sustainable PSS Development: Motivations, Activities and Experiences. In Sustainable Consumption and Production: Opportunities and Threats, 23–25 November 2006, Wuppertal, Germany : Launch conference of the Sustainable Consumption Research Exchange (SCORE!) Network, supported by the EU's 6th Framework Programme, 119–130

McAloone TC, Andreasen M M (2004) Design For Utility, Sustainability And Societal Virtues: Developing Product Service Systems. In Proceedings of Design 2004 8th International Conference on Design. Faculty of Mech.-Eng. and Naval Architecture, Dubrovnik, 1545–1552

Meyer K, Böttcher M, Apitz M, Opitz M (2008) Vorgehensmodelle im Kontext IT-basierter Dienstleistungen. In Fähnrich K-P, Van Husen C (Hrsg) Entwicklung IT-basierter Dienstleistungen : Co-Design von Software und Services mit ServCASE. Physica, Heidelberg, 103–126

Mont O (2000) Product-Service Systems. Shifting corporate focus from selling products to selling product-services : a new approach to sustainable development. In AFR-report 288. Swedish EPA, Stockholm

Mont O (2001) Introducing and developing a Product-Service System (PSS) concept in Sweden. IIIEE, Lund

Mont O (2002) Functional Thinking. The role of functional sales and product service systems for a function-based society. In Naturvardsverket Rapport 5223. Swedish EPA, Stockholm

Mont O (2004) Product-service systems: panacea or myth? International Institute for Industrial Environmental Economics (IIIEE), Lund

Müller P, Schmidt-Kretschmer M (2008) Challenges in PSS development processes – New paradigms, new development methodology. In SFB/TR29 (Hrsg) Transregio 29. Product-Service Systems. Dynamic Interdependency of Products and Services in the Production Area – International Seminar on PSS, January 21–22, 2008, Bochum, Germany 2008. Shaker, Bochum

Noack J, Schienman B (1999) Objektorientierte Vorgehensmodelle im Vergleich. Informatik-Spektrum 22(3):166–180

Paloheimo K-S, Miettinen I, Brax S (2004) Customer Oriented Industrial Services. http://www.hcl.hut.fi/docs/Customer_Oriented_Industrial_Services.pdf

Picot A, Reichwald R, Wigand R (2003) Die grenzenlose Unternehmung : Information, Organisation und Management, 5. Aufl, Gabler, Wiesbaden

Rai A, Sambamurthy V (2006) Editorial Notes – The Growth of Interest in Services Management: Opportunities for Information Systems Scholars. Information Systems Research 17(4):327–331

Rexfelt O, Af Ornäs V H (2008) Consumer acceptance of product-service systems – Relative advantages and uncertainty reductions. In Rexfelt O (Hrsg) User-centred design and technology-mediated services identifying and addressing challenges by analysing activities. Chalmers Univ. of Technology, Göteborg, 1–23

Scheer A-W, Schneider K, Zangl F (2005) Methodengestützte Internationalisierung von Dienstleistungen. In Bruhn M, Stauss B (Hrsg) Internationalisierung von Dienstleistungen: Forum Dienstleistungsmanagement. Gabler, Wiesbaden, 73–99

Schenk M, Ryll F, Schady R (2006) Anforderungen an den Produktentwicklungsprozess für hybride Produkte im Anlagenbau. Industrie Management 22(1):55–58

Scheuing EE, Johnson EM (1989) A Proposed Model for New Service Development. Journal of Services Marketing 3(2):25–34

Schneider K, Daun C, Behrens H, Wagner D (2006) Vorgehensmodelle und Standards zur systematischen Entwicklung von Dienstleistungen. In Bullinger H-J, Scheer A-W (Hrsg) Service Engineering : Entwicklung und Gestaltung innovativer Dienstleistungen, 2. Aufl, Springer, Berlin, 113–138

Schulte-Zurhausen M (2002) Organisation, 3. Aufl, Vahlen, München

Spath D, Demuß L (2001) Integrierte Produkt- und Dienstleistungsentwicklung für den Maschinen- und Anlagenbau : Neue Anforderungen an den Produktentstehungsprozess durch die systematische Entwicklung von Betreibermodellen. In Verein Deutscher Ingenieure (Hrsg) Instandhaltung – Ressourcenmanagement. VDI, Düsseldorf, 395–410

Spath D, Demuß L (2006) Entwicklung hybrider Produkte – Gestaltung materieller und immaterieller Leistungsbündel. In Bullinger H-J, Scheer A-W (Hrsg) Service Engineering : Entwicklung und Gestaltung innovativer Dienstleistungen, 2. Aufl, Springer, Berlin, 463–502

Steinbach M (2005) Systematische Gestaltung von Product Service Systems: Integrierte Entwicklung von Product Service Systems auf Basis der Lehre von Merkmalen und Eigenschaften. LKT, Lehrstuhl für Konstruktionstechnik/CAD, Univ. des Saarlandes, Saarbrücken

Steinbach M, Botta C, Weber C (2005) Integrierte Entwicklung von Product-Service Systems. wt – Werkstatttechnik online 95(7/8):546–553

Sturm F, Bading A (2008) Investitionsgüterhersteller als Anbieter industrieller Lösungen – Bestandsaufnahme des Wandels anhand einer Umfrage. Wirtschaftsinformatik 50(3): 174–186

Sturm F, Bading A, Schubert M (2007) Investitionsgüterhersteller auf dem Weg zum Lösungsanbieter – Eine empirische Studie. http://www.fit2solve.de/?download=fit2solve _studie_iat-uni-stuttgart_2007.pdf

Tan A, McAloone TC (2006) Characteristics of Strategies in Product/Service-System Development. In Proceedings of the DESIGN 2006 9th International Conference on Design. Faculty of Mechanical Engineering and Naval Architecture, Dubrovnik, Croatia, 1435–1442

Tan A, McAloone TC, Andreasen MM (2006) What Happens to Integrated Product Development Models with Product/Service-System Approaches. In Proceedings of the 6th Integrated Product Development Workshop, IPD2006, 2006, Otto-von-Guericke-Universität Magdeburg, Schönebeck/Bad Salzelmen, Magdeburg, October 18–20, 2006

Thomas O (2006) Management von Referenzmodellen : Entwurf und Realisierung eines Informationssystems zur Entwicklung und Anwendung von Referenzmodellen. Logos, Berlin

Thomas O (2009) Fuzzy Process Engineering : Integration von Unschärfe bei der modellbasierten Gestaltung prozessorientierter Informationssysteme. Gabler, Wiesbaden

Thomas O, Scheer A-W (2006) Customizing von Dienstleistungsinformationssystemen. In Bullinger H-J, Scheer A-W (Hrsg) Service Engineering : Entwicklung und Gestaltung innovativer Dienstleistungen, 2. Aufl, Springer, Berlin, 679–720

Thomas O, Walter P, Loos P (2008) Product-Service Systems: Konstruktion und Anwendung einer Entwicklungsmethodik. Wirtschaftsinformatik 50(3):208–219

Tukker A, Tischner U (2005) New Business for Old Europe – Product-Service Development, Competiveness and Sustainability. Greenleaf Publishing, Sheffield, UK

Ulrich H (1968) Die Unternehmung als produktives soziales System. Haupt, Bern

Van Halen C, Vezzoli C, Wimmer R (2005) Methodology for Product Service System Innovation : How to develop clean, clever and competitive strategies in companies. Koninklijke Van Gorcum, Assen, The Netherlands

Verein Deutscher Ingenieure (1993) Methodik zum Entwickeln und Konstruieren technischer Systeme und Produkte. VDI-Gesellschaft Entwicklung Konstruktion Vertrieb, Düsseldorf

Verein Deutscher Ingenieure (2004) Entwicklungsmethodik für mechatronische Systeme. VDI-Gesellschaft Entwicklung Konstruktion Vertrieb, Düsseldorf

Weber C, Steinbach M, Botta C (2004) Properties and Characteristics of Product-Service Systems – an Integrated View. In Lehtonen T, Pulkkinen A, Riitahuhta A (Hrsg) Product design in changing environment : Proceedings of NordDesign 2004 ; 18–20 August 2004, Tampere, Finland. Tampere University of Technology, Product Development Laboratory, 260–270

Weber C, Steinbach M, Botta C, Deubel T (2004) Modelling of Product-Service Systems – Based on the PDD Approach. In Marjanovic D (Hrsg) Design 2004 : Proceedings of the 8th International Design Conference, Dubrovnik/Croatia, 18.–21.05.2004. Faculty of Mechanical Engineering and Naval Architecture, University of Zagreb, Zagreb, 547–554

Winograd T, Flores F (1986) Understanding computers and cognition : A new foundation for design. Ablex Publishing, Norwood, NJ

Wöhe G, Döring U (2002) Einführung in die allgemeine Betriebswirtschaftslehre, 21. Aufl, Vahlen, München

Zelewski S (1999) Grundlagen. In Corsten H, Reiß M (Hrsg) Betriebswirtschaftslehre, 3. Aufl, Oldenbourg, München, 1–126

Zellner G (2008) Gestaltung hybrider Wertschöpfung mittels Architekturen – Analyse am Beispiel des Business Engineering. Wirtschaftsinformatik 50(3):187–195

Lebenszyklusmodelle hybrider Wertschöpfung: Modellimplikationen und Fallstudie

Nadine Blinn, Markus Nüttgens, Michael Schlicker, Oliver Thomas
und Philipp Walter

Lebenszyklusmodelle haben sich im Laufe der Zeit zu Standardinstrumenten im strategischen Management und im Projektcontrolling entwickelt. Vor allem im Maschinen- und Anlagenbau wird der Großteil des Umsatzes mit Serienprodukten generiert, deren Planung, Entwicklung, Verkauf und Betrieb durch zeitliche Begrenzung einen Projektcharakter erhält. Zunehmend werden diese Produkte mit Dienstleistungen integriert als hybride Leistungen angeboten. Da das Konzept der hybriden Wertschöpfung auf einem umfassenden Verständnis der zugrunde liegenden Produkt- und Dienstleistungskomponenten basiert, ist der traditionelle Produktlebenszyklus nur mit Einschränkungen geeignet, die Wechselwirkungen hybrider Wertschöpfungen abzubilden. Diese ergeben sich nicht alleine aus einer simplifizierten Erweiterung der Dienstleistungsperspektive. Es bestehen vielfältige Wechselwirkungen und Abhängigkeiten, da die Dienstleistungskomponenten zunehmend maßgebliche Anforderungen an die (Kern-)Produktkomponenten stellen und im Rahmen einer ganzheitlichen und kundenbezogenen Betrachtung an Bedeutung gewinnen. Im nachfolgenden Kapitel wird ein erweitertes Produktlebenszyklusmodell entwickelt, welches sowohl aus konstruktivistischer Sicht einen Beitrag zum theoretischen Verständnis der hybriden Wertschöpfung leistet als auch als Grundlage einer Fallstudie und einer prototypischen Implementierung im Maschinen- und Anlagenbau dient.[17]

1 Einleitung

Der Wettbewerb im industriellen und handwerklichen Umfeld ist durch die wachsende Bedeutung des immateriellen Dienstleistungsanteils geprägt. Leistungsbün-

---

[17] Bei diesem Kapitel handelt es sich um eine überarbeitete Fassung des Konferenzbeitrags „Blinn N, Nüttgens M, Schlicker M, Thomas O, Walter P (2008) Lebenszyklusmodelle hybrider Wertschöpfung : Modellimplikationen und Fallstudie. In Bichler M et al. (Hrsg) Multikonferenz Wirtschaftsinformatik 2008. Berlin, GITO, 711–722", der im Rahmen des Workshops „Integration von Produkten und Dienstleistungen – Hybride Wertschöpfung" Ende Februar 2008 in München präsentiert wurde.

O. Thomas et al. (eds.), *Hybride Wertschöpfung*,
DOI 10.1007/978-3-642-11855-5_6, © Springer-Verlag Berlin Heidelberg 2010

del, bei denen der Kunde nicht zwischen den einzelnen Komponenten des materiellen und immateriellen Bestandteils differenzieren können muss, werden in der Literatur auch als hybride Produkte, hybride Leistungsbündel (Burianek et al. 2007, S. 2ff.; Meier et al. 2005; Spath und Demuß 2003, S. 474f.) oder Product-Service Systems (Aurich et al. 2006; Möhrle und Spilgies 2005; Tukker 2004) bezeichnet.

Als „Integrationsdisziplin" spielt die Wirtschaftsinformatik für die hybride Wertschöpfung eine zentrale Rolle, da hierbei Konzepte aus dem Umfeld der Produktion, Dienstleistung und Informationstechnik ein interdisziplinäres und integratives Grundverständnis erfordern. Am Beispiel von PIPE wird aufgezeigt, wie ein umfassendes Verständnis von Lebenszyklusmodellen hybrider Wertschöpfung eine erfolgreiche Umsetzung von Markt- und Geschäftsmodellen ermöglicht.

Das Kapitel ist wie folgt aufgebaut: Im zweiten Kapitel wird der Stand der wissenschaftlichen Diskussion und Literatur zu Produktlebenszyklusmodellen dargelegt. Anschließend werden die existenten Modelle auf Ihre Anwendbarkeit bezüglich hybrider Wertschöpfung analysiert und hieraus Anforderungen an ein Lebenszyklusmodell für hybride Produkte und Dienstleistungen abgeleitet. Im dritten Kapitel wird ein lebenszyklusorientierter Bezugsrahmen vorgestellt und das resultierende erweiterte Produktlebenszyklusmodell an einem konkreten Anwendungsfall des Maschinen- und Anlagenbaus erläutert. Das Kapitel schließt mit einer zusammenfassenden Betrachtung sowie einem Ausblick auf zukünftige Forschungsarbeiten.

2 Klassische Produktlebenszyklusmodelle

In Analogie zu der zunehmenden Durchführung von Produktprojekten erlangen Produktlebenszykluskonzepte und deren Anwendung eine steigende Bedeutung (Alter 1991). Gerade in Branchen wie Maschinenbau-, Chemie-, Automobil- und Automobilzulieferindustrie wird ein Großteil des Umsatzes mit verschiedenen Serienprodukten erzielt, die häufig – temporär begrenzt – in verschiedenen Varianten angeboten werden (Hahn und Laßmann 1993). Dies führt dazu, dass neue Managementinstrumente im Controlling und Rechnungswesen etabliert wurden, die den Projektcharakter abbilden können (Riezler 1996). Die beispielsweise so entstehende und auf Lebenszykluskonzepten basierende Lebenszyklusrechnung ist ein „periodenübergreifendes Planungs- und Überwachungsinstrumentarium, das die mit einem strategischen Projekt über dessen gesamte Laufzeit (Projektlebenszyklus) verbundenen wirtschaftlichen Wirkungen berechenbar macht" (Hahn und Laßmann 1993, S. 185). Die Produktlebenszyklus-Theorie hat sich derzeit als „Klassiker" des strategischen Managements etabliert (Bescherer 2005; Cox 1967, S. 375; Siegwart und Senti 1995, S. 4; Schild 2005, S. 156f.).

Modelle zum Produktlebenszyklus können in einem marktorientierten oder technologischen Kontext angewandt werden (Bescherer 2005, S. 10f.; Bruhn und Hadwich 2006, S. 70ff.; Steinhilper und Dunkel 2005, S. 451), wobei im Kontext betriebswirtschaftlicher Problemstellungen die marktorientierte Betrachtung dominiert (Siegwart und Senti 1995, S. 3). Eine umfängliche Systematisierung von Modellen zum Produktlebenszyklus hinsichtlich Kunden- und Herstellerperspektive findet sich bei Schild (2005, S. 156 ff.). Des Weiteren schematisiert Höft (1996) konkrete Lebenszyklusmodelle aus Markt- und Technologieperspektive.

Dem klassischen Verständnis des Produktlebenszyklus als Marktzyklus zufolge kann der Wertschöpfungsverlauf eines Produkts durch Strukturierung in Phasen beschrieben werden. Hierbei entsprechen die Phasen mehr oder weniger differenzierten Zeitintervallen mit charakteristischen Merkmalen (Brockhoff 1967, S. 472). So umfassen die meisten in der wissenschaftlichen Literatur beschriebenen Produktlebenszyklen die Phasen „Einführung – Wachstum – Reife – Sättigung – Niedergang" (Bescherer 2005, S. 5 ff.; Corsten 2007, S. 201 ff.; Hoffmann 1972 Weis 2007, S. 235 ff.). Das traditionelle Lebenszykluskonzept wird jedoch als unvollständig kritisiert, da nicht nur die effektive Verweildauer eines Produkts am Markt, sondern auch vor- und nachgelagerte Phasen maßgeblichen Einfluss auf die betriebswirtschaftlichen Erfolgsgrößen haben (Höft 1992, S. 53; Schild 2005, S. 159). Dementsprechend kann der traditionelle Phasenverlauf um einen Entwicklungszyklus und einen Nachsorgezyklus zu einem integrierten Produktlebenszyklus erweitert werden (Riezler 1996; Schild 2005, S. 158 f.; Siegwart und Senti 1995, S. 19 f.; Weis 2007, S. 237 f.). Des Weiteren kann die Grundidee des Lebenszykluskonzepts von der physischen Produktbetrachtung abstrahiert und auf andere Themengebiete – wie beispielsweise Ökologie oder Dienstleistungen – übertragen werden (Schild 2005, S. 158). Gerade die Notwendigkeit der Berücksichtigung von Dienstleistungen ist im Kontext hybrider Wertschöpfung systemimmanent (Bullinger 1999; Rust und Miu 2006).

Die in der einschlägigen Literatur vorgeschlagenen Modellerweiterungen variieren im Rahmen der Interpretation des Wertschöpfungsverlaufs von Dienstleistungen beträchtlich. So erfolgt bei Schild (2005) die Implikation und Darstellung der Dienstleistungswertschöpfung in den Gesamtkontext, obwohl die Bedeutung der kundenbezogenen Serviceaufgaben betont wird. Des Weiteren erfolgt die Betrachtung unter der monoperspektivischen Sichtweise des Herstellers (Schild 2005, S. 160 ff.).

Ebenso stellen Siegwart und Senti (1955, S. 20) die Kosten und Erträge für Serviceleistungen im Gesamtkurvenverlauf dar. Potts fokussiert in seiner Untersuchung die Wertschöpfungspotenziale von Serviceleistungen und betrachtet einen Servicelebenszyklus, dessen Phasen an den klassischen Produktlebenszyklus angelehnt sind (Potts 1988). Er isoliert allerdings die Betrachtung von dem dazugehörigen physischen Produkt, wodurch keine integrative Wertschöpfungsbetrachtung erfolgt. Analoges gilt auch für die Ausführungen bei Abramovici und Schulte (2006) sowie Aurich et al. (2007).

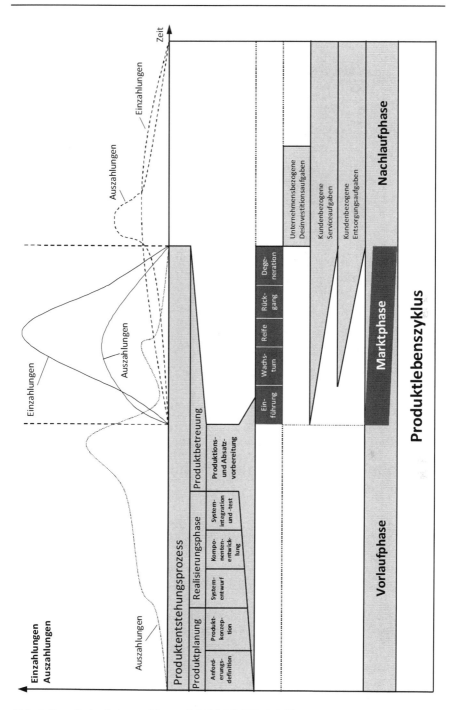

Abb. 1. Erweiterter Lebenszyklus nach Schild (2005, S. 160)

Die sich aus der betrachteten Problemstellung im Rahmen der hybriden Wertschöpfungspotenziale ergebenden Kritikpunkte sind:

- Es erfolgt keine adäquate Berücksichtigung von Konzepten zur integrierten Dienstleistungsentwicklung und -erbringung (Service Engineering),
- Es herrscht ein Mangel an operationalisierbaren Aspekten zur Erlösgenerierung,
- Dienstleistungsbezogene Erlöspotenziale werden als „Restgröße" und nicht als „Ausgangspunkt" erfolgreicher Wertschöpfungsprozesse verstanden.

Erlösquellen für Dienstleistungen primär in der so genannten „Nachlaufphase" anzuführen mag für Nebenserviceleistungen (Stauss 2000, S. 432) gelten, ist aber im Rahmen des Paradigmenwechsels hin zur integrierten Betrachtung unzureichend. Somit ist auch die Annahme, dass der Servicezyklus erst dann Erlöspotenziale zulässt, wenn sich das zugehörige Produkt in der Sättigungsphase befindet (Potts 1988, S. 32), aus Sicht eines hybriden Wertschöpfungsparadigmas kontraproduktiv. Weiterhin bestehen bei Produktlebenszyklusmodellen prinzipielle Herausforderungen, die im Kontext der hybriden Wertschöpfung zu lösen sind (Riezler 1996, S. 188):

- Ein Großteil der Herstellungskosten fällt bereits in der Vorlauf-Phase an (Produktgestaltung, Fertigungskonzeption).
- Es existiert ein modellimmanentes Problem der Zurechnung (indirekte Wirkungen außerhalb des engeren Investitionsbereichs und deren Interdependenzen).
- Oftmals kann angegeben werden, dass Wirkungen existieren, aber nicht in welchem Umfang, sodass eine monetäre Quantifizierung erschwert wird.

3   Produktlebenszyklusmodelle und hybride Wertschöpfung

Nachfolgend wird auf der Grundlage der Kritik und eines konkreten Anwendungsfalls im Maschinen- und Anlagenbau ein erweitertes Produktlebenszyklusmodell abgeleitet und im Kontext der hybriden Wertschöpfung diskutiert.

3.1   Anwendungsfall und Modellimplikationen

Mit 862.000 Beschäftigten (2006) ist der Maschinen- und Anlagenbau die größte Industriebranche Deutschlands (VDMA 2006). Ein idealtypischer Vertreter dieser Branche ist der Sanitär-, Heizungs- und Klimatechnikbereich (SHK), in dem – wie im Maschinen- und Anlagenbau üblich – neben den Herstellern der Sachgüter vor allem ca. 50.000 kleine und mittelständische SHK-Betriebe produktnahe Dienstleistungen erbringen. Diese werden im Allgemeinen unter dem Begriff „technischer Kundendienst" (TKD) zusammengefasst und umfassen Leistungen, die der

Endkunde nicht selbst erbringen kann und die für die Funktion einer Anlage unabdingbar sind, z.B. Inbetriebnahme, Inspektion, Reparatur, Wartung, Instandsetzung und schließlich Entsorgung (Willerding 1987). Aus Sicht des Endkunden liegt ein hybrides Produkt vor, da neben dem materiellen Anteil (technische Endgeräte) auch stets Dienstleistungen zur Installation, Wartung und Reparatur zu erbringen sind (Thomas et al. 2006; Thomas et al. 2007).

Aus Sicht der SHK-Hersteller (vorwiegend Hersteller von Sachleistungen) ist der europäische Markt derzeit stark umkämpft. Durch die enorme Produktvielfalt und -komplexität ist dabei langfristig abzusehen, dass derjenige Wettbewerber Marktanteile gewinnen wird, der entlang der gesamten Wertschöpfungskette vom Hersteller über die SHK-Betriebe bis zum Endkunden optimierte Abläufe gewährleisten kann. Hier spielen SHK-Betriebe als Vermittler zwischen Herstellern und Kunden eine zentrale Rolle. Aus Sicht der SHK-Betriebe besteht ein Wettbewerb um die Endkunden, dem die Betriebe vor allem durch Kundenbindung begegnen. Ein zentraler Aspekt ist hierbei die Ausweitung und Verbesserung ihres Serviceangebots speziell im technischen Kundendienst (TKD), der an der Schnittstelle zwischen Herstellern und Endkunden eine Schlüsselrolle einnimmt (Breunig 2001; Harms 1999; Harms 2003; Krooß 1966; Meffert 1982; Muser 1988; Teichmann 1994).

Beide Perspektiven verdeutlichen, dass nur die integrierte Betrachtung der Lebenszyklen von Sach- und Dienstleistungen über die ganze Lebensdauer einer technischen Anlage hinweg die Realisierung bisher ungenutzter Optimierungspotenziale ermöglicht. Die bislang praktizierte Trennung der Produkt- und Dienstleistungsperspektive lässt wesentliche Integrationszusammenhänge außer Acht. So wird z.B. die Frage der Substituierbarkeit von Sach- und Dienstleistungen („servicefreundlichere Anlage ist teurer, verursacht später aber geringere TKD-Kosten") höchstens einmalig während der Produktentwicklung betrachtet. Spätere Umrüstungen beschränken sich im Allgemeinen auf Sicherheitsaspekte (Rückrufaktionen).

3.2 Erweitertes Produktlebenszyklusmodell zur hybriden Wertschöpfung

Das nachfolgend entwickelte Lebenszyklusmodell ist in Analogie zu den klassischen Produktlebenszyklen in drei Hauptphasen unterteilt. Diese werden als „Produktentstehung", „Produktvermarktung" und „After-Sales-Phase" bezeichnet (vgl. Harms 1999, S. 41).

In der ersten Phase der Produktentstehung werden diejenigen Aktivitäten gebündelt, welche zur Planung (Marktforschung, Konzeption, Entwurf, Erprobung, Fertigungsplanung), Realisierung (Beschaffung, Fertigung, Erprobung, Verpackung, Lagerung, Anlieferung) und Qualitätssicherung eines Produkts erforderlich sind (Reinicke 2004, S. 10). Die Phase der Produktrealisierung wird, mit Ausnahme der Anlaufphase, auch während der gesamten Phase der Produktvermarktung und der After-Sales-Phase parallel fortgeführt. Die weiterführende Ausdifferenzierung der Phase der Produktvermarktung gliedert sich in die bekannten und in der Literatur benannten Teilphasen.

Mit der Auslieferung des ersten Produkts beginnt die der Produktvermarktung eines Produkts nachfolgende Nachlaufphase. In der weiteren Betrachtung liegt der Fokus auf der After-Sales-Phase, da hier das Wertschöpfungspotenzial des hybriden Produkts am Größten ist. Die Aktivitäten lassen sich im Wesentlichen differenzieren nach der Montage und Inbetriebnahme der Produkte, nach dem Betrieb der Anlagen, der Instandhaltung der einzelnen Produkte und der umweltverträglichen Entsorgung am Ende des Produktlebens (Reinicke 2004, S. 9 f.).

Hinsichtlich des im Rahmen des Forschungsprojektes PIPE fokussierten Produkttyps wird die Montage der beim Endkunden installierten Endgeräte durch den Fachbetrieb des SHK-Handwerks durchgeführt. An der Instandhaltung der Geräte während der Garantie-/Gewährleistungs- und Kulanzphase, wirkt überwiegend der Werkskundendienst des Herstellers mit. Danach werden die Instandhaltungsarbeiten zumeist von den Kundendienstorganisationen des SHK-Handwerks ausgeführt. Unter dem Begriff der Instandhaltung werden die Maßnahmen zusammengefasst, die der Überwachung, Erhaltung und Wiederherstellung der ursprünglichen technischen Leistungsfähigkeit eines Produkts dienen (DIN 2003, S. 3; Harms 1999 S.117). Nach der DIN-Norm DIN31051:2003–06 gliedert sich die Instandhaltung in die Teilbereiche Wartung, Inspektion, Instandsetzung und Verbesserung (DIN 2003, S. 3 f.).

Im konkreten Anwendungsfall umfasst die Phase der Planung ca. 2 Jahre, die Phase der Vermarktung ca. 6–8 Jahre und die Nutzung der Produkte in der After-Sales-Phase ca. 12–15 Jahre. Demnach erstreckt sich der erweiterte Lebenszyklus der fallbasiert betrachteten Produktgruppe über einen Zeitraum von mehr als 20 Jahren.

Mit Bezug zur Erlösgenerierung ergeben sich sieben nach vorgehender Phasendifferenzierung identifizierbare Ertragskurven (vgl. Abb. 2). Die wesentlichen Aspekte der hybriden Wertschöpfung wirken hierbei auf alle Kurven.

Kurve A stellt den Ertragsverlauf der Planungsphase dar, also die Produktentwicklungsaufwendungen, die bis zur Realisierung des Produkts anfallen. Die Kurve orientiert sich an einer in der Literatur etablierten idealtypischen Darstellung. Demnach gilt allgemein, dass die Kosten mit zunehmenden Voranschreiten der Produktentwicklung ansteigen (Pfeiffer und Bischof 1981, S. 136). Die Planungsaktivitäten sind abgeschlossen, wenn das Produkt in die Realisierungsphase übergeht.

Der Verlauf von *Kurve B* fasst die Aufwendungen zusammen, die direkt und indirekt mit der Erstellung des Produkts in Verbindung stehen. Die Kurve hat ihren Ursprung zeitlich mit kurzem Vorlauf vor der Produktvermarktung (da die Fertigung des ersten Produktexemplar zeitlich vor dessen Verkauf liegt), folgt in etwa dem Verlauf der Vermarktungskurve und mündet über in einen Verlauf, der sich an der Kurve der Instandsetzungs- und Reparaturleistungen orientiert. Hintergrund dieser Darstellung ist die Tatsache, dass auch nach Ende der Produktfertigung die Ersatzteilfertigung aufrechterhalten werden muss, bis auch diese eingestellt wird.

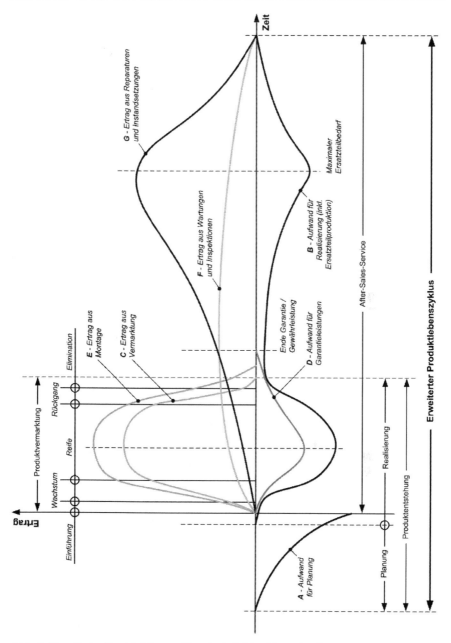

Abb. 2. Erweiterter Produktlebenszyklus der hybriden Wertschöpfung

Die Vermarktung des Produkts zeigt *Ertragskurve C*. Wie bereits dargestellt, wird der vorliegende Sachverhalt bezüglich der einzelnen Teilphasen hinlänglich in der Literatur diskutiert.

Parallel mit der Produkteinführung beginnt die Phase der Garantie-/ Gewähr-
leistungs- und Kulanzleistungen. Diese Leistungen werden von der Werkskunden-
dienstorganisation des Herstellers oder beauftragten Partnerunternehmen erbracht
und spiegeln sich in *Kurve D* wider. Die Kurve endet nach der Einstellung der
Produktion unter Berücksichtigung von Garantie- und Gewährleistungsfristen seitens der Hersteller (vgl. Schönfelder Neue Gesetze 2007 § 437 und § 438 Abs. 1
Nr. 3 BGB).

Um aufzeigen zu können, welche Bedeutung das Installieren der vom Hersteller
produzierten Geräte für das SHK-Handwerk im Speziellen und mit der Gesamtwertschöpfung des Produkts im Allgemeinen hat, wird auch die Montage der Produkte durch den SHK-Betrieb in die Gesamtbetrachtung mit aufgenommen und in
Kurve E der Abbildung dargestellt. Für jedes verkaufte Produkt werden Montage-
arbeiten ausgeführt, die aus dem Einbau des Gerätes bzw. der Anpassungsarbeiten
an die Heizungsanlage bestehen. Aus Sicht des Herstellers wird die Montage des
Produkts durch den SHK-Handwerker der After-Sales-Phase zugeordnet. Für den
SHK-Betrieb beginnt jetzt erst die Erstellung seines Produkts für seinen Kunden,
welches aus Kundensicht aus einer Kombination des physischen Produkts des
Herstellers mit der Dienstleistung „Montage" durch den SHK-Betrieb besteht.

Weitere, typische und wichtige Aktivitäten der After-Sales-Phase sind die War-
tungs- und Inspektionsarbeiten. Die Wertschöpfung der Arbeiten dieser Art bildet
Kurve F ab. Im Rahmen der betrachteten Produkte und der oben genannten Abgrenzung nach DIN, enthalten diese Arbeiten vor dem hier betrachteten Kontext
im Wesentlichen die Tätigkeiten „Funktionsprüfung", „Reinigung", „Sichtprüfung" und „Einstellung". Gemäß der aktuellen Energie-Einsparverordnung wird
die regelmäßige Wartung empfohlen, jedoch nicht verbindlich vorgeschrieben
(Energiesparverordnung 2007, § 11, Abs. 3). Somit stellen nicht alle am Markt be-
findliche Produkte eine Basis zur Ertragsgenerierung dar, sondern nur solche, deren Besitzer Wartungsverträge mit einem SHK-Betrieb abgeschlossen haben bzw.
Wartungen nach Bedarf nachfragen. Die Kurve fällt am Ende des Produktlebenszyklus ab, da immer mehr alte Geräte aus dem Markt genommen werden.

Schließlich werden in *Kurve G* die Erträge der Reparaturleistungen abgetragen.
Um dem Anspruch der Übersichtlichkeit zu genügen werden diese erst nach Ablauf der ersten Garantie-/Gewährleistungszeit berücksichtigt. In der ersten Zeit der
Produktnutzung fallen zunächst wenig komplexe Reparaturen an, die entsprechend
niedrige Erträge für den SHK-Betrieb generieren. Das mit dem Zeitverlauf einher-
gehende zunehmende Alter der Produkte impliziert zwei Konsequenzen: zum einen steigt der Anteil der zu reparierenden Geräte in Bezug auf die Anzahl der sich
auf dem Markt befindlichen Produkte. Zum anderen steigt die Komplexität der anfallenden Reparaturen und somit die Erträge für die SHK-Betriebe. Die Kurve fällt
mit abnehmender Anzahl der Produkte auf dem Markt und endet mit Verschrot-
tung des letzten Produktes.

3.3   Prototypische Implementierung

Mit dem Einsatz dieser Technologie werden aus Sicht des Produktlebenszyklus-modells insbesondere folgende Aspekte verdeutlicht:

- *Informationsfluss:* Durch Auswertungen der zurückgemeldeten Service-Berichte kann die Produktverbesserung unterstützt werden. So wird beispiels-weise die Produkterfahrung des Werkskundendienstes und des SHK-Betriebes zu einem wertvollen Produktionsfaktor für den Hersteller, welche sich positiv auf die Kurven A (Reduzierung Aufwand für Planung), B (Reduzierung Auf-wand für Realisierung, beispielhaft dargestellt in Abb. 3) und D (Reduzierung Aufwand für Garantieleistungen) auswirken können.

Abb. 3. Heizgeräteproduktion (Vaillant)

- *CRM:* Mit der PIPE-Lösung entsteht für den Hersteller ein neues Servicepro-dukt, welches als Instrument zur Kundenbindung und Kundengewinnung ge-nutzt werden und sich somit positiv auf die Erträge in Kurve C (Ertrag aus Vermarktung) auswirken kann. Durch die verbesserten Serviceleistungen (we-niger Einsätze vor Ort beim Kunden zur Problemlösung nötig und rasche Lö-sung von Standardproblemen) unterstützt die PIPE-Technologie auch die Kun-denbindung- und Kundengewinnung für den SHK-Betrieb. Durch hochwertige Arbeitsausführung im TKD kann er neue Servicegeschäftsfelder erschließen und auch seinen Kundenstamm im Montagegeschäft ausbauen. Somit können positive Ertragssteigerungen bei den Kurven E (Ertrag aus Montage), F (Ertrag

aus Wartungen und Inspektionen) und G (Ertrag aus Reparaturen und Instandsetzungen) realisiert werden.

- *Reduzierung Geräteausfälle:* Mit der PIPE-Technologie werden aktuelle und
  relevante Serviceinformationen verfügbar gemacht, wodurch fehlerbehaftete
  Montagen, fehlerhafte Wartungen und Reparaturen sowie daraus resultierende
  Geräteausfälle reduziert werden können. Eine adäquate Dokumentation der Serviceinformationen gewährleistet eine nachhaltige Wissenssicherung in den Unternehmen, die beispielsweise die Qualität der Durchführung der in Abb. 4 dargestellten Abgasmessung erhöht. Auf diese Weise können die Erträge in den
  Kurven E (Ertrag aus Montage), F (Ertrag aus Wartungen und Inspektionen) und G (Ertrag aus Reparaturen und Instandsetzungen) gesteigert werden.

Abb. 4. Abgasmessung an einem modernen Heizungskessel

4   Ausblick

Die Problemstellung des vorliegenden Kapitels wurde durch die Idee motiviert,
die Wertschöpfungspotenziale von hybriden Produkten im Maschinen- und Anla-

genbau unter der Berücksichtigung der Rolle von produktnahen Services anhand eines integrierten Lebenszyklusmodells aufzuzeigen.

Die Identifikation dieser Wertschöpfungspotenziale bildet eine wichtige Grundlage unternehmerischer Investitionsentscheidungen hinsichtlich der Entwicklung und Realisierung derartiger hybrider Produkte. Die Integration dieser Potenziale im Lebenszyklus von hybriden Produkten wurde bisher in der wissenschaftlichen Literatur nicht adäquat betrachtet, obwohl im traditionellen Lebenszykluskonzept Schwächen identifiziert wurden und zahlreiche Erweiterungsansätze entwickelt worden sind. Insbesondere die Charakteristika von hybriden Produkten bedingen jedoch eine umfassende Erweiterung der bestehenden Modelle, um vor allem der Darstellung der Erlös- und Kostenstrukturen hybrider Leistungsbündel gerecht zu werden. Basierend auf den identifizierten Defiziten wurde nach eingehender Anforderungsanalyse ein Modell entwickelt, welches durch fallbezogene Plausibilitätsüberlegungen gestützt wird. Die anhand der SHK-Branche dargestellten Wertschöpfungspotenziale lassen sich für den übergeordneten Maschinen- und Anlagenbau generalisieren. Die gesamte Branche ist einem wachsenden Wettbewerbsdruck ausgesetzt und kann Ihre Deckungsbeiträge zukünftig nur noch im Sinne hybrider Leistungsbündel realisieren (Meier et al. 2005, S. 528). Im jeweiligen Anwendungszusammenhang ist dabei zu prüfen, wie sich die Teilkurvenverläufe in Bezug auf die zeitlichen und ertragsbezogenen Wechselwirkungen verhalten bzw. beeinflusst werden können.

Die zur Planung und Entwicklung sowohl von materiellen Leistungen (Product Engineering) als auch für immaterielle Leistungen (Service Engineering) bekannten Konzepte, berücksichtigen jeweils nicht die Spezifika hybrider Produkte. Idealerweise werden jedoch die materiellen und immateriellen Leistungsbestandteile nicht nur zielgerichtet gebündelt, sondern bereits integriert entwickelt. Aus diesem Anspruch öffnen sich auch dem Bereich des Produktlebenszyklusmanagements neue Problemfelder, die vor allem einen integrierten Planungs- und Entwicklungsrahmen (Hybrid Engineering) betreffen.

5 Literatur

Abramovici M, Schulte S (2006) Lifecycle Management für hybride Leistungsbündel. wt Werkstattstechnik online 96(7/8):467–471

Alter R (1991) Integriertes Projektcontrolling. Ein ganzheitlicher Ansatz auf der Grundlage des Lebenszyklus von Systemen, Gießen 1991

Aurich JC, Fuchs C, Wagenknecht C (2006) Life Cycle oriented design of technical Product-Service Systems. Journal of Cleaner Production 14(17):1480–1494

Aurich JC et al. (2007) Life Cycle Management investiver PSS. wt Werkstattstechnik online 97 (7/8):579–585

Bescherer F (2005) Established Life cycle concepts in the Business Environment – Introduction and terminology. Helsinki University of Technology, Laboratory of Industrial Management. Report 2005/1, Espoo

Bruhn M, Hadwich K (2006) Produkt- und Servicemanagement. Vahlen, München

Bullinger H-J (1999) Entwicklung innovativer Dienstleistungen. In Bullinger H-J (Hrsg) Dienstleistungen – Innovationen für Wachstum und Beschäftigung. Gabler, Wiesbaden

Burianek F et al. (2007) Typologisierung hybrider Produkte – Ein Ansatz basierend auf der Komplexität der Leistungserbringung. Arbeitsbericht Nr. 01/2007 des Lehrstuhls für Betriebswirtschaftslehre – Information, Organisation und Management der Technischen Universität München

Breunig L (2001) Technischer Kundendienst: Kunden gewinnen und halten mit aktiven Servicestrategien. WEKA, Augsburg

Brockhoff K (1967) A Test for the Product Life Cycle. Econometrica 35(3/4):472–482

Corsten H (2007) Produktionswirtschaft – Einführung in das industrielle Produktionsmanagement. 11. Aufl, Oldenbourg, München

Cox WE (1967) Product Life Cycles as Marketing Models. The Journal of Business 40(4): 375–384

Deutsches Institut für Normung e.V. (2003) DIN 31051 – Grundlagen der Instandhaltung. Ausgabe 2003–6. Beuth, Berlin

Verordnung über energiesparenden Wärmeschutz und energiesparende Anlagentechnik bei Gebäuden (Energiesparverordnung – EnEV).Bundesgesetzblatt Jahrgang 2007 Teil I Nr. 34, ausgegeben zu Bonn am 26. Juli 2007, 1519–1563

Hahn D, Laßmann G (1993) Produktionswirtschaft. Controlling industrieller Produktion. Bd. 3.2, Informationssystem, Heidelberg

Harms V (1999) Kundendienstmanagement: Dienstleistung, Kundendienst, Servicestrukturen und Serviceprodukte; Aufgabenbereiche und Organisation des Kundendienstes. Neue Wirtschaftsbriefe, Herne, Berlin

Harms V (2003) Produktbegleitende Dienstleistungen/Kundendienst. In Pepels W (Hrsg) Betriebswirtschaft der Dienstleistungen: Handbuch für Studium und Praxis. Neue Wirtschafts-Briefe, Herne, Berlin, 129–157

Hoffmann K (1972) Der Produktlebenszyklus – eine kritische Analyse. Verlag Rombach Freiburg

Höft (1992) Lebenszykluskonzepte: Grundlage für das strategische Marketing- und Technologiemanagement. Erich Schmidt Verlag, Berlin

Krooß R (1966) Der technische Kundendienst als Instrument der Absatzpolitik. Spindler, Nürnberg

Meffert H (Hrsg) (1982) Kundendienst-Management : Entwicklungsstand und Entscheidungsprobleme der Kundendienstpolitik. Lang, Frankfurt a. M.

Möhrle M, Spilgies WD (2005) QFD für Product Service Systems – Erweiterung des House of Quality für hybride Leistungsbündel. Industrie Management 21(3):9–12

Muser V (1988) Der integrative Kundendienst : Grundlagen für ein marketingorientiertes Kundendienstmanagement. FGM-Verl, Augsburg

Meier H, Uhlmann, Kortmann D (2005) Hybride Leistungsbündel – Nutzenorientiertes Produktverständnis durch interferierende Sach- und Dienstleistungen. wt Werkstattstechnik online. 95(7/8):528–532

Pfeiffer W, Bischof P (1981) Produktlebenszyklen – Instrument jeder strategischen Produktplanung. In Steinmann H (Hrsg) Planung und Kontrolle – Probleme der strategischen Unternehmensführung. Vahlen, München

Potts GW (1988) Exploit your product's service life cycle. Harvard Business Review 66(5): 32–36

Reinicke T (2004) Möglichkeiten und Grenzen der Nutzerintegration in der Produktentwicklung – Eine Systematik zur Anpassung von Methoden zur Nutzerintegration. Dissertation, Berlin

Riezler S (1996) Lebenszyklusrechnung – Instrument des Controlling strategischer Projekte. Gabler, Wiesbaden

Rust RT, Miu C (2006) What academic research tells us about service. Communications of the ACM 49(7):49–54

Schild U (2005) Lebenszyklusrechnung und lebenszyklusbezogenes Zielkostenmanagement. Deutscher Universitätsverlag, Wiesbaden

Schönfelder Deutsche Gesetze – Sammlung des Zivil-, Straf und Verfahrensrecht. 132. Ergänzungslieferung, Stand 01.06.2007. C.H. Beck Verlag, München

Siegwart H, Senti R (1995) Product Lifecycle Management – die Gestaltung eines integrierten Produktlebenszyklus. Schäffer-Poeschel, Stuttgart

Stauss B (2000) Servicekosten. In Fischer TM (Hrsg) Kostencontrolling. Schäffer-Poeschel, Stuttgart, 431–452

Spath D, Demuß L (2003) Entwicklung hybrider Produkte – Gestaltung materieller und immaterieller Leistungsbündel. In Bullinger H-J, Scheer A-W (Hrsg) Service Engineering: Entwicklung und Gestaltung innovativer Dienstleistungen. Springer, Berlin, 468–505

Steinhilper R, Dunkel M (2005) Life Cycle Engineering – Produkte lebenszyklusorientiert entwickeln. In Schäppi B, Andreasen M, Kirchgeorg M, Radermacher FJ (Hrsg) Handbuch Produktentwicklung. Carl Hanser Verlag, München, 449–478

Teichmann J (1994) Kundendienstmanagement im Investitionsgüterbereich : vom notwendigen Übel zum strategischen Erfolgsfaktor. Lang, Frankfurt a. M.

Thomas O, Walter P, Loos P, Schlicker M, Leinenbach S (2006) Mobile Anwendungssysteme für effiziente Dienstleistungsprozesse im technischen Kundendienst. In Hochberger, C, Liskowsky R (Hrsg) Informatik 2006 : Informatik für Menschen ; Band 1 : Beiträge der 36. Jahrestagung der Gesellschaft für Informatik e.V. (GI) ; 2. bis 6. Oktober 2006 in Dresden. Köllen, Bonn, 202–207

Thomas O, Walter P, Loos P, Schlicker M, Nüttgens M (2007) Hybride Wertschöpfung im Maschinen- und Anlagenbau : Prozessorientierte Integration von Produktentwicklung und Servicedokumentation zur Unterstützung des technischen Kundendienstes. In Oberweis A et al. (Hrsg) eOrganisation: Service-, Prozess-, Market-Engineering : 8. Internationale Tagung Wirtschaftsinformatik ; Karlsruhe, 28. Februar – 2. März 2007 ; Band 1. Karlsruhe, Universitätsverlag, 403–420

Tukker A (2004) Eight types of Product-Service System: Eight ways to sustainability? Experiences from Suspronet. Business Strategy and the Environment 13(4):246–260

VDMA (Hrsg) Maschinenbau in Zahl und Bild 2006. reuffurth, Mühlheim am Mai. – Stand Februar 2006

Weis H (2007) Marketing. Friedrich Kiehl Verlag, Ludwigshafen

Willerding T (1987) Gestaltungsmöglichkeiten der Kooperation im technischen Kundendienst zwischen Hersteller und Handel. Brockmeyer, Bochum

Modellierung technischer Serviceprozesse im Kontext hybrider Wertschöpfung

Michael Schlicker, Nadine Blinn und Markus Nüttgens

Die integrierte Modellierung von Dienstleistungsanteilen ist im Zusammenhang mit nachhaltiger hybrider Wertschöpfung unerlässlich. Während für Produktentwurf und Dokumentation anerkannte Methoden existieren, fehlen für den Dienstleistungsbereich bis dato integrierte Modellierungsmethoden. Die etablierten Modellierungsmethoden sind nach den Dienstleistungscharakteristika Prozessdimension, Ergebnisdimension und Potenzialdimension als Anwendungsfokus differenzierbar. Ausgehend von dieser Kategorisierung werden Anforderungen an eine Modellierungssprache definiert, die hinreichend und notwendig sind, um technische Serviceprozesse zu erfassen. Nach der Auswahl der geeigneten Modellierungssprache wird aufgezeigt, wie im Kontext von PIPE eine Modellierungsmethode zur Erfassung, Dokumentation und Erstellung von technischen Serviceprozessen als Bestandteile hybrider Leistungsbündel entwickelt wurde. Die Methode wird abschließend an einem Fallbeispiel dargestellt.

1 Einleitung

Unter dem Begriff „Serviceprozesse" werden im Kontext von PIPE Typen von Serviceprozessen als Bestandteile produktbegleitender Dienstleistungen des Maschinen- und Anlagenbaus in der After-Sales-Phase subsumiert. Im Fokus stehen hierbei die zur Durchführung der einzelnen Teilprozesse erforderlichen Arbeitsschritte durch den Kundendiensttechniker.

Die vom TKD auszuführenden Instandhaltungsarbeiten sind ebenso komplex und informationsintensiv wie die instand zu haltenden Produkte selbst. Zur Gewährleistung einer korrekten, qualitativ hochwertigen und dennoch kostengünstigen Instandhaltungsleistung ist es daher unabdingbar, dass den Servicetechnikern stets umfangreiches und zugleich relevantes Servicewissen zur Verfügung steht (Thomas et al. 2007). Die Arbeitsausführung im TKD ist hierbei grundsätzlich prozessorientiert. Der Kundendiensttechniker muss vor Ort beim Kunden „im Alleingang" sach- und fachgerechte Leistungen auf einem hohen technischen Niveau erbringen. Er ist verantwortlich für die korrekte Verrichtung des Prozesses. Servicewissen in diesem Zusammenhang sind Informationen darüber wie und in wel-

O. Thomas et al. (eds.), *Hybride Wertschöpfung*,
DOI 10.1007/978-3-642-11855-5_7, © Springer-Verlag Berlin Heidelberg 2010

cher Reihenfolge die jeweiligen Arbeitsschritte auszuführen sind. Um diese Informationen in einem Informationssystem adäquat bereitstellen zu können ist es erforderlich, diese systematisch zu modellieren (Walter 2009). Um den Anforderungen an die Modellierung von Serviceinformationen gerecht werden zu können, gilt es: (1) die Serviceprozesse im TKD zu identifizieren, (2) eine Methodik zu entwickeln, mit der eine wirtschaftliche Erhebung relevanter Serviceinformationen möglich wird, (3) eine geeignete Sprache auszuwählen mit der die Entwicklungsmethodik umgesetzt werden kann.

2   Grundlagen der Dienstleistungsmodellierung

Die beschriebenen technischen Dienstleistungen sind eine Teilmenge der Dienstleistungen. Aufgrund der speziellen Charakteristika von Dienstleistungen, stehen Modellierungsansätze vor besonderen Herausforderungen. Der nachfolgende Abschnitt stellt einen Überblick über bisherige Ergebnisse der Forschung zur Dienstleistungsmodellierung dar.

2.1   State-of-the-Art der Dienstleistungsmodellierung

Ebenso wie das gesamte Gebiet der hybriden Wertschöpfung, ist die Modellierung der hybriden (Dienst-) Leistungen ein junges Forschungsfeld. Ebenfalls wie im Gebiet der Dienstleistungen im Allgemeinen, ist ein Mangel an einer ganzheitlichen Methode zur Modellierung hybrider Dienstleistungen im Speziellen feststellbar (O'Sullivan 2006; Walter 2009). Im Kontext hybrider Wertschöpfung setzen sich vor allem Walter (2009), Kern et al. (2009) und Becker et al. (2008; 2009) mit der Herausforderung auseinander und liefern erste konzeptionelle Ansätze. Zudem zeigt Walter (2009) die Relevanz der Modellierung als Bestandteil hybrider Leistungsbündel auf.

Im Kontext von Dienstleistungen sind differenzierte Ansätze für die Modellierung unterscheidbar. Diese beziehen sich vorwiegend auf die Dienstleistungscharakteristika Prozessdimension (zeitliche und räumliche Aspekte von Dienstleistungen), Potenzialdimension (Leistungsfähigkeit der Ressourcen) und Ergebnisdimension (Leistungsergebnis) (Bullinger et al. 2003). Da diese drei Dimensionen für die konstitutiven Dienstleistungsdefinitionen als Klassifizierungsbasis gelten und anerkannt sind (Corsten und Gössinger 2007), ist eine Analyse der Modellierungsmethoden anhand dieses Schemas naheliegend. Verschiedene Autoren haben sich mit dieser Betrachtungsweise auseinander gesetzt; als Betrachtungsgegenstand werden hierbei entweder generische Dienstleistungen, produktbegleitende (technische) Dienstleistungen oder bei jüngeren Arbeiten hybride Produkte fokussiert. So beschreibt Emmrich (2005) Modellierungsmethoden für verschiedene Phasen bei der Entwicklung von Dienstleistungen. Hingegen untersuchen Winkelmann et al. (2006), ob sich die drei Dimensionen mit Hilfe von Petrinetzen darstellen lassen. O'Sullivan (2006) kategorisiert Eigenschaften von Services und zugehöriger Modelle, um einen Ansatz für einen ganzheitlichen Modellierungsansatz zu konzeptionieren. Scheer et al. (2006) zeigen, wie sich die ARIS-Methode für die Modellierung von Dienstleistungen eignet. Weiterhin analysiert Klein (2007) verschiedene Methoden für die Modellierung diverser Aspekte von Dienstleistungen, allerdings auf abstraktem Niveau.

Becker et al. (2008) prüfen, inwiefern sich bestehende Modellierungsansätze für die verschiedenen Dienstleistungsdimensionen kombinieren lassen. Kern et al. (2009) stellen jedoch fest, dass bis dato keine Modellierungsmethode existiert, die eine ganzheitliche Modellierung von Dienstleistungen ermöglicht. Im Folgenden werden die existierende Modellierungsmethoden in Bezug auf die drei Dienstleistungsdimensionen dargestellt und diskutiert.

2.1.1   Prozessdimension

Die in der wissenschaftlichen Literatur aufgeführten Modellierungsmethoden im Kontext der Prozessdimensionen sind in nachfolgender Tabelle 1 dargestellt.

Tabelle 1. Modellierungsmethoden mit dem Fokus Prozessdimension

Bezeichnung	Beschreibung	Quelle
Ereignisgesteuerte Prozesskette (EPK)	Als Methode im Zusammenhang des Konzeptes ARIS (Architektur integrierter Informationssysteme) ein verbreiteter Standard im Bereich der Geschäftsprozessmodellierung	Keller et al. 1992; Scheer 2001
Business Process Modeling Notation (BPMN)	Standard für die graphische Notation von Geschäftsprozessen	OMG 2004
Business Process Execution Language (BPEL)	Workflow-Sprache, insbesondere zur Orchestrierung von Web Services	OASIS 2007
Unified Modeling Language (UML)	Spezifikation zur Modellierung von Software, die verschiedene Modelle zur Verfügung stellt. Für Prozesse sind Aktivitätsdiagramme geeignet	OMG 2005
Service Blueprinting	Methode zur Modellierung der Dienstleistungsressourcen und des Ablaufs	Shostack 1987

Neben den in der Tabelle angeführten Methoden, gibt es noch weitere Ansätze, die der Vollständigkeit halber aufgezählt werden, im Folgenden jedoch nicht weiter betrachtet werden: Kommunikationsstrukturanalyse (KSA), Business Process Specification Schema (BPSS), ServCASE, poDLE.

In der wissenschaftlichen Literatur werden die oben aufgezählten Ansätze mit Bezug auf die Prozessdimension differenziert beschrieben und analysiert. Die meisten aufzufindenden Arbeiten referenzieren hierbei auf einen generischen Kontext des Geschäftsprozessmanagements. Curtis et al. (1992) klassifizieren in ihrer

Arbeit Modellierungsansätze zur Prozessdimension anhand von vier verschiedenen Perspektiven.

Giaglis (2002) verfährt zu einem späteren Zeitpunkt analog. Heckmann et al. (1998) fokussieren auf die Werkzeugunterstützung bei der systematischen Dienstleistungserstellung. Söderström et al. (2002) definieren ein Framework zum Vergleich prozessbezogener Modellierungsmethoden. List und Korherr (2006) definieren ein Metamodell zum Vergleich prozessbezogener Modellierungsmethoden und führen beispielhafte Vergleiche an. Recker et al. (2009) vergleichen die Methoden anhand des Bunge-Wand-Weber (BWW)-Modells.

2.1.2   Potenzialdimension

Tabelle 2 gibt einen Überblick der Modellierungsmethoden der Potenzialdimension von Dienstleistungen. Die Methoden der Potenzialdimension werden von Heckmann et al. (1998) aus der Perspektive Werkzeugunterstützung untersucht. Des Weiteren analysieren Becker et al. (2008) die Methoden.

Tabelle 2. Modellierungsmethoden mit dem Fokus Potenzialdimension

Bezeichnung	Beschreibung	Quelle
ARIS (Architektur integrierter Informationssysteme)	5-Sichten-Architektur (ARIS-Haus): Organisations-, Daten-, Leistungs-, Funktions- und Steuerungssicht	Scheer (2001)
Service Blueprinting	Methode zur Modellierung der Dienstleistungsressourcen und des Ablaufs	Shostack (1987)
Entity Relationship Model (ERM)	Gegenstands-Beziehungs-Modell	Chen (1976)

2.1.3   Ergebnisdimension

Die angewandten Methoden zur Modellierung der Ergebnisdimension sind in Tabelle 3 dargestellt.

Tabelle 3. Modellierungsmethoden mit dem Fokus Ergebnisdimension

Bezeichnung	Beschreibung	Quelle
ARIS (Architektur integrierter Informationssysteme)	5-Sichten-Architektur (ARIS-Haus): Organisations-, Daten-, Leistungs-, Funktions- und Steuerungssicht	Scheer (2001)
STEP	Produktdaten während des gesamten Produktlebenszyklus	DIN (2005)
REBECA	Entwicklung eines Werkzeugs zur kundenindividuellen Konfiguration von modulartig aufgebauten Dienstleistungen	Thomas und Scheer (2003)

Eine Analyse der Modellierungsmethoden der Ergebnisdimension gibt das DIN (2005).

2.1.4   Zusammenfassung

In der Gesamtsicht zeigt sich, dass bis dato kein Konsens hergestellt ist, welche der aufgezeigten Methoden ganzheitlich für die Modellierung der drei Dienstleistungsdimensionen geeignet ist. Unabhängig von den dargestellten Methoden schlägt Emmrich (2005) eine eigenständige Methode vor. Um die Identifikation der Modellierungsmethode für hybride Dienstleistungen systematisch durchzuführen, werden im Folgenden die Anforderungen an die Methoden dargestellt.

2.2   Anforderungen an Modellierungsmethoden zur hybriden Wertschöpfung

Von den in Abschnitt 2.1 dargestellten Modellierungssprachen sind nicht alle geeignet, um Serviceprozesse abzubilden. Um eine den Anforderungen der Projektzielsetzung gerecht werdende Sprache auszuwählen, ist eine eingehende Untersuchung der gängigen Modellierungsnotationen anhand differenzierter Anforderungskriterien unerlässlich. Nachfolgend werden in einem ersten Schritt zwei Hauptgruppen von Anforderungen identifiziert: notwendige und hinreichende Anforderungen. Die einzelnen Anforderungen werden den Gruppen zugeteilt, wobei die Gruppenzuordnung im Hinblick auf die Serviceprozessmodellierung erfolgt ist. Einzelne Anforderungen können beiden Gruppen zugeordnet werden, es muss also nicht zwangsläufig eine dichotome Einordnung vorgenommen werden.

2.2.1   Notwendige Anforderungen

Im Folgenden werden die unabdingbaren Anforderungen an die auszuwählende Modellierungssprache dargelegt. Als übergeordnete Anforderung soll das Modell in der Lage sein, alle Phasen der hybriden Wertschöpfung abzudecken. Die Abbildung sowohl der technischen Arbeitsschritte bei der Anlagenherstellung als auch die Modellierung der dazugehörigen Serviceprozesse soll simultan bzw. mithilfe einer Modellierungsnotation erfolgen.

Die auszuwählende Modellierungssprache muss daher auf die Beschreibung von Prozessen ausgerichtet sein, wobei auf eine explizite Darstellung von Zuständen, Ereignissen, dem Zeitverlauf und der Organisationsstruktur Wert gelegt wird.

Die Modellierungssprache für die Serviceprozessmodellierung soll Verständlichkeit, Anschaulichkeit und Einfachheit für verschiedene Benutzergruppen mit unterschiedlichem Kenntnisstand auf dem Bereich der Serviceprozessmodellierung aufweisen. Sie sollte dabei leicht benutzbar, schnell erlernbar und intuitiv verständlich sein. Die Kommunikation der Modellierer soll unter anderem im Hinblick auf die verteilte und nebenläufige Modellierung unterstützt werden. Weiterhin müssen Korrektheit, Exaktheit, Konsistenz, Eindeutigkeit und Vollständigkeit der Abbildung gewährleistet sein. Die zu benutzenden Notationssymbole sollen eindeutig definiert sein und dürfen keine abweichenden Deutungen bzw. Interpretationsspielräume bei unterschiedlichen Betrachtern zulassen. Die Modellierungssprache für die Serviceprozessmodellierung muss flexibel im Sinne von Erweiterbarkeit und Anpassbarkeit sein, damit die mit ihrer Hilfe erstellten Modelle von unterschiedlichen Beteiligten leicht erfasst werden können, und die Möglichkeit der Konfigurierung besteht. Des Weiteren muss die Sprache skalierbar sein, um unterschiedliche Abstraktionsgrade unterstützen zu können. Die Güte der Präsentation soll dem Modellierungszweck und dem Abstraktionsgrad entsprechend variabel sein.

Die Modellierungssprache für die Serviceprozessmodellierung soll modular und feingranular sein, die erforderliche Detailliertheit der Modellansätze soll variiert werden können, wobei ein hoher Wert sowohl auf die Integration von Teilmodellen als auch auf die Kapselung gelegt wird. Die Wahl der dem Modellierungszweck entsprechenden Detaillierungsstufe soll durch die Modellierungssprache unterstützt werden. Zudem muss die Modellierungssprache eine hohe Ausdrucksmächtigkeit besitzen, um komplexe Zusammenhänge der Serviceprozessmodellierung abbilden zu können und alle relevanten Sachverhalte zu berücksichtigen, wobei gleichzeitig nicht zu vernachlässigen ist, dass der Umfang der Modellierungssprache angemessen sein soll.

Um eine weitere wichtige Anforderung zu erfüllen, muss die Modellierungssprache für die Serviceprozessmodellierung eine graphische Notation aufweisen, um der Verständlichkeit unterschiedlicher Benutzergruppen Rechnung zu tragen. Die Abbildung des Verhaltens des zu modellierenden Systems soll sowohl statisch als auch dynamisch erfolgen können, wobei auch eine Integration dieser beiden Sichten erstrebenswert ist.

2.2.2   Hinreichende Anforderungen

Nach den notwendigen Anforderungen werden im Folgenden die hinreichenden Anforderungen an die Sprachen aufgeführt. Die Spezifikation der Modellierungssprache für die Serviceprozessmodellierung soll vollständig und detailliert sein. Bei der Syntax ist eine eindeutige Zuordnung von den Sprachnotationen zu den Symbolen notwendig. Die benutzten Symbole dürfen keine unmittelbare Ähnlichkeit aufweisen, sodass die objektive Verwechslungsgefahr auf ein Minimum reduziert wird.

Die Modellierungssprache für die Serviceprozessmodellierung soll simulationsfähig sein. Sie soll außerdem die Fähigkeit der Quellcodegenerierung, d.h. ausführbare Programme bzw. Programmteile zu erzeugen, besitzen. Weiterhin sollte eine Workflow-Unterstützung gegeben sein. Neben einem hohen Formalisierungsgrad soll die Modellierungssprache für die Serviceprozessmodellierung einen hohen Präzisierungsgrad aufweisen. Weiterhin sollte sie der Möglichkeit nach herstellerunabhängig sein, sodass sie von mehreren Modellierungswerkzeugen unterstützt wird. Zudem sollte eine textuelle Notation zur Anreicherung von Modellen vorhanden sein.

Eine (halb)automatische Dokumentationserzeugung wäre ebenso von Vorteil. Die modellierten Konstrukte bzw. Teile davon sollen wiederverwendbar sein.

2.2.3 Untersuchung der Eignung der gängigen Modellierungssprachen für die Serviceprozessmodellierung

Die Auswahl der geeigneten Modellierungssprache und des entsprechenden Modellierungswerkzeugs ist sowohl aus theoretischer als auch praktischer Sicht erfolgt. Es wurden einerseits theoretische Konstrukte auf ihre Stärken und Schwächen untersucht. Andererseits wurden gängige und Open-Source-Modellierungstools getestet und die Hersteller der Software-Modellierungswerkzeuge bei Workshops interviewt.

2.2.4 Auswertung der Ergebnisse der theoretischen Untersuchung

Anhand der zuvor klassifizierten Anforderungen wurde ein umfangreicher Kriterienkatalog entwickelt. Basierend auf diesem Kriterienkatalog wurden gängige Modellierungssprachen evaluiert. Wegen der Verbreitung und der Werkzeugunterstützung sind einige wenige Modellierungssprachen ex-ante in die engere Wahl gekommen: EPK (Ereignisgesteuerte Prozesskette), UML (Unified Modeling Language), Petrinetze (PN), XML (Extensible Markup Language), Adonis und BPMN (Business Process Modeling Notation). Die Ergebnisse der Evaluation sind der Tabelle 4 zu entnehmen.

Tabelle 4. Evaluationsergebnisse aus theoretischer Sicht

	EPK	UML	PN	XML	Adonis	BPMN
1. Notwendige Anforderungen						
Prozessorientierung	ja	nein	nein	nein	ja	ja
Explizite Zustandsdarstellung	ja	ja	ja	ja	ja	ja
Explizite Ereignisdarstellung	ja	ja	ja	ja	ja	ja
Explizite Darstellung des Zeitverlaufs	nein	ja	ja	nein	nein	ja
Organisationsstrukturabbildung	ja	nein	nein	ja	nein	ja
Graphische Notation	ja	ja	ja	nein	ja	ja
Anschaulichkeit	2	2	1	0	2	2
Einfachheit	2	1	1	1	2	2
Benutzbarkeit	2	2	1	0	2	1
Erlernbarkeit	2	1	1	1	2	1
Intuitivität	2	2	1	1	2	2
Kommunikationsunterstützung	2	2	2	1	1	2
Korrektheit der Abbildung	2	2	2	2	2	2
Exaktheit der Abbildung	2	2	2	2	1	2
Konsistenz der Abbildung	2	2	2	2	2	2
Vollständigkeit der Abbildung	2	2	2	2	1	2

	EPK	UML	PN	XML	Adonis	BPMN
Eindeutigkeit der Abbildung	2	1	1	1	1	2
Eindeutigkeit der Notationssymbole	2	2	2	2	2	2
Flexibilität	2	2	1	2	1	2
Erweiterbarkeit	2	1	1	2	1	2
Anpassbarkeit	2	2	1	2	1	2
Interpretierbarkeit	2	2	1	1	1	1
Konfigurierbarkeit	2	2	1	1	1	2
Skalierbarkeit	2	2	1	2	1	2
Modularität	2	2	2	2	1	2
Feingranularität	2	2	2	2	2	2
Detailliertheit	2	2	2	2	2	2
Integration von Teilmodellen	2	2	2	2	2	2
Ausdrucksmächtigkeit	2	2	1	2	1	2
Angemessenheit	2	1	1	2	2	1
Abbildung der statischen Sachverhalte	2	2	2	2	2	2
Abbildung der dynamischen Sachverhalte	2	2	2	2	1	2
2. Hinreichende Anforderungen						
Vollständige und detaillierte Spezifikation	ja	ja	ja	ja	ja	ja
Eindeutige Zuordn. Sprachnotation/Symbol	ja	ja	ja	ja	ja	ja
Verwechslungsfreiheit der Symbole	ja	nein	ja	ja	ja	nein
Simulationsfähigkeit	ja	nein	ja	nein	ja	ja
Quellcodegenerierung	ja	ja	ja	nein	ja	ja
Workflow-Unterstützung	ja	ja	ja	nein	ja	ja
Herstellerunabhängigkeit	ja	ja	ja	nein	nein	ja
Textuelle Notation zur Anreicherung	ja	ja	ja	ja	ja	ja
(Halb)automatische Dokumentation	ja	ja	ja	ja	ja	ja
Wiederverwendbarkeit der (Teil)modelle	ja	ja	ja	ja	ja	ja
Formalisierungsgrad	1	2	2	2	2	2
Präzisierungsgrad	2	2	2	2	2	2
Gewichtete Summe	147	130	116	110	116	142

Legende: Die kursiv hervorgehobenen Anforderungen werden binär mit ja = erfüllt, nein = nicht erfüllt bewertet; die sonstigen Anforderungen werden auf einem dreistufigen Skala mit 0 = nicht erfüllt/mäßig, 1 = teilweise erfüllt/gut, 2 = vollständig erfüllt/sehr gut bewertet.

Die Punktevergabe orientiert sich an folgendem Schema: Die Anforderungen, die dichotom mit erfüllt/nicht erfüllt bewertet werden können, sind in der Tabelle mit ja/nein gekennzeichnet und erhalten jeweils 2 Punkte bei Erfüllung und 0 Punkte bei Nicht-Erfüllung. Sonstige Anforderungen werden auf einer dreistufigen Skala mit 0 = nicht erfüllt/mäßig, 1 = teilweise erfüllt/gut, 2 = vollständig erfüllt/sehr gut bewertet und erhalten jeweils entsprechend viele Punkte.

Die Summenberechung erfolgt gewichtet und wird durch folgende informelle Vorschrift beschrieben:

$$\text{Summe}_{\text{gewichtet}} = 2 \cdot \sum i + \sum j, \quad \forall i \in \text{Anforderung}_{\text{notwendig}}, j \in \text{Anforderung}_{\text{hinreichend}}$$

Demnach wurden die notwendigen Anforderungen wegen ihrer Wichtigkeit zweimal höher gewichtet, als die hinreichenden Anforderungen. Der höchste Punktestand von 147 Punkten wird gemäß der Berechnungsmethodik der EPK zugewiesen. An zweiter Stelle kommt BPMN mit 142 Punkten. Auf dem dritten Platz folgt die UML mit 134 Punkten. Den vierten Platz erreichen Petrinetze mit 120 Punkten. Adonis bekommt 116 Punkte und den vorletzten Platz, und an letzter Stelle kommt XML mit 110 Punkten.

2.2.5   Zusammenfassung der Ergebnisse der Untersuchung

Die Ergebnisse sowohl der theoretischen Evaluation als auch der Workshops, Tagungen und Interviews lassen sich anschließend wie folgt zusammenfassen. Wegen einer zu technischen Ausrichtung und Darstellungsweise scheiden die Petrinetze von vorneherein aus, obwohl sie am ehesten durch unterschiedliche Modellierungswerkzeuge unterstützt werden. Der Hauptgrund für die Untauglichkeit der Petrinetze ist, dass die zu modellierenden Inhalte zwischen allen Projektbeteiligten kommuniziert werden müssen, auch unter denen, die keine Informatikausbildung genossen haben.

Die rein textbasierten Modellierungssprachen wie XML können ebenso wenig als Projekt- Modellierungssprache fungieren, da sie unübersichtlich und daher wenig verständlich sind. UML ist im Gegensatz zu XML eine graphische Beschreibungssprache, wodurch sie besser lesbar und intuitiv verständlicher ist. UML bietet aber zu viele unterschiedliche Diagrammtypen mit jeweils voneinander abweichenden Symbolen für differente Modellierungssachverhalte an, wodurch eine ständig wiederkehrende Einarbeitung aller Projektbeteiligten durchzuführen wäre. UML eignet sich hervorragend für die objektorientierte Software-Entwicklung, weist aber im Gegensatz zu EPK im Rahmen der Prozessmodellierung zu viele Nachteile auf, als dass eine Eignung für Serviceprozessmodellierung gewährleistet ist. Obwohl es ebenso einfache und intuitiv verständliche Modellierungssprachen wie EPK gibt, bspw. ADONIS Standard, werden sie wegen ihrer geringen Verbreitung und mangelnder Werkzeugunterstützung (es existiert nur ein einziges Software-Tool, das die Notation unterstützt) nicht ausgewählt. BPMN schneidet den Evaluationsergebnissen nach als Zweitbeste ab. Sie wird aber wegen ihres zu großen Umfangs als Beschreibungssprache für die Serviceprozessmodellierung als ungeeignet angesehen.

Die EPK hat sich seit Jahren für die Geschäftsprozessmodellierung als passend erwiesen. Die erweiterte EPK besitzt alle Sprachkonstrukte, um technische Arbeitsschritte abbilden zu können. Somit kann also EPK als Basissprache für die Serviceprozessmodellierung empfohlen werden, da sie alle betrachteten Anforderungen mit der höchsten Punktzahl erfüllt und um fehlende Konstrukte bzw.

Sprachelemente für die Serviceprozessmodellierung ergänzt werden kann. Um den speziellen Anforderungen der Serviceprozessmodellierung gerecht zu werden, sollte somit das Meta-Modell der EPK um Sprachkonstrukte mit dem Fokus auf die Serviceprozessmodellierung erweitert werden.

3   Serviceprozessmodellierung – Anwendungsfall

Damit die Modellierung von Serviceprozessen effizient erfolgen kann, gilt es zunächst die für Serviceprozesse spezifischen Merkmale und Strukturen zu identifizieren.

3.1   Identifikation der Serviceprozesse im TKD – Inhaltliche Dimension

Eine Möglichkeit zur inhaltlichen Klassifikation technischer Serviceprozesse bietet die DIN 31051. Sie unterteilt technische Serviceprozesse in Inbetriebnahme, Instandhaltung und Entsorgung (NORM DIN 31051 2003–06). Im Rahmen des PIPE-Projekts wurden – nach Rücksprache mit den Praxispartnern – die Prozesse der Entsorgung zur Gestaltung der Lösung als nicht relevant erachtet und werden daher in diesem Kapitel nicht weiter betrachtet.

Die während des Inbetriebnahmeprozesses durchzuführenden Arbeitsschritte sind der Montage nachgelagert und überführen das Produkt in einen funktionsfähigen Zustand. Zu den Instandhaltungsarbeiten werden die Prozesse zusammengefasst, die der Überwachung, Erhaltung und Wiederherstellung der ursprünglichen technischen Leistungsfähigkeit des Produkts dienen. Die jeweiligen Tätigkeiten der Instandhaltung werden wiederum in die in Abb. 1 dargestellten Tätigkeitsfelder: (1) Wartung, (2) Inspektion, (3) Instandsetzung und (4) Verbesserung unterteilt.

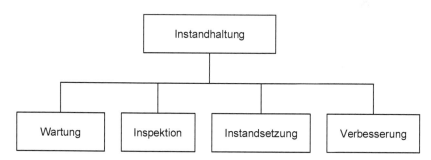

Abb. 1. Inhaltliche Differenzierung der Instandhaltungsprozesse

Wartungsprozesse setzen Maßnahmen zur Verzögerung des Abbaus des vorhandenen Nutzungsvorrats um. Tätigkeiten einer Inspektion befassen sich mit der Feststellung des Ist-Zustandes einer Betrachtungseinheit, einschließlich der Bestimmung der Abnutzung und der Ableitung der notwendigen Konsequenzen für eine zukünftige Nutzung. Maßnahmen zur Rückführung einer Betrachtungseinheit in den funktionsfähigen Zustand werden als Instandsetzung bezeichnet. Prozesse, die als Kombination technischer und administrativer Maßnahmen zur Steigerung der Funktionssicherheit beitragen, ohne die Funktion zu verändern, werden als Verbesserungen bezeichnet.

3.2   Identifikation der Serviceprozesse im TKD – Komplexitätsdimension

Neben der zuvor durchgeführten inhaltlichen Klassifikation anhand der DIN, lassen sich die Serviceprozesse auch hinsichtlich ihrer Komplexitätsdimensionen differenzieren. Hierfür eignen sich die beiden Kriterien „Arbeitsaufwand" und „Lösungskomplexität". Der Arbeitsaufwand lässt sich beispielsweise aus der Anzahl der durchzuführenden Arbeitsschritte oder deren zeitlichen Bearbeitungsdauer identifizieren und ist entsprechend quantifizierbar. Die Lösungskomplexität impliziert den Schwierigkeitsgrad. Diese Bewertung erfolgt anhand subjektiver Erfahrungswerte, resultierend aus dem Vergleich zu ähnlichen und bereits durchgeführten Serviceprozessen.

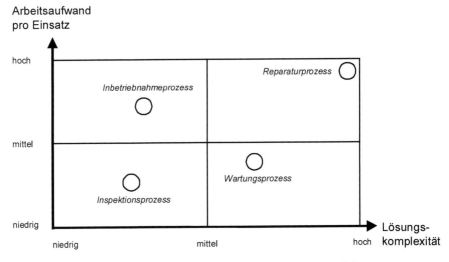

Abb. 2. Serviceprozesse eingeordnet in der Komplexitätsmatrix (Beispiel)

Anhand der beiden Kennzahlen lassen sich die zur Modellierung ausgewählten Serviceprozesse in eine 2-dimensionale Komplexitätsmatrix einordnen. Abb. 2 zeigt beispielhafte Serviceprozesse zu einem modernen Heiztechnik-Brennwertgerät. Je weiter die Serviceprozesse vom 0-Punkt entfernt in die Achsen der beiden Kennzahlen innerhalb der Matrix eingeordnet werden, desto komplexer ist der jeweilige Serviceprozess. Grundsätzlich ist die Anordnung der einzelnen Prozesse von der jeweiligen Betrachtungseinheit abhängig und differiert so beispielsweise zwischen der aufwendigen, mehrere Wochen dauernden Inbetriebnahme einer komplexen Druckmaschine und der nur wenige Stunden dauernden Inbetriebnahme der Heizungsanlage eines Einfamilienhauses. Anhand der Erfahrungen in PIPE kann aus der Position der einzelnen Serviceprozesse in der Komplexitätsmatrix der Modellierungsaufwand abgeleitet werden. Hierbei gilt, dass mit zunehmender Prozesskomplexität auch die Modellierungskomplexität und damit der Modellierungsaufwand steigt.

3.3   Identifikation der Serviceprozesse im TKD – Bearbeitungsdimension

Die zuvor durchgeführte Einordnung bewerteter Serviceprozesse in die Komplexitätsmatrix impliziert auch deren Bearbeitungsstruktur, also die mögliche Vorgehensweise, nach der die einzelnen Arbeitsschritte abgearbeitet werden. Grundsätzlich können sie nach einer linearen Bearbeitungsabfolge, mit antizipierbarem Verlauf und einer nicht-linearen Bearbeitungsstruktur, deren Ablauf kaum antizipiert werden kann, gegliedert werden.

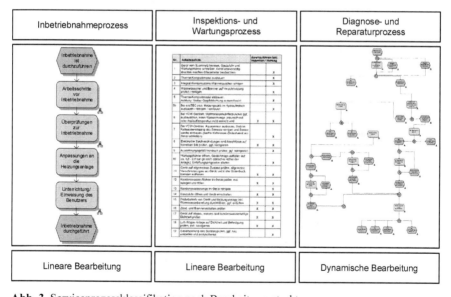

Abb. 3. Serviceprozessklassifikation nach Bearbeitungsstruktur

Die Arbeitsschritte in den Inbetriebnahme-, Inspektions- und Wartungsprozessen folgen im Wesentlichen einer linearen Bearbeitung. Diese werden in der Regel schon während der Konstruktions- und Entwicklungsphase des Produkts identifiziert, in einer sinnvollen Reihenfolge geordnet und als explizites Wissen dokumentiert. Abb. 3 zeigt in der linken Darstellung das Prozessmodell eines Inbetriebnahmeprozesses in Form einer vereinfachten EPK (Scheer et al. 2005; Scheer, Thomas und Adam 2005) und in der Mitte einen Inspektions- und Wartungsprozess aus der technischen Dokumentation eines Produktherstellers.

Instandsetzungsprozesse – also Diagnose- und Reparaturprozesse – sind komplexe Prozesse, in denen sich Arbeitsschritte zur Fehlerdiagnose mit den Arbeitsschritten einer Reparatur abwechseln. Der Instandhaltungsprozess folgt einer nicht-linearen, dynamischen und verzweigten Bearbeitungsstruktur. Der individuelle Prozessverlauf ist abhängig vom Kontext der Störung und steht nicht im Vorfeld fest. Im günstigsten Falle können nach kurzer Diagnose fehlerhafte oder defekte Bauteile identifiziert und ausgetauscht werden. Da aber die Bauteile in Wirkungsbeziehungen zueinander stehen, ist der Diagnoseaufwand oft erheblich und der Prozessverlauf ergibt sich ad hoc. Die Bewertung des zuletzt durchgeführten Arbeitsschrittes bestimmt hierbei den nächsten Schritt. Abb. 7 zeigt im rechten Teil den Ausschnitt eines solchen Diagnose- und Reparaturprozesses.

3.4   Vorgehensmodell – Serviceprozessmodellierung

In PIPE wurde eine auf die speziellen Anforderungen zur Modellierung technischer Serviceprozesse abgestimmte 5-stufige Entwicklungsmethodik erarbeitet, die in Abb. 4 dargestellt ist. Entsprechend der im Rahmen von PIPE entwickelten DIN-PAS 1090 sind Serviceinformationen produktspezifische Informationen, die je nach Anforderung in unterschiedlicher Granularität in Serviceinformationsmodellen, Serviceprozessartefakten und Serviceprozessmodellen abgebildet werden.

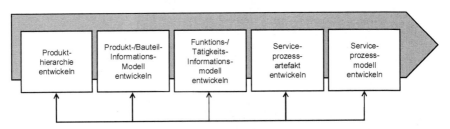

Abb. 4. Entwicklungsmethodik zur Modellierung von Serviceinformationen

Ausgangspunkt der Modellierung ist in der ersten Stufe die Entwicklung einer geeigneten Produkthierarchie. Sie orientiert sich am jeweiligen Produktsortiment des Herstellers und hat zwei Abbildungsaufgaben. Zum einen werden die zu modellierenden Produkte in eine Baumstruktur eingeordnet, zum anderen bildet sie einen Ordnungsrahmen zur Einordnung der modellierten Serviceinformationsmodelle und erleichtert so deren Wiederverwendung. In der zweiten und dritten Stufe werden die Serviceinformationsmodelle erstellt. Serviceinformationsmodelle stellen eine Anordnung verknüpfter Informationsobjekte, beispielsweise detaillierte Beschreibungen, Bilder oder Ersatzteilinformationen zur Beschreibung von Arbeitsschritten dar. Diese werden nach den Produkt-/Bauteilinformationsmodellen und den Funktions-/Tätigkeitsinformationsmodellen differenziert. Die vierte Stufe dient der Modellierung der Serviceprozessartefakte. Die aus den Einzeltätigkeiten gebildeten Serviceprozessartefakte können selbst wiederum zu größeren Artefakten kombiniert werden. In Stufe fünf werden aus den Serviceprozessartefakten die eigentlichen Serviceprozessmodelle entwickelt. Nachfolgend werden die einzelnen Bestandteile detailliert erläutert.

3.5 Modelle als Bestandteile von technischen Serviceinformationen

Modellkonstruktionen sollen unter anderem dazu dienen, komplexe Systeme handhabbar zu machen. In der Literatur existiert ein vielfältiges Modellverständnis (Tarski 1954; Addison et al. 1965; Codd 1970; Armstrong 1974; Schütte 1998; vom Brocke 2003). Zur Modellierung der Serviceinformationen folgen wir dem konstruktionsorientierten Modellbegriff und betrachten ein Modell als eine durch einen Konstruktionsprozess zweckrelevante Repräsentation eines Objekts, das in einem Konstruktionsprozess von einem Modellierer konstruiert wird (Thomas 2005).

Produkthierarchie: In Anlehnung an die Konstruktionslehre des Maschinenbaus, die als Strategie zur Entwicklung technischer Problemlösungen verstanden wird, verwenden wir zur Entwicklung der Produkthierarchie die systemtechnische Betrachtung technischer Gebilde (Hubka und Eder 1988). Der Aufbau orientiert sich an den Kriterien zur Gestaltung von Stücklisten (REFA 1992; Scheer 1995; Pahl 2007).

Sie wird in zwei Modellierungsebenen aufgespannt (Abb. 5). In der oberen Ebene werden die abstrakten Objekte der technischen Gebilde platziert.

Als abstrakte Objekte werden imaginäre Produktgruppen, -sparten oder -reihen verstanden (Abb. 6). Die real existierenden Objekte, beispielsweise Baugruppen und Bauteile, werden in der unteren Ebene eingeordnet (Abb. 7). Bindeglied zwischen beiden Modellierungsebenen sind die Bezeichnungen der realen Produkte. Die Zweiteilung der Produkthierarchie trägt der unterschiedlichen Art der Wiederverwendung von Serviceinformationsmodellen in beiden Bereichen Rechnung. In der Ebene der abstrakten Objekte werden die modellierten Informationsobjekte durch Vererbung wiederverwendet: wird eine Information für eine ganze Produktreihe erstellt und entsprechend eingeordnet, so erbt jedes zu dieser Reihe gehörende Objekt die modellierte Information, ohne dass sie noch einmal dem Gerät zugeordnet werden muss. Der Wiederverwendungsmodus von Informationsmodellen im unteren Teil der Produkthierarchie ist ein anderer: Serviceinformationen hängen hier an Bauteilen und Baugruppen und werden durch wiederholte Verwendung einer solchen Komponente geteilt.

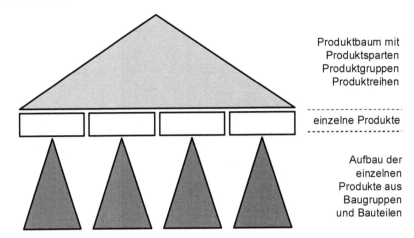

Abb. 5. Zweigeteilte Produkthierarchie

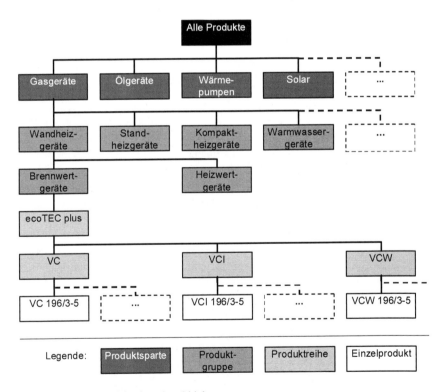

Abb. 6. Produkthierarchie abstrakte Objekte

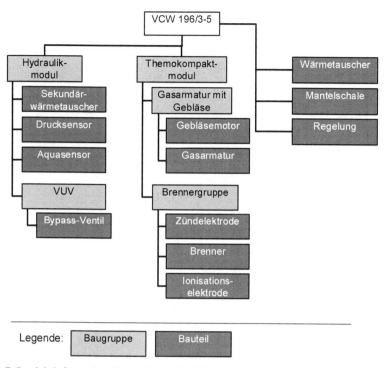

Abb. 7. Produktinformationshierarchie realer Objekte

Produkt-/Bauteilinformationsmodell: Das Produkt-/Bauteilinformationsmodell wird in den jeweiligen Objekten der Produkthierarchie hinterlegt und damit kategorisiert. In diesem Modell werden die allgemeingültigen Informationsobjekte und die am Objekt zu verrichtenden Tätigkeiten bzw. Funktionen eingeordnet. Die Funktionen werden verrichtungsorientiert zusammengefasst, jedoch nicht hierarchisch angeordnet, sondern nur auf der Ebene der Elementarfunktionen beschrieben (Olle et al. 1988; Martin 1990; Nüttgens 1995).

Funktions-Tätigkeitsinformationsmodell: Die Funktions-/Tätigkeitsinformationsmodelle werden in den Funktionen der Produkt-/Bauteilinformationsmodelle hinterlegt. Zu jeder Funktion werden die Serviceinformationen in die Informationsobjekte (Kurzbeschreibung bzw. detaillierte Beschreibung des durchzuführenden Arbeitsschrittes, Bilddokumente) eingegeben und mit der Funktion verknüpft. Die Gesamtlösung sieht vor, dass die jeweiligen Informationsobjekte in unterschiedlichen Abteilungen und von unterschiedlichen Mitarbeitern konstruiert werden. Durch diese „verteilte" Modellkonstruktion wird es möglich, unterschiedliches Fach- und Erfahrungswissen der Modellierer einzubinden, beispielsweise dadurch, dass die Abteilungen eine Arbeitstätigkeit gemeinsam detailliert beschreiben (Böhle 1989). Die Ergebnisse einer Tätigkeit werden im Serviceprozessartefakt als Ereignisse abgebildet.

Serviceprozessartefakt (SPA): Ein SPA ist mit dem Produkt-/Bauteilinformationsmodell und dem Funktions-/Tätigkeitsinformationsmodell verknüpft und besteht aus einer Tätigkeit mit mindestens einem Ergebnis. Die aus den Einzeltätigkeiten gebildeten Serviceprozessartefakte können entsprechend der Definition in Abb. 8 selbst wiederum zu größeren Artefakten kombiniert werden. Sie werden so zu Teilprozessen. Diese modularen Artefakte zeichnen sich durch ihre hohe Wiederverwendbarkeit in verschiedenen Serviceprozessmodellen aus. SPA bilden den Baukasten, aus dem sich der Modellierer seine Serviceprozessmodelle zusammenstellen kann.

$$SPA = \bigcup \left(\text{Tätigkeit} + \bigcup \text{Ergebnis} \right)$$

Abb. 8. Definition Serviceprozessartefakt

Serviceprozessmodell: Die Serviceprozessmodelle entstehen in der fünften Stufe des Vorgehensmodells. Sie werden aus den zuvor modellierten Serviceprozessartefakten gebildet.

$$SP = \text{Startereignis} + \left(\bigcup SPA_{\text{Vorb.}} + \bigcup SPA_{\text{Hauptt.}} + \bigcup SPA_{\text{Abschl.}} \right) + \text{Ende}$$

Abb. 9. Definition Serviceprozessmodell

Jedes Serviceprozessmodell, unabhängig davon ob es sich um einen Wartungs- oder Diagnose- und Reparaturprozess handelt, lässt sich nach der in Abb. 9 dargestellten Definition systematisieren. Wie jeder Geschäftsprozess wird auch der Serviceprozess (SP) mit einem den Prozess definierenden Startereignis konstruiert. Dies kann beispielsweise die mittels einer Diagnosesoftware identifizierte Fehlermeldung eines technischen Produkts sein. Die Arbeitsschritte im SP lassen sich zusammenfassen und modellieren nach: (1) vorbereitenden Tätigkeiten ($SPA_{\text{Vorb.}}$), (2) Haupttätigkeiten ($SPA_{\text{Hauptt.}}$) und (3) Abschlusstätigkeiten ($SPA_{\text{Abschl.}}$). Ein definiertes Endereignis markiert das Ende des Serviceprozesses. Ein Serviceprozessmodell wird mittels der SPA zu linearen und nicht-linearen Bearbeitungsstrukturen oder einer Kombination aus beiden zusammengesetzt.

Abb. 10 zeigt modellhaft die Struktur vorbereitender Tätigkeiten eines Serviceprozessmodells. Am Anfang des Serviceprozessmodells steht das initiierende Startereignis „Start SP". Ein SPA wird hier in der Form eines mehrteiligen Rechtecks grafisch symbolisiert. Die Kennzeichnung in der Kopfzeile verdeutlicht, dass das SPA an dieser Stelle des Serviceprozessmodells den vorbereiteten Tätigkeiten zugeordnet wird und zeigt zum anderen anhand der römischen Ziffern zu welchem Informationsobjekt es gehört. Gleiche SPA können mehrfach – also in allen drei Prozessteilen ein und desselben Serviceprozesses – enthalten sein. Im Feld darunter wird das betrachtete Objekt benannt und die Tätigkeit die daran ausgeführt wird. Jede Tätigkeit die an einem Objekt ausgeführt wird führt auch zu mindestens einem Ergebnis. Diese sind im unteren Teil des modellierten SPA angeordnet.

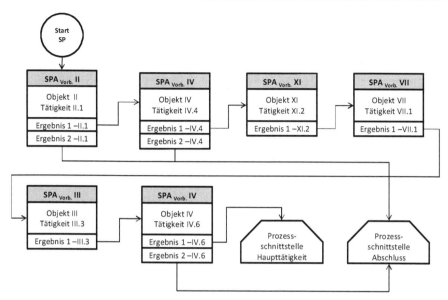

Abb. 10. Konstruktionsbeispiel vorbereitender Tätigkeiten eines SPA

Bei der Konstruktion des Serviceprozessmodells ist darauf zu achten, dass jedes Ergebnis einer modellierten Tätigkeit im SPA zu einer anderen Tätigkeit führt. Diese kann an dem gleichen oder aber an einem anderen Informationsobjekt erfolgen, wird aber immer mit einem neuen SPA modelliert.

Die Tätigkeiten in der Vorbereitungsphase eines zu bearbeitenden Serviceprozesses folgen im Wesentlichen einer linearen Bearbeitungsstruktur, da die durchzuführenden Arbeitsschritte nacheinander abgearbeitet werden. Entsprechend wird auch das Serviceprozessmodell entwickelt. So hat beispielsweise das Ergebnis 1–II.1 der Tätigkeit II.1 an Objekt II die Tätigkeit IV.4 an Objekt IV zur Folge. Je nach SPA sind aber auch Ergebnisse zu erwarten, die ein Weiterarbeiten im Serviceprozess nicht erlauben. Diese werden so im Serviceprozessmodell eingebunden, dass der Serviceprozess an den Haupttätigkeiten vorbei, direkt in den Abschlussteil geführt wird und somit entsprechend beendet werden kann – wie z. B. an Ergebnis 2-II.1 gezeigt.

Abhängig vom betrachteten Serviceprozess differieren die Bearbeitungsstrukturen der Haupttätigkeiten (siehe 3.3). Die Verknüpfung von SPA zur dynamischen Bearbeitungsstruktur eines Diagnose- und Reparaturprozesses ist beispielhaft in Abb. 11 skizziert. Das Modell verdeutlicht die hohe Komplexität der Konstruktion dieses Prozessteiles, bedingt durch die unterschiedlichen Wirkungsbeziehungen zwischen den einzelnen Informationsobjekten. Diese werden durch die vielfältig verzweigte Darstellung der Verbindungen zwischen den einzelnen SPA sichtbar.

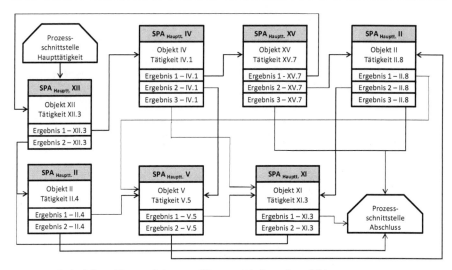

Abb. 11. Beispiel zur Konstruktion von Haupttätigkeiten eines SPA

Wie am Beispiel der Abb. 11 dargestellt, führt Ergebnis 1-XII.3 am Informationsobjekt XII zu Tätigkeit IV.1 am Informationsobjekt IV. Tritt Ergebnis 2-XII.3 ein, ist Tätigkeit II.4 am Informationsobjekt II durchzuführen. Da die Betrachtungsgegenstände im TKD technisch unterschiedlich komplexe Produkte darstellen, werden die Ergebnisse aus den durchzuführenden Arbeitstätigkeiten auch ganz unterschiedlich herbeigeführt. So ist das einfache Protokollieren einer durchgeführten Sichtprüfung eines bestimmten Maschinenteils ebenso möglich wie die differenzierte Interpretation des Messergebnisses der Abgasanalyse eines komplexen thermodynamischen Prozesses. Auch in diesem Prozessteil können SPA redundant konstruiert sein. Wie in der Betrachtung vorbereitender Tätigkeiten bereits skizziert, sind die Serviceprozessmodelle auch in den Haupttätigkeiten derart zu gestalten, dass der Serviceprozess in den Abschlussteil überführt wird, sollte die weitere Bearbeitung nicht möglich sein.

Serviceprozesse im TKD enden im Idealfall damit, dass das jeweilige Ziel der Servicearbeit erreicht wird. Im Abschlussteil des Serviceprozessmodells sollen zum einen die Tätigkeiten abgebildet werden, die das Erreichen des definierten Ziels überprüfbar machen (z.B. erfolgreiche Inbetriebnahme, erfolgreich durchgeführte Reparatur) und zum anderen den Serviceprozess in eventuell erforderliche weitere Maßnahmen überführen (z.B. Anruf bei Hersteller, Bearbeitung einer neuen Störung). Der modellierte Serviceprozess gilt dann als abgeschlossen, wenn er über eine dieser Maßnahmen beendet wird.

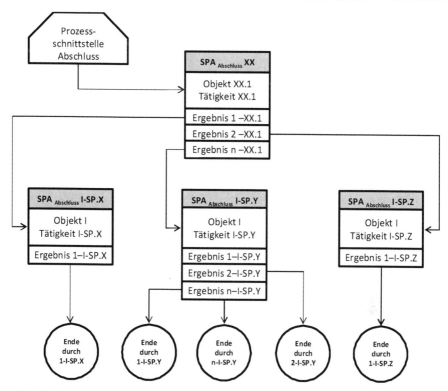

Abb. 12. Konstruktionsbeispiel zur Gestaltung des Abschlussteils eines SPA

3.6 Modellierungsbeispiel Fehlerbild F.0

Betrachtungsgegenstand ist ein modernes Brennwert-Heizungsgerät der Firma Vaillant. Es handelt sich hierbei um ein Produkt, in welchem komplexe thermodynamische, hydraulische und elektronische Prozesse miteinander kombiniert werden, um Heizwärme mit dem fossilen Energieträger Gas effizient und umweltverträglich zu erzeugen und bereit zu stellen (vgl. Abb. 13). Das Anwendungsbeispiel verdeutlicht beispielhaft am Fehler F.0 die Umsetzung der Modellierungsmethodik anhand der entwickelten Modelle und mithilfe der identifizierten Modellierungssprache. Die Gerätestörung F.0 wird von der Elektronik durch Auswertung verschiedener Parameter auf dem Display des Brennwertgerätes angezeigt und deutet auf einen Fehler im Umfeld des Vorlauftemperaturfühlers hin.

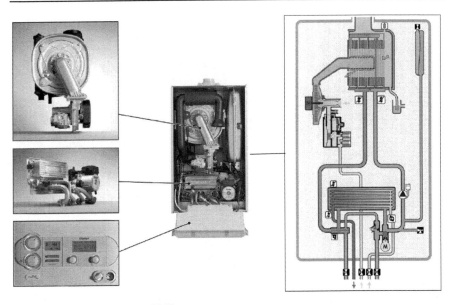

Abb. 13. Brennwertgerät von Vaillant

Zur Konstruktion des Serviceprozessmodells werden zunächst die im Brennwertgerät enthaltenen Baugruppen und Bauteile identifiziert, systematisch zusammengefasst und als einzelne Objekte an entsprechender Stelle in die Produkthierarchie eingeordnet. Zur Gestaltung der Produkthierarchie wird der Modelltyp „Produktbaum" aus dem ARIS-Rahmenkonzept verwendet. Ausgehend von den einzelnen Objekten der Produkthierarchie wird im nächsten Schritt das Produkt- und Bauteilinformationsmodell hinterlegt (Abb. 14). Verwendet wird hierfür der Modelltyp „Produktzuordnungsdiagramm". Am Beispiel des Objekts „NTC-Fühler Vorlauf" ist dargestellt, dass die am Objekt auszuführenden Tätigkeiten als Funktionen an das Objekt modelliert werden. Jede Funktion steht für eine abgrenzbare Tätigkeit am Objekt. Die Anzahl der Tätigkeiten ist nicht fest vorgeben und entwickelt sich im Laufe der Modellierungstätigkeit aus der Konstruktion unterschiedlicher Serviceprozessmodelle. Informationsobjekte die in jeder Tätigkeit verwendet werden können, werden ebenfalls in diesem Modell angeordnet. Die Software im Serviceportal ist so aufgebaut, dass diese Informationen später zu jedem Arbeitsschritt am NTC-Fühler Vorlauf im mobilen Endgerät bereitgestellt und bei Bedarf eingeblendet werden können. Am Beispiel des hier betrachteten NTC-Fühlers sind dies allgemeine Informationen zur Erläuterung der Funktionsweise und eine Tabelle mit Widerstandswerten.

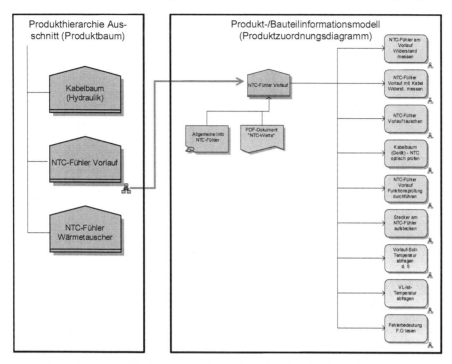

Abb. 14. Beziehung von Produkthierarchie und Produkt-/Bauteilinformationsmodell

In jeder am Objekt konstruierten Tätigkeit werden ein Funktions-/Tätigkeitsinformationsmodell und ein Serviceprozessartefakt hinterlegt. Da die Tätigkeiten so definiert werden sollen, dass sie eindeutig gegeneinander abgegrenzt werden können, werden auch zu jeder Tätigkeit jeweils nur ein Funktions-/Tätigkeitsinformationsmodell und ein Serviceprozessartefakt erstellt. In Abb. 15 wird rechts oben das Funktions-/Tätigkeitsinformationsmodell im Modelltyp „Industrial Process" realisiert. Die Informationsobjekte werden anhand ausgewählter Sprachkonstrukte aus der Modellierungssprache an die Funktion konstruiert. Die Auswahl der jeweiligen Sprachkonstrukte und deren Zuordnung zu den jeweiligen Informationsobjekten werden zu Beginn festgelegt und die einheitliche Verwendung wird im gesamten Konstruktionsprozess beibehalten. Die zu erwartenden Ergebnisse der Arbeitsausführung werden im SPA modelliert. Das SPA in Abb. 15 unten rechts wird in der Sprache der Ereignisgesteuerten Prozesskette (EPK) erstellt. Die Ergebnisse werden als Ereignis über den XOR-Konnektor (Verwendung nur bei mehr als einem Ergebnis) und entsprechende Kanten mit der Funktion aus dem Funktions-/Tätigkeitsinformationsmodell verbunden. Da innerhalb des Lebenszyklus eines SPA weitere Ergebnisse zu einer bereits konstruierten Tätigkeit entwickelt werden können ist deren Anzahl variabel. Im SPA der Abb. 15 sind zur Tätigkeit „NTC-Fühler Vorlauf mit Kabel Widerstand messen" zwei Ergebnisse modelliert: (1) NTC-Widerstandswert korrekt und (2) NTC-Widerstandswert nicht korrekt. Durch die Trennung von Informationsobjekten und Ergebnissen im Funktions-/Tätigkeitsinformationsmodell bzw. im SPA wird die Konstruktion der Serviceprozessmodelle erleichtert, da der Modellierer später diese Modelle nur anhand der SPA erstellt.

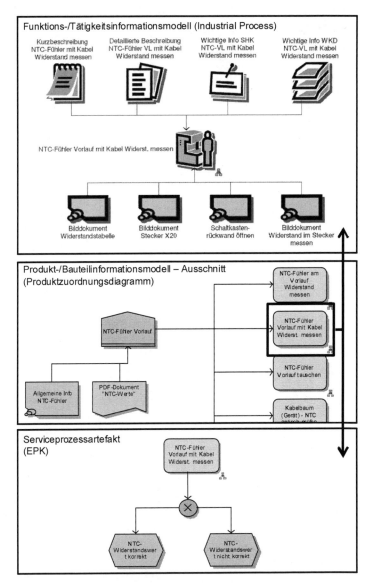

Abb. 15. Produktzuordnungsdiagramm

Die in Abb. 16 beschriebene EPK stellt die vorbereitenden Tätigkeiten des Serviceprozessmodells zur Bearbeitung der Störung F.0 dar. Dieser Prozessteil wird aus vier SPA gebildet, die alle aus einer Funktion und zwei modellierten Ereignissen bestehen.

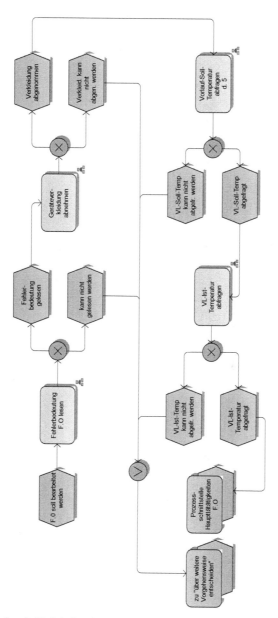

Abb. 16. Vorbereitende Tätigkeiten im Fehlerbild F.0

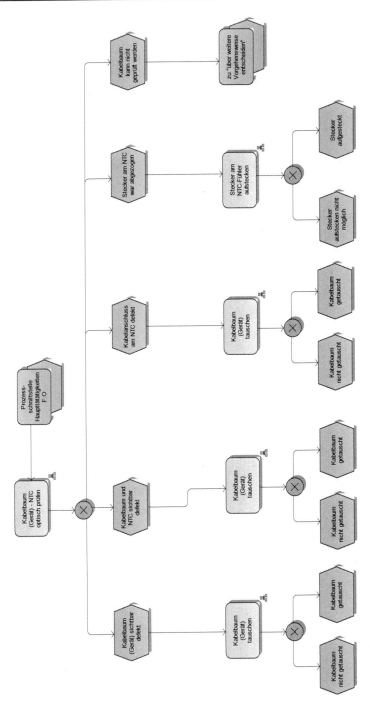

Abb. 17. Haupttätigkeiten im Fehlerbild F.0 (Ausschnitt)

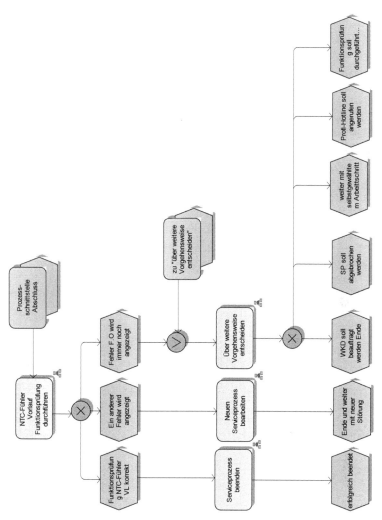

Abb. 18. Abschlussteil des Fehlerbildes F.0 (Ausschnitt)

Eines der Ereignisse bestätigt die erfolgreiche Durchführung des Arbeitsschrittes und führt zur nachfolgenden Tätigkeit. Kann die Tätigkeit nicht wie vorgesehen durchgeführt werden, sorgt das andere Ergebnis in dieser Konstruktion dafür, dass der Serviceprozess in der späteren Bearbeitung durch den Servicetechniker an den Haupttätigkeiten vorbei zur Tätigkeit „über weitere Vorgehensweise entscheiden" im Abschlussbereich des Serviceprozessmodells geführt wird.

Nach den Vorbereitungen werden die Haupttätigkeiten in das Serviceprozessmodell konstruiert. Wie in Abb. 17 ausschnittsweise gezeigt, beginnen diese mit der Tätigkeit „Kabelbaum (Gerät) – NTC optisch prüfen". Zum Zeitpunkt der Modellierung waren hierzu fünf mögliche Ergebnisse bekannt, die in den Ereignissen:

(1) Kabelbaum (Gerät) sichtbar defekt, (2) Kabelbaum und NTC sichtbar defekt, (3) Kabelanschluss am NTC defekt, (4) Stecker am NTC war abgezogen und (5) Kabelbaum kann nicht geprüft werden, hinterlegt sind. Jedes einzelne Ereignis führt zu einer nachfolgenden Funktion. Ergebnis fünf führt dabei sofort in den Abschlussteil zur Tätigkeit „über weitere Vorgehensweise entscheiden".

Die korrekte Ausführung der Arbeitsschritte und die damit verbundene erfolgreiche Bearbeitung durch den Servicetechniker in der Praxis, wird mittels einer Funktionsprüfung festgestellt. Im Serviceprozessmodell wird anhand des SPA „NTC-Fühler Vorlauf Funktionsprüfung durchführen" in Abb. 18 der Abschluss der Servicearbeiten eingeleitet. Bei erfolgreicher Funktionsprüfung wird das Serviceprozessmodell so konstruiert, dass auch der real bearbeitete Serviceprozess erfolgreich endet. Löst die Funktionsprüfung einen weiteren Fehler aus, wird das Modell des Serviceprozesses und der Serviceprozess in der Praxis beendet und mit der Bearbeitung der neuen Störung begonnen. Das Scheitern der Fehlerbehebung wird in diesem Modellausschnitt mittels der schon erwähnten Tätigkeit „über weitere Vorgehensweise entscheiden" abgebildet. Hier werden für einen solchen Fall vorgesehen, dass: (1) der Werkskundendienst beauftragt werden soll, (2) der Serviceprozess abgebrochen werden soll, (3) mit einem selbst gewählten Arbeitsschritt weiter gearbeitet wird, (4) die Vaillant Profi-Hotline angerufen werden kann oder die Funktionsprüfung wiederholt wird.

3.7   Fazit

Dieses Kapitel zeigt, wie die Entwicklung von Serviceprozessmodellen als Grundlage der Informationsversorgung nach der hier detailliert vorgestellten Entwicklungsmethodik durchgeführt werden kann. Es zeigt sich aber auch, dass durch die Arbeit in verschiedenen Modellen unter Verwendung vielfältiger Sprachkonstrukte die Gestaltung der Serviceprozessmodelle mit den darin enthaltenen Serviceinformationen ein sehr komplexes Unterfangen ist. Zur Komplexitätsreduktion wurde daher im Rahmen von PIPE ein IT-basiertes Modellierungswerkzeug prototypisch entwickelt, welches die Eingabe der Serviceinformationen in einer Modellierungsoberfläche ermöglicht und diese automatisch in das Produkt-/Bauteilinformationsmodell, das Funktions-/Tätigkeitsinformationsmodell und in das SPA überführt. Dieses Werkzeug wird im Kapitel „INTERACTIVE Serviceportal" näher erläutert.

4   Literatur

Addison JW, Henkin L, Tarski A (Hrsg) (1965) The Theory of models: Proceedings of the 1963 International Symposium at Berkeley. North-Holland, Amsterdam

Amelingmeyer J (2002) Wissensmanagement – Analyse und Gestaltung der Wissensbasis von Unternehmen. Gabler, Wiesbaden

Armstrong WW (1974) Dependency Structures of Data Base Relationships. In Rosenfeld JL (Hrsg) Information Processing 74 Proceedings of IFIP Congress 74, Stockholm, Sweden, August 5–10. North-Holland Publ, Amsterdam

Becker J, Beverungen D, Knackstedt R (2008) Reference Models and Modeling Languages for Product-Service Systems : Status-Quo and Perspectives for Further Research. In Proceedings of the 41st Annual Hawaii International Conference on System Sciences, 105–105

Becker J, Beverungen D, Knackstedt R, Müller O (2009) Konzeption einer Modellierungssprache zur softwarewerkzeugunterstützten Modellierung, Konfiguration und Bewertung hybrider Leistungsbündel. In Thomas O, Nüttgens M (Hrsg) Dienstleistungsmodellierung. Methoden, Werkzeuge und Branchenlösungen. Physica, Heidelberg, 53–70

Bullinger H-J, Fähnrich KP, Meiren T (2003) Service Engineering – Methodical Development of New Service Products. http://iew3.technion.ac.il/~serveng/course2006spring/Lectures/ICPR_Service_Engineering.pdf

Bullinger H-J, Wörner K, Prieto J (1997) Wissensmanagement heute – Daten, Fakten, Trends. Fraunhofer-IAO-Studie, Stuttgart

Bolumole YA, Knemeyer AM, Lambert DM (2006) The customer service management process. Supply Chain Management Institute, Sarasota, Fla

Böhle F (1989) Körper und Wissen – Veränderungen in der soziokulturellen Bedeutung körperlicher Arbeit. Soziale Welt 40:497–512

Byrne P (1998) Customer Service Guidelines: How happier customers can lead to healthier business, Ministerial Coencil on Customer Affairs (New Zealand)

Callon M (1987) Society in the Making: The Study of Technology as a Tool for Sociological Analysis. In Bijker WE, Hughes TP, Pinch T (Hrsg) The Social Construction of Technological Systems. MIT-Press, Cambridge, MA, 83–103

Chen, P (1976) The Entity-Relationship Model – Toward a Unified View of Data. ACM Transactions on Database Systems 1(1):9–36

Codd EF (1970) A relational model of data for large shared data banks. Communications of the ACM 13(6):377–387

Collins HM, Kusch M (1999) The Shape of Actions: What Humans and Machines Can Do. MIT Press, Cambridge, MA

Corsten H, Gössinger R (2007) Dienstleistungsmanagement. 5. Aufl, Oldenbourg, München

Curtis B, Kellner MI, Over J (1992) Process modeling. Communications of the ACM (35)9: 75–90

Czepiel JA (1980) Managing customer satisfaction in consumer service business. Marketing Science Institute, Cambridge, Mass (Report/Marketing Science Institute 80, 109)

Davenport TH, Prusak L (1998) Wenn ihr Unternehmen wüsste, was es alles weiß. Das Praxishandbuch zum Wissensmanagement. mi-Verlag moderne Industrie, Landsberg, Lech

Desatnik R (1989) Long live the King. Quality Progress 22(4):24–26

Dick M, Hainke S (1999) Das ist doch das einzige was ich habe an Kapital. Mitarbeitereinschätzungen über Wissensmanagement. In Krumbruck C, Dick M (Hrsg) Hamburger Beiträge zur Psychologie und Soziale Arbeit. TU Hamburg-Harburg

DIN e.V. (Hrsg) (2005) Wege zu erfolgreichen Dienstleistungen. Normen und Standards für die Entwicklung und das Management von Dienstleistungen. 1. Aufl, Beuth, Berlin

Donatelli S, Thiagarajan PS (Hrsg) (2006) Petri nets and other models of concurrency – ICATPN 2006. 27th International Conference on Applications and Theory of Petri Nets and Other Models of Concurrency, Turku, Finland, June 26–30, 2006, proceedings. Springer, Berlin

Emmrich A (2005) Ein Beitrag zur systematischen Entwicklung produktorientierter Dienstleistungen. Dissertation, Paderborn, Universität. http://deposit.ddb.de/cgi-bin/dokserv?idn=976562324

Evans S, Partidario PJ, Lambert J (2007) Industrialization as a key element of sustainable product-service solutions. International Journal of Production Research 45(18):4225–4286

Fähnrich KP, Husen C (2008) Entwicklung IT-basierter Dienstleistungen. Co-Design von Software und Services mit ServCASE. Physica, Heidelberg

Fähnrich KP, Meyer K, Böttcher M (2008) Service Engineering IT-basierter Dienstleistungen – neue Perspektiven durch ein integriertes Co-Design. Information Management & Consulting 23(4):19–25

Feldhusen J, Gebhardt B, Macke N, Nurcahaya E, Bungert F (2006) Development of a Set of Methods to Support the Implementation of a PDMS. In Brissaud D, Tichkiewitch S, Zwolinski P (Hrsg) Innovation in Life Cycle Engineering and Sustainable Development. Springer, Netherlands

Freiden J, Goldsmith R, Takacs S, Hofacker C (1998) Information as a product not goods, not services. Marketing Intelligence & Planning 16:210–220

Garfinkel H (1967) Studies in Ethnomethodology. Prentice Hill, Englewood Cliffs, NJ

Geiger W, Kotte W (2008) Handbuch Qualität – Grundlagen und Elemente des Qualitätsmanagements Systeme – Perspektiven. Vieweg, Wiesbaden

Giaglis GM (2001) A Taxonomy of Business Process Modeling and Information Systems Modeling Techniques. International Journal of Flexible Manufacturing Systems 13(2): 209–228

Hackman JR, Lawler EE (1971) Employee reactions to the job characteristics. Journal of Applied Psychology 55:269–286

Hackman JR, Oldham, GR (1975) Development of the Job Diagnostic Survey. Journal of Applied Psychology 60:159–170

Hackman JR, Oldham GR (1976) Motivation through the design of work. Test of a theory. Organizational Behavior and Human Performance 16:250–279

Haines RW (2006) Control systems for heating, Ventilating and Air Conditioning. 6. Aufl, Springer, New York

Harris EK (2007) Customer service, a practical approach. 4. Aufl, Pearson Prentice Hall, Upper Saddle River, NJ

Heckmann M, Raether C, Nüttgens M (1998) Werkzeugunterstützung im Service Engineering. Information Management & Consulting 13:31–36

Howell RH, Sauer HJ, Coad WJ (2005) Principles of heating ventilating and air conditioning. Atlanta, GA, American Society of Heating, Refrigerating and Air Conditioning Engineers

Hubka V, Eder WE (1988) Theory of Technical Systems. Springer, Berlin

Isaac H, Leclercq A (2006) Give me a mobile phone and I will work harder! Assessing the value of mobile technologies in organisations: an exploratory research. In International Conference on Mobile Business: ICMB 2006. Los Alamitos, CA, IEEE Computer Society, 18 ff.

Keller G, Nüttgens M, Scheer A-W (1992) Semantische Prozessmodellierung auf der Grundlage „Ereignisgesteuerter Prozessketten (EPK)". In Scheer A-W (Hrsg) Veröffentlichungen des Instituts für Wirtschaftsinformatik, Heft 89, Saarbrücken 1992

Kern H, Böttcher M, Kühne S, Meyer K (2009) Ansatz zur ganzheitlichen Erstellung und Verarbeitung von Dienstleistungsmodellen. In Thomas O, Nüttgens M (Hrsg) Dienstleistungsmodellierung. Methoden, Werkzeuge und Branchenlösungen. Physica, Heidelberg, 3–15

Klein R (2007) Modellgestütztes Service Systems Engineering. Theorie und Technik einer systemischen Entwicklung von Dienstleistungen. DUV, Wiesbaden

Krucken L, Meroni A (2006) Building stakeholder networks to develop and deliver product-service-systems: practical experiences on elaborating pro-active materials for communication. Journal of Cleaner Production 14(17):1502–1508

LaLonde BJ (1976) Customer service: meaning and measurement, National Council of Physical Distribution Management, Chicago, Ill

Latour B (1987) Science in Action. How to Fallow Follow Scientists and Engineers Trough Society. University Press, Cambridge

List B, Korherr B (2006) An evaluation of conceptual business process modelling languages. In Haddad, Hisham M (Hrsg) SAC 06: Proceedings of the 2006 ACM symposium on Applied computing. New York, USA, ACM, 1532–1539

Luczak H (1998) Arbeitswissenschaft. 2. Aufl, Springer, Berlin

McQuiston FC (2005) Heating, ventilating and air conditioning: analysis and design. 6. Aufl, John Wiley & Sons, Hoboken, NJ

Maier R (2002) Knowledge management systems: Information and communication technologies for knowledge management. Springer, Berlin

Martin J (1990) Information Engineering, Book II: Planning and Analysis. Prentice Hall, Englewood Cliffs

Manzini E, Vezzoli C, Clark G (2001) Product Service Systems: Using an Existing Concept as a new Approach to Sustainability. Journal of Design Research 1(2)

Mont O (2004) Product-service systems: panacea or myth? Doctoral Dissertation, The International institute for industrial environmental economics, Lund

Morelli N (2002) Designing Product/Service Systems: A Methodological Exploration. Design Issues 18(3):3–17

NN (1991) REFA Methodenlehre der Betriebsorganisation, Planung und Steuerung, Teil 1. Carl Hanser Verlag, München

NN (1992) REFA Seminarunterlagen. REFA-Institut, Darmstadt

Nonaka I, Takeuchi H (1997) Die Organisation des Wissens – Wie Japanische Unternehmen eine brachliegende Ressource nutzbar machen. Campus, Frankfurt a. M.

Nüttgens M (1995) Koordiniert-dezentrales Informationsmanagement: Rahmenkonzept, Koordinationsmodelle und Werkzeug-Shell. Gabler, Wiesbaden

OASIS (2007) OASIS Web Services Business Process Execution Language (WSBPEL) TC

OMG – Object Management Group (2004) BPMN Specification 1.0 Release 2004

OMG – Object Management Group (2005) Unified Modeling Language

Olle TW, Verrijn-Stuart AA, Bhabuta L (1988) Information System Life Cycle. In Olle TW, Verrijn-Stuart AA, Bhabuta L (Hrsg) Computerized Assistance During The Information systems Life Cycle, Proceedings of the IFIP WG 8.1 Working Conference on Computerized Assistance during the Information Systems Life Cycle. CRIS 88, Amsterdam

O'Sullivan JJ (2006) Towards a precise understanding of service properties. QUT Thesis. Brisbane, Australia. Queensland University of Technology. http://test.eprints.qut.edu.au/16503/

Pahl G, Beitz W, Feldhusen J, Grote K (2007) Konstruktionslehre – Grundlagen erfolgreicher Produktentwicklung : Methoden und Anwendung. Springer, Berlin

Peel M (1987) Customer service: how to achieve total customer satisfaction. Kogan Page, London

Pfeifer T (2001) Qualitätsmanagement – Strategien, Methoden, Techniken. Carl Hanser Verlag, München

Polanyi M (1985) Implizites Wissen. Deutsche Ausgabe von „The Tacit Dimension". Suhrkamp Verlag, Frankfurt a. M.

Probst G, Raub S, Romhardt K (1997) Wissen managen – Wie Unternehmen ihre wertvollste Ressource optimal nutzen. Gabler, Wiesbaden

Rammert W (1998) Giddens und die Gesellschaft der Heinzelmännchen. Zur Soziologie technischer Agenten und Systeme Verteilter Künstlicher Intelligenz. In Malsch T (Hrsg) Sozionik. Sigma, Berlin, 91–128

Rammert W (1999) Weder festes Faktum noch kontingentes Konstrukt: Natur als Produkt experimenteller Interaktivität. Soziale Welt 50(3):281–296

Rammert W (2000) Nicht-explizites Wissen in Soziologie und Sozionik. Ein kurioser Überblick. Technical University Technology Studies, Working Papers, TUTS–WP–8–2000, TU Berlin, Institut für Sozialwissenschaften, Berlin

Rammert W, Schlese M, Wagner G, Wehner J, Weingarten R (1998) Wissensmaschinen – Soziale Konstruktion eines technischen Mediums. Das Beispiel Expertensysteme. Campus, Frankfurt a. M.

Recker J, Rosemann M, Indulska M, Green P (2009) Business Process Modelling – A Comparative Analysis. Journal of the Association for Information Systems 10(4):333–363

Rehäuser J, Krcmar H (1996) Wissensmanagement in Unternehmen. In Schreyögg G, Conrad P (Hrsg) Managementforschung, Band 6, Wissensmanagement. Berlin, de Gruyter, 1–40

Romhardt K (1998) Die Organisation aus der Wissensperspektive: Möglichkeiten und Grenzen der Intervention. Gabler, Wiesbaden

Sawy OAE, Bowles G (2003) Information technology and customer service. Butterworth-Heinemann, Oxford

Scheer A-W (1995) Wirtschaftsinformatik. Referenzmodelle für industrielle Geschäftsprozesse. Springer, Berlin

Scheer A-W (2001) ARIS – Modellierungsmethoden, Metamodelle, Anwendungen. 4. Aufl, Springer, Berlin

Scheer A-W, Grieble O, Klein R (2006) Modellbasiertes Dienstleistungsmanagement. In Bullinger H-J, Scheer A-W (Hrsg) Service Engineering. Entwicklung und Gestaltung innovativer Dienstleistungen. Springer, Berlin, 19–51

Schmaltz R, Hagenhoff S (2003) Entwicklung von Anwendungssystemen für das Wissensmanagement: State of the Art der Literatur. In Schumann M (Hrsg) Arbeitsbericht Nr 5/2003. Institut für Wirtschaftsinformatik, Georg-August-Universität Göttingen

Bullinger H-J, Scheer A-W (Hrsg) (2006) Service Engineering. Entwicklung und Gestaltung innovativer Dienstleistungen. Springer, Berlin

Schönherr M (1998) Wissen als humanorientierter Wettbewerbsfaktor. Industriemanagement 14(2):14–17

Schütte R (1998) Grundsätze ordnungsmäßiger Referenzmodellierung: Konstruktion konfigurations- und anpassungsorientierter Modelle. Gabler, Wiesbaden

Shostack GL (1987) Service Positioning through Structural Change. The Journal of Marketing 51(1):34–43

Söderström E, Andersson B, Johannesson P, Perjons E, Wangler B (2002) Towards a Framework for Comparing Process Modelling. In Proceedings of Advanced Information Systems Engineering 14th International Conference, CAiSE 2002 Toronto, Canada, May 27–31, Springer, Berlin

Stanek W (1988) Rechnergestützte Fertigungssteuerung – Mathematische Methoden. Verlag Technik, Berlin

Tarski A (1954) Contributions to the theory of models I, II. Indagationes Mathematicae 16: 572–588

Thomas O, Nüttgens M (Hrsg) (2009) Dienstleistungsmodellierung. Methoden, Werkzeuge und Branchenlösungen. Physica, Heidelberg

Thomas O, Scheer A-W (2003) Referenzmodell-basiertes (Reverse-) Customizing von Dienstleistungsinformationssystemen. In Scheer A-W (Hrsg) Veröffentlichungen des Instituts für Wirtschaftsinformatik. Universität Saarbrücken, Nr. 173

Thomas O, Walter P, Loos P (2008) Design and Usage of an Engineering Methodology for Product-Service Systems. Journal of Design Research 7(2):177–195

Timm PR (2005) Technology and customer service, profitable relationship building. Loyalty, satisfaction, organizational success. Pearson Prentice Hall, Upper Saddle River

vom Brocke J (2003) Verteilte Referenzmodellierung VRM – Gestaltung multipersoneller Konstruktionsprozesse. In Dittrich K et al (Hrsg) Informatik 2003 – Innovative Informatikanwendungen Band 1: Beiträge der 33. Jahrestagung der Gesellschaft für Informatik e.V. GI, 29.9.–2.10.2003 in Frankfurt a. M., Köllen, Bonn, 238–242

Walter P (2009) Modellierung technischer Kundendienstprozesse des Maschinen- und Anlagenbaus als Bestandteil hybrider Produkte. In Thomas O, Nüttgens M (Hrsg) (2009) Dienstleistungsmodellierung. Methoden, Werkzeuge und Branchenlösungen, Physica, Heidelberg, 129–145

Wehner J (1995) Wissensrepräsentation: Experten und ihre symbolische Reproduktion. In Rammert W (Hrsg) Soziologie und künstliche Intelligenz. Produkte und Probleme einer Hochtechnologie. Campus, Frankfurt a. M.

Willke H, Krück C, Mingers S (2001) Systemisches Wissensmanagement – mit 9 Tabellen, 2. Aufl, Lucius und Lucius, Stuttgart

Winkelmann K, Luczak H (2006) Prospective Analysis of Cooperative Provision of Industrial Services Using Coloured Petri Nets. In Donatelli S, Thiagarajan PS (Hrsg) Petri nets and other models of concurrency – ICATPN 2006. 27th International Conference on Applications and Theory of Petri Nets and Other Models of Concurrency, Turku, Finland, June 26–30, Proceedings, Springer, Berlin, 362–380

**Teil III:
Werkzeuge
und IT-Unterstützung**

Integrierte Informationssysteme zur Unterstützung technischer Kundendienstleistungen

Oliver Thomas, Julian Krumeich und Michael Fellmann

Nachdem das PIPE-Informationssystem detailliert vorgestellt und sein Einsatz in der Sanitär-, Heizungs- und Klimatechnikbranche begründet und erläutert wurde, soll dieses Kapitel das Blickfeld auf die generell zur Unterstützung technischer Kundendienstleistungen einsetzbaren Informationssysteme erweitern. Die Analyse berücksichtigt einerseits spezielle Branchen und andererseits branchenneutrale Anwendungsgebiete. Die existierenden Systeme werden im Detail vorgestellt, in ein Klassifikationsschema eingeordnet sowie darauf aufbauend typisiert. Auf diese Weise wird das PIPE-Informationssystem in seinen Funktionalitäten den im TKD eingesetzten Systemen gegenübergestellt.

1 Einleitung

Aufgrund der zunehmenden Bedeutung der Instandhaltung als Komponente von hybriden Produkten, bedarf es für den technischen Kundendienst einer Verbesserung seiner Informationssysteminfrastruktur (Leimeister und Glauner 2008, S. 104 ff.; Weinrauch 2005, S. 4). Die Entwicklung neuer Systeme hat für die meisten IT-Verantwortlichen höchste Priorität (Hermes 1999, S. 40). Bereits heute ist zwar der Einsatz von Informationstechnologie beim TKD unabdingbar (Heinrich und Lehner 2002, S. 290), bspw. werden Instandhaltungsplanungs- und -steuerungs- (IPS) Systeme, Diagnosesysteme, Condition-Monitoring- (CM) Systeme sowie Teleservice-Lösungen eingesetzt (Weinrauch 2005, S. 234 ff.), bilden diese Systeme jedoch keine integrierte Systemlandschaft, so kann dies zu einer Vielzahl von Problemen führen (Krcmar 1991, S. 6; Thönnißen und Jansen 2003):

- Es bedarf eines hohen Koordinationsaufwands der einzelnen Systeme.

- Medien-, Informations- sowie Prozessbrüche entstehen beim häufigen Wechsel der Systeme.

- Redundante Informationen und sogar Dateninkonsistenzen entstehen durch Doppelerfassung von Informationen in mehreren Systemen.

O. Thomas et al. (eds.), *Hybride Wertschöpfung*,
DOI 10.1007/978-3-642-11855-5_8, © Springer-Verlag Berlin Heidelberg 2010

- Die Informationsrecherche verursacht einen hohen Zeitaufwand, da die gesuchten Informationen in unterschiedlichen Systemen gespeichert sind.

- Einzelsysteme finden benötigte Informationen oder Wissen überhaupt nicht. Der TKD-Mitarbeiter geht daher von einer neuen Problemstellung aus, die einen erhöhten Arbeitsaufwand nach sich zieht.

Aufgrund dieser Probleme können die im TKD eingesetzten Informationssysteme nicht mehr isoliert nebeneinander betrieben werden. Es bedarf der Integration der Einzelsysteme zu einem Gesamtsystem.

Um dies zu bewerkstelligen, muss eine umfassende Prozessanalyse durchgeführt werden, damit das Gesamtsystem auf einem gemeinsamen und somit einheitlichen Workflow aufbauen kann. Viele Hersteller und Dienstleister scheuen allerdings noch diesen Anfangsaufwand, obwohl damit der Geschäftsablauf und die Effizienz des Service gesteigert werden kann und sich letztendlich auch die Anwender- und Kundenzufriedenheit erhöhen (Stokburger und Pufahl 2002; Thönnißen und Jansen 2003). Neben der Problematik einer schlechten Integration der einzelnen Systeme untereinander, sind die Systeme oftmals selbst noch deutlich ausbaufähig und weisen je nach Branche erhebliche Defizite auf.

In diesem Kapitel werden daher zunächst Systemtypen für den TKD beschrieben sowie in der Praxis in unterschiedlichen Branchen eingesetzte und durch eine Internetrecherche ausgewählte Systeme vorgestellt. Einen Rahmen um die Untersuchungsgegenstände bildet ein Klassifikationsschema, womit eine bessere Durchdringung durch den Gegenstandsbereich erreicht wird. Mittels Klassifizieren der ausgewählten Systeme erfolgt zudem eine Evaluation des erstellten Klassifikationssystems. Ziel der Untersuchung ist es darüber hinaus, branchenspezifische Besonderheiten sowie Defizite in den Ausprägungen der eingesetzten Systeme zu erkennen. Die dabei gewonnenen Erkenntnisse können für zukünftige Systeme genutzt werden, die den TKD effizienter unterstützen können.

2   Informationssysteme zur Unterstützung des TKD

2.1   Anwendungsgebiete

Informationstechnische Unterstützung wird im Kundendienst stets wichtiger und verbreiteter. Trat sie früher vorwiegend in vereinzelnden Branchen auf, ist sie heute allgemein nicht mehr wegzudenken (Heinrich und Lehner 2002, S. 290). Der Umfang der einzelnen Komponenten, die größtenteils im Verbund zu einem Gesamtsystem verschmelzen, variiert jedoch stark. Beispielsweise beinhalten manche Systeme komplexe Expertensystem- oder Wissensmanagementkomponenten, andere dagegen verfügen lediglich über eine integrierte Dokumentation, z.B. in Form eines Dokumentenmanagementsystems.

Nachfolgend werden Informationssystemklassen zur Unterstützung des TKD vorgestellt: Instandhaltungsplanungs- und -steuerungssysteme zur Planung und

Steuerung von TKD-Maßnahmen, Systeme zur Überprüfung von Anlagen (Condition-Monitoring-Systeme/Überwachungssysteme), Diagnosesysteme, die Fehler in Anlagen diagnostizieren, Parametrisierungssysteme, die Anlagen einstellen, sowie Wissensmanagementsysteme, die Wissen über Anlagen speichern und bereitstellen. Im Anschluss an die Vorstellung der einzelnen Systemklassen wird ein Architekturmodell vorgestellt, das verdeutlicht, wie die einzelnen Systemklassen miteinander interagieren können.

2.1.1 Wissensmanagementsysteme

Wissensmanagementsysteme (WMS) können zur verbesserten Durchführung und Optimierung des TKD sowie zur Produktentwicklung eingesetzt werden. Bei der Optimierung des TKD sind sie sowohl in der Planung als auch bei operativen TKD-Maßnahmen bedeutsam. Die enorme Relevanz für den TKD ergibt sich aus der stark anwachsenden Komplexität technischer Anlagen und einer verstärkten Anforderung durch den Anlagenbetreiber an den TKD (Weinrauch 2005, S. 101).

Das gespeicherte Servicewissen kann in methoden- und anlagenspezifisches Wissen unterteilt werden (vgl. Abb. 1). Unter anlagenspezifischem Wissen versteht man Wissen über den Zustand, die Einsatzerfahrung sowie Systemwissen über die Anlage. Methodenspezifisches Wissen charakterisiert dagegen Wissen zur Planung und Durchführung von Servicemaßnahmen, wie bspw. technisches Können, Planungs- sowie Technologiewissen, und besitzt anlagenübergreifende Gültigkeit (Weinrauch 2005, S. 108 ff.).

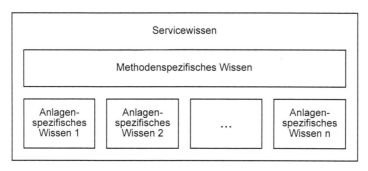

Abb. 1. Servicewissen im Überblick
(Weinrauch 2005, S. 108)

Um eine geeignete Wissensgrundlage schaffen zu können, bedarf es der Systematisierung und Standardisierung von Inhalten und Abläufen, der Dokumentation der Servicemaßnahmen sowie einer Integration der Wissenserfassung ins operative Tagesgeschäft (Weinrauch 2005, S. 130). WMS stellen nicht nur eine eigene Systemart dar, sondern sind oftmals Bestandteil anderer Systeme. Dies ist bspw. bei Diagnosesystemen der Fall, die ohne Integration einer Wissensgrundlage keine Diagnosen stellen könnten.

Die in dem WMS vorhandenen Daten und Funktionen können mehreren Nutzern dienen. Als erstes wäre hier der TKD-Mitarbeiter zu nennen, der z. B. gespeicherte „Fehlentscheidungen" vermeidet und „Best Practice"-Verfahren anwendet sowie von dem gespeicherten Anwendungs- und Servicewissen aller Mitarbeiter profitiert (Mertens 2001, S. 510). Neben dem TKD-Mitarbeiter können auch Maschinen- und Anlagenhersteller vom Einsatz eines WMS profitieren. Sie können z. B. Wissen über Störungen, deren Ursachen und Behebungen in ihr Qualitätsmanagement einfließen lassen. Daneben können aber auch Maschinen- oder Anlagenbetreiber einen Nutzen aus WMS ziehen, da ca. 30% der Störfälle von ihnen selbst gelöst werden und dazu Wissen benötigt wird, das im WMS gespeichert ist. Auch das durch die eigene Behebung gewonnene Servicewissen kann in einem WMS gespeichert werden und wieder für anderen Nutzer interessant sein. Allerdings ist in der Praxis die Integration des Kunden und des Herstellers bei der Erstellung und Nutzung von Servicewissen nicht gerade fortschrittlich. Zwar existieren kooperative Anwendungssysteme in verschiedenen Unternehmensbereichen, die kooperative Erbringung des TKD findet dagegen häufig nicht auf effizientem Wege statt (Klostermann 2008, S. 141). Ansätze gibt es hingegen in der Automobilbranche, in der Hersteller Teile- und Reparaturinformationen für Kunden gegen eine Gebühr im Internet bereitstellen (vgl. Abschnitt 3.3).

2.1.2   Instandhaltungsplanungs- und -steuerungssysteme

Instandhaltungsplanungs- und -steuerungssysteme (IPS) sind die am meisten verwendeten Systeme im Bereich des TKD (Weinrauch 2005, S. 234). Sie dienen der Planung, Disposition, Überwachung und Steuerung von vorbeugend geplanten Instandhaltungsmaßnahmen sowie außerplanmäßigen Aufträgen. Um diesen Aufgaben gerecht zu werden, bedarf es der horizontalen Integration zu Betriebsdatenerfassungs- und -überwachungssystemen (Weidenhaun und Corsten 2004, S. 2). IPS versuchen, die Durchführung von TKD-Maßnahmen zu ermöglichen, die Effizienz dieser Prozesse zu steigern sowie die gewählte Instandhaltungsstrategie zu gewährleisten. Aufgrund der Komplexität heutiger Maschinen und Anlagen sind sie nicht mehr aus der Instandhaltung wegzudenken (Scheer et al. 2006, S. 65). Allerdings steckt teilweise noch Potenzial in ihnen, bspw. hinsichtlich Investitionsentscheidungen sowie der Ableitung situationsbezogener Instandhaltungsstrategien (Weidenhaun und Corsten 2004, S. 1). IPS können als eigenständige Programme oder als Modulbestandteil eines ERP-Systems, bspw. SAP R/3 PM, auftreten (Hermes 1999, S. 40; Reinecke und Schauer 2006, S. 34). Im Allgemeinen werden durch IPS die folgenden Prozesse und Aufgaben abgedeckt (Hahn et al. 2006, S. 26 f.; Reinecke und Schauer 2006, S. 34; Weidenhaun und Corsten 2004, S. 3 f.):

- Die zentrale Erfassung von Störungen sowie eine konkrete Zuordnung zur betroffenen instand zu haltenden Anlage.

- Visualisierung von Bearbeitungsvorgängen, gemeldeten Anfragen und deren Verrechnung.

- Bereitstellung personenbezogener Arbeitslisten und Aufgabendefinitionen.

- Abbildung von zyklischen Maßnahmen und deren Zuordnung zu Personen oder Unternehmen in einer Bedienoberfläche.

- Bereitstellen aktueller Daten zur Instandhaltung.

- Vorschläge für den Kauf von günstigeren Ersatzteilen und Betriebsmitteln.

- Automatische Nachbestellung von Ersatzteilen.

- Anhaltspunkte für die Modernisierung bis Stilllegung von Anlagen, falls ein Weiterbetrieb nicht mehr wirtschaftlich ist.

- Gewinnung von Erkenntnissen, die aus Erfahrungswerten gewonnen werden und in die Konzeption neuer Anlagen einfließen können.

- Automatisierung und Optimierung von Tourenplanungen.

Unterteilen lassen sich die Funktionalitäten von IPS in Objektverwaltung, Auftragsplanung, Auftragssteuerung, Kostencontrolling, Ersatzteilwesen, Bestellwesen sowie Auswertungen, Analysen und Berichte (Weinrauch 2005, S. 235). Um diese Funktionen abdecken zu können, werden umfangreiche Stammdaten benötigt (Reinecke und Schauer 2006, S. 34):

- Informationen über die zu betreuenden Anlagen,

- Personendaten von TKD-Mitarbeitern,

- Unternehmensdaten von Zulieferunternehmen,

- Maßnahmenpläne zur Instandhaltung sowie

- Bestandslisten für Materialien und Werkzeuge.

Aufgrund der wachsenden Datenmenge, benötigen IPS zunehmend Funktionen, die auch in Dokumentenmanagementsystemen (DMS) zu finden sind. Sie sollen jedoch nicht nur Dokumente zur Verfügung stellen, sondern auch deren intelligente Auswertung vornehmen. Aus den daraus erhaltenen Resultaten können im Anschluss Maßnahmen zur Optimierung der Instandhaltung durchgeführt werden. Die Auswertung gelingt dabei durch Fehlerstatistiken oder den Einsatz von modernen WMS, insbesondere Expertensysteme, womit die Trennlinie zwischen IPS und WMS nicht scharf zu definieren ist. Integrierte WMS können zudem aus vorhandenen historischen Daten über vordefinierte Regeln und ein semantisch-tolerantes Verständnis von Informationen sowie Statistiken und Mustervergleiche neue Erkenntnisse für die Optimierung gewinnen. Durch die Semantikunterstützung ist eine Auswertung von Fehler- und Ursachenbeschreibungen möglich (Weidenhaun und Corsten 2004, S. 6). Neben einer DMS- und WMS-Unterstützung sollte auch eine Workflow-Management-Lösung vorhanden sein, da gerade diese für die Umsetzung unternehmensspezifischer Abläufe von besonderer Relevanz ist. Verbesserungspotenzial weisen IPS oftmals im Einsatz mobiler Endgeräte auf, durch die der TKD-Mitarbeiter vor Ort auf Daten zugreifen, gewonnene Erkenntnisse und Werte aus der Anlage direkt in das System einpflegen sowie Aufträge sofort nach Beendigung abschließen kann (Weidenhaun und Corsten 2004, S. 8). Diesen Anforderungen werden moderne Systeme immer häufiger gerecht.

2.1.3   Condition-Monitoring-Systeme/Überwachungssysteme

Als Condition-Monitoring-Systeme (CMS) werden Systeme bezeichnet, die Zustandsüberwachungen an Maschinen und Anlagen durchführen. Damit ist es möglich, den Anlagenzustand zu erfassen, zu bewerten sowie daraus eine Schadensfrüherkennung bzw. -prognose erstellen zu können (Weinrauch 2005, S. 237). Im Vergleich zu Überwachungssystemen (ÜS) zeichnen sich CMS dadurch aus, dass sie nicht nur „quasi-statische" Parameter, wie Drehzahlen, Leistungen, Temperaturen, Drücke usw. messen, überwachen und auswerten können, sondern auch dynamische Parameter, wie Schwingzustände und Drehmomente. Dadurch können realistische Aussagen zu Maschinen- und Anlagenbelastungen sowie Verschleißfortschritten getroffen werden (Höring 2003, S. 1 f.). Gewöhnliche Überwachungssysteme haben folglich einen reduzierten Funktionsumfang gegenüber CMS.

CMS und Überwachungssysteme spielen meist in Verbindung mit Teleservicelösungen eine besondere Rolle bei Maschinen und Anlagen, die nicht unter ständiger Beobachtung durch technisches Personal stehen, sei es wegen der problematischen Lage der gesamten Anlagen (z.B. Offshore-Windpark) oder aufgrund gefährlich zugänglicher Messstellen. Abhängig vom Einsatz von Teleservicelösungen sowie der festen Installation der Messbestandteile in die Anlage, werden CMS in Offline- und Online-Systeme unterschieden. Erstere werden in der Regel bei nicht allzu kritischen Anlagen bzw. bei Anlagen, bei denen sich eine feste, integrierte Installation plus Teleservice wirtschaftlich nicht lohnen würde, eingesetzt. Neben der komfortableren Messmöglichkeit, der größeren Datendichte sowie der Gewinnung und Verarbeitbarkeit aktuellerer Daten, sind Online-CMS unter Umständen sogar zwingend erforderlich, um bestimmte Versicherungsleistungen zu erhalten bzw. Versicherungsbedingungen drastisch verbessern zu können. Ein Beispiel hierfür ist die Revisionsklausel bei Windkraftanlagen (vgl. Abschnitt 4.2) (Höring 2003, S. 6). CMS stellen zudem die Grundlage für die heute verbreitete und in Zukunft vorherrschende zustandsorientierte bzw. wissensbasierte Instandhaltungsstrategie dar (Höring 2003, S. 2). Das durch ein CMS gewonnene Servicewissen ist für die nach der Messung erfolgende Prognose und Diagnose der Anlage sehr wichtig. Daher wird eine Integration des CMS mit einem WMS, das auch Grundlage für weitere Systeme ist, als sinnvoll erachtet (Weinrauch 2005, S. 238). Neben der Überwachung der eigentlichen Anlage können auch so genannte Nebenanlagen, wie bspw. Wetterstationen bei Windkraftanlagen, in die Überwachung mit einbezogen und deren Daten weiterverwendet werden.

2.1.4   Diagnosesysteme

Das Aufgabengebiet von Diagnosesystemen (DS) ist eng verzahnt mit dem der Überwachungs- und CM-Systeme. Ist es die Aufgabe von Überwachungssystemen an Maschinen und Anlagen Fehlfunktionen festzustellen und Messwerte zu ermitteln, greift die Diagnose diese Erkenntnisse auf und versucht die Fehlerursache selbstständig zu finden oder einen Systembenutzer in der Suche der Fehlerursache zu unterstützen. Darüber hinaus steht das System dem Nutzer oftmals bei der Störungsbeseitigung als Beratungssystem zur Seite (Engel 1996, S. 97 ff.; Thron, Bangemann und Suchold 2008, S. 2). Aufgrund der zunehmenden Komplexität heutiger Maschinen, gerade in der Kfz-Branche, werden Diagnosesysteme häufiger eingesetzt und sind oftmals unerlässlich oder sogar vorgeschrieben (Weinrauch 2005, S. 236) (vgl. Abschnitt 4.3, On-Board-Diagnose). Unterscheiden kann man DS, wie auch CMS, in Online- und Offline-DS. Der Unterschied liegt hier darin, dass Online-DS in der Lage sind, in Echtzeit Fehler und Ursache in einer Maschine feststellen zu können, da sie in der Maschine integriert sind. Offline-DS erkennen dagegen den Fehler meist erst, wenn er bereits zu einem Schaden geführt hat bzw. die Maschine manuell diagnostiziert wird (Fleischer, Schmalzried und Schopp 2006, S. 82). In Verbindung mit einer Teleservicekomponente erweist sich ein Diagnosesystem als äußerst hilfreich. Teleservice ermöglicht z. B. die optimale Vorbereitung eines TKD-Mitarbeiters auf einen Servicefall, indem er bspw. im Vorhinein über benötigte Ersatzteile informiert wird, die er dann schon beim ersten Eintreffen vor Ort zur Verfügung hat (Hahn et al. 2006, S. 15). Ohne Ferndiagnose muss der Mitarbeiter zunächst vor Ort den Fehler diagnostizieren und dann ggf. in einem weiteren Termin die Ersatzteile einbauen. Folglich werden Zeit und Kosten gespart. Neben Messdaten aus Überwachungs- oder CM-Systemen braucht ein DS zur Diagnose meist auch ein WMS als Grundlage. Nur anhand dieser Wissensbasis und oftmals mit Hilfe eines Expertensystems kann das DS auf Ursachen eines Fehlers oder Defekts schließen.

2.1.5   Parametrisierungssysteme

Parametrisierungssysteme (PS) dienen der Parametrisierung, d. h. Einstellung, von Maschinen. Allein durch die Parametrierung können unter Umständen bereits Fehler und Störungen beseitigt werden, sofern diese nicht hardwareseitig bedingt sind. PS unterstützen jedoch nicht nur den TKD-Mitarbeiter, sondern können auch dem Maschinen- oder Anlagenbetreiber dienen, der durch sie seine Maschine oder Anlage individuell und selbstständig parametrisieren kann. In Verbindung mit Teleservicelösungen ergibt sich so bspw. in der SHK-Branche die Möglichkeit, eine Heizungsanlage aus der Ferne zu steuern, was z. B. bei Ferienhäusern oder allgemein bei nicht dauerhaft bewohnten Gebäuden sehr vorteilhaft ist. Auch bei Parametrisierungssystemen ist eine Unterstützung durch WMS sinnvoll. Durch eine integrierte Dokumentation, die unter anderem bestmögliche Einstellungen beinhalten, können direkt über das System die gespeicherten Einstellungen übertragen werden. Dies löst Medienbrüche auf und verhindert z.B. Falscheingaben durch Abtippen von Werten aus gedruckten Dokumentationen.

2.2 Architektur

Abb. 2 zeigt eine Systemarchitektur, die alle fünf vorgestellten Systemklassen beinhaltet und deren Datenfluss untereinander sowie mit einer Maschine oder Anlage darstellt.

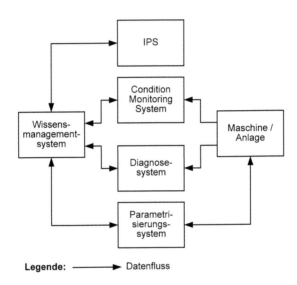

Abb. 2. Systemarchitektur

Grundlage bildet oftmals – wie zuvor identifiziert – ein WMS. Aus ihm beziehen die übrigen Systembestandteile ihre Daten und speichern wiederum gewonnene Daten in ihm ab. Das IPS bezieht z.B. Stammdaten sowie aktuelle Maschinendaten aus dem WMS, verarbeitet diese Daten z.B. zur Einsatzplanung und speichert erledigte Einsätze erneut im WMS ab. Durch das im WMS gespeicherte Servicewissen kann ein CMS oder ÜS seine Aufgaben erfüllen und eine gezielte Überwachung durchführen. Zur gezielten und effizienten Diagnose beziehen bspw. Expertensysteme als Komponente der DS ihre Wissensbasis aus dem WMS. Parametrisierungssysteme erhalten aus dem WMS optimale Einstellungen. Der Systemnutzer erhält zudem aus dem WMS auf ihn zugeschnittene Daten wie Dokumentationen, die ihm bspw. bei seinen Reparaturarbeiten unterstützen. Neben der Abgabe von Daten, fließen in das WMS wiederum Daten aus dem IPS, CMS, DS sowie PS. CMS, DS und PS beziehen daneben zusätzlich Daten direkt aus der Maschine oder Anlage. Das PS kann überdies Daten (Parameter) an die Anlage übertragen.

2.3   Klassifikation

Grundlage der wissenschaftlichen Durchdringung und systematischen Gestaltung von integrierten Informationssystemen zur Unterstützung technischer Kundendienstleistungen bildet eine Klassifikation des Problembereiches. Hierzu müssen Merkmale identifiziert und im Zusammenhang mit ihren Merkmalsausprägungen analysiert werden. Darauf aufbauend kann eine zielgerichtete Entwicklung, Einordnung, Bewertung und Erweiterung solcher Systeme erfolgen (Leimeister und Glauner 2008, S. 249). Die 20 hierzu identifizierten Merkmale sind in die vier Merkmalsklassen *Aufgabenunterstützung, Organisation, Eigenschaften und Funktionen* sowie *Technologie* eingeordnet. Die Klassen orientieren sich eng an einem systemtheoretischen Verständnis eines Informationssystems als Mensch-Aufgabe-Technik-System (Thomas 2006, S. 42). Nachfolgend werden die einzelnen Merkmale und ihre Merkmalsausprägungen vorgestellt, definiert und erläutert. Im Anschluss daran wird ein Gesamtüberblick über das erstellte Klassifikationssystem gegeben.

2.3.1   Aufgabenunterstützung

Die folgenden Merkmale geben an, welche Systemklassen das klassifizierte System umfasst sowie welche Aufgabenbereiche es abdeckt.

Systemklasse

Das Merkmal *Systemklasse* beschreibt, um welche Systemklasse es sich bei dem klassifizierten System handelt. In der Praxis tritt meistens eine Kombination der einzelnen Systemklassen auf, die zusammen eine Systemlandschaft bilden und gemeinsam zur Unterstützung des TKD eingesetzte werden. Die Unterstützungsfähigkeit für den TKD wird somit durch eine Kombination aller Systemklassen miteinander maximiert und deckt damit die gesamte Breite an Funktionalitäten ab. Fraglich bei solch einer Umsetzung ist allerdings, ob eine Kombination aller Systemklassen bzw. der Einsatz einzelner Systemklassen überhaupt wirtschaftlich sowie operativ sinnvoll ist.

Unternehmensfunktion (horizontal)

Das Merkmal *Unternehmensfunktion (horizontal)* beschreibt, welche Unternehmensfunktionen der horizontalen Wertschöpfungskette durch das Informationssystem abgedeckt werden. Die unterschiedlichen Funktionen ergeben sich aus der Wertschöpfungskette, angelehnt an Fink, Schneidereit und Voss (2005, S. 209). Für gewöhnlich unterstützen die Systeme die Funktion *Kundendienst*. Die Funktion *Lagerhaltung/Beschaffung* gewinnt auch zunehmend an Relevanz, da Lagerhaltung und darin inbegriffen das „Ersatzteilmanagement eine Grundvorraussetzung" für die optimierte TKD-Leistungserbringung ist (Aurich 2006, S. 96). Möglich ist auch die Integration des Informationssystems in den *Forschungs-, Entwicklung-*

oder Produktionsprozess des Herstellers, indem häufig auftretende Fehler und Defekte am Produkt vom TKD-Mitarbeiter protokolliert und diese Informationen zur Beseitigung der Probleme verwendet werden. Allerdings wird in der Praxis häufig nur die Kundendienstfunktion unterstützt.

Unternehmensfunktion (vertikal)

Das Merkmal *Unternehmensfunktion (vertikal)* ordnet die Systeme nach ihrer vertikalen Funktion in Systeme zur *Planung und Kontrolle* sowie *Administration und Disposition.* Systeme, die der Planung und Kontrolle dienen, werden auch als Führungssysteme bezeichnet; Systeme der Administration und Disposition nennt man auch operative Systeme (Mertens et al. 2005, S. 4). Letztere dienen daher primär dem TKD-Mitarbeiter, der damit in seiner operativen Arbeit unterstützt wird. Zu nennen wären hier z. B. WMS, DS oder PS. Dagegen sind IPS typische Planungs- und Kontrollsysteme und dienen primär der Steuerung des TKD und somit dem TKD-Dienstleister, aber auch dem TKD-Mitarbeiter, der auf diese Weise bspw. seinen Arbeitsplan einsehen kann.

TKD-Kernleistung

Das Merkmal *TKD-Kernleistung* beschreibt, welche Kernleistungen des TKD durch das eingesetzte Informationssystem unterstützt werden. Als Kernleistungen werden die in DIN 31051 definierten Begriffe der Instandhaltung, d. h. *Inspektion, Wartung, Instandsetzung* und *Verbesserung*, als auch der Betrieb eines *Ersatzteildienstes* verstanden. „Diese Kernleistungen haben also einen stark operativen und technischen Charakter" (Harms 1999, S. 61). Sollen allerdings z. B. IPS klassifiziert werden, die nicht direkt im operativen Einsatz Verwendung finden und damit nicht primär einer Kernleistung zuordenbar sind, wird die Merkmalsausprägung gewählt, die durch das IPS geplant wird, z. B. geplante Inspektionen etc.

2.3.2 Organisation

Die beiden Merkmale dieser Klasse geben an, wer mit dem System in Verbindung steht und wer dem System Daten zur Bearbeitung, Auswertung oder Speicherung liefert.

Systemnutzer

Das Merkmal *Systemnutzer* charakterisiert, für welchen Nutzer das System konzipiert wurde. Dabei können als Merkmalsausprägung einzelne Personen, wie ein *Kunde* oder ein *TKD-Mitarbeiter*, aber auch Personengruppen, wie ein *Anlagenhersteller* oder ein *TKD-Dienstleister*, Nutzer des Systems sein. Ein Kunde als Nutzer kann bspw. durch das System seine Anlage selbst fernkonfigurieren oder Reports über Störfälle, Wartungen etc. einsehen. Der Hersteller kann als Nutzer, z. B. aus erstellten Wartungs- und Instandsetzungsreports Verbesserungspotenziale für seine Maschinen und Anlagen erkennen. Neben dem Hersteller kann aber auch ein TKD-Dienstleistungsunternehmen Nutzer des Informationssystems sein, indem er durch das System bspw. seine TKD-Einsätze planen aber auch Informationen über betreute Anlagen und Historien einsehen kann. Da Hersteller häufig auch einen eigenen, auf ihre Produkte bezogenen TKD-Service betreiben, ist bei einer Systemklassifizierung zu unterscheiden, ob das System eher von der Dienstleistungs- oder Produktionsabteilung genutzt wird; dementsprechend ist zu klassifizieren (TKD-Dienstleister vs. Anlagenhersteller). Als weiterer und meist häufigster Nutzer tritt der TKD-Mitarbeiter auf, der das System für seine operativen Tätigkeiten, z.B. zur Einsicht von Reparaturanleitungen oder aktuellen Anlagendaten, einsetzen kann.

Datenlieferant

Das Merkmal *Datenlieferant* definiert, durch wen oder was das Informationssystem seine Daten bezieht bzw. von wem oder was es die Daten geliefert bekommt. Unter Berücksichtigung der Interpretation von Informationssystemen als Mensch-Aufgabe-Technik-Systeme kommen als Datenlieferant der *Mensch*, die *Technik* oder beide zusammen in Betracht (vgl. Abb. 3).

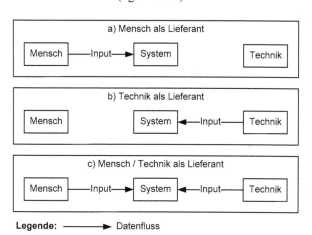

Abb. 3. Merkmalsausprägungen von Datenlieferant. a) z.B. Diagnosesysteme, bei denen der TKD-Mitarbeiter manuell Werte misst und diese dem System zur Auswertung bereitstellt, oder auch WMS, bei denen das Wissen durch den TKD-Mitarbeiter erfasst und in das System eingeben wird. b) z.B. CMS, bei denen die Sensorik in der Anlage installiert ist und diese gemessene Werte an das System überträgt. c) z.B. Diagnosesysteme, die im Dialogverfahren arbeiten und von beiden „Lieferanten" Daten beziehen.

2.3.3   Eigenschaften und Funktionen

Die acht Merkmale dieser Klasse geben an, über welche Eigenschaften und Funktionen das zu klassifizierende System verfügt.

Einsatzmöglichkeit

Das Merkmal *Einsatzmöglichkeit* gibt an, ob das Informationssystem *speziell* auf einen Hersteller ausgerichtet ist und somit nur mit dessen Maschinen und Anlagen zusammenarbeiten kann oder ob das System *herstellerübergreifend* einsetzbar ist. Die gewählte Merkmalsausprägung ist oftmals von der *Systemklasse* abhängig. IPS sind bspw. in der Regel herstellerübergreifend einsetzbar, wohingegen Diagnose- und Parametrisierungssysteme, gerade in der Automobilbranche, oft nur herstellerspeziell oder deutlich in ihrer Funktionalität eingeschränkt herstellerübergreifend nutzbar sind. Gerade aus Kostengründen sind auf Seiten des TKD-Dienstleisters herstellerübergreifende Systeme gewünscht, da meist mehrere Anlagen von verschiedenen Herstellern zu betreuen sind und somit die Anschaffungskosten für mehrere Geräte, die nur auf einen Hersteller fixiert sind, sehr teuer sind. Allerdings ist die Datenpflege für ein herstellerübergreifendes System sehr umfangreich und durch unterschiedliche „Standards" der Hersteller verkompliziert. Einen Ansatz zur Bewältigung dieses Problems ist durch PIPE gegeben.

Automatisierungsgrad

Das Merkmal *Automatisierungsgrad* gibt an, wie selbstständig bzw. automatisiert das System arbeitet. Die drei Merkmalsausprägungen *niedrig*, *mittel* und *hoch* sind allerdings schwer und oft nur in Relation zu weiteren Systemen eindeutig bestimmbar. Aus diesem Grund sind sie ineinander überlaufend dargestellt. Speichert ein IPS z. B. nur Anlage- und Wartungsdaten zwecks Übersicht und Reporterstellung ab, würde dieses einem niedrigen Automatisierungsgrad entsprechen. Verteilt es eingegebene Wartungsaufträge optimal auf freie TKD-Mitarbeiter, entspräche dies bereits einem mittleren Automatisierungsgrad. Besorgt bzw. erstellt es seine Wartungsaufträge sogar selbstständig durch Einbeziehung von CMS- oder ÜS-Daten und verteilt diese Aufträge zusätzlich automatisch auf freie Mitarbeiter, würde dies in diesem Beispiel den *höchsten* Automatisierungsgrad darstellen.

Überwachungsart

Das Merkmal *Überwachungsart* gibt an, ob und inwiefern eine ständige Überwachung einer Maschine oder Anlage stattfindet. Bei einer *kontrollorientierten* Überwachung meldet das Überwachungssystem erst bei einer Soll-Ist-Abweichung einen Fehler oder Defekt. Verläuft die Überwachung dagegen *prognoseorientiert* wird bereits ein Trend im Ist-Verlauf als Fehler gewertet und gemeldet. Ist das Überwachungssystem mit einem CMS ausgestattet, so agiert es in der Regel prognoseorientiert, da durch das Messen von Abnutzungswerten, die nicht automatisch auf einen vorhandenen Fehler oder Defekt der Anlage hindeuten und damit noch keine direkte Soll-Ist-Abweichung ausdrücken, bereits auf eine baldige Soll-Ist-Abweichung geschlossen werden kann.

Ablaufunterstützung

Das Merkmal *Ablaufunterstützung* gibt an, ob das System den TKD-Mitarbeiter im Ablauf seiner Reparatur-, Wartungs- oder Inspektionsaufgaben unterstützt. Sei es in Form von statischen Reparatur-, Wartungs- oder Inspektionsanleitungen, die über das System einsehbar sind oder ob er dynamisch durch die Prozesse geführt wird. Letzteres stellt den idealtypischen Fall da, der in der Praxis allerdings noch selten vorzufinden ist. Einen Ansatz zeigt hier das PIPE-Konzept auf, das die Servicemaßnahmen prozessorientiert sieht und die Ablaufsteuerung dynamisch, z. B. hinsichtlich des eingesetzten Clientsystems zur Unterstützung, anpasst. Gerade eine TKD-Unterstützung in diesem Bereich ist maßgeblich für einen schnellen und effektiven Serviceprozess verantwortlich.

Standortabhängigkeit

Das Merkmal *Standortabhängigkeit* gibt an, ob die Funktionalitäten des eingesetzten Systems *mobil* oder *immobil* nutzbar sind. Ist das System bspw. fix an einer Stelle montiert und auch nicht optional auf mobiler Hardware lauffähig, wird im Rahmen dieser Arbeit von immobilen Systemen gesprochen. Ein Beispiel hierfür wären die heute nicht mehr gebräuchlichen Diagnosesysteme in Kfz-Werkstätten, die auf großen PC-Systemen auf Werkstattwagen installiert waren und somit immobile Charakteristik in der Nutzung aufwiesen. Genauso können auch Computer, die in oder bei der Anlage installiert sind, als immobil bezeichnet werden. Ist jedoch darüber hinaus die Funktionalität dieser Computer auch auf mobilen Geräten nutzbar, wäre das Gesamtsystem wiederum mobil. Wie die Evaluation der Klassifikation in Abschnitt 4 zeigt, weisen im Prinzip alle gängigen und modernen Informationssysteme mobile Nutzbarkeit auf und werden zudem für zunehmend kleinere und handlichere Geräte, z. B. PDA, entwickelt und angeboten.

Datenaktualisierung

Das Merkmal *Datenaktualisierung* charakterisiert, ob das Informationssystem die Aktualisierung seiner Daten selbst anstößt (*automatisiert*) oder dazu von einem Benutzer veranlasst wird (*manuell*). Online-CMS sind bspw. durch ihre automatische Datenaktualisierung, die meist permanent in Echtzeit geschieht, geprägt. Bei Offline-CMS initiiert in der Regel der TKD-Mitarbeiter die Datenaktualisierung, z. B. per Knopfdruck.

Aktualisierungsintervall

Das Merkmal *Aktualisierungsintervall* gibt an, ob die Aktualisierung *zyklisch*, d. h. in regelmäßigen Abständen, oder *nichtzyklisch* verläuft. Die manuelle Datenaktualisierung weist in der Regel eine nichtzyklische Aktualisierung auf, wohingegen ein System mit permanenter Überwachung zyklisch seine Daten aktualisiert, wobei hier die Zykluszeit eher kurz ist.

Aggregationsstufe der Datensammlung

Wie schon das Merkmal *Automatisierungsgrad*, lässt sich das Merkmal *Aggregationsstufe der Datensammlung* nicht scharf in seinen Merkmalsausprägungen abgrenzen. Wie zuvor wird dies durch abgeschrägte Ausprägungsenden dargestellt. Typischerweise sammeln CMS bei komplexen Anlagen mehrere Gigabyte an Daten (GE Energy 2008), die erst durch Auswertung und Aggregation in Informationen verwandelt werden können und somit einen Nutzen erzielen. Erfolgt die Übermittlung zudem über relativ langsame Verbindungen, wie bspw. Modems, ist bereits aus technischen Gründen eine Aggregation der gesammelten im Vergleich zu den versendeten Daten erforderlich. Ist dies nicht gegeben, würden die gemessenen Daten aufgrund der langsamen Übertragungsgeschwindigkeit nicht mehr die nötige Aktualität gewähren. Wie stark die Aggregation ist, lässt sich dagegen meist nur in Relation zu anderen Systemen ausdrücken.

2.3.4 Technologie

Die Klasse Technologie beinhaltet diejenigen Merkmale, die es dem System ermöglichen, seine Aufgaben, Eigenschaften und Funktionen zu erfüllen.

Expertensystem

Das Merkmal *Expertensystem* definiert, ob das System in seiner Entscheidungsfindung durch ein Expertensystem unterstützt ist. Charakteristisch für Expertensysteme ist die Trennung zwischen der Wissensbasis und der Problemlösungsstrategie bzw. des Steuerungssystems, wodurch die Entscheidung des Systems nachvollzogen werden kann (Bodendorf 2006, S. 153; Puppe 1988, S. 2 ff.). Das Steuerungssystem lässt sich in Teilkomponenten zerlegen (Beierle und Kern-Isberner 2008, S. 18; Bodendorf 2006, S. 154 ff.; Voß und Gutenschwager 2001, S. 355; Weinrauch 2005, S. 233):

- Durch eine *Wissensakquisitionskomponente* ist die Eingabe und Abänderung von Problemlösungswissen aus der Wissensbasis möglich.

- Eine *Dialogkomponente* sammelt fallspezifisches Wissen durch Interaktion mit den Benutzern des Expertensystems oder direkt durch Messdaten einer Maschine oder Anlage.

- Eine *Problemlösungskomponente* (Inferenzmaschine) löst durch das gespeicherte Problemlösungswissen das gestellte Problem.

- Eine *Erklärungskomponente* begründet dem Nutzer die Schlussfolgerung der Inferenzmaschine.

- Ein *adaptives Benutzermodell* ermöglicht es dem System, sich auf seinen Benutzer einzustellen und somit mit seinen Präferenzen zu handeln.

Die Wissensbasis kann fallspezifisches und/oder regelbehaftetes Wissen beinhalten (Beierle und Kern-Isberner 2008, S. 17). Fallspezifische Wissensbasen bestehen aus früher aufgetretenen Fällen. Expertensysteme, die aus solchen Wissensbasen bestehen, werden oft auch Case-Based Reasoning (CBR-) Systeme genannt (Beierle und Kern-Isberner 2008, S. 158; Mertens 2007, S. 53; Voß und Gutenschwager 2001, S. 321; Weinrauch 2005, S. 233) und durchsuchen die Wissensbasis nach ähnlichen Fällen anstelle durch Anwenden von Regeln eine Lösung zu generieren (Voß und Gutenschwager 2001, S. 355).

Allgemein werden zwei unterschiedliche Arten von Expertensystemen unterschieden: deterministische und stochastische Expertensysteme. Deterministische Systeme lösen Probleme, die mit exakten Regeln beschrieben werden können. Lassen sich Probleme dagegen nicht exakt beschreiben, d. h. treten gewisse Unsicherheiten oder Unschärfen auf, kommen stochastische Systeme in Betracht, die z. B. auf der Fuzzy Logic basieren (Bodendorf 2006, S. 153).

Im Allgemeinen erfüllen Expertensysteme folgende Aufgabenbereiche (Bodendorf 2006, S. 166 f.):

- *Wissensverbreitung:* Unerfahrene Personen können Probleme lösen, die normalerweise Expertenwissen verlangen.

- *Wissensbündelung:* Das System bündelt das Wissen mehrerer Experten, wodurch sich das vorhandene Wissen für den Nutzer erhöht.

- *Wissensanwendung:* Durch die maschinelle Verarbeitung können Probleme schneller gelöst werden, was bei technischen Störungen zur Vermeidung weiterer Schäden wichtig ist. Zudem können die Systeme Experten bei monotonen und wiederholenden Problemen die Arbeit erleichtern.

- *Wissenstransparenz:* Experten können bei manchen Problemen aufgrund der Komplexität den Überblick verlieren, hier helfen Expertensysteme, diese zu beherrschen.

Bodendorf (2006, S. 167 f.) unterscheidet Expertensysteme nach Anwendungstypen, bei denen für den TKD Diagnosesysteme, Beratungssysteme, die meist Bestandteil von Diagnosesystemen sind, sowie Entscheidungssysteme, bspw. Überwachungs- oder CM-Systeme, von Bedeutung sind. Um diese Werkzeuge benutzen zu können, bedarf es zunächst dem Aufbau einer geeigneten Wissensbasis und anschließend der kontinuierlichen Pflege des gespeicherten Wissens. Da dies mit einem beträchtlichen Aufwand verbunden ist, muss dieser immer gegenüber dem erzielten Nutzen abgewogen werden (Puppe et al. 2000, S. 7).

Komponentenverbund zur Anlage

Das Merkmal *Komponentenverbund zur Anlage* gibt an, ob eine Komponente des Informationssystems physisch im Produkt integriert ist. Beispielsweise sind die Sensoren von Online-CMS in der Anlage integriert, weshalb hier die Merkmals-ausprägung *integriert* zu wählen wäre. Wird die Sensorik dagegen bei jeder Messung erneut an die Anlage angebracht, wie dies bei Offline-CMS gängig ist, die periodisch eine Überprüfung der Anlage vornehmen, ist die Merkmalsausprägung *nicht integriert* zu wählen.

Eingesetztes Endgerät

Das Merkmal *Eingesetztes Endgerät* beschreibt, auf welcher Art von Endgerätehardware das Informationssystem ausgeführt wird. Hierbei lassen sich die Hardwaretypen *Individual* und *Standard* unterscheiden. Erstere sind speziell entwickelte und auf das System und deren Anwendung zugeschnittene Lösungen. Standardisierte Geräte sind dagegen bspw. handelsübliche PC, Laptops, PDA, Mobiltelefone oder Smartphones. Betrachtet wird hier allerdings nur die Hardwarelösung des Endgerätes, da bspw. technische Komponenten von CMS fast ausschließlich individuell für den Anlagentyp gefertigt sind. Vorteile liegen hier bei der Nutzung von Standardendgeräten, zum einen sind sie kostengünstiger in der Anschaffung, was der Verbreitung und somit einer größeren Zahl an Mitarbeitern zugute kommt. Zum anderen beinhalten sie meist Zusatzfunktionen, die von Individualgeräten nicht abgedeckt werden, da diese nur für eine bestimmte Aufgabe konzipiert sind, bspw. PDA, die auch zu Navigationszwecken für den Außendienst TKD-Mitarbeiter genutzt werden können. Dem entgegen spricht, dass Standardgeräte oft nicht die benötigte Funktionalität oder auch die benötigte Robustheit bieten, bspw. werden gelegentlich für Außendienstzwecke extra robuste Computer eingesetzt, die speziell für den „rauen" Alltag ausgelegt sind.

Eingesetzte Software

Das Merkmal *Eingesetzte Software* kennzeichnet die Softwareart, d. h. ob die Software auf dem Endgerät installiert oder per Internet über einen Webbrowser aufrufbar ist (Tamm und Günther 2005, S. 40). Vorteile bei der webbasierten Art ist die einfachere Updatemöglichkeit von Softwarebestandteilen, da ein Update nur zentral auf dem Server vorgenommen werden muss und trotzdem mobil verfügbar ist. Als nachteilig stellt sich dagegen die notwendige Internetverbindung heraus. In Gebieten, wo es bspw. keine Netzabdeckung für GSM, GPRS oder UMTS gibt, ist die Ausführung der Software nicht möglich, hier wären z. B. die Standorte von Windkraftanlagen zu nennen, die meist fernab von der Bevölkerung sind und somit in ihrem Einzugsgebiet oftmals eine schlechte Netzabdeckung aufweisen. Problematisch kann auch die Bandbreite sein, da in manchen Systemen vorteilsbedingt die Aggregation der Daten relativ gering ist und somit unter Umständen das Gerät mit der Verarbeitung aktueller Daten nicht nachkommt. Somit ist nicht pauschalisierbar, welche Art von Software vorteilhafter ist. Bei steigender Netzabdeckung und -bandbreite dürften allerdings die Vorteile der Webanwendungen überwiegen.

Merkmalsklasse	Merkmal	Merkmalsausprägung				
Aufgaben-bereich	Systemklasse	IPS	WMS	CMS / Überwach-ungssys.	Diagnose-system	Parametri-sierungs-system
	Unternehmensfunktion (horizontal)	F&E / Produktion		Vertrieb / Absatz	Lagerhaltung / Beschaffung	Kundendienst
	Unternehmensfunktion (vertikal)	Planung & Kontrolle			Administration & Disposition	
	TKD-Kernleistung	Ersatzteil-beschaffung	Wartung	Inspektion	Instand-setzung	Verbes-serung
Organisation	Systemnutzer	Kunde		Anlagen-hersteller	TKD-Dienstleister	TKD-Mitarbeiter
	Datenlieferant	Mensch			Technik	
Eigenschaften & Funktionen	Einsatzmöglichkeit	herstellerspeziell			herstellerübergreifend	
	Automatisierungsgrad	niedrig		mittel		hoch
	Überwachungsart	keine		kontrollorientiert		prognoseorientiert
	Ablaufunterstützung	nicht vorhanden			vorhanden	
	Standortabhängigkeit	immobil			mobil	
	Datenaktualisierung	manuell			automatisch	
	Aktualisierungsintervall	nichtzyklisch			zyklisch	
	Aggregationsstufe der Datensammlung	niedrig		mittel		hoch
Technologie	Expertensystem	nicht vorhanden			vorhanden	
	Komponentenverbund zur Anlage	nicht integriert			integriert	
	Eingesetztes Endgerät	Individual			Standard	
	Eingesetzte Software	desktopbasiert			webbasiert	
	Teleservice	nicht vorhanden			vorhanden	
	Datenübertragung	Datenfernübertragung			Datennahübertragung	

Abb. 4. Klassifikationssystem für integrierte Informationssysteme zur Unterstützung technischer Kundendienstleistungen

Teleservice

Das Merkmal *Teleservice* gibt an, ob das System mit Teleservicefunktionalität aus-gerüstet ist. Teleservices spielen heutzutage eine große Rolle und sind bereits in verschiedenen Branchen, bspw. bei Windkraftanlagen (vgl. Abschnitt 4.2), von großer Bedeutung. Dabei wird unter Teleservice die Informationstechnologie ver-standen, die es ermöglicht, Konfigurationen, Zustandsanalysen, Diagnosen aber auch Fehlerbehebungen aus der Ferne an Maschinen und Anlagen durchzuführen (Weinrauch 2005, S. 238). Diese Dienste kommen zum einen dem TKD zugute, der dadurch nicht zur Leistungserbringung vor Ort präsent sein muss und daher über ein großes Einsparpotenzial verfügt, bspw. durch den Wegfall von Fahrtkos-ten bzw. die anfallenden Arbeitskosten für oftmals kurze Leistungserbringungszei-ten. Zum anderen hat der Kunde den Vorteil, für viele Inspektionsarbeiten oder gar Fehlerbehebungen keinen Termin mit dem TKD-Mitarbeiter einplanen zu müssen. Zusätzlich hat der Kunde häufig, z.B. mit Hinblick auf die SHK-Branche, die Möglichkeit, seine Anlagen aus der Ferne parametrisieren zu können.

Datenübertragung

Das Merkmal *Datenübertragung* gibt an, wie Daten von der Maschine oder Anla-ge zum Informationssystem gelangen. Unter *Datenfernübertragung* werden Ver-bindungen über Ethernet, Modem, ISDN, DSL, mobilen Dienste via GSM/ UMTS oder über das Internet verstanden. *Datennahübertragung* bezeichnet dagegen Ver-bindungen per Bluetooth, IrDA, Funk, WLAN oder auch kabelgebundene Schnitt-stellen über kurze Distanzen. Eingaben per Hand werden darüber hinaus zur Da-tennahübertragung gezählt. Allgemeingültige Vorteile einer Übertragungsart gibt es nicht. Per Datenfernübertragung lassen sich die Daten zwar zumeist überall empfangen und einsehen, die Übertragung ist allerdings über GSM- oder Modem-Verbindungen recht langsam. Gleiches gilt dagegen auch für die Datennahüber-tragung. Hier ist z.B. die Bandbreite von Infrarottechnik stark begrenzt.

3   Evaluation der Klassifikation

Nachfolgend wird die erarbeitete Klassifikation an 19 Anwendungsbeispielen un-terschiedlicher Hersteller aus den Branchen Sanitär- Heizungs- und Klimatechnik, Windkraftanlagen, Automobil sowie an sieben branchenübergreifenden Beispielen evaluiert und gleichzeitig ein Überblick über die in den jeweiligen Branchen gän-gigen Systeme gegeben. Die Gründe, warum gerade diese Branchen ausgewählt wurden und weshalb besonders hier eine starke IT-Unterstützung von Nöten ist, wird in den jeweiligen Unterkapiteln gegeben. Die einzelnen Systembeispiele wurden durch eine Internetrecherche ausgewählt, sind nach Angaben der Produkt-beschreibungen der Hersteller vorgestellt und in das erstellte Klassifikationssys-tem eingeordnet worden. Daher kann es vorkommen, dass aufgrund fehlender Herstellerinformationen vereinzelt Merkmale nicht bestimmbar sind.

3.1   Sanitär- Heizungs- und Klimatechnik

In der Sanitär- Heizungs- und Klimatechnik (SHK) Branche wird der Einsatz von Informationstechnologie zunehmend wichtiger. Zum einen können die Produkte für den Kunden interessanter gestaltet werden, bspw. durch Features wie Ferneinstellmöglichkeiten von Heizungen, was gerade bei nicht dauerhaft bewohnten Gebäuden von großem Vorteil ist. Zum anderen kann der TKD durch Teleserviceunterstützung um ein Vielfaches vereinfacht und effizienter gestaltet werden, was sich in kürzeren Ausfallzeiten, geringeren Servicekosten sowie kundenfreundlicherem Service bemerkbar macht. Zum Beispiel ist es durch eine Fernparametrisierung von Anlagen möglich, auf eine Terminabsprache mit dem Kunden zu verzichten, was sich neben der schnelleren Abwicklung der Serviceleistungen für den TKD-Dienstleister auch für den Kunden bezahlbar macht. Häufig müssen Privatkunden nämlich für Servicemaßnahmen Urlaubszeiten einplanen, da ihre Arbeitszeiten mit denen der Servicekräfte kollidieren. Der Einsatz solcher Technik kann die Problematik einer Terminabsprache überflüssig machen (Vaillant Deutschland GmbH & Co. KG 2005).

Daneben bieten Teleservicelösungen eine Überwachung von Anlagen, wodurch ein Servicemitarbeiter einen Fehler oder Defekt bereits beheben kann, bevor der Kunde eine Auswirkung davon zu spüren bekommt, bspw. eine defekte Heizung und folglich kalte Räume. Auch der TKD-Mitarbeiter kann von Informationssystemen profitieren. Reichte früher sein in der Ausbildung erlangtes Wissen für die Erbringung einer optimalen Serviceleistung für eine geraume Zeit aus, macht die kurze Entwicklungszeit neuer Anlagen dies immer schwieriger. Das umfangreiche Angebot unterschiedlicher Hersteller, deren vielseitige Konfigurationsmöglichkeiten sowie die stärkere Elektronisierung der Anlagen führen zudem zu ständig komplexeren, zeit- und folglich kostenintensiveren Servicemaßnahmen. Der TKD wird dazu erfahrungsgemäß von den Herstellern mit Reparatur- und Einstellanleitungen überhäuft, wodurch sich ein Herausfiltern und Mitführen der nötigen Informationen für den TKD-Mitarbeiter fortwährend aufwendiger gestaltet.

3.1.1   Bosch Thermotechnik GmbH

Die Bosch Thermotechnik GmbH (2005; 2007a; 2007b), bis 2008 Bosch-Buderus Thermotechnik und eine Tochtergesellschaft der Robert Bosch GmbH, bietet Produkte im Bereich der Heiztechnik an. Zur Unterstützung des TKD existiert mit dem Logamatic-System ein Diagnosegerät mit Teleservicefunktionalität. Grundmodule des Systems sind anlagengebundene und mobile Heizungsregelsysteme, die Informationen über die Anlage bereitstellen und eine Fernparametrisierung erlauben. Der TKD-Mitarbeiter hat die Möglichkeit, sich über die *Logamatic Eco-Software* und den *Logamatic Service-Key* (Schnittstellenverbindung) direkt mit der Anlage zu verbinden. Mit der gleichen Software lässt sich die Anlage aus der Ferne überwachen, warten und vom Kunden selbst parametrisieren. In Abb. 5 ist der Systemaufbau des Logamatic-Systems dargestellt.

Modemverbindung mit Regelung

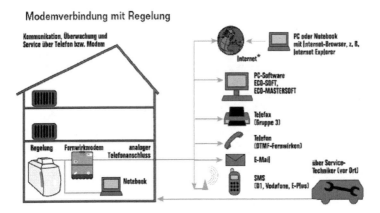

Direktverbindung mit Regelung

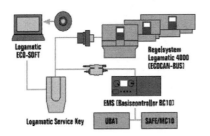

Die Meldungen über Betriebsstörungen oder -zustände können an beliebige Meldeziele gesendet werden. Der Service-Techniker kann die Störungen dann per PC oder vor Ort beheben.

* nur mit Logamatic 4000

Abb. 5. Systemaufbau des Logamatic-Systems
(Quelle: Bosch Thermotechnik GmbH 2007a)

3.1.2   Vaillant Deutschland GmbH & Co. KG

Die Vaillant Deutschland GmbH & Co. KG (2005) ist nach eigenen Angaben Europas größter Hersteller von Systemheiztechnik und bietet ein Internet-Kommunikationssystem mit dem Namen *vrnetDIALOG* an, das in Verbindung mit dem angebotenen *Multi-Sensorik-System* eine Onlineüberwachung, -diagnose, -wartung sowie -parametrisierung ermöglicht. Kernbestandteil des Systems bildet die Multi-Sensorik-Einheit, die über einen Wasserdruck- und CO_2-Sensor verfügt und somit permanent den Wasserdruck der Heizungsanlage und die Verbrennungsgüte überwacht und bei Problemen und Fehlern das *vrnetDIALOG*-System benachrichtigt. Dieses übermittelt den Fehler per SMS, Fax oder E-Mail an den betreuenden Wartungsdienst. Neben der Benachrichtigung von Fehlern kann das *vrnetDIALOG*-System auch zur Fernparametrisierung, -einstellung, -diagnose und -protokollauswertung verwendet werden. Das System ist als interne sowie externe Version verfügbar und kann die Daten je nach Modell per Modem- oder GSM-/GPRS-Verbindung übertragen. Ein weiterer Vorteil des Systemkonzepts ist die Möglichkeit, sich mit jedem internettauglichen Endgerät über den Vaillant-Sicherheitsserver mit der Anlage zu verbinden, wodurch die Funktionalität des Vaillant-Systems mobil einsetzbar ist und somit auch für den TKD vor Ort über DFÜ, allerdings nicht per DNÜ, verfügbar ist. Abb. 6 zeigt den Systemaufbau des vrnetDIALOG-Systems.

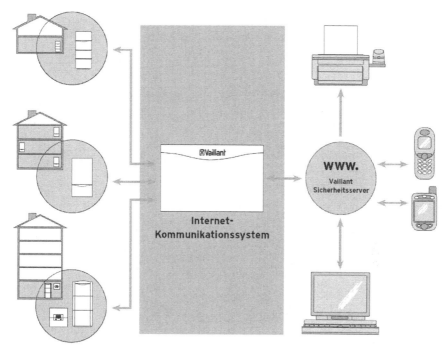

Abb. 6. Systemaufbau des vrnetDIALOG Systems
(Quelle: Vaillant Deutschland GmbH & Co. KG 2005)

3.1.3   Viessmann Werke GmbH & Co. KG

Die Viessmann Werke GmbH & Co. KG (2008) ist ein international führendes Unternehmen im Bereich von Heiztechniksystemen. Zur Unterstützung des TKD bietet das Unternehmen drei unterschiedliche Systeme an, die sich im Leistungsumfang unterscheiden (vgl. Abb. 7), das Einstiegsmodell *Vitocom 100*, das Mittelmodell *Vitocom 200* in Verbindung mit *Vitodata 100* und das Modell *Vitocom 300* mit dem *Vitodata 300* Server.

Das Einstiegsmodell richtet sich an Ein- bis Zweifamilienhäuser sowie nicht dauerhaft bewohnte Gebäude, bspw. Ferienhäuser. Der Leistungsumfang umfasst das Empfangen von Störungsmeldungen per SMS, bei einer jedoch relativ beschränkten Bedienmöglichkeit (Festlegen der Ein- und Ausschaltzeiten der Heizungsanlage). Zusätzlich kann über einen digitalen Eingang ein weiteres System zur Überwachung integriert werden, bspw. ein Leckanzeigesystem oder ein Brandmelder.

Mit *Vitocom 200* und der dazugehörigen webbasierten Bedienoberfläche *Vitodata 100*, dessen Einsatz primär auf Privathäuser und kleinere Nutzgebäude abzielt, wird der Leistungsumfang erhöht. Zu der Störungsbenachrichtigung per SMS ist zusätzlich eine Benachrichtigung per E-Mail möglich. Über die Viessmann Weboberfläche ist eine Übersicht über vielfältige Betriebsdaten, wie z.B. Temperaturen, möglich. Die Anzahl der digitalen Eingänge erhöht sich zudem auf zwei. In Verbindung mit *Vitodata 300* ist ein Zugriff auf alle relevanten Parameter der Heizung möglich.

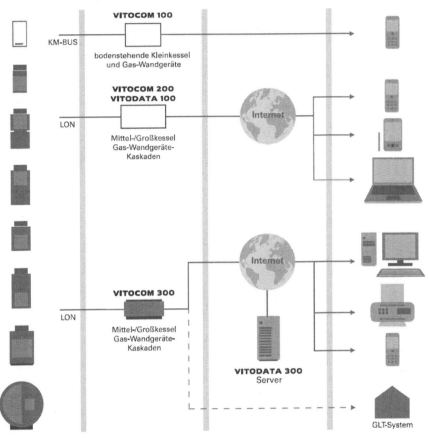

Abb. 7. Systemaufbau des Vitocom/Vitodata-Systems
(Quelle: Viessmann Werke GmbH & Co. KG 2008)

Das Modell *Vitocom 300*, das ständig in Verbindung mit *Vitodata 300* steht, ist für große Wohnanlagen und Nutzgebäude ausgelegt. Es verfügt über 28 digitale und 16 analoge Eingänge sowie fünf digitale Ausgänge zur Steuerung weiterer Geräte. Die Kommunikation kann mit Hilfe einer Internetverbindung oder per Paketübertragung über das Mobilfunknetz erfolgen. Mit dem integrierten Anlagenmanagementsystem von *Vitodata 300* werden alle relevanten Daten in einem Datenlogger gespeichert. Somit sind ein historischer Verlauf sowie die Entwicklung aktueller Trends darstellbar. Des Weiteren können automatisch Service-Dienstpläne erstellt und ein Überblick über das gesamte Anlagenschema gegeben werden. Das Versenden von Störmeldungen kann zusätzlich über ein Fax erfolgen.

3.1.4   PIPE-Projekt

Im Gegensatz zu den drei vorherigen Branchenbeispielen, soll PIPE (Thomas et al. 2007a; 2006; 2007b; Walter et al. 2009) nicht den TKD-Mitarbeiter durch ein Überwachungs- oder Parametrisierungssystem unterstützen, sondern mithilfe eines Wissensmanagement- und Diagnosesystems, das dem TKD-Mitarbeiter visuell und interaktiv mit einer Ablaufunterstützung zur Störungsdiagnose und -behebung, d.h. beim direkten Serviceprozess, zur Seite steht (vgl. das einführende Kapitel von Thomas et al., S. 3 ff., in diesem Band). Neben dem TKD-Mitarbeiter kommt das System auch dem Endkunden zugute. Er kann, wie auch das TKD-Dienstleistungsunternehmen mit seinen Mitarbeitern, ein Feedback über das erhaltene Produkt und zusätzlich über die dazugehörige Dienstleistung abgeben. Darüber hinaus können Anforderungen an zukünftige Anlagefunktionalitäten sowie Dienstleistungen an ein PIPE-Dienstleistungsunternehmen abgegeben werden, wodurch ein Kreislauf zwischen dem Bereitstellen des hybriden Produkts und dessen dazugehörigem Feedback entsteht. In einem zweiten Kreislauf gibt der PIPE-Dienstleister die erhaltenen Feedbacks an den Hersteller weiter, der die Informationen für die Produktentwicklung nutzt und im Gegenzug Dokumentation zur Anlage sowie Informationen zu den Serviceprozessen zur Verfügung stellt.

Die erhaltenen, meist unstrukturierten technischen Dokumentationen (bspw. PDF-Dateien) dienen wie auch Stammdaten zu Geräten, Ersatzteilen, Lagerbeständen usw. als Datengrundlage und werden mit strukturierten Serviceprozessbeschreibungen in einem Repository verknüpft. Die Modellierung dieser Serviceprozessbeschreibungen erfolgt mit dezentralen Modellierungs-Clients, die an das Repository angeschlossen sind. Über einen Portalserver können die Clients ihre benötigten Serviceprozesse aus dem Repository suchen und auswählen. Danach konvertiert der Portalserver die benötigten Prozessbeschreibungen endgerätegeeignet (z.B. PDA oder Laptop) und transportiert diese an die Clients weiter, auf denen der Prozess zur Serviceerbringung visuell und interaktiv dargestellt wird. Umgekehrt nimmt der Portalserver Controllingdaten, wie bspw. Feedbacks, entgegen und integriert sie im Repository. Die Konfiguration und Steuerung des Repository und des Portalservers erfolgt über ein integriertes Front-End.

Durch diesen Ansatz kann PIPE dem TKD-Mitarbeiter zu jeder Zeit den benötigten Informations-Mix zur Verfügung stellen, was den Serviceprozess einfacher, schneller und vollständiger gestaltet; letzteres gilt vor allem hinsichtlich einer Ersatzteilversorgung. Zusätzlich soll ein Wissensverlust durch das Ausscheiden erfahrener Mitarbeiter mittels Wissensspeicherung verhindert und zudem das gespeicherte Wissen für alle Mitarbeiter zur Verfügung gestellt werden. Als Vorteilhaft erweist sich bei PIPE, dass es sich ohne weiteres auch auf weitere Branchen des Maschinen- und Anlagenbaus ausdehnen lässt.

3.2   Windkraftanlagen

Windkraftanlagen spielen eine zunehmend größere Bedeutung bei der Stromerzeugung in Deutschland. Im Jahre 2007 wurde bereits 45,7% des erzeugten
Stroms aus erneuerbaren Energien durch Windkraftanlagen erzeugt, was rund
6,5% der gesamten Stromerzeugung in Deutschland entspricht (Bundesministerium für Umwelt, Naturschutz und Reaktorsicherheit 2008, S. 11). Um die Betriebsführung effizienter zu gestalten und damit die Effektivität bestehender Anlagen zu
verbessern und gleichzeitig durch die Effizienzsteigerung die Renditeaussichten
zu erhöhen, bedarf es gerade in dieser Branche des Einsatzes von Informationssystemen für den TKD. Hauptgründe für den Bedarf an Informationstechnologie sind
vor allem die Entfernung der Anlage zu den technischen Servicepoints und damit
das Fehlen von Mitarbeitern vor Ort sowie das schlechte Erreichen der Anlage,
was insbesondere bei Offshore-Anlagen gegeben ist. Daher ist eine kontinuierliche
Vor-Ort-Kontrolle durch einen TKD-Mitarbeiter kaum durchführbar. Die Durchführung von Servicemaßnahmen wird zusätzlich erschwert, da die zu diagnostizie-
renden Bauteile meist zur Turbine gehören und somit dutzende Meter über dem
Boden angebracht sind, was eine sehr schlechte Erreichbarkeit der Komponenten
nach sich zieht. Des Weiteren sind die Bauteile der Anlage, im Gegensatz zu den
meisten Industrieanlagen, dynamischen Belastungen ausgesetzt (Hautmann 2007).

Dies macht den Einsatz von Fernüberwachungs- oder Zustandsüberwachungs-
systemen immer wichtiger. Durch sie wird der Weg von der ausfallbedingten Reparatur zur planmäßigen und zustandsorientierten Instandhaltung bereitet. Zu-
standsüberwachungssysteme sind auch aus versicherungstechnischer Sicht häufig
vorgeschrieben bzw. können dazu beitragen, die Wartungskosten geringer zu halten. Denn ohne ein zertifiziertes Zustandsüberwachungssystem verlangen die Ver-
sicherer, durch so genannte Revisionsklauseln im Vertrag, einen Austausch aller
schadensanfälligen Großkomponenten nach 40.000 Betriebsstunden oder spätestens nach fünf Jahren. Neben diesen hohen Kosten und einer daraus resultierenden
schlechteren Rentabilität, können CMS aber auch einen effektiven Schutz vor teuren tatsächlich benötigten Reparaturen und dramatischen Folgeschäden, aufgrund
zu spät entdeckter Mängel, bieten (FAG Industrial Services GmbH 2008, S. 4;
Prüftechnik AG & Flender Service GmbH 2003, S. 1; wind 7 AG 2007, S. 2).

Nachfolgend werden zehn Systeme aus der Windkraftbranche vorgestellt. Vier
davon sind direkt von Windkraftanlagenherstellern entwickelt worden und können
auf Wunsch des Kunden, meist in Verbindung mit einem Wartungsvertrag, in seine
Anlage integriert werden. Die restlichen sechs Beispiele zeigen zum einen herstellerunabhängige On- und Offline-CMS und zum anderen IPS, die auf die Windkraftbranche spezialisiert sind und ihre Daten von bereits in der Anlage integrierten CMS oder ÜS erhalten.

3.2.1   Enercon GmbH

Die Enercon GmbH (2008), Aurich, ist mit einem Marktanteil von 50,3 % im Jahre 2007 der größte deutsche Hersteller von Windkraftanlagen (DEWI GmbH 2008). Zur Unterstützung des TKD integriert Enercon drei Systeme miteinander: *ENER-CON SCADA, ENERCON GIS* sowie eine Pentop[18]-Anbindung (vgl. Abb. 8):

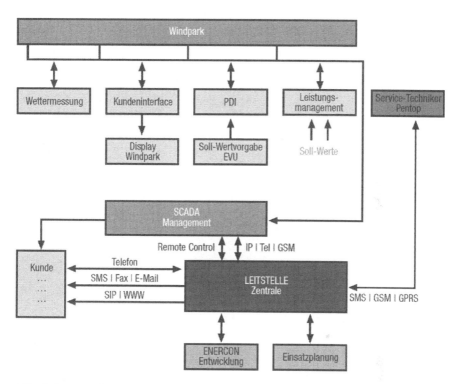

Abb. 8. Systemaufbau des Enercon-Systems
(Quelle: Enercon GmbH 2008)

- Das *SCADA*[19]-System ist eine Plattform für die Fernüberwachung und -steuerung und ist integraler Bestandteil des Enercon Service- und Wartungskonzepts. *SCADA* ist modular aufgebaut und kann durch seine Schnittstellen flexibel erweitert und an kundenspezifische Systeme angepasst werden. Beispielsweise lässt sich eine Wetterstation vor Ort in das System implementieren. Die Datenübertragung zwischen Anlage und Zentrale verläuft über eine Modemverbindung. Der Kunde hat über das *Service Info Portal* (SIP) auf der Internetpräsenz von Enercon selbst einen Überblick über die Anlagendaten und Wartungsproto-

---

[18] Laut Firmenangaben: robuste, tragbare Computer mit Verbindung zur Service-Zentrale.
[19] Überwachungs-, Steuerungs- und Datenerfassungssysteme (engl.: Supervisory Control and Data Acquisition).

kolle. Der genaue Umfang an einsehbaren Daten richtet sich nach dem zur An-lage zugekauften *Enercon PartnerKonzept* (EPK), das in den Versionen Basic (kostenlos), Standard und Premium angeboten wird.

- Das *GIS* (Geoinformationssystem) dient der Ortung des nächstpositionierten Service-Teams und bindet den Auftrag direkt in eine Einsatzplanungssoftware ein, wodurch Wegstrecken und Fahrtzeiten verkürzt werden.

- Die Pentops gewähren dem TKD-Mitarbeiter vor Ort Zugriff auf alle anlagen-spezifischen Dokumente und Daten.

3.2.2   General Electric Wind Energy

General Electric Wind Energy (GE Energy 2005a; 2005b; 2005c; 2005d; 2008) ist die Windsparte des amerikanischen Unternehmens General Electric (GE). GE setzt beim TKD eine umfangreiche und zukunftsweisende IS-Struktur ein. Das Ge-samtpaket im Windanlagenbereich wird *Wind Turbines Application Package* ge-nannt und beinhaltet das *Bently Nevada Trendmaster Dynamic Scanning Module* (DSM), ein CMS und DS, sowie die *System 1* Anzeige und Datenbank, die ein Expertensystem auf Regelbasis beinhaltet (vgl. Abb. 9).

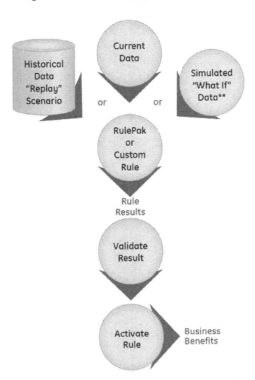

Abb. 9. Das Expertensystem von GE im Überblick
(Quelle: GE Energy 2005d)

Daneben werden noch Module zur Anbindung an bestehende IPS-Systeme, wie bspw. das SAP R/3 Plant Maintenance Modul, sowie vorgefertigte Regeln für das Expertensystem und ein Regeleditor angeboten. In Abb. 9 ist die Entscheidungsfindung des Expertensystems schematisch dargestellt. Dabei können auf der Inferenzmaschine neben aktuellen und fiktiven Daten auch historische Daten ausgewertet und resultierende Alternativentscheidungen simuliert werden. Durch den Einsatz des Expertensystems kann das System unabhängig und direkt reagieren und Daten einer Simulation unterziehen.

3.2.3   REpower Systems AG

Die REpower Systems AG (2007) hatte im Jahre 2007 mit 10,9 % den drittgrößten Marktanteil an Windkraftanlagen in Deutschland (DEWI GmbH 2008). Um den TKD gezielter einsetzen zu können baut REpower auf eine permanente Fernüberwachung mit dem Namen *Permanent Monitoring System* (PMS), die aktiv die Anlage überwachen soll. Das System soll zudem eine Anlagenfernanalyse und – sofern möglich – bereits eine Störungsbeseitigung durchführen. Das System speichert dafür alle Anlagendaten zu Auswertungszwecken ab, die später in die Störungsanalyse eingehen und von Ingenieuren zur Lösungsentwicklung verwendet werden. Damit hat das Unternehmen ein selbstlernendes System entwickelt, durch das die Anlagen optimiert und effektive Lösungen entwickelt werden können.

3.2.4   Nordex AG

Die Nordex AG (2008) hat mit 4,8 % im Jahr 2007 den viertgrößten Marktanteil an Windkraftanlagen in Deutschland (DEWI GmbH 2008). Um den TKD zu unterstützen und die Stillstandzeiten der Anlagen zu verkürzen, bietet das Unternehmen eine 24-Stunden-Fernüberwachung sowie ein optionales Condition Monitoring an, das permanent einen Soll-Ist-Abgleich durchführt und bei Abweichungen präventiv einen durchzuführenden Serviceeinsatz meldet. Alle ermittelten Werte werden zentral in einer Historie gespeichert und unterstützen das Berichtswesen des Kunden, der zusätzlich alle Wartungs-, Inspektions- und Reparaturarbeiten aufgelistet bekommt. Für die TKD-Mitarbeiter vor Ort bietet das Unternehmen das mobile Informationssystem *n-Mobile* an, auf das die Mitarbeiter per UMTS, GPRS oder direkt über das Internet zugreifen können. Arbeitsaufträge werden darin präzise definiert und der Mitarbeiter hat einen Echtzeiteinblick über die im Servicepoint des Windparks verfügbaren Ersatzteile. Sind die benötigten Teile vorhanden, kann der Mitarbeiter das Ersatzteil direkt dort beziehen und das System generiert danach automatisch eine Nachbestellung für das entnommene Bauteil. Ist das Bauteil nicht vorhanden, wird es automatisch im Zentrallager bestellt und innerhalb von 24 Stunden zum Servicepoint geliefert. Hat der Mitarbeiter seine Servicearbeiten abgeschlossen, schließt er den Auftrag über *n-Mobile* ab und der erstellte Stundenbericht wird an Nordex weitergeleitet und dient der Rechnungserstellung für den Kunden. Der Kunde selbst hat über die Web-Oberfläche von *n-Mobile* Zugriff auf die generierten Reports und somit einen Überblick über seine Anlagen.

3.2.5   Winergy AG

Eigenen Angaben zufolge ist die Winergy AG (2008a; 2008b) ein weltweit füh-
render Anbieter von Antriebssystemen für Windturbinen als auch von Dienstleistungen rund um die Funktionssicherheit dieser Systeme. Zur Gewährleistung einer
zustandsorientierten Instandhaltung bietet das Unternehmen ein integriertes Online-CMS sowie eine mobile Variante (vgl. Abb. 10) an.

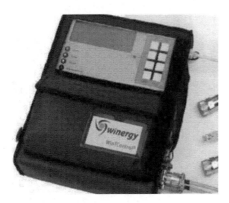

Abb. 10. Mobiles CMS von Winergy   **Abb. 11.** Winergy-CMS-Kreislauf
(Quelle: Winergy AG 2008a)   (Quelle: Winergy AG 2008a)

Die in Echtzeit gewonnenen Daten des Online-CMS werden kontinuierlich mit
dem intelligenten *Winergy Condition Diagnostics System* überwacht und analysiert. Die empfangenen und analysierten Daten werden von Spezialisten ausgewertet, die ggf. den Anlagenbetreiber über Auffälligkeiten informieren. Der TKD bekommt vor Ort, durch den Einsatz von Web-Technologie, die servicebedürftigen
Komponenten der Anlage visualisiert, was ihm die Durchführung seiner Arbeit erleichtert. Die gewonnenen Daten werden auch zur Verbesserung der Anlagensteue-
rung eingesetzt. Ein überblicksartiger Systemkreislauf ist in Abb. 11 dargestellt.
Die Vorteile des Systems liegen in der herstellerübergreifenden Einsetzbarkeit sowie in der Möglichkeit zur Integration in bestehende Anlagen.

3.2.6   softEnergy GmbH

Die softEnergy GmbH ist ein Softwarehersteller für Anwendungssoftware im Bereich von erneuerbaren Energien. Ihr Hauptprodukt, das *Windenergie-Informa-
tionssystem* (WIS), ist ein webbasiertes Programm für die technische und kaufmännische Betriebsführung von Windkraftanlagen. Das System holt in Echtzeit
seine Daten direkt aus den Windkraftanlagen und unterstützt alle Herstellertypen.
Die Daten werden anschließend kundenindividuell ausgewertet und stehen unter
ständiger automatisierter Überwachung. Sind Auffälligkeiten erkennbar, geht eine
SMS oder E-Mail direkt an den Betriebsführer. Gespeichert werden neben den An-

lagenparametern auch diverse Stammdaten, womit durch Zusatzmodule Planungs-prozesse und Entscheidungsfindungen unterstützt werden können. Darüber hinaus erfolgt eine komplette Datenanalyse hinsichtlich Rentabilitätsgesichtspunkten, Beurteilungen von Optimierungsvorgängen, d. h. welche Komponente verursachen im Vergleich zu anderen Herstellern die meisten Schwierigkeiten, in welchem Abstand finden Wartungs- und Reparaturarbeiten statt und vieles mehr. In Abb. 12 sind Screenshots des WIS-Programms zu sehen.

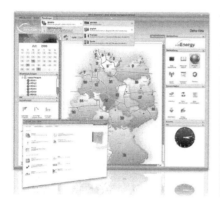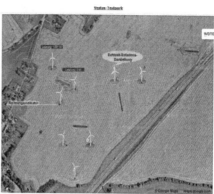

Abb. 12. Screenshots der WIS-Software von softEnergy
(Quelle: http://www.softenergy.de/?page=produkte,screenshots, Abruf am 9.12.2009)

3.2.7   SSB-Antriebstechnik GmbH & Co. KG

Die SSB-Antriebstechnik GmbH & Co. KG bietet ein Softwarepaket namens *WindChap* (SSB-Antriebstechnik GmbH & Co. KG 2009) für die Steuerung, Visualisierung, Überwachung und das Reporting von Windkraftanlagen an. Dabei ist es auf vielen Steuerungshardwarelösungen einsetzbar, wonach sich auch der genaue Funktionsumfang richtet. Die Daten werden in Echtzeit, mit frei wählbarem Zyklus, abgerufen, analysiert und auf SQL-Servern gespeichert. Bei Abweichungen werden individuelle Alarme per E-Mail, SMS oder Pager versendet. Der Zugriff auf das System kann über Internetbrowser erfolgen, so bspw. auch über PDA oder Mobiltelefone. Neben dem Verwalten einzelner Anlagen durch *WindChap®Basic* ist auch die Überwachung von kompletten Windparks durch das Modul *WindChap®Park* durchführbar. Das Modul *WindChap®Fleet* ermöglicht sogar mehrere Windparks zu überwachen und gruppiert die einzelnen Anlagen zu den dazugehörigen Windparks. Das Modul *WindChap®Meteo* erlaubt darüber hinaus, Wettermasten in das System einzubinden. Abgerundet wird das Softwarepaket durch die Module *WindChap®Simulate!* und *WindChap®Analyse!*. Ersteres kann Einstellungen an den Anlagen testen und simulieren, wodurch aufwändige Tests an den tatsächlichen Anlagen entfallen. *WindChap®Analyse!* dient zur Fehlerdiagnose und Datenauswertung aktueller sowie historischer Daten.

3.2.8   DMT GmbH

Das Unternehmen DMT GmbH bietet mit *WindSafe* (DMT GmbH 2006) ein zur Unterstützung des TKD integriertes, auf Körperschall basierendes, herstellerübergreifendes Zustandsüberwachungs- und Diagnosesystem an (vgl. Abb. 13).

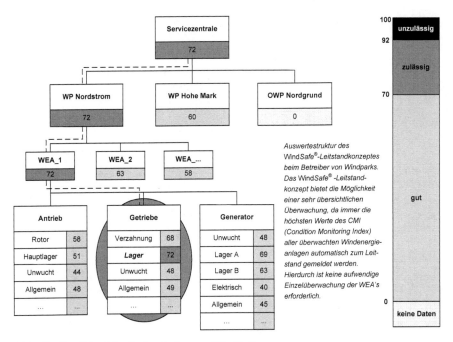

Abb. 13. Condition Monitoring Index von WindSafe
(Quelle: DMT GmbH 2006)

Das System wertet die Messdaten, die automatisch in einstellbaren Zyklen übermittelt werden, aus und stellt den aktuellen Zustand der Bauteile mit Hilfe eines *Condition Monitoring Index* und farbiger Darstellung dar. Dabei werden die Daten von den Körperschallsensoren über kabelgebundene Datennahübertragungsmethoden an das Field Control Center im Windpark übermittelt und von dort aus per Modem an den Betreiber weitergeleitet. Durch die visualisierte Darstellung ist auch für Techniker, die nicht in Körperschalltechnik ausgebildet sind, der Zustand der Bauteile leicht nachvollziehbar.

3.2.9   Ingenieurbüro Bernd Höring

Das Ingenieurbüro Bernd Höring (IBH) (IBH 2008), das sich auf Condition Monitoring und Consulting spezialisiert hat, bietet unter anderem ein mobiles Offline-CMS an (siehe Abb. 14). Dieses Konzept ist gerade für diejenigen Anlagenbetreiber interessant, denen eine integrierte Online-CMS-Lösung zu teuer ist. Das System arbeitet herstellerübergreifend; es wertet die gewonnenen Messergebnisse allerdings nicht über Diagnosekomponenten aus. Diese Aufgabe wird von Experten des Ingenieurbüros übernommen, die ggf. neben der schwingungstechnischen Überprüfung der Anlage durch das mobile CMS auch visuelle Inspektionen und Videoskopien durchführen.

Abb. 14. Mobiles Offline-CMS des IBH
(Quelle: IBH 2008)

3.2.10   Wind 7 AG

Die Wind 7 AG (2007) ist ein Dienstleistungsunternehmen, das den Betrieb von Windkraftanlagen übernimmt. Es bietet mit seiner Software *ROTORsoft* ein Datenbankfundament an, das die gesamten Daten aus den technischen Einrichtungen der Windkraftanlage in kurzperiodischen Messungen, bis zum 1-Sekunden-Takt, ausliest und abspeichert. Durch die Software sollen die Daten erstens sicherer als in den Betriebsrechnern einer Windkraftanlage gespeichert sein, und zweitens soll die Software mehr Daten auswerten können als dies bei den meisten Softwarepaketen der Hersteller üblich ist. Die detaillierte Datendichte dient zur besseren Erkennung von Fehlern und wird auch für die Verbesserung und Modifikation der Anlagenkomponente im Verbund mit Herstellern verwendet. Der Anlagenbetreiber kann neben der Datenauswertung und Speicherung auch die komplette Betriebsführung an Wind 7 outsourcen oder auch ein CMS beziehen. Will er weiterhin Betriebsführer bleiben, hat er über das Internet ständig Kontrolle und Auswertungsmöglichkeiten über die gesammelten Daten und wird bei Fehlern im Soll-Ist-Abgleich automatisch alarmiert.

3.3   Automobilbau

In der Automobil-Branche werden aufgrund der technischen und elektronischen Komplexität heutiger Fahrzeuge überwiegend Diagnose- und Parametrisierungssysteme eingesetzt (Bauer und Robert Bosch GmbH 2003, S. 582). Bei den Diagnosesystemen unterscheidet man zwischen Eigen- und On-/Off-Board Diagnoseeinheiten (Wallentowitz und Reif 2006, S. 4). Die On-Board-Diagnose (OBD) ist im Fahrzeug integriert und überwacht sowie diagnostiziert alle abgasrelevanten Komponenten, wie bspw. den Katalysator, die Lambda-Sonden oder auch die Partikelfilter. In Europa ist die OBD (EOBD) seit 2000 für Pkws mit Ottomotor und seit 2003 für Pkws mit Dieselmotor gesetzlich vorgeschrieben. Das System muss neben der internen Speicherung und Diagnose der Messwerte, bei einer Grenzwertüberschreitung den Fahrer direkt über eine Motorkontrollleuchte (engl.: Malfunction Indication Light, MIL) informieren (Bauer und Robert Bosch GmbH 2003, S. 585 ff.). Neben der OBD speichert meist eine Eigendiagnoseeinheit alle diagnoserelevanten Daten der einzelnen Fahrzeugkomponenten im Steuergerät (Fehlerspeicher) ab. Durch diese Daten wird eine Fehleridentifikation bis ins kleinste austauschbare Bauteil angestrebt (Bauer und Robert Bosch GmbH 2003, S. 582; Braess und Seiffert 2007, S. 850). Die Off-Board-Diagnosesysteme werden dagegen von Werkstätten zu Funktionstests von Komponenten sowie zur Fehlerdiagnose der vom OBD- oder Eigendiagnosesystem im Steuergerät bzw. Fehlerspeicher abgelegten Daten verwendet. Im Vergleich zur OBD sind hier die Hardwareressourcen nicht eingeschränkt, was eine umfangreichere, laufzeit- und speicherintensivere Diagnose der abgespeicherten Daten im Steuergerät ermöglicht (Schäuffele und Zurawka 2006, S. 310). Zukünftig wird der Funktionsumfang der Systeme aufgrund zunehmender Fahrerinformations- und -assistenzsysteme steigen und zusätzlich durch Telediagnosesysteme ergänzt und unterstützt (Braess und Seiffert 2007, S. 850). Aufgrund der Standardisierung der OBD ist sie im Gegensatz zu den meisten Off-Board-Diagnose- und Parametrisierungssystemen mit herstellerübergreifenden Systemen möglich.

3.3.1   BMW AG (OSS)

Der bayrische Automobilhersteller BMW AG bietet zur Unterstützung des TKD – insbesondere für freie Werkstätten – das so genannte *Online Service System* (OSS) (BMW AG 2009c) an. Dieses beinhaltet die Funktionen Wissensmanagement, Diagnose sowie Ersatzteilkauf und ist folgendermaßen aufgegliedert:

- *Wissensmanagement und Ersatzteilkauf:* a) WebTIS (Technisches Informationssystem): Beinhaltet Reparaturanleitungen, Technische Daten etc. b) WebWBS (Wiring Diagram System): Liefert Schaltpläne, Funktionsbeschreibungen etc. c) WebKSD (Kaufmännische Service Daten): Gibt für spezifische Reparaturen bestimmte Arbeitswerte, d. h. zeitliche Reparaturumfänge, an.

- *Diagnose:* a) WebDIS (Diagnose und Informationssystem): Ist ein vollwertiges webbasiertes Diagnosesystem, das mit einem Diagnosestecker und Adapterkabel mit einem Fahrzeug kommunizieren kann. b) Pcode: Erlaubt die Suche nach SAE genormten Fehlercodes, die mithilfe von Standardtestgeräten ausgelesen werden können.

Durch die Onlineverfügbarkeit der Software können Werkstätten ständig auf die aktuellsten Daten zugreifen ohne mit der Installation ständiger Updates belastet zu werden. Darüber hinaus ergeben sich nur nutzungsbedingte Kosten, das heißt es wird nur pro Nutzung und nicht pauschal bezahlt, was sich besonders für freie Werkstätten auszahlt, die nur wenige Kunden mit BMW Fahrzeugen haben.

Nachteilig wirkt sich bei dem System dagegen aus, dass das Tool keine speziellen Konfigurations- und Parametrisierungsmöglichkeiten bietet, dafür muss auf das System *DISplus* zurückgegriffen werden, was für die meisten freien Werkstätten allerdings aufgrund der hohen Kosten nicht wirtschaftlich ist und diese somit nur einen begrenzten Serviceumfang bieten können.

3.3.2   BMW AG (Teleservice)

Neben dem Online Service System bietet die BMW AG (BMW AG 2009a; BMW AG 2009b) ein weiteres System an. Das System nennt sich *BMW Teleservice Diagnose und Hilfe* und bietet im Falle einer Funktionsstörung, die zu einer Panne führen kann, eine Teleservice-Diagnose an. Dazu muss im BMW über das Fahrerbediensystem iDrive die Teleservice-Diagnose aktiviert werden, die dann die Daten direkt an eine Servicezentrale sendet. Die Zentrale erläutert im Anschluss dem Kunden die Störung und versucht diese direkt aus der Ferne zu beheben. Ist dies nicht möglich, wird automatisch ein Servicemobil zum Kunden geschickt und die Störung vor Ort behoben. Der Vorteil der eingesetzten Telediagnose liegt darin, dass der TKD-Mitarbeiter beim Eintreffen bereits eine Fehlerdiagnose und dadurch eventuell schon Ersatzteile vorliegen hat. Interessant ist das System vor allem bei Störungen, die elektronischer oder softwarebasierter Natur sind, da diese im Gegensatz zu physischen Defekten häufig durch Einstellungen, d.h. direkt aus der Ferne, behebbar sind. In Verbindung mit dem intelligenten Wartungssystem *Condition Based Service (CBS)*, das selbstständig den Wartungsbedarf des Fahrzeuges erkennt und an den BMW Service übermittelt, bietet das System eine IPS-Funktionalität. Meldet das System einen Wartungsbedarf, informiert die Servicezentrale den Besitzer und vereinbart mit ihm einen Servicetermin. Mit Hilfe der CBS-Daten kennen die TKD-Mitarbeiter bei Ankunft des Fahrzeugs bereits den Wartungsbedarf und können zuvor benötigte Ersatzteile ordern, wodurch der gesamte Servicevorfall um einiges verkürzt und wirtschaftlicher gestaltet wird.

3.3.3   Daimler AG

Die Daimler AG (2008a; 2008b; 2008c; 2008d; 2008e; 2008f; 2009) bietet zur Unterstützung des TKD eine Vielzahl von Systemen an, die sich wie bei der BMW AG in die Funktionen Wissensmanagement, Diagnose und Ersatzteilkauf aufgliedern lassen und integriert zusammenarbeiten. Der Zugriff auf die Wissensdatenbanken erfolgt über das Internet und bietet somit ständig die aktuellsten Daten. Zudem kann auf diese Wissensdaten, wie beim BMW OSS, nur die Nutzung bezahlt werden, was für freie Werkstätten interessant ist.

- *EPC net*: Gibt unter anderem einen Überblick über benötigte Teilevolumina für Reparaturen und generiert einen Kostenvoranschlag oder eine Rechnung.

- *WIS / ASRA net*: Stellt unter anderem Reparaturanleitungen sowie Informationen zur Fehlersuche zur Verfügung.

- *TIPS*: Bietet dem TKD tagesaktuelle Reparaturinfos.

- *Digital Service Booklet (DSB)*: Stellt unter anderem die komplette Servicehistorie eines Fahrzeugs bereit, was einem Fahrzeugführer bei Verlust des Servicebuches zu Gute kommt.

- *Star Diagnose basic*: Ist ein Standarddiagnosegerät mit weniger Funktionalität gegenüber der compact-Version. Die Diagnose erfolgt durch das Softwaresystem *DAS* (Diagnose-Assistenz-System), das dem Anwender durch Entscheidungsbäume in der Diagnose unterstützt. Das Diagnosegerät bietet einen 10"-Touchscreen, besitzt jedoch keine Anbindung an das *WIS/ASRA*-System.

- *Star Diagnose compact* (+ *HMS 990 USB*): Gegenüber der basic-Version verfügt das Gerät über ein robusteres Gehäuse, einen größeren Touchscreen sowie über integrierte WLAN-Funktionalität, über die das Gerät Zugriff auf *WIS* und optional *ASRA* hat. Daneben ist mit dem Diagnosestecker SDconnect die Verbindung des Gerätes mit dem Fahrzeug über WLAN möglich. Die Diagnose durch das optionale HMS 990 Messtechniksystem bietet ein umfangreicheres Diagnosespektrum.

- *Xentry*: Dieses System wird für neuere Baureihen seit Herbst 2008 verwendet und integriert im Gegensatz zu Star Diagnose die Systeme *DAS*, *EPC net* und *WIS/ASRA net* miteinander. Somit ist beim Umschalten der Systeme keine Neueingabe der Daten notwendig. Zusätzlich kann auch das optionale *Xentry Flash* integriert werden, mit dem die Konfiguration der Steuergeräte erfolgen kann.

3.3.4   Continental Automotive GmbH

Die Continental Automotive GmbH (Continental AG 2009) bietet zur Unterstützung des TKD ein Mehrmarkendiagnosesystem an. Für die einfache Diagnose kann das *ContiSys OBD* eingesetzt werden, dessen Funktionsumfang unter anderem eine OBD-, ABS-, Klimaanlagen- und SRS-Airbag-Analyse beinhaltet. Einen größeren Funktionsumfang bietet das *ContiSys VCI*, das über eine WLAN-Schnittstelle mit der Diagnosesoftware *ContiSys DSI* auf einem PC kommuniziert. Der erweiterte Funktionsumfang umfasst unter anderem eine Bauteilansteuerung und das Bereitstellen technischer Daten. Die *DSI* Diagnosesoftware versorgt den TKD darüber hinaus mit Stammdaten des Kunden bzw. seines Fahrzeuges, visualisiert die Fahrzeugdiagnose und stellt technische Informationen bereit. Continental bieten darüber hinaus das *ContiSys PAD* an, ein kleiner und robuster 12"-Werkstatt-Tablet-PC, der über WLAN und Bluetooth verfügt und somit für das Ausführen der *DSI*-Software im Zusammenspiel mit dem Diagnosegerät *VCI* geeignet ist.

3.3.5   Softing AG

Die Softing AG (2008) bot bis Ende 2008 die portable Diagnoselösung *VAS 5066* an, die speziell auf Fahrzeuge aus dem VW-Konzern ausgerichtet war. Aufgrund geringer Nachfrage wurde die Vermarktung jedoch eingestellt. In Abb. 15 ist die Systemarchitektur des Diagnosesystems dargestellt.

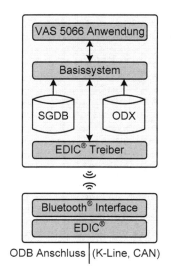

Abb. 15. Systemaufbau des PDA-Diagnose-Werkzeugs VAS 5066 (Quelle: HANSER automotive 2007)

Bestandteile sind der Diagnose-Funkkopf *EDICblue*, der per Bluetooth mit dem Pocket PC/PDA kommuniziert und dabei auf ein Kabel verzichtet. Durch den Einsatz von PDA als Endgeräte kann das System im Gegensatz zu Laptops handlicher eingesetzt werden und auch mit einer Standard-PDA-Halterung im Fahrzeug befestigt werden. Dadurch können Daten während einer Probefahrt kontrolliert und diagnostiziert werden.

Die Diagnosesoftware umfasst zwei Betriebsarten: *Fahrzeug-Eigendiagnose* und *OBD*. Erstere umfasst die Fahrzeugidentifikation, das Auslesen und Löschen des Fehlerspeichers, einer Stellglieddiagnose, Codierungsfunktionalitäten sowie das Lesen von Messwerten. Die zweite Betriebsart ermöglicht darüber hinaus das Auslesen abgasrelevanter Informationen, nicht nur von Fahrzeugen aus dem VW-Konzern, sondern aller Hersteller, die über eine OBD-Schnittstelle verfügen. Aufgrund des relativ geringen Preises von PDA-Geräten ist es wirtschaftlich möglich, mehrere Mitarbeiter mit einem Gerät auszustatten. Dies erhöht die Durchflusszeit an Fahrzeugen und somit auch die Kundenzufriedenheit durch schnelleren Service. Abb. 16 zeigt das Gerät sowie dessen Menüdarstellung.

Abb. 16. Programmansicht des VAS 5066
(Quelle: Softing AG 2008)

3.4   Branchenübergreifend

Neben den spezifischen auf Branchen ausgelegten Systemen gibt es auch eine Reihe branchenübergreifender Systeme. Aufgrund der übergreifenden Einsetzbarkeit sind hier meist IPS mit WMS oder mobile CMS im Angebot. Dies ist darin begründet, dass hierbei kein bestimmtes Branchenwissen im System beinhaltet sein muss. Aus diesem Grund sammeln die eingesetzten CMS oder ÜS auch nur Messwerte, die von Experten der jeweiligen Branche ausgewertet werden. Einsetzbar sind sie, da bestimmte Maschinenkomponenten in allen Branchen eingesetzt werden und somit deren Schwingungen, Temperaturen, Drehzahlen etc. auch branchenübergreifend gemessen werden können. Eine Diagnose oder auch Parametrisierung ist allerdings aufgrund der Komplexität und Heterogenität der eingesetzten Maschinen und Anlagen kaum denkbar und durchführbar.

Nachfolgend werden sieben Systeme vorgestellt, von denen vier den IPS und drei den CMS zuzuordnen sind.

3.4.1   EMPRISE Consulting Düsseldorf GmbH

Die EMPRISE Consulting GmbH bietet mit *mobile4maintenance* ein mobiles IPS und WMS an (EMPRISE Consulting Düsseldorf GmbH 2008a; 2008b). Das IPS gibt den Mitarbeitern an, in welcher Reihenfolge sie ihre Wartungsaufträge abarbeiten sollen. Im Gegenzug erhält das System, im Anschluss an Messungen, von den Mitarbeitern Prüfungsergebnisse. Das System kommuniziert mit weiteren IPS-Systemen, wie bspw. dem SAP R/3 PM, oder mit Unternehmenssystemen, wie bspw. ERP-Systemen. Die Anbindung an diese Systeme erfolgt durch ein Online- und/oder Offline-Verfahren, das auch einen Betrieb bei nicht ständiger Netzverfügung (je nach Endgerät GSM, UMTS und WLAN) gewährleistet. Ein RFID-

Lesegerät erfasst zudem automatisch das betrachtete Hardwarebauteil und ermöglicht im Zusammenspiel mit dem WMS (hier: Dokumentenmanagementsystem) auf vorhandene Dokumentationen zurückzugreifen. Mit Hilfe einer internen Positionsbestimmung via GPS, WLAN oder GSM bietet das Gerät dem TKD-Mitarbeiter auch eine Navigationshilfe bei großflächigen Unternehmen an. In Abb. 17 ist das Gerät dargestellt.

Abb. 17. Das mobile4maintenance Gerät im Überblick
(Quelle: EMPRISE Consulting Düsseldorf GmbH 2008a)

3.4.2   ARROW Engineering Oy

Das Unternehmen ARROW Engineering erstellt Softwaresysteme für industrielle Anwendungen mit den Themenschwerpunkten Produktivitätssteigerung und Instandhaltungsmanagement (ARROW Engineering Oy 2008). Zur TKD-Unterstützung bietet das Unternehmen das Produkt *ARROW Maint* an, das die Funktionen eines umfangreichen IPS beinhaltet. Aufzuzählen sind hier ein grafischer Arbeitszeitplaner mit detaillierten Arbeitsanweisungen, Module zur Verwaltung von Anlagen-, Ersatzteil- und Lieferantendaten mit integriertem Dokumentenmanagementsystem sowie Auswertungs- und Analyseanwendungen für Arbeitszeiten und Kosten. Vorteilhaft ist die mobile Einsetzbarkeit des Programms durch ein Webbrowserinterface, wodurch das Programm auf praktisch allen aktuellen Hardware- und Betriebssystemlösungen einsetzbar ist.

3.4.3 Paradigma Software GmbH

Die Paradigma Software GmbH (2008a; 2008b; 2008c) bietet eine Lifecycle-Software, in Form eines IPS und WMS, an. Darin sind enthalten: das *MRO|ASSIST* (Paradigma Software GmbH 2008b), für den Anlagenhersteller, der damit Dokumentationen, wie bspw. Instandhaltungspläne und Vorgangsbeschreibungen, erstellen kann. Durch die Dateneingabe in vorgegebene Datenraster soll der TKD die benötigten Dokumente besser finden können. Der Anlagenhersteller kann nebst Selbsteingabe auch über einen Webzugriff, Zulieferer in den Dokumentationsaufwand mit einbeziehen. Zusätzlich sind verschiedene Schnittstellen, wie z.B. zu ERP-Systemen, Dokumentenmanagementsystemen oder auch IPS vorhanden. Neben dieser Softwarelösung bietet das Unternehmen außerdem das System *Machine|ASSIST* (Paradigma Software GmbH 2008a) an, das die Instandhaltungs- und Auftragsplanung für den TKD-Dienstleister übernimmt und Schnittstellen zu weiteren Systemen bietet. Zudem hilft es dem TKD-Mitarbeiter, durch bspw. Servicestücklisten, CAD-Zeichnungen, Fehlerdatenbanken, Dokumentationen, Historien, Erfahrungswissen bis hin zu Erklärungen durch Kurzfilme, bei seinen Servicemaßnahmen. Die Software *PM|ASSIST* (Paradigma Software GmbH 2008c), die speziell für mobile Geräte mit UMTS oder WLAN auf den TKD-Mitarbeiter ausgerichtet ist, und über Schnittstellen zum SAP R/3 PM-System verfügt, unterstützt den Servicemitarbeiter durch das Bereitstellen von Herstellerdokumentationen, einem Erfahrungsmanagementsystem etc. In Abb. 18 ist das Zusammenspiel der Systemkomponenten mit dem SAP R/3 PM-System dargestellt.

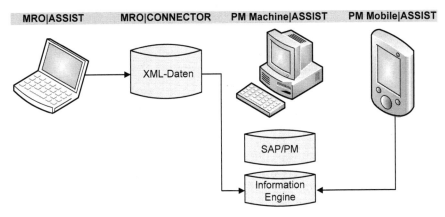

Abb. 18. Systemaufbau des PARADIGMA Systems
(Quelle: http://www.paradigma-software.de/01221669de.html, Abruf am 21.01.2009)

3.4.4 sLAB Gesellschaft für Informationssysteme mbH & Co. KG

Die sLAB GmbH & Co. KG bietet das IPS *sMOTIVE Maintenance* zur Unterstützung des TKD an (sLAB Gesellschaft für Informationssysteme mbH & Co. KG

2008). Das System ist aufgrund des webbasierten Interfaces mobil einsetzbar und bietet unter anderem Funktionalitäten wie Stammdatenverwaltung, Störfallmanagement, Workflow Management, SAP R/3 PM-Anbindung, einen konfigurierbaren Maßnahmenkatalog, das Erstellen von Instandhaltungsprojekten, Integrationsmöglichkeit mit weiterer Unternehmenssoftware (z.B. Buchhaltung), Historisiertes Reporting, Materialverfügbarkeit, Anlagenidentifikation via Barcode oder RFID und mobile Unterschrift nach Anlageninspektion an.

3.4.5 FAG Industrial Services GmbH

Die FAG Industrial Services GmbH entwickelt herstellerunabhängige Instandhaltungslösungen. Betrachtet wird hierbei das umfangreiche Online-CMS *FAG Vibro-Check* sowie das Offline-CMS *FAG Detector III*. Beide Systeme sind in eine IPS-Systemlandschaft integrierbar.

Das *FAG VibroCheck* System ist ein zustandsorientiertes Überwachungssystem, das auf Basis von Schwingungsanalysen arbeitet (FAG Industrial Services GmbH 2007b). Dabei können bis zu 2048 Sensoren integriert werden, welche die Anlage permanent überwachen und bei Abweichungen sofort per E-Mail oder SMS alarmieren. Durch die Teleservicefunktionalität können die Daten von externen Dienstleistern oder auch CM-Experten analysiert werden, ohne dass Personal vor Ort verfügbar sein muss. Die Schadensmeldungen werden zudem kundenindividuell anhand der Maschine visualisiert. Bei der Überwachung und Analyse hilft ein automatisiertes, regelbasiertes Expertensystem. Neben der Integrationsmöglichkeit in IPS und ERP-Systeme, ist eine komplette Datenhistorie einsehbar.

Der *FAG Detector III* ist ein Offline-CMS, das für die Messung sowie Behebung von Unwuchtungen und Ausrichtungsfehlern entwickelt wurde (FAG Industrial Services GmbH 2007a) (vgl. Abb. 19).

Abb. 19. Der FAG Detector III im Überblick
(Quelle: FAG Industrial Services GmbH 2007a)

Laut FAG geht ein signifikant hoher Prozentsatz an Störungen und Fehlern auf diese Bereiche zurück, die zu ungeplanten Maschinenstillständen und hohen Folgeschäden führen. Die Gerätesoftware führt den TKD-Mitarbeiter durch den Mess- und Auswuchtungsvorgang und überträgt die Daten im Anschluss an die Datenanalysesoftware *Trendline*. Neben akuten Sollwertüberschreitungen kann das Gerät auch Trends prognostizieren und somit abschätzen, wann ein Defekt auftreten wird. Über die Software *Trendline* wird zudem eine Routenplanung durchgeführt und mit integrierter RFID-Technologie im Messgerät Messstellen automatisch erkannt.

3.4.6   PRÜFTECHNIK Dieter Busch AG

Die Prüftechnik Dieter Busch AG bietet zur Unterstützung des TKD das Datensammel- und -analysegerät *VIBEXPERT* zur Überwachung und Diagnose inkl. Trendfunktionalität von Maschinenzuständen an (Prüftechnik Dieter Busch AG 2008). Das Gerät verfügt über eine automatische Messstellenerkennung und kann zur Abarbeitung definierbarer Messrouten eingesetzt werden. Die gewonnenen Daten können zur Auswertung, Archivierung und Dokumentation an das *OMNITREND* IPS, das hier nicht zur Betrachtung steht, versendet werden. In Abb. 20 ist das Gerät im Einsatz dargestellt.

Abb. 20. VIBXPERT im Einsatz
(Quelle: PRÜFTECHNIK Dieter Busch AG 2008)

3.4.7   ACIDA GmbH

Die ACIDA (Abkürzung für: Aachener Centrum für Instandhaltung, Diagnose und Anlagenüberwachung) GmbH bietet ihren Kunden neben Online-CMS auch einen herstellerunabhängigen Anlagen Health Check an (ACIDA GmbH 2004), der hier Untersuchungsgegenstand ist. Im Prinzip handelt es sich bei dieser Dienstleistung um eine Zustandsanalyse mit Hilfe eines Offline-CMS, das somit mobil von ACIDA einsetzbar ist. Das System misst allerdings nur Werte, die Auswertung erfolgt später von Diagnoseexperten des Unternehmens, die dann einen Report für den Kunden erstellen. Das Angebot ist gerade für nicht so risikobehaftete Anlagen interessant, für die keine ständige Online-Zustandsüberwachung rentabel ist sowie für Unternehmen, die die Zustandsüberwachung nicht selbst durchführen wollen, sondern diese Aufgabe an Dienstleister outsourcen möchten.

4   Auswertung und Ergebnisse der Evaluation

Nachdem zuvor die Klassifikation an 19 Systembeispielen aus drei spezifischen Branchen sowie sieben branchenunabhängigen Systemen evaluiert wurde, befasst sich dieser Abschnitt mit der Auswertung und den Ergebnissen der durchgeführten Evaluation. Es werden dazu in den nachfolgenden Unterabschnitten zunächst die geläufigen Ausprägungen der einzelnen Branchen aufgeführt und anschließend *das* jeweils typische System der Branchen definiert sowie Defizite und Verbesserungsmöglichkeiten in jeder Branche beleuchtet. Abschließend werden die Evaluation zusammenfassend betrachtet und allgemeine Defizite und Verbesserungsvorschläge aufgezeigt. Zur besseren Übersicht der Evaluation wird in Tabelle 1 und 2 ein tabellarischer Vergleichsrahmen gegeben.

4.1   Systeme der Sanitär-, Heizungs- und Klimabranche

Bei der Gegenüberstellung der betrachteten Systeme aus der Sanitär-, Heizungs- und Klimabranche fällt auf, dass das PIPE-Projekt im Vergleich zu den gängigen Branchensystemen einen breiteren Anwendungsnutzen zu erzielen versucht. Vor allem die Bestrebung, eine branchenübergreifende Benutzerführung für die Reparatur-, Instandhaltungs- und Wartungsprozesse gestalten zu wollen, lässt eine Übertragung auf weitere Wirtschaftszweige des Maschinen- und Anlagenbaus vermuten.

Im Gegensatz zum PIPE-Anwendungsgebiet versuchen die typischen Branchenlösungen meist die Überwachung, Diagnose und Parametrisierung der Anlagen zu unterstützen. Hierbei helfen sie sowohl dem TKD-Dienstleister als auch dem TKD-Mitarbeiter und dem Kunden. Die Systeme zielen größtenteils auf Inspektions- und Verbesserungsarbeiten ab, teilweise aber auch auf die Wartung und Instandsetzung. Allerdings sind sie in der Regel nur herstellerspeziell einsetzbar und mit einer geringen Automatisierung ausgestattet. Die Anlagenüberwachung läuft vielfach kontrollorientiert ab. Eine Ablaufunterstützung – wie bei PIPE vorhanden – fehlt häufig gänzlich oder ist nur schwach ausgeprägt und mit starken Medienbrüchen, bspw. hinsichtlich maschinell gemessener Fehlercodes und papiergebundener Erklärung und Dokumentation, behaftet. Die Systeme weisen einen Komponentenverbund zur Anlage auf und können mobil auf Standardhardware eingesetzt werden, wobei sich der Einsatz von Web- und Desktopanwendungen im Clientsystem die Waage hält. Zusätzlich bieten die Systeme vielfach Teleservicefunktionalitäten an und beziehen ihre Daten daher per Datenfernübertragung direkt aus den Anlagen.

Die Systeme lassen sich daher folgendermaßen typisieren: *In die Anlage integrierte, mit Teleservicefunktionalität ausgestattete, herstellerspezielle und mobil auf Standardhardware einsetzbare Überwachungs-, Diagnose- und Parametrisierungssysteme, die dem TKD-Dienstleistungsunternehmen sowie dem TKD-Mitarbeiter zur Erfüllung seiner kundendienstlichen Wartungs-, Inspektions- und Instandsetzungszwecke als auch dem Kunden dienen.*

Defizite weisen die Systeme vor allem in der Integration des Herstellers mit den Systemen auf. Hierbei ist unter Hersteller jedoch nicht ein herstellereigener TKD gemeint, sondern dessen Produktionsabteilung. Diese könnte stark von TKD-Daten, wie z. B. der Häufigkeit eines bestimmten Defekts, profitieren, indem sie diese Erkenntnisse für die Produktion und Entwicklung ihrer Produkte nutzt. Zudem könnten Produkte damit auch kundenorientierter und zuverlässiger gestaltet werden, wodurch eine Vergrößerung der Marktanteile erzielt wird.

Verbesserungspotenzial liegt außerdem im Einsatz von WMS, denn aufgrund der Langlebigkeit, der in dieser Branche üblichen Anlagen, häufen sich Dokumentationen aber auch Erfahrungen von Mitarbeitern im Umgang mit den Anlagen an. Somit ist es für den TKD-Mitarbeiter schwierig, ständig die benötigten Dokumentationen mitzuführen. Scheiden darüber hinaus Mitarbeiter aus dem TKD-Unternehmen aus, so gehen deren Erfahrungen gerade im Hinblick auf ältere Anlagen verloren und Servicemaßnahmen nehmen wieder mehr Zeit in Anspruch – ein Sachverhalt, dem gerade durch PIPE entgegengewirkt werden kann.

Durch den umfassenden Einsatz von Überwachungssystemen in neueren Anlagen der SHK-Branche ist bereits ein rechtzeitiges Einleiten von TKD-Maßnahmen möglich. Problematisch erweist sich allerdings die herstellerbeschränkte Funktionalität der angebotenen Systeme. Zwar können die Systeme das TKD-Dienstleistungsunternehmen automatisch alarmieren, trotzdem muss der Dienstleister mehrere Systeme nebeneinander in Betrieb haben, überwachen und bedienen. Dies kann den Ablauf einer Überwachung schwierig und verwirrend gestalten.

Richtungweisend bei der Herstellerproblematik ist im Ansatz das PIPE-Konzept, das jedoch auch Erweiterungspotenziale aufweist. Es beinhaltet zwar bereits Stammdaten zu Anlagen, eine Integration von aktuellen Messdaten fehlt allerdings. Die dazu benötigte Technik steckt dagegen schon in den meisten heutigen Anlagen und müsste somit nur noch an das PIPE-System angebunden werden, wie dies längst mit herstellereigenen Systemen funktioniert. Wird das System zusätzlich noch, aufbauend auf den aktuellen Daten, um IPS-Funktionalitäten erweitert, würde das Gesamtkonzept nahezu die komplette Bandbreite an Unterstützungsmöglichkeiten für den TKD anbieten. Eine IPS-Unterstützung fehlt allerdings in der Branche oftmals, wodurch auf branchenübergreifende Systeme zurückgegriffen werden muss.

4.2   Systeme der Windkraftbranche

Beim Vergleich der vorgestellten Systeme aus der Windkraftbranche fällt auf, dass hier besonders oft Condition-Monitoring-Systeme (CMS) angeboten werden. Zurückzuführen ist dies – wie zuvor beschrieben – auf die oft weiten Entfernungen der Anlagen zum nächsten Servicepoint, der „hochgelegenen Technik" sowie aus versicherungstechnischen Gründen. Häufig werden CMS in ein IPS gebettet, da Anlagenbetreiber und TKD-Dienstleister für gewöhnlich nicht nur über eine Anlage in ihrem Portfolio verfügen, sondern meistens ganze Flotten an Anlagen betreuen, was die Koordination von Servicemaßnahmen ohne den Einsatz von IPS deutlich erschweren würde (Overspeed GmbH & Co. KG 2007, S. 3). Symptomatisch für die Systeme ist zwar der relativ hohe Automatisierungsgrad, besonders hinsichtlich der CMS, die auch vereinzelt mit Expertensystemen arbeiten, jedoch unterstützen die eingesetzten Systeme den TKD-Mitarbeiter in vielen Bereichen seiner Arbeit, bspw. bei der Instandhaltung und Wartung, nur unzureichend. Werden z. B. WMS eingesetzt, liefern diese dem TKD-Mitarbeiter in der Regel nur statische Reparaturhinweise in Form von Dokumenten oder Einblicke über aktuelle, historische oder prognostizierte Daten der Anlage. Besser wäre hier eine interaktive Hilfe, bei den Servicemaßnahmen gepaart mit methodenspezifischem, anstelle von reinem anlagenbezogenem Wissen. Die meisten Systeme (Online-CMS) besitzen aufgrund der Datenfernübertragung auch Teleservicefunktionalitäten. Zudem sind die Systeme in der Regel auf Standardhardware nutzbar und über webbasierte Software ausführbar, wodurch der mobile Einsatz der Systeme gerade im Hinblick auf den Außendienst gewährleistet ist. Verzichtet wird dagegen größtenteils auf Parametrisierungssysteme sowie auf eine Unterstützung bei der Ersatzteilbeschaffung.

Typisch für diese Branche sind: *Zu Inspektionszwecken dienende, in die Anlage integrierte Online-Condition-Monitoring-Systeme mit Diagnosefunktionalität, die in ein Instandhaltungsplanungs- und -steuerungssystem eingebettet sind und deren Funktionen mobil durch Web-Technologien auf standardisierten Geräten für den TKD-Mitarbeiter als auch für das TKD-Dienstleistungsunternehmen nutzbar sind.*

Verbesserungswürdig sind die Systeme hinsichtlich der Integration des Herstellers, der wie schon bei der SHK-Branche von Daten bzgl. der Häufigkeit von bestimmten Servicemaßnahmen profitieren und diese für seine Produktions- und Entwicklungsarbeit nutzen könnte.

Des Weiteren wäre eine bessere Unterstützung des TKD-Mitarbeiters bei seiner operativen Durchführung von Servicemaßnahmen sowie bei der Ersatzteilbeschaffung sinnvoll. Zwar ließen sich die meisten bisher aufgezeigten Mängel bereits, wie bei der SHK-Branche, durch den Einsatz des PIPE-Konzepts verbessern, dennoch hat die Windkraftbranche mit einem Problem zu kämpfen: Obwohl Anlagenhersteller als auch unabhängige Firmen CMS anbieten, sind diese bisher nur in einer geringen Zahl von Anlagen integriert. Dies macht sich in niedrigeren Renditen durch teure Revisionsaustauscharbeiten und der Gefahr von teuren Folgeschäden bemerkbar. Ingenieur Höring, dessen System vorgestellt wurde, schätzt laut dem

Magazin *neue energien*, dass bisher nicht einmal 10% der Anlagen mit einem CMS ausgestattet sind (Hautmann 2007). Gründe hierfür liegen unter anderem darin, dass Betreiber die Anschaffungskosten eines CMS aufgrund der vorerst vorbeugenden Wirkung noch scheuen. Anzumerken ist allerdings, dass es noch keinen gemeinsamen Konsens darüber gibt, ob die eingesetzte CMS-Technik und deren Auswertungsprogramme bereits ausgereift sind (Hautmann 2007). Aber selbst wenn die CMS-Technik im Bereich von Windkraftanlagen noch nicht ausgereift wäre, würde sie trotzdem einen größeren vorbeugenden Schutz bieten, als bei einem Verzicht ihres Einsatzes. Zudem würden beim Einsatz eines von der eigenen Versicherung zertifizierten Systems auf alle Fälle die Prämie und auch die indirekten Versicherungskosten deutlich sinken.

Erwähnenswert ist in dieser Branche zudem der Einsatz des IPS n-Mobile der Nordex AG, das mit einer Vielzahl an Features aufwartet, die auch von anderen Herstellern eingesetzt werden könnten.

4.3   Systeme der Automobilbranche

Bei der Betrachtung der Systeme aus der Automobilbranche wird deutlich, dass diese meistens für den TKD-Mitarbeiter konzipiert sind. In der Regel werden Diagnose- und Parametrisierungssysteme eingesetzt, teilweise auch in Verbindung mit WMS. Dabei decken die Systeme fast den kompletten TKD-Kernleistungsbereich ab, manchmal fehlt allerdings die Unterstützung bei der Ersatzteilbeschaffung oder Verbesserung der Maschinen. Auffällig ist, dass die Systeme vielfach nur herstellerspezifisch eingesetzt werden können, was die Branche dadurch erklärt, dass die Diagnose- und Parametrisierungsmöglichkeiten deutlich über die Jahre zugenommen haben und daher Universalgeräte aufgrund der Komplexität meistens nur Grundfunktionen herstellerübergreifend abdecken können. Ausgenommen hiervon sind Systeme zur On-Board-Diagnose (OBD), da diese standardisiert und gesetzlich vorgeschrieben sind (vgl. Abschnitt 4.3). Das Continental System deckt zwar die Diagnose weitestgehend herstellerübergreifend ab, bei Steuergeräteparametrierungen und Variantencodierungen ist das System jedoch stark eingeschränkt. Die Systeme für den TKD-Mitarbeiter bieten, im Gegensatz zu den bisherigen Branchen, oftmals eine detaillierte Ablaufunterstützung zur Reparaturdurchführung. Die Systeme sind zudem durch ihre mobile Einsatzfähigkeit gekennzeichnet und können auf Standardgeräten ausgeführt werden.

Die eingesetzten Geräte können daher wie folgt charakterisiert werden: *Mobile, nicht in die Anlage integrierte, reparaturunterstützende jedoch herstellerspezielle Diagnose- und Parametrisierungssysteme mit geringem Automatisierungsgrad, die nahezu den kompletten Kernleistungsbereich des TKD abdecken und auf Standardgeräten lauffähig sind.*

Defizite gibt es in dieser Branche vorwiegend hinsichtlich fehlender oder sehr seltener IPS- oder CMS-/ÜS-Unterstützung. Dies hat zur Folge, dass sich der Kunde, d.h. der Fahrzeugbesitzer, selbstständig um rechtzeitige Reparaturen und Wartungen kümmern muss sowie die Wartungsintervalle relativ starr festgelegt und damit nicht zustandsgerecht sind. Zwar warnen bordeigene Systeme den Fahrer mehr und mehr über Probleme, meist jedoch nur bezüglich betroffener Motorkomponente oder bezogen auf Abgaswerte. Somit ist hier noch Potenzial vorhanden, wenn man die Kfz-Branche mit anderen Branchen, bspw. der Windkraftanlagenbranche, vergleicht. Das das Anbieten diese Funktionalitäten aber bereits auch in dieser Branche möglich wäre, zeigt das richtungweisende *BMW Teleservice* System, das eine Fahrzeugüberwachung, Störungsbehebung aus der Ferne sowie eine integrierte Instandhaltungsplanungskomponente (Condition Based Service) beinhaltet. Ob und wann weitere Hersteller, gerade im Bereich von Teleservices, nachziehen werden, bleibt abzuwarten.

Verbesserungswürdig ist in dieser Branche aber auch, wie in den beiden vorhergehenden Branchen, die Versorgung des Herstellers mit TKD-Daten. Dieser könnte durch deren Erhalt frühzeitiger so genannter Kinderkrankheiten oder Serienfehler erkennen sowie Erkenntnisse daraus in die Entwicklung stecken. Durch die frühere Erkennung solcher Produktionsmängel würden die Ausmaße von Rückrufaktionen, die über die Jahre stark angewachsen sind (Kraftfahrt-Bundesamt 2008, S. 52), eingedämmt werden.

Aufgrund der verstärkenden Bedeutung freier Werkstätten gegenüber Vertragswerkstätten (Deutsche Presse-Agentur GmbH 2008) bedarf es zudem an herstellerübergreifend einsetzbaren Systemen. Zwar gibt es bereits eine Standardisierung in der Kommunikation der Geräte als auch für Fahrzeugfehlercodes nach ISO 22900, durch die auch Zulieferer profitieren, da sie ihre Steuergeräte nicht wie früher auf verschiedene Hersteller zuschneiden müssen. Variantencodierungen oder komplexe Steuergeräteparametrisierungen sind allerdings oftmals nur mit speziellen auf einen Hersteller spezialisierten Systemen und damit oft nur in Fachwerkstätten möglich (Wallentowitz und Reif 2006, S. 613). Ob die Hersteller auch an einer Standardisierung dieser Leistungen interessiert sind, bleibt abzuwarten, schwächen sie nämlich dadurch auch ihre eigenen Serviceniederlassungen und Vertragswerkstätten sowie den Absatz der eigenen Diagnosegeräte. Allerdings ist, wie in Abschnitt 1 dieses Kapitels verdeutlicht, die Servicekomponente eines Produkts zunehmend bedeutsamer für den Unternehmenserfolg. Für den Kunden würde eine Standardisierung den Vorteil bringen, dass er eine größere Auswahl an Werkstätten hätte, die einen umfassenden Service an seinem Fahrzeug anbieten können. Damit würden sich Kostenvorteile für ihn gegenüber der heutigen Situation ergeben. Die Hersteller müssen daher abwägen, ob eine daraus resultierende höhere Kundenzufriedenheit auf längere Sicht bedeutsamer ist, als ein kurzfristig größerer Umsatz durch die „Bindung" an Vertragswerkstätten, denn mit zunehmendem Fahrzeugalter, weichen Kunden verstärkt auf freie Werkstätten aus (Deutsche Presse-Agentur GmbH 2008). Ohne Standardisierung der Technik wird in absehbarer Zeit keine vollständige, herstellerübergreifende Diagnose und Parametrisierung möglich sein.

4.4   Branchenübergreifende Systeme

Die Auswertung der untersuchten branchenübergreifenden Systeme ergibt, dass die Systeme häufig für den TKD-Mitarbeiter oder das gesamte TKD-Dienstleistungsunternehmen entworfen sind. Vertreten sind IPS mit WMS oder CMS/ÜS. Die IPS beziehen, im Gegensatz zu den IPS der spezifischen Branchen, selten ihre Daten direkt aus den Anlagen, sondern erhalten diese meist durch manuelle Eingabe eines TKD-Mitarbeiters. Die Systeme unterstützen je nach Typ die gesamte vertikale Wertschöpfungskette und dienen hauptsächlich den Kernleistungen Wartung, Inspektion sowie Instandsetzung, in der Regel jedoch nur auf indirekte Weise. Da die Systeme branchenübergreifend entwickelt wurden, sind sie auch herstellerübergreifend einsetzbar und besitzen selten einen Komponentenbezug zur Anlage. Sie unterstützen kaum und wenn nur teilweise eine Ablaufsteuerung zur Reparaturunterstützung. Einsetzbar sind sie mobil, wobei die IPS auf Standardsystemen und die CMS auf individuellen Systemen laufen. Die Software ist oft webbasiert, die Systeme besitzen jedoch gewöhnlich keine Teleservicefunktionalität.

Charakterisieren könnte man die Systeme daher als: *Mobile, nicht in die Anlage integrierte und aufgrund der Branchenneutralität herstellerübergreifende Instandhaltungsplanungs- und -steuerungssysteme (inkl. Wissensmanagementkomponente) oder Condition-Monitoring-/Überwachungssysteme, bei denen Erstere den TKD-Dienstleister unterstützen und auf Standardhardware laufen und die Zweiten dem TKD-Mitarbeiter in den Bereichen Wartung, Inspektion und Instandsetzung dienen sowie auf Individualhardware angewiesen sind; allesamt bieten sie keine Teleservice- und nur geringe Reparaturablaufunterstützung an.*

Negativ fällt auf, dass je spezifischer die Branche bzw. komplexer die Anlage wird, bei denen die Systeme eingesetzt werden, diese umso unbrauchbarer werden. Beispielsweise waren CMS lange vor ihrem Einsatz in Windkraftanlagen in vielen Industriezweigen Stand der Technik. Die ersten CMS, die dann branchenübergreifend auch in Windkraftanlagen eingesetzt wurden, versagten jedoch (Overspeed GmbH & Co. KG 2007, S. 1). Erst nach langer Entwicklung, Erprobung und Anpassung, speziell auf die Windkraftbranche, liefern sie einen vergleichbaren Nutzen. Es ist daher ständig abzuwägen, ob ein branchenübergreifendes System, das somit in der Regel auch herstellerunabhängig einsetzbar ist, zu verwenden ist oder ein branchen- und/oder herstellerspezifischeres System geeigneter wäre.

4.5   Zusammenfassung der eingesetzten Systeme

Generell lässt sich feststellen, dass im operativen Bereich des TKD, Systeme zu Inspektionszwecken relativ verbreitet sind, jedoch auffällig ist, dass gerade bei der Wartung und Instandsetzung starke Defizite im Systemangebot vorliegen. Der TKD-Mitarbeiter wird zwar mit Anlagendaten bei seinen Wartungs- und Instandsetzungsaufgaben versorgt, er verfügt gelegentlich auch über unstrukturiertes Anlagenwissen, er wird aber ansonsten, obwohl unter anderem ein umfangreiches

Methodenwissen von Nöten wäre, allein gelassen. Dabei nimmt der Umfang an benötigtem Wissen aufgrund der Zunahme der Konfigurationsmöglichkeiten der zu betreuenden Maschinen und Anlagen deutlich zu. Dies bringen Walter et al. (2009, S. 4) zum Ausdruck und es erklärt, warum viele Informationssysteme nur herstellerspezifisch entwickelt werden: „Wird z. B. nur ein einzelner Maschinentyp, der durchschnittlich zehn Jahre genutzt wird, in 20 Konfigurationen hergestellt und alle zwei Jahre vom Hersteller überarbeitet, kann ein Kundendienst schon auf 100 unterschiedliche Varianten einer solchen Maschine treffen. Die Multiplikation mit der Gesamtzahl der Maschinentypen aller Hersteller veranschaulicht, dass aktuelle Ansätze diesem hohen Informationsbedarf nicht gerecht werden". In einigen Branchen ist die Konfigurationsanzahl sogar deutlich größer.

In der Automobilbranche wird der TKD noch am ehesten bei seiner direkten Arbeit durch Methoden- und Servicewissen allgemein unterstützt. Dennoch wird diese Hilfe häufig bloß statisch und nicht-interaktiv sowie umfassend meist nur herstellerspeziell angeboten.

Ebenso weisen alle Branchen ein großes Defizit dahingehend auf, dass Informationen über Servicemaßnahmen verloren gehen, die gerade für den Hersteller zur Produktentwicklung wichtig wären. Auch der Aufwand zur Aktualisierung von Serviceinformationen ist sehr hoch und lässt sich nicht alleine auf den Hersteller oder auf ein TKD-Unternehmen abwälzen (Zuliefererproblematik).

Diese Missstände versucht im Grunde einzig das PIPE-Projekt zu beheben, es ist zwar auf die SHK-Branche ausgerichtet, lässt sich aber als Konzept auf jede beliebige Branche des Maschinen- und Anlagenbaus übertragen.

Darüber hinaus sollten in jeder Branche weitere Standards, vor allem für Fehlerbeschreibungen und Kommunikationsschnittstellen zwischen Maschinen und Informationssystemen, geschaffen werden. Damit wäre die Integration zwischen den in den Anlagen oft bereits verbauten Mess- und Prüfsystemen mit Informationssystemen für den TKD deutlich einfacher zu gestalten und die Herstellerproblematik zu beheben.

Auch eine weitere Ausbreitung webbasierter Software wäre sinnvoll, denn sie ermöglicht es, Informationssysteme leichter und kostengünstiger für eine größere Anzahl an Mitarbeitern zur Verfügung zu stellen. Dabei ergeben sich Vorteile, da die Daten zentral gehalten werden sowie die Systeme schneller und leichter zu warten sind. Der Einsatz von Web-Technologie wird durch eine steigende Netzabdeckung und Bandbreitenvergrößerung (UMTS/HSDPA) begünstigt.

Auffällig und ausbaufähig ist auch der geringe Einsatz von Expertensystemen, die zur Effizienzsteigerung von TKD-Maßnahmen eingesetzt werden können.

Neben der Umsetzung einzelner Merkmalsausprägungen sind auch vorhandene Ausprägungen verbesserbar. Hier sind IPS zu nennen, bei denen häufiger eine integrierte Navigationshilfe anzubieten wäre und zudem eine direkte Rechnungserstellung mit Hilfe einer Zeiterfassung per GPS-Signal im Endgerät beim Kunden Vorteile bringen könnten. Letzteres würde den Service für den Kunden transparenter und schneller terminieren lassen, da Servicemaßnahmen meist, aufgrund der anfallenden Kosten, mit Ärger verbunden sind.

Tabelle 1. Die Evaluation im Überblick (1/2)

Merkmal	Merkmals-ausprägung	SHK				Windkraft									
		Bosch Thermotechnik GmbH	Vaillant Deutschland GmbH & Co. KG	Viessmann Werke GmbH & Co. KG	PIPE-Projekt	Enercon GmbH	General Electric Wind Energy	Repower Systems AG	Nordex AG	Winergy AG	softEnergy GmbH	SSB-Antriebstechnik GmbH & Co. KG	DMT GmbH	Ingenieurbüro Bernd Höring	Wind 7 AG
Systemklasse	IPS	–	–	✓	–	✓	–	–	✓	–	✓	–	–	–	–
	WMS	–	–	(✓)	✓	✓	(✓)	(✓)	✓	✓	✓	–	–	–	✓
	CMS / ÜS	✓	✓	✓	–	✓	✓	✓	✓	✓	✓	✓	✓	✓	✓
	DS	✓	✓	✓	✓	–	✓	✓	✓	(✓)	–	✓	✓	–	–
	PS	✓	✓	✓	–	✓	–	–	–	–	–	✓	✓	–	–
Unternehmens-funktion (horizontal)	F&E / Produktion	–	–	–	✓	–	–	–	–	–	–	–	–	–	(✓)
	Vertrieb / Absatz	–	–	–	–	–	–	–	–	–	–	–	–	–	–
	Lagerh. / Besch.	–	–	–	✓	–	–	–	✓	–	–	–	–	–	–
	Kundendienst	✓	✓	✓	✓	✓	✓	✓	✓	✓	✓	✓	✓	✓	✓
Unternehmens-funktion (vertikal)	Planung & Kontrolle	–	–	✓	–	✓	–	–	✓	–	✓	✓	–	–	–
	Admin. & Disposition	✓	✓	✓	✓	✓	✓	✓	✓	✓	✓	✓	✓	✓	✓
TKD-Kern-leistung	Ersatzteilbeschaffung	–	–	–	–	–	(✓)	–	✓	–	–	–	–	–	–
	Wartung	(✓)	(✓)	(✓)	✓	✓	✓	(✓)	✓	✓	–	–	–	–	–
	Inspektion	✓	✓	✓	✓	✓	✓	✓	✓	✓	✓	✓	✓	✓	✓
	Instandsetzung	(✓)	(✓)	(✓)	✓	✓	–	✓	✓	✓	–	–	–	–	–
	Verbesserung	✓	✓	✓	–	–	–	✓	–	–	✓	–	–	–	✓
Systemnutzer	Kunde	✓	✓	✓	(✓)	✓	–	–	✓	–	–	–	✓	✓	✓
	Anlagenhersteller	–	–	–	✓	–	–	✓	–	✓	–	–	–	–	✓
	TKD-Dienstleister	✓	✓	✓	✓	✓	✓	✓	✓	✓	✓	✓	✓	–	–
	TKD-Mitarbeiter	✓	✓	✓	✓	✓	✓	✓	✓	✓	–	–	–	✓	✓
Datenlieferant	Mensch	–	–	–	✓	–	✓	–	✓	–	–	–	–	–	–
	Technik	✓	✓	✓	–	✓	✓	✓	✓	✓	✓	✓	✓	✓	✓
Einsatzmöglichkeit	herstellerspeziell	✓	✓	✓	–	✓	✓	✓	✓	–	–	–	–	–	–
	herstellerübergreifend	–	–	–	✓	–	–	–	–	✓	✓	✓	✓	✓	✓
Automatisierungs-grad	niedrig	✓	✓	–	–	✓	–	–	–	–	–	–	–	✓	–
	mittel	–	–	✓	✓	–	–	–	–	✓	✓	✓	✓	–	✓
	hoch	–	–	–	–	–	✓	✓	–	–	–	–	–	–	–
Überwachungsart	keine	–	–	–	✓	–	✓	–	–	–	–	–	–	✓	–
	kontrollorientiert	✓	✓	–	–	✓	–	–	✓	✓	✓	✓	–	–	✓
	prognoseorientiert	–	–	✓	–	–	–	✓	✓	–	–	–	–	–	–
Ablauf-unterstützung	nicht vorhanden	–	✓	✓	–	✓	✓	✓	✓	–	✓	✓	✓	✓	✓
	vorhanden	(✓)	–	–	✓	–	–	–	–	(✓)	–	–	–	–	–
Standort-abhängigkeit	immobil	–	–	–	–	–	–	–	–	–	–	–	–	–	–
	mobil	✓	✓	✓	✓	✓	✓	✓	✓	✓	✓	✓	✓	✓	✓
Daten-aktualisierung	manuell	✓	–	✓	✓	–	–	–	✓	–	–	–	–	✓	–
	automatisch	✓	✓	✓	–	✓	✓	✓	✓	✓	✓	✓	✓	–	✓
Aktualisierungs-intervall	nichtzyklisch	✓	✓	✓	✓	–	✓	–	✓	–	–	–	–	✓	–
	zyklisch	–	–	✓	–	✓	✓	✓	✓	✓	✓	✓	✓	–	✓
Aggregationsstufe	niedrig	–	–	–	✓	–	–	–	–	–	–	✓	✓	–	✓

Merkmal	Merkmals-ausprägung	SHK				Windkraft									
		Bosch Thermotechnik GmbH	Vaillant Deutschland GmbH & Co. KG	Viessmann Werke GmbH & Co. KG	PIPE-Projekt	Enercon GmbH	General Electric Wind Energy	Repower Systems AG	Nordex AG	Winergy AG	softEnergy GmbH	SSB-Antriebstechnik GmbH & Co. KG	DMT GmbH	Ingenieurbüro Bernd Höning	Wind 7 AG
der Daten-sammlung	mittel	✓	–	✓	✓	–	✓	✓	✓	✓	–	–	–	✓	–
	hoch	–	✓	–	✓	✓	–	–	–	–	–	–	✓	–	–
Expertensystem	nicht vorhanden	✓	✓	✓	✓	–	✓	–	–	✓	✓	✓	✓	–	✓	✓
	vorhanden	–	–	–	–	–	✓	✓	–	–	–	–	–	o	–	–
Komponenten-bezug zur Anlage	nicht integriert	–	–	–	✓	–	–	–	–	–	–	✓	✓	–	✓	✓
	integriert	✓	✓	✓	–	✓	✓	✓	✓	✓	–	–	✓	–	–
Eingesetztes Endgerät	Individual	–	–	–	–	✓	–	–	–	–	–	–	o	✓	–
	Standard	✓	✓	✓	✓	–	✓	✓	✓	✓	✓	✓	o	–	✓
Eingesetzte Software	desktopbasiert	✓	–	–	✓	✓	–	✓	–	–	–	–	o	✓	–
	webbasiert	–	✓	✓	–	–	✓	–	✓	✓	✓	✓	o	–	✓
Teleservice	nicht vorhanden	–	–	–	✓	–	–	–	–	–	–	–	–	✓	–
	vorhanden	✓	✓	✓	–	✓	✓	✓	✓	✓	✓	✓	✓	–	✓
Datenübertragung	DFÜ	✓	✓	✓	✓	✓	✓	✓	✓	✓	✓	✓	✓	–	✓
	Datennahübertragung	✓	–	–	✓	✓	–	–	–	–	–	–	–	✓	–

Legende: ✓ Merkmal erfüllt, – Merkmal nicht erfüllt, (✓) Merkmal teilweise erfüllt, o Merkmal nicht zu beurteilen

Tabelle 2. Die Evaluation im Überblick (2/2)

Merkmal	Merkmals-ausprägung	Automobil						Branchenneutral						
		BMW AG (OOS)	BMW AG (Teleservice)	Daimler AG	Continental Automotive GmbH	Softing AG	EMPRISE Consulting GmbH	ARROW Engineering Oy	Paradigma Software GmbH	sLAB Ges. für IS mbH & Co. KG	FAG Industrial Services GmbH (VibroCheck)	FAG Industrial Services GmbH (Detector III)	PRÜFTECHNIK Dieter Busch AG	ACIDA GmbH
Systemklasse	IPS	–	(✓)	–	–	–	✓	✓	✓	✓	–	–	–	–
	WMS	–	–	✓	✓	✓	–	✓	✓	✓	–	–	–	–
	CMS / ÜS	–	✓	✓	–	–	–	–	–	–	✓	✓	✓	(✓)
	DS	✓	✓	✓	✓	✓	–	–	–	–	(✓)	–	–	–

Merkmal	Merkmals-ausprägung	Automobil					Branchenneutral							
		BMW AG (OOS)	BMW AG (Teleservice)	Daimler AG	Continental Automotive GmbH	Softing AG	EMPRISE Consulting GmbH	ARROW Engineering Oy	Paradigma Software GmbH	sLAB Ges. für IS mbH & Co. KG	FAG Industrial Services GmbH (VibroCheck)	FAG Industrial Services GmbH (Detector III)	PRÜFTECHNIK Dieter Busch AG	ACIDA GmbH
	PS	–	✓	✓	(✓)	(✓)	–	–	–	–	–	–	–	–
Unternehmens-funktion (horizontal)	F&E / Produktion	–	–	–	–	–	–	–	–	–	–	–	–	–
	Vertrieb / Absatz	–	–	–	–	–	–	–	–	–	–	–	–	–
	Lagerh. / Beschaffung	✓	–	–	–	–	–	–	–	–	–	–	–	–
	Kundendienst	✓	✓	✓	✓	✓	✓	✓	✓	✓	✓	✓	✓	✓
Unternehmens-funktion (vertikal)	Planung & Kontrolle	–	–	–	–	–	✓	✓	✓	✓	–	–	–	–
	Administr. & Disposition	✓	✓	✓	✓	✓	✓	✓	✓	✓	✓	✓	✓	✓
TKD-Kern-leistung	Ersatzteilbeschaffung	✓	(✓)	✓	–	–	–	–	–	–	–	–	–	–
	Wartung	✓	(✓)	✓	✓	✓	✓	✓	✓	✓	–	(✓)	–	–
	Inspektion	✓	✓	✓	✓	✓	✓	✓	✓	✓	✓	✓	✓	✓
	Instandsetzung	✓	(✓)	✓	✓	✓	✓	✓	✓	✓	–	(✓)	–	–
	Verbesserung	–	–	✓	(✓)	(✓)	–	✓	✓	✓	–	–	–	–
Systemnutzer	Kunde	–	–	✓	–	–	–	–	–	–	–	–	–	–
	Anlagenhersteller	–	–	–	–	–	–	✓	–	–	–	–	–	–
	TKD-Dienstleister	–	✓	–	–	–	–	✓	✓	✓	✓	✓	✓	✓
	TKD-Mitarbeiter	✓	–	✓	✓	✓	✓	✓	–	✓	✓	✓	✓	✓
Datenlieferant	Mensch	✓	✓	✓	✓	–	✓	✓	✓	✓	–	–	–	–
	Technik	✓	✓	✓	✓	✓	–	–	–	–	✓	✓	✓	✓
Einsatzmöglichkeit	herstellerspeziell	✓	✓	✓	–	✓	–	–	–	–	–	–	–	–
	herstellerübergreifend	–	–	–	✓	(✓)	✓	✓	✓	✓	✓	✓	✓	✓
Automatisierungs-grad	niedrig	✓	–	✓	✓	✓	–	–	✓	✓	–	✓	✓	✓
	mittel	–	✓	–	–	–	✓	✓	–	–	–	✓	–	–
	hoch	–	–	–	–	–	–	–	–	–	–	–	–	–
Überwachungsart	keine	✓	–	✓	✓	✓	✓	✓	✓	✓	–	–	✓	✓
	kontrollorientiert	–	✓	–	–	–	–	–	–	–	–	✓	–	–
	prognoseorientiert	–	–	–	–	–	–	–	–	–	–	–	✓	–
Ablauf-unterstützung	nicht vorhanden	–	○	–	–	✓	–	○	–	–	✓	–	✓	✓
	vorhanden	✓	○	✓	✓	–	✓	○	(✓)	(✓)	–	(✓)	–	–
Standort-abhängigkeit	immobil	–	–	–	–	–	–	–	–	–	–	–	–	–
	mobil	✓	✓	✓	✓	✓	✓	✓	✓	✓	✓	✓	✓	✓
Daten-aktualisierung	manuell	✓	✓	✓	✓	✓	✓	✓	✓	✓	–	✓	✓	✓
	automatisch	–	✓	–	–	–	–	–	–	–	–	✓	–	–
Aktualisierungs-intervall	nichtzyklisch	✓	✓	✓	✓	✓	✓	✓	✓	✓	–	✓	✓	✓
	zyklisch	–	–	–	–	–	–	–	–	–	–	✓	–	–
Aggregationsstufe der Daten-sammlung	niedrig	✓	–	✓	✓	–	✓	✓	✓	✓	–	–	✓	✓
	mittel	–	–	✓	–	–	✓	–	–	–	–	✓	✓	–
	hoch	–	✓	–	–	–	–	–	–	–	–	–	–	–
Expertensystem	nicht vorhanden	○	○	○	○	○	✓	✓	✓	✓	–	✓	✓	✓

Merkmal	Merkmals-ausprägung	Automobil					Branchenneutral							
		BMW AG (OOS)	BMW AG (Teleservice)	Daimler AG	Continental Automotive GmbH	Softing AG	EMPRISE Consulting GmbH	ARROW Engineering Oy	Paradigma Software GmbH	sLAB Ges. für IS mbH & Co. KG	FAG Industrial Services GmbH (VibroCheck)	FAG Industrial Services GmbH (Detector III)	PRÜFTECHNIK Dieter Busch AG	ACIDA GmbH
	vorhanden	o	o	o	o	o	–	–	–	–	✓	–	–	–
Komponenten-bezug zur Anlage	nicht integriert	✓	–	✓	✓	✓	✓	✓	✓	✓	–	✓	✓	✓
	integriert	–	✓	–	–	–	–	–	–	–	✓	–	–	–
Eingesetztes Endgerät	Individual	–	o	(✓)	–	–	✓	–	–	–	–	✓	✓	✓
	Standard	✓	✓	–	✓	✓	–	✓	✓	✓	✓	–	–	–
Eingesetzte Software	desktopbasiert	–	o	✓	✓	✓	✓	–	✓	–	–	✓	✓	✓
	webbasiert	✓	o	–	–	–	–	✓	–	✓	✓	–	–	–
Teleservice	nicht vorhanden	✓	–	✓	✓	✓	✓	✓	✓	✓	–	✓	–	–
	vorhanden	–	✓	–	–	–	–	–	–	–	✓	–	–	–
Datenübertragung	Datenfernübertragung	–	✓	–	–	–	✓	✓	✓	✓	✓	–	–	–
	Datennahübertragung	✓	–	✓	✓	✓	(✓)	–	–	–	–	✓	✓	✓

Legende: ✓ Merkmal erfüllt, – Merkmal nicht erfüllt, (✓) Merkmal teilweise erfüllt, o Merkmal nicht zu beurteilen

5 Fazit und Ausblick

In diesem Kapitel wurden Informationssysteme zur Unterstützung technischer Kundendienstleistungen vorgestellt und untersucht. Dazu wurden zunächst unterschiedliche Systemklassen, die im technischen Kundendienst relevant sind, vorgestellt und darauf aufbauend ein Klassifikationssystem erstellt, mit dessen Hilfe eine bessere Vergleichbarkeit bestehender Systeme erreicht wurde. Das Klassifikationssystem ist in die vier Merkmalsklassen *Aufgabengebiet, Organisation, Eigenschaften und Funktionen* sowie *Technologie* gegliedert und beinhaltet insgesamt 20 Merkmale. Nachdem die Merkmale und deren Ausprägungen erläutert wurden, ist die Klassifikation anhand von 19 Anwendungsbeispielen aus den Branchen *Sanitär-, Heizungs- und Klimatechnik, Windkraftanlagen, Automobilbau* sowie an sieben *branchenübergreifenden* Beispielen evaluiert worden.

Die Evaluation belegte die Brauchbarkeit der Klassifikation zur praktischen Einordnung betrachteter Systeme und kristallisierte jeweils den gängigen Branchentyp sowie branchenspezifische als auch -übergreifende Defizite heraus. Als branchenübergreifende Defizite haben sich hier vor allem die *Herstellerspezifität* der meisten Systeme, die *geringe Ablaufunterstützung* im operativen TKD-Bereich

sowie die *mangelnde Integration des Herstellers* als Nutzer des Systems herausgestellt. Branchenbezogen mangelt es in der SHK- sowie Windkraftbranche hauptsächlich an einer Ablaufunterstützung von Servicemaßnahmen. Diese Problematik
ist durch das PIPE-Projekt bereits prototypisch gelöst worden und bedarf einzig
einer praktischen Umsetzung sowie Ausweitung über die SHK-Branche hinaus.
Gegenüber den anderen Branchen, mangelt es in der Automobilbranche besonders
an *Teleservicelösungen*, wobei die BMW AG hierzu eine „Zukunftsvision" auf-
zeigt, die bereits heute von ihnen eingesetzt wird.

Neben der Möglichkeit, bestehende und neu entwickelte Systeme anhand der
Klassifikation zu bewerten und zu vergleichen, kann das Klassifikationsschema
auch eine Hilfestellung für die Auswahl von Systemen sein. Darüber hinaus kann
das Schema zur Entwicklung neuer Systeme eingesetzt werden. Hierfür ist es
sinnvoll, das Klassifikationssystem, je nachdem, um welche Systemklasse es sich
bei dem zu entwickelnden System speziell handelt, um weitere klassenspezifische-
re Merkmale, in den Bereichen Funktionen und Eigenschaften sowie Technologie,
zu erweitern. Beispielsweise könnte man bei der gezielten Entwicklung von WMS
die Funktionalitäten auffächern, z.B. in Dokumenten- und Workflow-Manage-
ment-Systeme. Bei einem Gesamtvergleich, der auf unterschiedlichste Kombinati-
onen von Systemklassen ausgelegt ist und wie er in dieser Arbeit vollzogen wurde,
wäre eine weitere Merkmalsdetaillierung allerdings zu speziell und nicht praktikabel, da bei einer Vielzahl von Systemen die Merkmalsausprägungen nicht bestimmbar bzw. ausgeprägt wären.

Forschungsbedarf besteht damit in der Umsetzung des PIPE-Projekts, bezogen
auf weitere Branchen, sowie die Schaffung weiterer Standards für Fehlerbeschreibungen und für software- und hardwarebezogene Kommunikationsschnittstellen
zwischen Anlagen und Informationssystemen. Auch eine weitere Verbesserung
und Entwicklung von webbasierten TKD-Informationssystemen sowie der Einsatz
von Expertensystemen ist voranzutreiben.

6   Literatur

ACIDA GmbH (2004) HEALTH CHECK – Zustandsdiagnose zur Schadensprävention.
    http://www.acida.de/Downloads/Datenblatt%20011d%20-%20Health%20Check%20S
    ervice.pdf
ARROW Engineering Oy (2008) ARROW Maint. http://arroweng.fi/index.php/produkte/
    arrow-maint, abgerufen am 28.01.2008
Aurich M (2006) Erfolgsfaktoren des Instandhaltungsmanagements. Lulu Inc, Morrisville
Bauer H, Robert Bosch GmbH (2003) Kraftfahrtechnisches Taschenbuch. 25. Aufl, Vieweg,
    Wiesbaden
Beierle C, Kern-Isberner G (2008) Methoden wissensbasierter Systeme. 4. Aufl, Vieweg,
    Wiesbaden
BMW AG (2009a) BMW Teleservice Diagnose und Hilfe. http://www.bmw.de/de/de/own
    ers/service/bmw_teleservices.html, abgerufen am 22.01.2009

BMW AG (2009b) BMW TeleServices und Condition Based Service. http://www.bmw.de/
de/de/owners/automobile/service_inspection/teleservice.html, abgerufen am 24.02.09

BMW AG (2009c) Online Service System für BMW Service und MINI Service. http://
www.bmw-serviceweb.de/, abgerufen am 21.01.2009

Bodendorf F (2006) Daten- und Wissensmanagement. 2. Aufl, Springer, Berlin

Bosch Thermotechnik GmbH (2005) Logamatic EMS – die einfach clevere Regelung.
http://www.buderus.de/sixcms/media.php/1156/Servicehandbuch_Logamatic_EMS_46
56023.pdf, abgerufen am 28.01.2009

Bosch Thermotechnik GmbH (2007a) Die volle Kontrolle auf jede Entfernung. http://www.
buderus.de/sixcms/media.php/1156/Prosp_Easycom_4654966.pdf, abgerufen am 28.1.
2009

Bosch Thermotechnik GmbH (2007b) Regelsystem Logamatic EMS: Vorteile in Klartext!
http://www.buderus.de/sixcms/media.php/1156/Prosp_EMS_Fachkd_7747100369.pdf,
abgerufen am 28.01.2009

Braess H-H, Seiffert U (2007) Vieweg Handbuch Kraftfahrzeugtechnik. 5. Aufl, Vieweg,
Wiesbaden

Bundesministerium für Umwelt Naturschutz und Reaktorsicherheit (2008) Erneuerbare
Energien in Zahlen – Nationale und internationale Entwicklung (Internet-Update).
http://www.erneuerbare-energien.de/files/pdfs/allgemein/application/pdf/ee_zahlen_up
date.pdf, abgerufen am 26.02.2009

Continental AG (2009) ContiSys – Mehrmarkendiagnose mit System. http://www.vdo.de/
NR/rdonlyres/19FDABB9-C46E-448D-AA0E-BFF146FAFEBA/0/VDO_ContiSys_
DE_2009.pdf, abgerufen am 23.01.2009

Daimler AG (2008a) EPC net. http://service-parts.mercedes-benz.com/dcagportaldocs/brief
guides/productbrochure/EPC_Productbrochure_de.pdf, abgerufen am 23.01.2009

Daimler AG (2008b) Messtechnik HMS 990 USB. http://service-parts.mercedes-benz.com/
dcagportaldocs/brochures/773975_DC_Br_D_HMS990USb.pdf, abgerufen am 1.1.09

Daimler AG (2008c) Star Diagnosis basic. http://service-parts.mercedes-benz.com/dcagport
aldocs/brochures/Brochure_Basic_de.pdf, abgerufen am 23.01.2009

Daimler AG (2008d) Star Diagnosis compact. http://service-parts.mercedes-benz.com/dcag
portaldocs/brochures/Compact4_de.pdf, abgerufen am 23.01.2009

Daimler AG (2008e) Vergleich Star Diagnosis basic und Star Diagnosis compact. http://ser
vice-parts.mercedes-benz.com/dcagportaldocs/brochures/Compare_SD_de.pdf, abgerufen am 23.01.2009

Daimler AG (2008f) WIS/ASRA net. http://service-parts.mercedes-benz.com/dcagportaldo
cs/briefguides/productbrochure/WIS-ASRA_Productbrochure_de.pdf, abgerufen am
23.01.2009

Daimler AG (2009) Service & Parts net. http://service-parts.mercedes-benz.com/dcagportal/
DCAGPortal/menu.action?topic=Home, abgerufen am 23.01.2009

Deutsche Presse-Agentur GmbH (2008) Autofahrer nutzen verstärkt freie Werkstätten. http:
//www.auto-motor-und-sport.de/news/autofahrer-nutzen-verstaerkt-freie-werkstaetten-
697551.html, abgerufen am 25.02.2009

DEWI GmbH (2008) Windenergie in Deutschland – Aufstellungszahlen für das Jahr 2007.
http://www.dewi.de/dewi/fileadmin/pdf/publications/Statistics%20Pressemitteilungen/
31.12.07/presseanhang_2007%20.pdf, abgerufen am 17.01.2009

DMT GmbH (2006) WindSafe Online Condition Monitoring für Windenergieanlagen. http:
//www.dmt.de/fileadmin/PDF/Produkte/CMS/WindSafe/PB_Windsafe_01.pdf, abgerufen am 27.01.2009

EMPRISE Consulting Düsseldorf GmbH (2008a) mobile4maintenance – Datenblatt. http://www.ecd.emprise.de/wps/wcm/connect/?MOD=PDMProxy&TYPE=personalization&ID=NONE&KEY=NONE&LIBRARY=%2FcontentRoot%2Ficm%3Alibraries%5B8%5D&FOLDER=%2Fdownloads%2F&DOC_NAME=%2FcontentRoot%2Ficm%3Alibraries%5B8%5D%2Fdownloads%2FDatenblatt+-+mobile4maintenance.pdf, abgerufen am 28.01.2009

EMPRISE Consulting Düsseldorf GmbH (2008b) mobile4maintenance – Die mobile Lösung für Service und Instandhaltung. http://www.ecd.emprise.de/wps/wcm/connect/?MOD=PDMProxy&TYPE=personalization&ID=NONE&KEY=NONE&LIBRARY=%2FcontentRoot%2Ficm%3Alibraries%5B8%5D&FOLDER=%2FMobile+Business%2F&DOC_NAME=%2FcontentRoot%2Ficm%3Alibraries%5B8%5D%2FMobile+Business%2FInfo-Brosch%C3%BCre+-+mobile4maintenance.pdf, 28.01.2009

Enercon GmbH (2008) Enercon Windenergieanlagen – Technologie & Service. http://www.enercon.de/www/de/broschueren.nsf/vwwebAnzeige/4612AB747155F53BC12571940027A482/$FILE/ENERCON_Technologie+Service_de.pdf, abgerufen am 12.01.2009

Engel J (1996) Entwicklung eines wissensbasierten Informationssystems zur Unterstützung der Störungsdiagnose. Fortschritt-Berichte VDI Reihe 20(199)

FAG Industrial Services GmbH (2007a) FAG Detector III – Die Lösung für Überwachen und Auswuchten. http://www.fis-services.com/gen/de/download/1/13/28/103/TPI_WL_80-64_2_D_1207-DetectorIII.pdf, abgerufen am 28.01.2009

FAG Industrial Services GmbH (2007b) FAG VibroCheck – Online-Überwachungssystem für die Schwerindustrie. http://www.fis-services.com/gen/de/download/1/13/29/7/TPI%20WL%2080%2067_2_D_0307-VibroCheck.pdf, abgerufen am 28.01.2009

FAG Industrial Services GmbH (2008) FAG WiPro – Wind Turbine Protection System. http://www.fis-services.de/gen/de/download/1/13/29/6/TI_WL_80-66_DA%20_0308-WiPro.pdf, abgerufen am 22.02.2009

Fink A, Schneidereit G, Voss S (2005) Grundlagen der Wirtschaftsinformatik. 2. Aufl, Physica, Heidelberg

Fleischer J, Schmalzried S, Schopp M (2006) Von der Diagnose zur Prognose. Werkstatt und Betrieb 2006(10):81-84

GE Energy (2005a) Bently Nevada Wind Turbine. http://www.gepower.com/prod_serv/products/oc/en/downloads/windturbine_gea_13903b.pdf, abgerufen am 13.01.2009

GE Energy (2005b) EAM/CMMC Interfaces. http://www.gepower.com/prod_serv/products/oc/en/downloads/eam_cmms_se_gea_13911b.pdf, abgerufen am 13.01.2009

GE Energy (2005c) GE Product Overview. http://www.gepower.com/prod_serv/products/oc/en/downloads/sys1_brochure.pdf, abgerufen am 13.01.2009

GE Energy (2005d) RulePaks. http://www.gepower.com/prod_serv/products/oc/en/downloads/rulepaks_se_gea_13910b.pdf, abgerufen am 13.01.2009

GE Energy (2008) Bently Nevada Machinery Diagnostic Services. http://www.gepower.com/prod_serv/products/oc/en/condition_monitoring/downloads/gea16032.pdf, abgerufen am 13.01.2009

Hahn B, Ringhandt A, Schubert A, Schulz V, Sucrow W (2006) Instandhaltung von Windkraftwerken: Können konventionelle Kraftwerke Vorbild sein? http://www.8p2.de/download.php?c3246510eb7333f8b7c81a8cbb9f5bdb, abgerufen am 01.02.2009

HANSER automotive (2007) Kleiner Diagnosetester – ganz groß! HANSER automotive 2007(11):18-21

Harms V (1999) Kundendienstmanagement : Dienstleistung, Kundendienst, Servicestrukturen und Serviceprodukte ; Aufgabenbereiche und Organisation des Kundendienstes. Verl. Neue Wirtschafts-Briefe, Herne

Hautmann D (2007) Condition Monitoring bleibt Luxus. neue energie – das magazin für erneuerbare energie 07(05):40. – URL http://www.neueenergie.net/index.php?id=1451

Heinrich LJ, Lehner F (2002) Informationsmanagement : Planung, Überwachung und Steuerung der Informationsinfrastruktur. 8. Aufl, Oldenbourg, München

Hermes P (1999) Entwicklung eines Customer Self-Service-Systems im technischen Kundendienst des Maschinenbaus. Jost-Jetter, Heimsheim

Höring B (2003) Condition Monitoring für Offshore-Windparks. VGB PowerTech 2003(6). – URL http://www.conditioncontrol.de/publikationen/CM-OffShore-WEA_VGB-PT6-03.pdf, abgerufen am 26.01.2009

IBH (2008) Condition Monitoring & Consulting. http://www.conditioncontrol.de/pdf/Flyer_IBH_v6_INet.pdf, abgerufen am 27.01.2009

Klostermann T (2008) Optimierung kooperativer Dienstleistungen im Technischen Kundendienst des Maschinenbaus. Gabler, Wiesbaden

Kraftfahrt-Bundesamt (2008) Jahresbericht 2007. http://www.kba.de/cln_007/nn_12 4384/DE/Presse/Jahresberichte/jahresbericht_2007_pdf,templateId=raw,property=publicationFile.pdf/jahresbericht_2007_pdf.pdf, abgerufen am 28.02.2009

Krcmar H (1991) Integration in der Wirtschaftsinformatik – Aspekte und Tendenzen. In Jacob H, Becker J, Krcmar H (Hrsg) Integrierte Informationssysteme. Gabler, Wiesbaden, 3–18

Leimeister JM, Glauner C (2008) Hybride Produkte – Einordnung und Herausforderungen für die Wirtschaftsinformatik. Wirtschaftsinformatik 50(3):248–251

Mertens P (2001) Lexikon der Wirtschaftsinformatik. 4. Aufl, Springer, Berlin

Mertens P (2007) Integrierte Informationsverarbeitung 1 – Operative Systeme in der Industrie. 16. Aufl, Betriebswirtschaftlicher Verlag Dr. Th. Gabler, Wiesbaden

Mertens P, Bodendorf F, König W, Picot A, Schumann M (2005) Grundzüge der Wirtschaftsinformatik. 9. Aufl, Springer, Berlin

Nordex AG (2008) Nordex Service und Instandhaltung sowie Condition Monitoring und n-Mobile. http://www.nordex-online.com/fileadmin/MEDIA/Sonstiges/NordexServiceSuite.pdf, abgerufen am 18.01.2009

Overspeed GmbH & Co. KG (2007) Condition Monitoring Systeme – Betriebserfahrungen in Windenergieanlagen und zukünftige Anforderungsprofile. http://www.overspeed.de/de/media/infoblatt_cms_betriebserfahrungen.200703.pdf, abgerufen am 25.02.2009

Paradigma Software GmbH (2008a) Machine|ASSIST. http://www.paradigma-software.de/01221549633de.html, abgerufen am 30.01.2009

Paradigma Software GmbH (2008b) MRO|ASSIST. http://www.paradigma-software.de/01221549632de.html, abgerufen am 30.01.2009

Paradigma Software GmbH (2008c) PM|ASSIST. http://www.paradigma-software.de/01221549634de.html, abgerufen am 30.01.2009

PRÜFTECHNIK AG, Flender Service GmbH (2003) Windenergieanlagen. telediagnose.com – das condition monitoring magazin (5). – URL http://www.telediagnose.com/telediagnose/download/TD05_de.pdf, abgerufen am 23.02.2009

PRÜFTECHNIK Dieter Busch AG (2008) VIBXPERT. http://www.pruftechnik.com/filead min/user_upload/COM/Condition_Monitoring/Products/VIBXPERT/Brochure/VIBXPERT_brochure_de.pdf, abgerufen am 30.01.2009

Puppe F (1988) Einführung in Expertensysteme. Springer, Berlin

Puppe F, Ziegler S, Martin U, Hupp J (2000) Wissensbasierte Diagnosesysteme im Service-Support. Springer, Berlin

Reinecke W, Schauer A (2006) Anwendungsfelder. In May M (Hrsg) IT im Facility Management erfolgreich einsetzen. 2. Aufl, Springer, Berlin

REpower Systems AG (2007) Premium-Service für Windkraftwerke. http://www.repower.de/fileadmin/download/service/service_de.pdf, abgerufen am 18.01.2009

Schäuffele J, Zurawka T (2006) Automotive Software Engineering – Grundlagen, Prozesse, Methoden und Werkzeuge effizient einsetzen. 3. Aufl, Friedr. Vieweg & Sohn, Wiesbaden

Scheer A-W, Boczanski M, Muth M, Schmitz WG, Segelbacher U (2006) Prozessorientiertes Product Lifecycle Management. Springer, Berlin

sLAB Gesellschaft für Informationssysteme mbH & Co. KG (2008) sMOTIVE Maintenance. http://www.smotive.de/index.php/Instandhaltung-Software-CMMS-IPS.html, abgerufen am 29.01.2009

Softing AG (2008) VAS 5066 – Das PDA-Diagnose-Werkzeug für Fahrzeuge des Volkswagen-Konzerns. http://www.softing.com/home/de/pdf/ae/datasheet/hardware/Softing-DB_VAS5066_D.pdf, abgerufen am 23.01.2009

SSB-Antriebstechnik GmbH & Co. KG (2009) WindChap® – genießen Sie die neue Freiheit einer Software-Komplettlösung. http://www.ssb.eu/index.php?id=303, abgerufen am 27.01.2009

Stokburger G, Pufahl M (2002) Kosten senken mit CRM. Strategien, Methoden und Kennzahlen: Customer Relationship Management als Instrument des unternehmerischen Erfolgs. Gabler, Wiesbaden

Tamm G, Günther O (2005) Webbasierte Dienste – Technologien, Märkte und Geschäftsmodelle. Physica, Heidelberg

Thomas O (2006) Management von Referenzmodellen : Entwurf und Realisierung eines Informationssystems zur Entwicklung und Anwendung von Referenzmodellen. Logos, Berlin

Thomas O, Walter P, Loos P, Nüttgens M, Schlicker M (2007a) Mobile Technologies for Efficient Service Processes: A Case Study in the German Machine and Plant Construction Industry. In: Proceedings of the 13th Americas Conference on Information Systems : August 09-12, Keystone, Colorado, USA. AIS, Atlanta, Georgia, USA

Thomas O, Walter P, Loos P, Schlicker M, Leinenbach S (2006) Mobile Anwendungssysteme für effiziente Dienstleistungsprozesse im technischen Kundendienst. In Hochberger C, Liskowsky R (Hrsg) Informatik 2006 : Informatik für Menschen ; Band 1 : Beiträge der 36. Jahrestagung der Gesellschaft für Informatik e.V. (GI) ; 2. bis 6. Oktober 2006 in Dresden. Köllen, Bonn, 202–207

Thomas O, Walter P, Loos P, Schlicker M, Nüttgens M (2007b) Hybride Wertschöpfung im Maschinen- und Anlagenbau : Prozessorientierte Integration von Produktentwicklung und Servicedokumentation zur Unterstützung des technischen Kundendienstes. In: Oberweis A et al. (Hrsg) eOrganisation: Service-, Prozess-, Market-Engineering : 8. Internationale Tagung Wirtschaftsinformatik ; Karlsruhe, 28. Februar - 2. März 2007. Universitätsverlag, Karlsruhe, 403–420

Thönnißen H-J, Jansen A (2003) Integrierte Informationssysteme – Die Zukunft im Automotive After-Sales-Bereich. http://www.esg.de/leistungen/automotive/entwicklung/Integrierte-Informationssysteme.pdf, abgerufen am 27.12.2008

Thron M, Bangemann Th, Suchold N (2008) WISA – ein modulares wissensbasiertes System für die Maschinen- und Anlagendiagnose. http://www.process.vogel.de/whitepa pers/downloads/8904/, abgerufen am 02.02.2009

Vaillant Deutschland GmbH & Co. KG (2005) vrnetDIALOG – Internet- Kommunikationssystem. http://www.vaillant.de/stepone2/data/downloads/5a/43/00/System_vrnetDIAL OG.pdf, abgerufen am 15.01.2009

Viessmann Werke GmbH & Co. KG (2008) Viessmann – Vitodata / Vitocom Internet Tele-Control. http://www.viessmann.de/de/products/Daten-Kommunikation/TeleControl.De partmentTeaserDownloadlist.Single.downloadlistitem.84544.FileRef.File.tmp/ppr-vito data-vitocom.pdf, abgerufen am 15.01.2009

Voß S, Gutenschwager K (2001) Informationsmanagement. Springer, Berlin

Wallentowitz H, Reif K (2006) Handbuch Kraftfahrzeugelektronik – Grundlagen, Komponenten, Systeme, Anwendungen. Friedr. Vieweg & Sohn Verlag, Wiesbaden

Walter P, Blinn N, Schlicker M, Thomas O (2009) IT-gestützte Wertschöpfungspartnerschaften zur Integration von Produktion und Dienstleistung im Maschinen- und Anlagenbau. 9. Internationale Tagung Wirtschaftsinformatik : Business Services: Konzepte, Technologien, Anwendungen

Weidenhaun J, Corsten A (2004) Die systematische Auswahl von Instandhaltungsplanungs- und Steuerungssystemen vor dem Hintergrund neuer Trends bei IPS-Systemen. http:// www.fir.rwth-aachen.de/download/maveroeff/sv4260.pdf, abgerufen am 2.2.09

Weinrauch M (2005) Wissensmanagement im technischen Service. Gabler, Wiesbaden

wind 7 AG (2007) Die Vorteile einer Betriebsführung durch die wind 7 AG. http://www.wi nd7.de/fileadmin/daten/pdf/Vorteile_der_Betriebsfuehrung_durch_die_wind_7.pdf, abgerufen am 27.01.2009

Winergy AG (2008a) Service. http://www.winergy-ag.com/_upload/WIN105_07_Service_ 20080128.pdf, abgerufen am 26.01.2009

Winergy AG (2008b) Zustands-Diagnose. http://www.winergy-ag.com/_upload/WIN109_ 01_Condition_Diagnosis_20080828.pdf?documentID=8961&ext=.pdf, abgerufen am 26.01.2009

Das INTERACTIVE-Serviceportal

Michael Schlicker und Stefan Leinenbach

Im Kontext produktbegleitender Dienstleistungen spielt zunehmend die prozessorientierte IT-Unterstützung als Wettbewerbsfaktor eine wichtige Rolle. Gerade zur korrekten, qualitativ hochwertigen und dennoch kostengünstigen Erbringung bei wissensintensiven Dienstleistungen an komplexen technischen Produkten wird eine derartige Unterstützung zu einem signifikanten Wettbewerbsvorteil. Denn die Anforderungen an den technischen Kundendienst steigen kontinuierlich und die derzeitige Informationsversorgung wird diesem hohen Anspruch nicht gerecht. Das Risiko fehlerhafter Arbeiten und dadurch bedingter Maschinenausfallzeiten ist enorm. Dieses Kapitel zeigt, wie die Ergebnisse der Untersuchungen bzw. die entwickelten Konzepte und Methoden aus dem Forschungsvorhaben PIPE in ein Serviceportal überführt wurden, mit dem es erstmals möglich wird, den technischen Kundendienst mobil, multimedial und prozessorientiert mit adäquatem Servicewissen zu versorgen. Nach einer Differenzierung unterschiedlicher Wissensarten und Portalvarianten erfolgt zunächst die Erläuterung der Gesamtarchitektur des Informationssystems. Anschließend wird dargestellt, wie die in PIPE entwickelte Methodik zur Modellierung von Serviceinformationen in einem eigens dafür konzipierten Modellierungstool umgesetzt wird, wie die Kommunikation der Serviceinformationen erfolgt und wie diese auf einem mobilen Endgerät verwendet werden. Die Identifikation erzielbarer Nutzeffekte schließt das Kapitel ab.

1 Wissen als strategische Unternehmensressource

Wissen gilt schon seit Langem als eine strategische Ressource – im Prozess, im Produkt und als Produkt selbst. Wissen ist damit eine entscheidende Größe im Wertschöpfungsprozess (Bullinger et al. 1997; Freiden et al. 1998). Auch und gerade in Zusammenhang des in diesem Kapitel beschriebenen Serviceportals geht es im Kern um Wissen – um Wissen, das an unterschiedlichen Stellen der Wertschöpfung im technischen Kundendienst (TKD) erhoben, kommuniziert, angewendet und ausgewertet wird. Wichtigstes Ziel ist es hierbei, dass mittels des Managements des Servicewissens sowohl die technischen Produkte als auch die produktbegleitenden Dienstleistungsprozesse verbessert und somit für die Unternehmen nachhaltige Wettbewerbsvorteile im globalen Wettbewerb erzielt werden können, die entsprechende Erträge, Wachstum und Arbeitsplätze sichern.

O. Thomas et al. (eds.), *Hybride Wertschöpfung*,
DOI 10.1007/978-3-642-11855-5_9, © Springer-Verlag Berlin Heidelberg 2010

Produkte besitzen immer auch eine Informations- und Wissenskomponente. Diese wird insbesondere für den After-Sales-Bereich im TKD immer wichtiger und mit zunehmendem Einsatz von IT umfassender und wettbewerbsentscheidender (Cäsar 2005).

In der wissenschaftlichen Literatur findet sich eine Vielzahl von Festlegungen zur Definition des Begriffs „Wissen" (Polanyi 1985; Romhardt 1998; Collins und Kusch 1999; Amelingmeyer 2002). Nach Davenport und Prusak (1998) ist Wissen eine fließende Mischung aus strukturierten Erfahrungen, Wertvorstellungen, Kontextinformationen und Fachkenntnissen. Die Entstehung und Anwendung von Wissen vollzieht sich in den Köpfen der Wissensträger. Erst Wissen befähigt die Menschen, Entscheidungen zu treffen, um damit Probleme oder Aufgabenstellungen durch entsprechende Handlungen zu lösen (Pfeifer 2001).

Zur Entwicklung des in diesem Kontext betrachteten Servicewissens und dessen Nutzbarkeit ist die Unterscheidung von explizitem, implizitem, und kollektivem Wissen von Bedeutung. Explizites Wissen ist bereits dokumentiert und auf unterschiedlichen materiellen Wissensträgern gespeichert (Amelingmeyer 2002). Implizites Wissen ist auf unterschiedlichen personalen Wissensträgern als persönliches Wissen verteilt, welches auf deren Erfahrungen (z.B. handwerkliche Fähigkeiten, Wertvorstellungen) beruht und nur schwer zu formulieren und weiterzugeben ist (Romhardt 1998; Willke et al. 2001; Pfeifer 2001). Durch Wissensaustausch entsteht kollektives Wissen (Rehäuser und Krcmar 1996). Bezogen auf Organisationen stellt sich dieses Wissen in Form von Geschäftsprozessen, Organisationsstrukturen und Netzwerken dar.

Um implizites Wissen in für das Unternehmen wertvolles Wissen zu überführen ist entsprechend der beteiligten Organisationseinheiten – wie beispielsweise in Wertschöpfungsnetzwerken (Walter et al. 2009; vgl. auch den Beitrag von Walter et al., S. 299ff., in diesem Band) – ein Lern- bzw. Managementprozess erforderlich. Zu dessen Gestaltung existieren in der Literatur unterschiedliche Konzepte (Nonaka und Takeuchi 1997; Probst et al. 1997).

In der Soziologie, Psychologie und der Arbeitswissenschaft finden sich vielfältige Ansätze und Erklärungen hinsichtlich der Identifikation, der Sinnhaftigkeit und der Grenzen der Extraktion bzw. Formalisierung impliziten Wissens (Callon 1987; Latour 1987; Polanyi 1995). In Fallstudien zur Gestaltung von Expertensystemen konnte nachgewiesen werden, dass die Wissensakquisition durch „Entbettung" und Modellierung von Expertendomänen dann funktioniert, wenn gewährleistet ist dass *erstens* die explizit gemachten Regeln nicht mit der legitimierten Praxis in Widerspruch stehen, *zweitens* die impliziten Regeln der professionellen Praxis nicht zu stark eingeschränkt werden und *drittens* keine Spielräume für die Neuaushandlung und Erprobung der Anwendung gewährt werden (Rammert et al. 1998). Von Bedeutung sind in diesem Zusammenhang auch die Ängste und Mitarbeitereinschätzungen, wenn es darum geht, eigenes Wissen im Unternehmen „preisgeben" zu müssen. Psychologische Untersuchungen diesbezüglich zeigen, dass Mitarbeiter weniger Angst vor der Explikation eigenen Erfahrungswissens haben, als vielmehr davor, nach der Preisgabe des persönlichen Wissens den Arbeitsplatz zu verlieren (Dick und Hainke 1999).

2   Begriffsdefinition Portal

Zumeist wird ein Portal in der Literatur als ein zentraler und personalisierter Einstieg in die Informationswelt des Internets oder des Intranets bezeichnet, von dem aus Verbindungen zu relevanten Informationen und Diensten hergestellt werden können (Großmann und Koschek 2005). Portale versuchen, den Anwender gezielt in seinem Bedürfnis nach Informationen zu unterstützen und bündeln Kunden- bzw. Anwenderinteressen dadurch, dass sie aggregierte Informationen aus unterschiedlichen Datenquellen bilden. Die Darstellung der Informationen erfolgt über eine einheitliche Oberfläche, deren Gestaltung sich an den Bedürfnissen der Zielgruppe orientieren soll (Schmid 2001). Portale haben sich mittlerweile zu multiplen Unternehmensanwendungen entwickelt, in welchen Inhalte, Dienste und Funktionen benutzerspezifisch bereitgestellt werden können und der Unterstützung von Geschäftsprozessen dienen. Portale lassen sich differenzieren nach (Gurzki et al. 2004; Großmann und Koschek 2005)

- der Betrachtungsebene (horizontal, vertikal),
- dem Nutzerkreis (offen, geschlossen),
- den Rollen der Beteiligten,
- der netzwerktechnischen Erreichbarkeit (Internet, Intranet, Extranet) und
- der Zielgruppe (Unternehmensportale, E-Government-Portale).

Horizontale Portale sprechen eine breite Benutzergruppe an und bieten eine vielfältige Informationspalette. Sie bieten jedoch in den einzelnen Informationsbereichen nur einen groben Überblick, wie dies beispielsweise bei Internetportalen (z.B. T-Online) der Fall ist (Großmann und Koschek 2005). Vertikale Portale hingegen sprechen eine spezifische interessierte Benutzergruppe an und bieten eine Auswahl von Funktionen, die sich an den speziellen Wertschöpfungsprozessen oder Anwendungsfällen der Nutzer ausrichtet (Großmann und Koschek 2005). Die in vertikalen Portalen gespeicherten Informationen gehen in die Tiefe und betrachten ein spezielles Thema.

Bei offenen Portalen wird grundsätzlich jedem Benutzer über das Internet ein Zugang ermöglicht, auch wenn sich der Benutzer zunächst registrieren muss. Ein geschlossenes Portal steht nur einer bestimmten Benutzergruppe zur Verfügung, wobei diese aus Kunden, Mitarbeitern, Lieferanten oder aus Partnern bestehen können (Großmann und Koschek 2005).

Bei der Differenzierung nach Rollen werden die jeweiligen Beziehungen zwischen den einzelnen Benutzergruppen und/oder Geschäftspartnern definiert, um beispielsweise Regeln daraus abzuleiten, die den Zugriff auf bestimmte Informationsbereiche einschränken.

Die netzwerktechnische Erreichbarkeit wird mittels standardisierter Verfahren zur Realisierung der Internet-, Intranet- oder Extranet-Anwendungen differenziert. Unternehmensportale haben zum Ziel, zielgruppengerechte und -spezifische Geschäftsprozesse an der Schnittstelle zwischen Unternehmen und Nutzer bereitzustellen.

In der Literatur werden unterschiedliche Arten von Unternehmensportalen differenziert (Gurzki et al. 2004; EU-DLR 2006; Hogrebe et al. 2008):

1. Mitarbeiterportale bilden eine Schnittstelle zwischen den Mitarbeitern, den Geschäftsprozessen im Unternehmen und den Systemen, die zur Arbeitsausführung benötigt werden.

2. Geschäftskundenportale zielen darauf ab, die unternehmensübergreifenden Prozesse zwischen den jeweiligen Partnern zu unterstützen.

3. Lieferantenportale betten die möglichen Lieferanten in die Geschäftsprozesse des Unternehmens ein und dienen dazu, Lieferanteninformationen einzustellen oder erlauben die Abgabe von Angeboten.

4. Endkundenportale unterstützen die Marketing und Vertriebsaktivitäten des Unternehmens zum Endkunden und stellen für diesen relevante Serviceprozesse bereit.

5. E-Government-Portale unterstützen Prozesse zwischen Staat und Bürgern bzw. Unternehmen.

Aus den Unternehmensportalen werden Prozessportale abgeleitet. Prozessportale werden in der wissenschaftlichen Literatur als personalisierte und integrierte Zugangssysteme zu internen und externen Applikationen, beispielsweise Enterprise Resource Planning (ERP)-, Customer Relationship Management (CRM)-Systemen definiert, welche die Informationen für den Kundenprozess aus bislang isolierten Prozessschritten in einem kompletten Kundenprozess bündeln. Dabei wird die sichere und individuelle Ansprache der Kunden durch rollenbasierte Techniken und einen prozessorientierten Zugang ermöglicht (Puschmann 2004; Alt und Österle 2004; Schmid 2001; Großmann und Koschek 2005). Prozessportale zielen auf die Unterstützung der überbetrieblichen Zusammenarbeit mittels moderner IT-basierter Systeme ab. Die Kooperationsintensität zwischen den Partnern hängt dabei von der Integrationstiefe der Portallösung ab. Also davon, wie stark die jeweiligen unternehmensübergreifenden oder kollaborierenden Geschäftsprozesse miteinander vernetzt sind (Puschmann 2004).

Prozessportale werden in der betrieblichen Praxis unterschiedlich eingesetzt. So werden beispielsweise im FuE-Wertschöpfungsprozess Product-Lifecycle-Management-Systeme (PLM) verwendet, um die Produktentwicklungs- und Produkterstellungsprozesse derart zu unterstützen, dass sie global verteilte und interdisziplinäre Kollaborationen zwischen Herstellern, Zulieferern, Partnerunternehmen und Kunden ermöglichen (Abramovici et al. 2008). In der Logistik eingesetzte Lösungen unterstützen die Geschäftsprozesse in der kooperativen Auftragsabwicklung, sodass ein Kundenauftrag automatische Bestellungen bei Lieferanten und/oder Herstellern auslöst bzw. die bei einem Unternehmen bestellte Ware von einem Dritten direkt an den Kunden geliefert wird (Gizanis et al. 2004). Auch im Service/Kundendienst werden heute Portale eingesetzt. Im technischen Kundendienst (TKD) werden damit vielfältige administrative Aufgaben unterstützt. Allerdings existierte bislang keine Portallösung die den Servicetechniker im TKD in der Ausführung der Serviceprozesse unterstützt, beispielsweise in der Problembehandlung (Cäsar 2005).

Die Entwicklung derartiger IT-Systeme ist aus mehreren Perspektiven betrachtet sehr komplex und muss daher interdisziplinär angelegt werden. So werden technische Fragestellungen der Ingenieurwissenschaften und der Informatik, die Aspekte der Sozialwissenschaft, das Methodenspektrum der Wirtschaftsinformatik und die ökonomischen Aspekte der Wirtschaftswissenschaften adressiert. Wesentliche Fragestellungen in diesem Zusammenhang sind:

- Wie lässt sich das auf unterschiedlichen Medien und unterschiedlichen Wissensträgern verteilte implizite und explizite Fach- und Erfahrungswissen zu komplexen technischen Produkten, Anlagen und Prozessen ökonomisch vertretbar zu Servicewissen entwickeln?

- Wie lässt sich das entwickelte Servicewissen in ein geeignetes IT-System überführen?

- Wie und in welcher Form kann und muss das Servicewissen den unterschiedlichen Akteuren zur adäquaten Nutzung zugänglich gemacht werden?

3   Gesamtarchitektur des INTERACTIVE-Serviceportals

Basierend auf den im Projekt PIPE erarbeiteten Ergebnissen liefert das in diesem Beitrag beschriebene Serviceportal die Antworten zu diesen zentralen Fragestellungen.

Die technische Architektur des Portals orientiert sich an der klassischen Client/Server-Architektur. Es wird den vertikal ausgerichteten, geschlossenen Prozessportalen zugeordnet. Der Hersteller entscheidet hierbei, welcher Partner den Zugang zum Serviceportal erhält. Die Komponenten des Serviceportals werden anhand des in Abb. 1 dargestellten Architekturmodells des Informationssystems in der Gesamtansicht beschrieben. Das Informationssystem wird hier als System aus Hardware, Software und Verfahren zusammen mit der mit ihnen arbeitenden Organisationseinheiten verstanden (PAS 1090). Das Modell gliedert sich in die Teilbereiche (1) Leistungsstruktur, (2) Organisationsstruktur, (3) Serviceinformationsstruktur, (4) DV-Struktur und (5) Implementierung. Im linken Teil des Modells werden die jeweiligen Komponenten beim Hersteller dargestellt. Im rechten Teil der Grafik diejenigen, die auf der Seite des TKD-Servicepartners erforderlich sind.

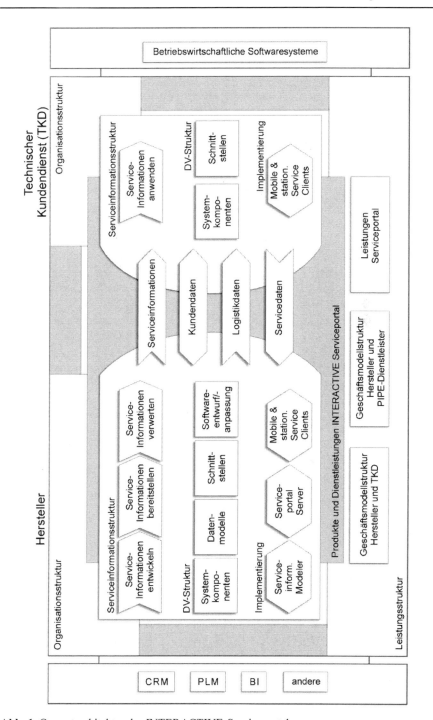

Abb. 1. Gesamtarchitektur des INTERACTIVE-Serviceportals

Die Leistungsstruktur bildet die Basis des Serviceportals. Sie wird gebildet aus: (1) der Geschäftsmodellstruktur zwischen Hersteller und TKD, (2) der Geschäftsmodellstruktur zwischen Hersteller und PIPE-Dienstleister und (3) den Leistungen des Serviceportals.

In der zwischen Hersteller und dem TKD vereinbarten Geschäftsmodellstruktur werden Geschäftsmodelle definiert, welche die Basis zur Gestaltung der gegenseitigen organisatorischen und technischen Integration des TKD – der eigenen Organisation oder die der TKD-Partner – in die Geschäftsprozesse bilden. Die in der Organisationsstruktur entwickelten Rollen und Rechte regeln unter anderem den Zugriff auf die Serviceinformationen und den Austausch der Service- und Kundendaten zwischen Herstellern und TKD. Im Rahmen des Forschungsprojekts PIPE wurden sieben Geschäftsmodelle identifiziert, die ausführlich im Beitrag von Schlicker, Thomas und Johann, S. 314 ff., erläutert werden.

Die Geschäftsmodellstruktur zwischen Hersteller und Dienstleister definiert analog dazu die Intensität und die Art der Zusammenarbeit zwischen Dienstleister und Hersteller. Diese wird in Form entsprechender Service Level Agreements (SLA) zusammengefasst. Service Level Agreements dienen dazu, das erwartete Ergebnis des zu erbringenden Dienstes – aber auch Rechte und Pflichten von Dienstgeber und Dienstnehmer – zu spezifizieren. Sie definieren damit den Rahmen der zu erbringenden Leistungen, legen die qualitativen und quantitativen Ziele des Vertrages sowie deren Messgrößen und Kennzahlen fest und präzisieren die beiderseits zu erwartenden Leistungen. Anhand dieser Leistungsbeschreibung wird unter anderem erfasst, welche Serviceinformationen zu welchem Produkt im Serviceportal bereitgestellt werden sollen.

In der Organisationsstruktur werden herstellerseitig die an der Erhebung und dem Management der Serviceinformationen beteiligten Abteilungen und Personen identifiziert und abgebildet. Wird der TKD von externen Dienstleistern erbracht – beispielsweise durch SHK-Partnerbetriebe –, werden die Organisationsstrukturen beim externen Partner separat entwickelt. In der Organisationsstruktur werden abteilungs- und unternehmensübergreifend Rollen definiert, Arbeitsaufgaben und Zuständigkeiten dargestellt. So kann beim Hersteller unter anderem festgelegt werden, welche Abteilungen und Personen sich an der Entwicklung der Serviceinformationen beteiligen, wie die Bewertung und Abnahme der konstruierten Serviceprozessmodelle erfolgt und in welcher Form die Auswertung der zurückgemeldeten Service- und Kundendaten organisiert werden muss. Für den TKD wird bestimmt, welche Personen Servicefälle anlegen und übermitteln bzw. welche Personen die Servicefalldaten verwenden oder bearbeiten können. Die Basis bilden hierfür die in den Geschäftsmodellstrukturen definierten Kooperations- und Geschäftsmodelle (vgl. den Beitrag von Schlicker, Thomas und Johann, S. 314 ff., in diesem Band).

In der Serviceinformationsstruktur werden auf Herstellerseite die Prozesse abgebildet, die zum Management der Serviceinformationen erforderlich sind. Darunter werden die Teilprozesse (1) Serviceinformationen entwickeln, (2) Serviceinformationen bereitstellen und (3) Serviceinformationen verwerten subsumiert. Der

Teilprozess „Serviceinformationen entwickeln" wird ausführlich im Beitrag von Schlicker, Blinn und Nüttgens, S. 144 ff., in diesem Band erläutert und in Zusammenhang mit dem IT-basierten Modellierungswerkzeug in diesem Kapitel vorgestellt. In den Prozessen, welche die Anforderung „Serviceinformationen bereitstellen" realisieren, werden unter anderem die Arbeiten zur Überführung der modellierten Serviceinformationen in den Serviceportalserver und die Prozesse zum Betrieb des Serviceportals subsumiert. Die Prozesse, welche die zurückgemeldeten Service- und Kundendaten auswerten und die Verwertung der Daten in den jeweiligen Teilprozessen der Wertschöpfungsketten (Porter 1999; Töpfer 2005) unterstützen, werden im Teilprozess „Serviceinformationen verarbeiten" berücksichtigt. Auf der Seite des technischen Kundendienstes wird mit der Anwendung der zur Verfügung gestellten Serviceinformationen der Servicetechniker in der Ausführung der Serviceprozesse unterstützt.

Die DV-Struktur dient auf Herstellerseite dazu, *erstens* die erforderlichen Systemkomponenten zu spezifizieren, *zweitens* die benötigten Datenmodelle zu entwickeln, *drittens* eventuell erforderliche Schnittstellen zu identifizieren und *viertens* die entsprechenden Softwareanpassungen vorzunehmen. Im Rahmen der Spezifikation der Systemkomponenten geht es unter anderem darum, unter Berücksichtigung der festgelegten Organisationsstrukturen die Systemvoraussetzungen zu identifizieren, die zur verteilten und abteilungsübergreifenden Modellierung der Serviceinformationen erforderlich sind. Auch die Systemkomponenten zum Aufbau und Betrieb des Serviceportals werden hier bestimmt, beispielsweise die Art der verwendeten mobilen Endgeräte (Betriebssysteme, Bildschirmauflösung) und die IT-Infrastruktur. Im Datenmodell werden die für den Betrieb des Gesamtsystems erforderlichen Daten strukturiert und damit eine wesentliche Grundlage zur Spezifikation der Software geschaffen. Das Serviceportal ist als eigenständige Lösung konzipiert und kann somit ohne aufwendige Integration in bestehende IT-Landschaften im Unternehmen betrieben werden. Zur möglichen Integration in bestehende IT-Strukturen werden geeignete Schnittstellen entwickelt (z.B. zu CRM-, PLM- oder BI-Systemen).

Auf der Seite des TKD werden auf dieser Ebene des Architekturmodells ebenfalls die Anforderungen an die Systemkomponenten erarbeitet und die Schnittstellen zu bestehenden betriebswirtschaftlichen Softwaresystemen spezifiziert.

Auf der Ebene der Implementierung erfolgt die Realisierung der Teilkomponenten (1) Serviceinformation Modeler, (2) Serviceportal Server und (3) der Serviceportal Clients. Diese Komponenten werden in Abschnitt 4 dieses Kapitels näher erläutert.

Die im Serviceportal zu realisierenden Datenströme lassen sich klassifizieren nach (1) Serviceinformationen, (2) Kundendaten, (3) Logistikdaten und (4) Servicedaten. Serviceinformationen sind in diesem Kontext produktspezifische Informationen, die je nach Anforderung in unterschiedlicher Granularität in Informationsmodellen, Serviceprozessartefakten und Serviceprozessmodellen hinterlegt sind. Sie sind Teil des Servicewissens, welches dem Servicetechniker per Download vom Serviceportal zur Verfügung gestellt wird. Kundendaten sind subjektbezogene Daten (Name, Adresse, Anlagendaten), welche die Zuordnung des instand zu haltenden Produkts erlauben, die Historie bisher durchgeführter Servicearbeiten dokumentieren oder zur Weiterverarbeitung genutzt werden können (Rechnungserstellung, Auswertung). Logistikdaten beinhalten Angaben über Art, Preis und Verfügbarkeit von Ersatzteilen und deren Beschaffung. Servicedaten sind in diesem Kontext Daten, die sich aus der Dokumentation der durch den Servicetechniker tatsächlich ausgeführten Arbeitsschritte des Serviceprozesses unter Verwendung der Serviceinformationen ergeben (PAS 1090).

Die grau eingefärbten und dem PIPE-Dienstleister zugeordneten Bereiche in Abb. 1 symbolisieren, dass die Produkte und Dienstleistungen des PIPE-Dienstleisters den Hersteller und TKD-Organisationen bei der Bildung der erforderlichen Strukturen unterstützen und den Aufbau bzw. Betrieb des Serviceportals ermöglichen.

4   Softwarekomponenten des Serviceportals

4.1   Serviceinformation Modeler

Betrachtungsgegenstände im TKD sind technische Produkte. Zu deren Gestaltung existieren zahlreiche Standards, Normen und Methoden, die auch zur Identifikation bzw. Entwicklung technischer Serviceinformationen für den TKD genutzt werden können.

Die in der Industrie vielfach bewährten Methoden der Arbeitsplanung, der Fertigungssteuerung, und der Produktionslogistik bilden einen geeigneten Bezugsrahmen zur Entwicklung von Wissenssystemen im TKD. So werden beispielsweise in der Ablaufplanung – als einem Teilgebiet der Arbeitsplanung – Methoden zur Entwicklung geeigneter Arbeitsverfahren, Arbeitsmethoden und zur Festlegung der Arbeitsvorgänge und ihrer Reihenfolge erörtert (REFA 1991). Die Fertigungssteuerung umfasst das Veranlassen, Überwachen und Sichern der Durchführung von Produktionsaufgaben hinsichtlich Bedarf, Qualität, Kosten und Arbeitsbedingungen und liefert ein Rahmenwerk zur Ableitung relevanter Kennzahlen (Stanek 1988). In der Produktionslogistik spiegeln Stücklisten die strukturelle und mengenmäßige Zusammensetzung eines Endprodukts wider (REFA 1992) und eignen sich so beispielsweise zur Entwicklung einer geeigneten Produkthierarchie im Rahmen der Konstruktion der Serviceprozessmodelle.

Auch die gängigen Methoden des Total Quality Management (TQM), das Konzept der European Foundation for Quality Management (EFQM), die Fehlermöglichkeits- und Einflussanalyse (FMEA), das Quality Funktion Deployment (QFD) und das Product Lifecycle Management (PLM) sind von Bedeutung (Pahl et al. 2007; Geiger und Kotte 2008; Pfeifer 2001; Feldhusen et al. 2006). Ebenso liefern die Forschungsarbeiten zu den Product-Service Systems (PSS) einen wichtigen Beitrag zur Entwicklung, Anwendung und Management von Servicewissen (Manzini et al. 2001; Morelli 2002; Mont 2004; Krucken und Meroni 2006; Evans et al.

2007; Thomas et al. 2008; vgl. auch das Kapitel von Thomas, Walter und Loos, S. 61 ff., in diesem Band).

Ein wesentliches Teilziel im Projekt PIPE war es, eine höchstmögliche Wirtschaftlichkeit bei der Erhebung und Modellierung der Serviceinformationen und -prozesse zu erreichen. Hierzu wurde ein generisches Vorgehensmodell entwickelt, anhand derer in fünf unterschiedlichen Entwicklungsstufen mit verschiedenen Modellen – unter Verwendung vielfältiger Sprachkonstrukte – das implizite und explizite Fach- und Erfahrungswissen zu umfassendem Servicewissen konstruiert werden kann. Allerdings hat der oben genannte Beitrag, S. 61 ff., auch gezeigt, dass diese Arbeit bei Anwendung der Entwicklungsmethodik und Verwendung existierender IT-basierter Modellierungswerkzeuge ein immer noch sehr komplexes Unterfangen ist. Ein wichtiger Aspekt ist hierbei die Erkenntnis, dass der Mensch in diesem Entwicklungsprozess nicht zu ersetzen ist (Davenport und Prusak 1998; Pfeifer 2001). Zur effizienten Verwendung der in diesem Buch vorgestellten Methode zur Modellierung technischer Serviceprozesse wird daher eine ebenso effiziente Unterstützung durch geeignete Softwarewerkzeuge benötigt, die sich an das Verständnis der Nutzer anpasst.

Auch wenn die einzusetzenden semiformalen Beschreibungssprachen im Rahmen der im Kapitel von Schlicker, Blinn und Nüttgens genannten Modelltypen sich bereits grafischer Beschreibungselemente bedienen und damit weniger abstrakt sind als formale Sprachen, so entstammen die einzelnen Sprachelemente immer noch nicht der Erfahrungswelt ihrer Benutzer und erschweren dadurch deren Verständnis im Umgang mit der Thematik. Weitere Schwierigkeiten entstehen aus der Komplexität der Modelle selbst und des Beziehungsgeflechtes zwischen den einzelnen, aber dennoch zusammenhängenden Modellen. Die Forderungen zur Einhaltung unternehmensweiter Modellierungskonventionen bei der verteilten Konstruktion können ebenfalls ein weiteres Hindernis bei der Entwicklung inhaltlich formal korrekter und vollständiger Serviceprozessmodelle darstellen, beispielsweise bedingt durch die Konstruktion der Modelle von unterschiedlichen Mitarbeitern in verschiedenen Abteilungen.

Das im Folgenden vorgestellte Modellierungstool zielt auf die Behebung der genannten Problemstellungen ab. Dem hohen Abstraktionsniveau der letztendlich zu verwendenden Beschreibungssprachen soll eine intuitive Benutzungsschnittstelle begegnen, die sich mit Hilfe individueller Grafiken der zu bearbeitenden Instandhaltungsobjekte aus der Erfahrungswelt der Anwendungsdomäne bedient (Leinenbach 2000). Die vorgestellte Lösung basiert im Wesentlichen auf der Buildtime-Umgebung INTERACTIVE GUI Designer, der INTERACTIVE GUI Library und der Laufzeitumgebung INTERACTIVE GUI for ARIS. Abb. 2 zeigt die Gesamtarchitektur des Modellierungstools.

Im Designer werden die grafischen Modellierungsoberflächen und damit die Benutzerschnittstelle gestaltet sowie die benötigten Modellierungskonventionen definiert. Hierfür werden zunächst die Produkt- oder Bauteilgrafiken der Instandhaltungsobjekte zur Gestaltung der jeweiligen Modellierungsszenarien hochgeladen. Anschließend werden durch die Verknüpfung interaktiver Elemente und die

Definition der zu erhebenden Inhalte incl. der Objekte, Kanten und Attribute daraus interaktive und spezifische Modellierungsszenarien, welche in der Library gespeichert werden. Zur Konstruktion der Serviceinformationsmodelle werden die entwickelten Szenarien aus der Library in den INTERACTIVE GUI Client geladen.

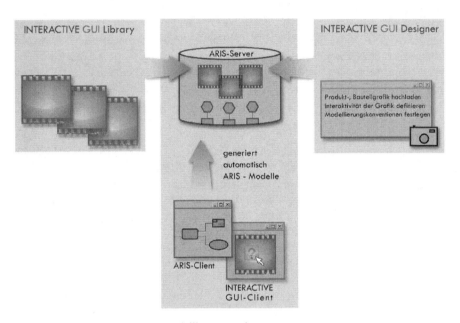

Abb. 2. Gesamtarchitektur des Modellierungstools

In dem hier beschriebenen Konstruktionsbeispiel ergänzt die Laufzeitumgebung INTERACTIVE GUI for ARIS[20] als Add-on das bestehende Modellierungswerkzeug ARIS[21]. Das Tool folgt dabei einer Client/Server-Architektur. Während die Client-Komponente die Anzeige der beschriebenen intuitiven grafischen Benutzungsschnittstellen realisiert, stellt die Server-Komponente die automatische Modellgenerierung im ARIS Repository auf Basis der konfigurierten Modellierungskonventionen sicher.

Abb. 3 zeigt die zweigeteilte Benutzeroberfläche des Modellierungswerkzeugs. Passend zu den modellhaft zu beschreibenden Serviceinformationsmodellen wird im linken Teil eine Grafik abgebildet, welche diesen Beschreibungsgegenstand bzw. Sachverhalt widerspiegelt. Verknüpft mit einzelnen Elementen dieser Grafik, wie beispielsweise den Akteuren, Bearbeitungsgegenständen oder -werkzeugen, werden im rechten Teil der Benutzungsschnittstelle die zugehörigen Fragen gestellt bzw. Informationen erhoben, die zuvor im Designer festgelegt wurden.

---

[20] Ein Produkt der INTERACTIVE Software Solutions GmbH, Saarbrücken.
[21] Ein Produkt der IDS Scheer AG, Saarbrücken.

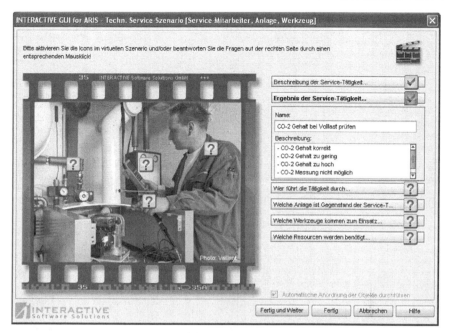

Abb. 3. Modellierungstool-Frontend: INTERACTIVE GUI Client Service Edition

Bei der Gestaltung der Oberfläche wurde darauf geachtet, dass die Art der Informationserhebung für den Modellierer motivierend wirkt und ihn in der Nutzung seiner kognitiven Fähigkeiten – also die Wiedergabe von Wissen, das Verstehen von Sachverhalten oder das Bearbeiten von Problemen – unterstützt (Hackman und Lawler 1971; Hackman und Oldham 1975; 1976; Luczak 1998).

Im hier gezeigten Beispiel werden die Informationsmodelle zur Beschreibung des Arbeitsschrittes „CO_2-Gehalt bei Volllast prüfen" konstruiert. Im dargestellten Bildausschnitt werden die zu erwartenden Ergebnisse dieses Arbeitsschrittes modelliert (CO_2-Gehalt korrekt, CO_2-Gehalt zu gering, CO_2-Gehalt zu hoch, CO_2-Messung nicht möglich). Aus diesen werden im weiteren Verlauf der Modellkonstruktion die Ereignisse des Serviceprozessartefakts automatisiert erzeugt.

Abb. 4. zeigt das zu diesem Arbeitsschritt generierte Funktions-/Tätigkeitsinformationsmodell im ARIS-Modellierungswerkzeug. Auch die anderen auf diese Weise erhobenen Informationen werden am Ende der Bearbeitung mittels der GUI automatisch in die zur weiteren Verwendung der Daten erforderlichen Modellkonstruktionen überführt.

Die beschriebene Komplexität der Modelle und ihrer Beziehungen untereinander bleiben hierbei vor dem Benutzer des Modellierungstools verborgen. Auch das Einhalten der geforderten Modellierungskonventionen bereitet keine Schwierigkeiten. Dies gewährleistet der implementierte Generierungsmechanismus, der auf Basis von durch Methodenexperten vorgenommener Einstellungen die gewünschten semiformalen Modelle zusammen mit den benötigten Verknüpfungen automatisch in der Datenbank des verwendeten Modellierungswerkzeuges erzeugt. Die erzeugten Modelle sind dabei ebenso vom richtigen Typ wie die generierten Objekte, Kanten und Attribute.

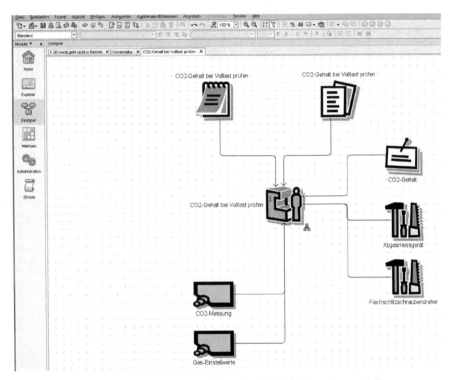

Abb. 4. Modellierungstool-Backend: Funktions-/Tätigkeitsinformationsmodell

Die Einhaltung der definierten Konventionen ist von entscheidender Bedeutung, da diese später die korrekte Darstellung der Serviceinformationen und die Steuerung der Bildschirmmasken auf den mobilen Clients beeinflusst.

Die Lösung ist derart aufgebaut, dass ein abteilungsübergreifendes Konstruieren der unterschiedlichen Modellvarianten gewährleistet ist. So liefert beispielsweise die Qualitätssicherung die Information über die korrekte Vorgehensweise bei der Messung eines NTC-Fühlers und die Entwicklungsabteilung liefert dazu die passenden Widerstandswerte.

4.2   Serviceportal Server

Nach erfolgreicher Modellkonstruktion werden alle Daten in den Serviceportalserver überführt. Der Server sorgt gemeinsam mit der integrierten Middleware dafür, dass jedem anfragenden und zugangsberechtigten mobilen Client zu jeder Zeit performant, komfortabel, sicher und kostengünstig die angeforderten Serviceinformationen zur Verfügung gestellt werden. Eine differenzierte Speicherung der zurückgemeldeten Service- und Kundendaten bzw. des Feedbacks der Servicetechniker wird ebenfalls ermöglicht (Naglik und Kuhn 2008).

Nur während der wenige Sekunden dauernden Datenübertragung – vom Server zu den mobilen Endgeräten und später zurück – ist eine Verbindung zu den Mobilfunknetzen (GPRS, EDGE, UMTS oder HSDPA) erforderlich. Die Serviceinformationen werden komplett auf das mobile Endgerät geladen und im Offline-Modus genutzt. So ist gewährleistet, dass die Anwendung auch in mobilfunkfreien Zonen (z. B. Keller oder Maschinenhalle) funktioniert. Die Datenkommunikation erfolgt durchgehend verschlüsselt via HTTS/SSL oder WTLS. Vor dem Transport werden die Daten komprimiert – was zum einen die zu übertragende Datenmenge reduziert (niedrige Übertragungskosten) und zum anderen die Übertragungszeit verringert.

Wichtiger Bestandteil des Servers in diesem Zusammenhang ist der Data Update Completion (DUC)-Mechanismus. Der DUC-Mechanismus sorgt dafür, dass im Falle einer Unterbrechung der Datenübertragung eine für den Anwender komfortable Wiederaufnahme des Datentransports an der Stelle erfolgt, an der er zuvor unterbrochen wurde. Somit werden Datenverluste verhindert bzw. ist ein erneutes Senden bereits übermittelter Serviceinformationen nicht erforderlich. Dies erfolgt für den Nutzer transparent, wenn die Funkverbindung wieder hergestellt wurde.

4.3 Mobiler Service Client

Viele Instandhaltungsobjekte sind immobil und können nicht so einfach wie ein Auto in eine Werkstatt gebracht werden. Vor Ort fehlt in der Regel die erforderliche IT-Infrastruktur, um die Serviceinformationen abzurufen. Ein wesentliches Ziel der Gesamtlösung ist die prozessorientierte, im Kontext des bestimmten Servicefalls relevante Informationsversorgung der Servicetechniker vor Ort beim Kunden zu gewährleisten. Hierbei können unterschiedliche Endgeräte zum Einsatz kommen. Zum einen stehen robuste Geräte zur Verfügung, die für den Einsatz unter „rauen" Arbeitsbedingungen geeignet sind. Zum anderen können auch handelsübliche Laptop, Tablet-PC, PDA oder Smartphones verwendet werden.

Die Abb. 5 bis 7 zeigen beispielhaft, wie das modellierte Servicewissen in einer adäquaten und für den Servicetechniker verständlichen Form auf einem handelsüblichen Smartphone dargestellt wird.

Die Arbeitsausführung im TKD ist grundsätzlich prozessorientiert. Der Kundendiensttechniker muss vor Ort beim Kunden „im Alleingang" sach- und fachgerechte Leistungen auf einem hohen technischen Niveau erbringen. Er ist verantwortlich für die korrekte Verrichtung der Arbeit, das Identifizieren benötigter Ersatzteile bzw. deren Beschaffung und die sichere Funktion der komplexen Produkte und Anlagen. Die Komplexität einer Arbeitsaufgabe kann in Abhängigkeit von Kenntnisstand, Erfahrung und Wissen des Kundendiensttechnikers Unterstützung erforderlich machen (Landau und Luczak 2001).

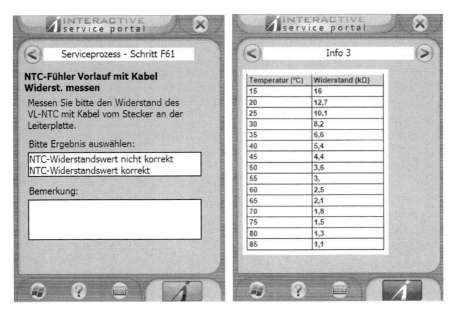

Abb. 5. Mobiler Service Client: Prozess- und Zusatzinformationsebene

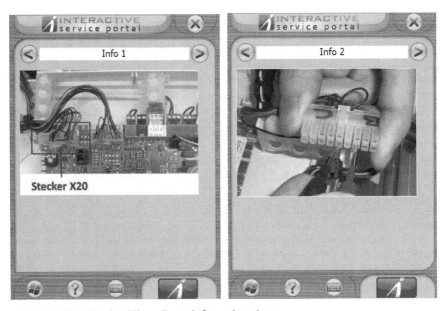

Abb. 6. Mobiler Service Client: Zusatzinformationsebene

Nach Ulich (2001) sind Arbeitsaufgaben so zu gestalten, dass sie eine Aufga-
benorientierung bewirken bzw. eine intrinsische Motivation auslösen. Bewirkt

wird dieses dadurch, dass eine Arbeitsaufgabe anhand folgender Kriterien gestaltet wird: (1) Ganzheitlichkeit, (2) Anforderungsvielfalt, (3) Möglichkeiten der sozialen Interaktion, (4) Autonomie, (5) Lern- und Entwicklungsmöglichkeit, (6) Zeitelastizität und stressfreie Regulierbarkeit und (7) Sinnhaftigkeit. Eine intuitive Benutzerführung, die auch die Erfahrung und den Kenntnisstand der Servicetechniker berücksichtigt, war eine wesentliche Forderung der Anwendungspartner im Verbundprojekt PIPE.

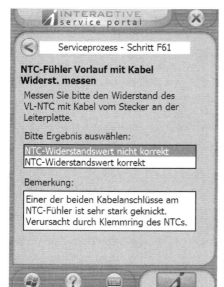 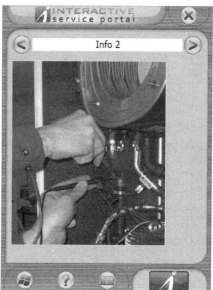

Abb. 7. Mobiler Service Client: Zusatzinformations- und Prozessebene

Am Beispiel des Arbeitsschritts „NTC-Fühler Vorlauf mit Kabel Widerstand messen" – aus dem Fehlerbild F.0 des Vaillant-Brennwertgerätes ecoTEC plus – wird gezeigt, dass die von Ulich definierten Kriterien und die Anforderungen der Anwendungspartner bei der Konstruktion der Serviceinformationen in den unterschiedlichen Modellen und die Darstellung der Inhalte im mobilen Client durch Anordnung der Serviceinformationen auf von einander getrennten Prozess- und Zusatzinformationsebenen umfassend realisiert wurden (Naglik und Kuhn 2008).

In der linken Bildschirmmaske von Abb. 5 wird die Prozessebene dargestellt. In dieser wird der durchzuführende Arbeitsschritt benannt und in einer Kurzbeschreibung erläutert, die aus dem Funktions-/Tätigkeitsinformationsmodell übernommen wird. Die Bearbeitung wird durch Auswahl eines entsprechenden Ergebnisses dokumentiert. Die zur Auswahl stehenden Ergebnisse werden aus den im Serviceprozessartefakt konstruierten Ereignissen automatisch übernommen.

Reichen die Kenntnisse zur Umsetzung des Arbeitsschrittes nicht oder nur teilweise aus, stehen auf der Zusatzinformationsebene weitere unterstützende Informationen zur Verfügung. Erreichbar sind diese über den „i"-Button rechts unten in der Maske. Unterstützende Arbeitsanweisungen helfen, Fehler zu vermeiden und die Arbeitssicherheit und das Bewusstsein für die jeweilige Servicesituation zu erhöhen. Durch Nutzung gleicher Informationsinhalte und der Arbeit nach einer bewährten Methode können Leistungsunterschiede der unterschiedlichen Mitarbeiter bei gleicher Aufgabenstellung ausgeglichen und somit die Qualität in der Serviceprozessbearbeitung auf ein einheitlich hohes Niveau gebracht werden (Binner 1999).

Im rechten Teil von Abb. 5 ist ein PDF-Dokument dargestellt, das den Servicetechniker dabei unterstützt, die gemessenen Temperaturen und Widerstandswerte zuzuordnen. Abb. 6 und der linke Bildausschnitt der Abb. 7 zeigen, wie der Teilarbeitsschritt mit entsprechenden Bilddokumenten visualisiert werden kann. Zum einen wird in diesem Beispiel ersichtlich, wo sich der Messpunkt an der Geräteelektronik befindet, zum anderen wird gezeigt, wie der Widerstandswert am Stecker und am NTC-Fühler innerhalb des Brennwertgerätes gemessen wird.

Die erfolgreiche Bearbeitung des Arbeitsschritts dokumentiert der Servicetechniker durch Auswahl des entsprechenden Ergebnisses. Wie in der rechten Darstellung in Abb. 7 zu sehen, waren die gemessenen Widerstandswerte im Beispiel nicht korrekt. Anhand der Auswahl des entsprechenden Ergebnisses wird der weitere Bearbeitungsverlauf des Serviceprozesses gesteuert.

Zu jedem durchzuführenden Arbeitsschritt bietet sich dem Servicetechniker die Möglichkeit des Feedbacks. Entweder zur Rückmeldung an den eigenen Betrieb oder zur Weitergabe an den Hersteller. In diesem Beispiel hat der Servicetechniker als Grund für den Defekt einen stark geknickten Kabelanschluss am NTC identifiziert, der durch den Klemmring verursacht wurde. Durch Auswertung derartiger Rückmeldungen kann der Hersteller feststellen, ob möglicherweise ein Produktionsfehler dafür verantwortlich sein kann.

4.4   Fallstudie

Anhand des in Abb. 8 skizzierten Beispiels wird nachfolgend die Funktionalität des Serviceportals in der Perspektive der Beziehung von Hersteller und SHK-Betrieb abschließend beschrieben.

Wünscht der Kunde die Ausführung eines Serviceprozesses durch den SHK-Betrieb, so disponiert der SHK-Betrieb im Büro mit dem Web-Client des Serviceportals einen Servicefall. Ein Servicefall wird definiert als das Bearbeiten eines oder mehrerer Serviceprozesse bei einem Kunden bis zum vollständigen Abschluss eines Serviceauftrages. Die darin enthaltenen Daten beinhalten unter anderem die Service- und Kundendaten (PAS 1090). Anschließend übermittelt das Büro den Serviceauftrag auf das mobile Endgerät des Servicetechnikers.

Beim Kunden angekommen, meldet sich der Servicetechniker mit der Kennung des SHK-Betriebes und seinem eigenen Passwort mittels drahtloser Mobilfunktechnologie am Serviceportal an. Verfügt der Servicetechniker über die entsprechende Zugangsberechtigung wird ihm vom Server eine Auswahl der zur Verfügung stehenden gerätespezifischen Serviceprozesse übermittelt.

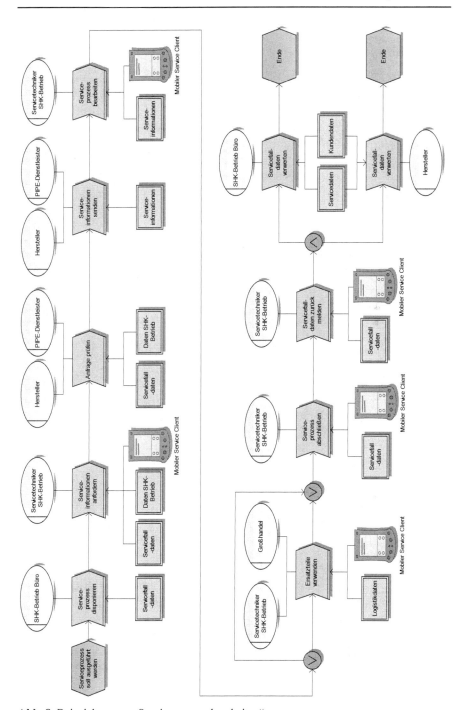

Abb. 8. Beispielprozess „Serviceprozess bearbeiten"

Im nächsten Prozessschritt identifiziert der Servicetechniker das zu bearbeitende Heizgerät – beispielsweise durch Einlesen des Gerätebarcodes –, wählt den zu bearbeitenden Serviceprozess aus und sendet seine Anfrage zum Serviceportalserver. Dort werden die Gerätedaten, die gewünschten Serviceinformationen und die Daten des SHK-Betriebes geprüft.

Abhängig davon, in welchem Geschäftsmodell (vgl. das Kapitel von Schlicker, Thomas und Johann, S. 314 ff.) die Zusammenarbeit zwischen beiden Partnern geregelt ist, werden vom Server alle zur Arbeitsausführung erforderlichen Serviceinformationen in einem strukturierten Serviceprozessmodell auf den mobilen Service Client des Servicetechnikers gesendet.

Zur Bewältigung seiner anspruchsvollen Tätigkeit wird er während seiner Arbeit schrittweise durch den Serviceprozess geführt und – wie zuvor beschrieben – in jedem Prozessschritt mit den adäquaten Serviceinformationen versorgt. Die Serviceinformationen werden vollständig auf das mobile Endgerät geladen und offline genutzt. So ist keine permanente Funkverbindung erforderlich, was das Arbeiten in Mobilfunkfreien Zonen ermöglicht (vgl. Abschnitt 4.2).

Werden Ersatzteile benötigt, so kann der Kundendiensttechniker mittels der ebenfalls übermittelten Logistikdaten produktspezifische Informationen über Art, Preis und Verfügbarkeit beim ersatzteilführenden Großhandel erkennen und den Beschaffungsprozess initiieren (PAS 1090).

Die Ergebnisse der durchgeführten Arbeitsschritte und der sich daraus ergebende Prozessverlauf werden automatisiert dokumentiert. Gemeinsam mit eventuellem Feedback durch den Servicetechniker werden diese Service- und Kundendaten nach Beendigung der Servicearbeit an das Serviceportal zurück gemeldet. Anschließend lassen sich diese Daten gezielt auswerten. Auch hier entscheidet das von den Partnern gewählte Geschäftsmodell darüber, welche Datensätze von welchem Partner eingesehen und ausgewertet werden dürfen.

5   Nutzenpotenziale

Erzielbare Nutzeffekte des in diesem Kapitel vorgestellten Serviceportals können qualitativ und quantitativ aus den Ansätzen zur Beurteilung der Wirtschaftlichkeit von Investitionen in Informationstechnologie abgeleitet werden (Mertens 2006). Diese lassen sich gruppieren nach (1) Kostensenkung (Personalkosten, Kommunikationskosten), (2) Zeiteinsparung (Durchlaufzeit, Informationssuche, Informationsübermittlung) und (3) Informationswerterhöhung (Verfügbarkeit aktueller Daten, Datenanalyse) (Buxmann 2008). Portale bringen allerdings nur dann einen Return on Investment (ROI), wenn durch deren Einsatz auch Geschäftsprozesse optimiert werden. Die reine Informationsverteilung bringt noch keinen Nutzen. Sind Informationen jedoch Prozessen zugeordnet, können diese Prozesse messbar optimiert werden (Hinderer und Gurzki 2003; Gurzki 2008).

Werden die identifizierten Nutzenaspekte in die betrieblichen Wertschöpfungsprozesse (Porter 1999; Töpfer 2005) und in die jeweiligen Phasen des im Kapitel

von Blinn et al., S. 130 ff., in diesem Band beschriebenen Produktlebenszyklusmo-
dells übertragen, lassen sich durch das Serviceportal vielfältige Wettbewerbsvorteile herausarbeiten. So können beispielsweise in der Produktentstehungsphase Erkenntnisse hinsichtlich möglicher Kundenanforderungen bei der Planung neuer
Produkte oder verbesserter Produkteigenschaften berücksichtigt werden. Kosten-
intensive Mängel werden ebenfalls zeitnah erkannt. Deren Ursache liegt häufig in
der planerischen administrativen Ebene und der Fertigung. Wird beispielsweise
erkannt, dass der Grund für eine häufig auftretende Gerätestörung in einem von
einem Zulieferer produzierten Bauteil liegt, können entsprechende Fehlererfas-
sungsprozesse und Fehlerbehebungsprozesse angestoßen werden (Pfeifer 2001).

Aus den Auswertungen der Serviceprozessdaten können Maßnahmen abgeleitet
werden, die sich auf die Vermarktungsphase auswirken. Wenn etwa bekannt ist,
welche Ersatzteile von welchem Kunden zu welchem Produkt benötigt oder verwendet werden, lassen sich daraus Informationen über den richtigen Zeitpunkt
möglicher Neuanschaffungen identifizieren oder neue Vermarktungs- und Dienstleistungsmodelle entwickeln. Die Auswertung der Daten verbessert das zu betreu-
ende Produkt und das Servicewissen gleichermaßen. So können die modellierten
Serviceinformationen und -prozesse einfach angepasst werden, wenn erkannt
wird, dass sich zur Bearbeitung eines Fehlers eine bestimmte Arbeitsschrittfolge
als besonders erfolgreich bewährt hat. Sofort nach Änderung der Modelle stehen
die aktualisierten Serviceinformationen jedem anfragenden Servicetechniker zur
Verfügung.

Basierend auf diesen Überlegungen werden im Kapitel von Schlicker, Thomas
und Johann, S. 314 ff., Kooperations- und Geschäftsmodelle charakterisiert, in denen aus der jeweiligen Perspektive der beteiligten Partner detaillierte Nutzeffekte
dargestellt werden.

6 Ausblick

Die von den Kunden wahrgenommene Qualität einer Leistung entscheidet über
deren Erfolg. Eine Studie des White House Office of Customer Affairs zeigt, dass
90 % der Kunden, die mit einem Produkt unzufrieden sind, dieses zukünftig mei-
den, nur etwa 4 % ihre Unzufriedenheit dem Hersteller mitteilen, jedoch ihren
Unmut bis zu 20 weiteren potenziellen Kunden gegenüber zum Ausdruck bringen
(Desatnik 1989). Da die Kundenzufriedenheit entscheidend den wirtschaftlichen
Erfolg einer Leistung bestimmt (Byrne 1998; Peel 1987), ist deren korrekte und
qualitativ hochwertige Ausführung durch den TKD unabdingbar. Dieses Kapitel
hat gezeigt, wie das Fach- und Erfahrungswissen mit vertretbarem Aufwand zu
Servicewissen entwickelt und in ein geeignetes Informationssystem zur Unterstützung des TKD im Maschinen- und Anlagenbau überführt werden kann. Damit
wird es erstmals möglich, den TKD nahezu weltweit, ortsunabhängig mithilfe mobiler Endgeräte, prozessorientiert und multimedial mit relevantem Servicewissen
zu versorgen bzw. die Ergebnisse der Instandhaltungsarbeiten an den Hersteller

zurückzumelden. Die im Projekt PIPE entwickelten Konzepte, Methoden und IT-Werkzeuge bilden damit einen wesentlichen Bestandteil der hybriden Wertschöpfung – der Integration von Sach- und Dienstleistung. Die Lösung ist so konzipiert, dass eine bedarfsgerechte Entwicklung, Kommunikation und Nutzung des relevanten Servicewissens – unter Beachtung ökonomischer Fragestellungen – in weiteren Branchen adaptiert werden kann. Derzeit arbeitet die INTERACTIVE Software Solutions GmbH an der Weiterentwicklung der Lösung zur Marktreife.

7 Literatur

Abramovici M, Fathi M, Holland A, Neubach M (2008) Integration von Feedbackdaten aus der Produktnutzungsphase im Rahmen des PLM-Konzepts. In Bichler M et al. (Hrsg) Multikonferenz Wirtschaftsinformatik 2008 : 26–28. Februar 2008, TU München in Garching. Berlin, Gito

Alt R, Österle H (2004) Real-time Business. Lösungen, Bausteine und Potenziale des Business Networking. Berlin, Springer

Amelingmeyer J (2002) Wissensmanagement – Analyse und Gestaltung der Wissensbasis von Unternehmen. Wiesbaden, Gabler

Binner HF (1999) Prozessorientierte Arbeitsvorbereitung. München, Carl Hanser Verlag

Bullinger H-J, Wörner K, Prieto J (1997) Wissensmanagement heute – Daten, Fakten Trends. Stuttgart, Fraunhofer-IAO-Studie

Buxmann P (2008) Informationsmanagement in vernetzten Unternehmen. Wiesbaden, Gabler

Byrne P (1998) Customer Service Guidelines: How happier customers can lead to healthier business. Ministerial Coencil on Customer Affairs, New Zealand

Callon M (1987) Society in the Making: The Study of Technology as a Tool for Sociological Analysis. In Bijker WE, Hughes TP, Pinch T (Hrsg) The Social Construction of Technological Systems. Cambridge, MA, MIT Press, 83–103

Cäsar M (2005) Serviceportale in Industrieunternehmen. Referenzarchitektur, Praxisbeispiele und Nutzen. Bamberg, Difo-Druck GmbH

Cortsen H, Gössinger R (2001) Unternehmungsnetzwerke. Grundlagen, Ausgestaltungsformen, Instrumente. Schriften zum Produktionsmanagement, Lehrstuhl für Produktionswirtschaft, Universität Kaiserslautern

Collins HM, Kusch M (1999) The Shape of Actions: What Humans and Machines Can Do. Cambridge, MA, MIT Press

Davenport TH, Prusak L (1998) Wenn ihr Unternehmen wüsste, was es alles weiß: Das Praxishandbuch zum Wissensmanagement. Landsberg, Verlag moderne Industrie

Desatnik R (1989) Long live the King. Quality Progress 22(4):24–26

Dick M, Hainke S (1999) „Das ist doch das einzige was ich habe an Kapital". Mitarbeitereinschätzungen über Wissensmanagement. In Krumbruck C, Dick M (Hrsg) Hamburger Beiträge zur Psychologie und Soziale Arbeit. TU Hamburg-Harburg

Evans S, Partidario PJ, Lambert J (2007) Industrialization as a key element of sustainable product-service solutions. International Journal of Production Research 45(18):4225–4286

EU-DLR (2006) Richtlinie 2006/123/EG des europäischen Rates über Dienstleistungen im Binnenmarkt. Amtsblatt der Europäischen Union L 376/36 vom 12.12.2006

Feldhusen J, Gebhardt B, Macke N, Nurcahaya E, Bungert F (2006) Development of a Set of Methods to Support the Implementation of a PDMS. In Brissaud D, Tichkiewitch S, Zwolinski P (Hrsg) Innovation in Life Cycle Engineering and Sustainable Development. Netherlands, Springer

Freiden J, Goldsmith R, Takacs S, Hofacker C (1998) Information as a product: notgoods, not services. Marketing Intelligence & Planning 16(3):210–220

Geiger W, Kotte W (2008) Handbuch Qualität – Grundlagen und Elemente des Qualitätsmanagements: Systeme – Perspektiven. Wiesbaden, Vieweg

Gizanis D, Alt P, Österle H, Gründel K, Reiss T (2004) Logistik Web Services in der kooperativen Auftragsabwicklung. In Alt R, Österle H (Hrsg) Real-time Business. Lösungen, Bausteine und Potenziale des Business Networking. Berlin, Springer

Großmann M, Koscheck H (2005) Unternehmensportale. Berlin, Springer

Hackman JR, Lawler EE (1971) Employee reactions to the job characteristics. Journal of Applied Psychology 55(3):259–286

Hackman JR, Oldham GR (1975) Development of the Job Diagnostic Survey. Journal of Applied Psychology 60(2):159–170

Hackman JR, Oldham GR (1976) Motivation through the design of work: test of a theory. Organisational Behavior and Human Performance 16:250–279

Hinderer H, Gurzki T (2003) Prozessorientierte Wirtschaftlichkeitsbetrachtung von Unternehmensportalen. In Reimer U, Abecker A, Staab S, Stumme G (Hrsg) Prozessorientiertes Wissensmanagement – Erfahrungen und Visionen. Bonn, Köllen

Hogrebe F, Blinn N, Nüttgens M (2008) Benchmarkingstudie Kommunale Online-Dienstleistungen – Eine Analyse unternehmensbezogener eGovernment-Angebote deutscher Kommunen. In Nüttgens M (Hrsg) Arbeitsberichte zur Wirtschaftsinformatik, Nr. 3/ Juli 2008, Universität Hamburg

Krucken L, Meroni A (2006) Building stakeholder networks to develop and deliver product-service-systems: practical experiences on elaborating pro-active materials for communication. Journal of Cleaner Production 14(17):1502–1508

Landau K, Luczak H (2001) Ergonomie in der Montage. München, Carl-Hanser Verlag

Latour B (1987) Science in Action. How to Fallow Follow Scientists and Engineers Trough Society. Cambridge, University Press

Leinenbach S (2000) Interaktive Geschäftsprozessmodellierung – Dokumentation von Prozesswissen in einer virtuellen Reality-gestützen Unternehmungsvisualisierung. Wiesbaden, Gabler

Luczak H (1998) Arbeitswissenschaft. 2. Aufl, Berlin, Springer

Manzini E, Vezzoli C, Clark G (2001) Product Service Systems: Using an Existing Concept as a new approach to Sustainability. Journal of Design Research 1(2), http://www. inderscience.com/jdr/backfiles/articles/issue2001.02/article2.html

Mertens P (2006) Moden und Nachhaltigkeit in der Wirtschaftsinformatik. HMD – Praxis der Wirtschaftsinformatik 42(250):109–118

Mont O (2004) Product-service systems: panacea or myth? Lund (IIIEE Dissertations)

Morelli N (2002) Designing Product/Service Systems: A Methodological Exploration. Design Issues 18(3):3–17

Naglik T, Kuhn O (2008) Mobile Serviceunterstützung für den technischen Kundendienst. Hochschule für Technik und Wirtschaft des Saarlandes, FB Grundlagen, Informatik und Sensortechnik, Studiengang praktische Informatik. Saarbrücken, Diplomarbeit

NN (1991) REFA Methodenlehre der Betriebsorganisation, Planung und Steuerung, Teil 1. München, Carl Hanser Verlag

NN (1992) REFA Seminarunterlagen. Darmstadt, REFA-Institut

Nonaka I, Takeuchi H (1997) Die Organisation des Wissens – Wie Japanische Unternehmen eine brachliegende Ressource nutzbar machen. Frankfurt a. M., Campus

Pahl G, Beitz W, Feldhusen J, Grote K (2007) Konstruktionslehre – Grundlagen erfolgreicher Produktentwicklung Methoden und Anwendung. Berlin, Springer

PAS 1090 (2009) Anforderungen an Informationssysteme zur Erhebung, Kommunikation und Bereitstellung relevanter Serviceinformationen im Technischen Kundendienst. PAS 1090:2009–04, Berlin, Beuth

Peel M (1987) Customer service: how to achieve total customer satisfaction. London: Kogan Page

Pfeifer T (2001) Qualitätsmanagement – Strategien, Methoden, Techniken. München, Carl Hanser Verlag

Polanyi M (1985) Implizites Wissen. Deutsche Ausgabe von „The Tacit Dimension". Frankfurt a. M., Suhrkamp Verlag

Porter M (1999) Wettbewerbsvorteile: Spitzenleistungen erreichen und behaupten, Frankfurt a. M., Campus

Probst G, Raub S, Romhardt K (1997) Wissen managen – Wie Unternehmen ihre wertvollste Ressource optimal nutzen. Wiesbaden, Gabler Verlag

Puschmann T (2004) Prozessportale. Architektur zur Vernetzung mit Kunden und Lieferanten. Berlin, Springer

Rammert W (1998) Giddens und die Gesellschaft der Heinzelmännchen. Zur Soziologie technischer Agenten und Systeme Verteilter Künstlicher Intelligenz. In Malsch T (Hrsg) Sozionik, Berlin, Sigma Verlag, 91–128

Rammert W, Schlese M, Wagner G, Wehner J, Weingarten R (1998) Wissensmaschinen – Soziale Konstruktion eines technischen Mediums. Das Beispiel Expertensysteme. Frankfurt a. M., Campus

Rehäuser J, Krcmar H (1996) Wissensmanagement in Unternehmen. In Schreyögg G, Conrad P (Hrsg) Managementforschung, Band 6, Wissensmanagement. Berlin, de Gruyter, 1–40

Romhardt K (1998) Die Organisation aus der Wissensperspektive: Möglichkeiten und Grenzen der Intervention. Wiesbaden, Gabler

Schmid R (2001) Eine Architektur für Customer Relationship Management und Prozessportale bei Banken. Bamberg, Difo-Druck GmbH

Stanek W (1988) Rechnergestützte Fertigungssteuerung – Mathematische Methoden. Berlin, Verlag Technik

Thomas O, Walter P, Loos P (2008) Design and Usage of an Engineering Methodology for Product-Service Systems. Journal of Design Research 7(2):177–195

Töpfer A (2005) Betriebswirtschaftslehre – Anwendungs- und prozessorientierte Grundlagen. Berlin, Springer

Ulich E (2001) Arbeitspsychologie. 5. Aufl, Stuttgart, Schäffer-Poeschel

Walter P, Blinn N, Schlicker M, Thomas O (2009) IT-gestützte Wertschöpfungspartnerschaften zur Integration von Produzenten und Dienstleistungsunternehmen im Maschinen- und Anlagenbau. In Hansen H, Karagiannis D, Fill H-G (Hrsg) Business Services: Konzepte, Technologien, Anwendungen. 9. Internationale Tagung Wirtschaftsinformatik 2009. Österreichische Computer Gesellschaft, Wien, Band 1, 389–398

Willke H, Krück C, Mingers S (2001) Systemisches Wissensmanagement – mit 9 Tabellen, 2. Aufl, Stuttgart, Lucius und Lucius

Teil IV:
Evaluation und
Entwicklungsbegleitende Normung

Evaluation des PIPE-Informationssystems

Nadine Blinn und Michael Schlicker

Gemäß dem Design-Science-Paradigma ist die Evaluation ein zentraler Bestandteil von Forschungsvorhaben. Erst durch die Evaluation kann das entwickelte Artefakt auf seinen Nutzen für den Anwender analysiert werden. In diesem Kapitel wird zunächst die Einordnung von Evaluation in das Design-Science-Phasenmodell aufgezeigt. Anschließend wird das Untersuchungsdesign aufgezeigt, anhand dessen die Evaluation für PIPE durchgeführt wird. Die Datenerhebung erfolgt in einem Laborversuch, der als Prozessbenchmarking konzipiert ist. In einer präparierten Laborumgebung haben freiwillige Probanden die mobile Komponente des Prototypen (PIPE-Client) in realitätsnahen Szenarien gegenüber herkömmlichen Hilfsmitteln zur Serviceprozessbearbeitung getestet. Zur Datenerhebung wurde – neben einer objektiven Beobachtung durch Prozessbeobachter – von den Experimentteilnehmern eine subjektive Meinung eruiert. Anhand eines statistischen Testes werden die Daten im Hinblick auf Hypothesen ausgewertet. Die Ergebnisse geben Hinweise auf die Akzeptanz und Nutzenbewertungen von PIPE durch die zukünftigen Endanwender. Weiterhin können so Verbesserungspotenziale für den PIPE-Lösungsansatz aufgedeckt werden.

1 Einleitung

IT-Artefakte werden entwickelt und implementiert, um Probleme des realen Lebens (bspw. von Kunden) zu lösen. Zwischen der Entwicklung und der Nutzung durch den Endanwender spielt die Evaluation aufgrund folgender Aspekte eine wichtige Rolle (Hevner et al. 2004):

- Nur wenn das Artefakt das initiale Problem löst und zugleich für den Endanwender handhabbar ist, schafft das Artefakt einen Mehrwert/Nutzen für den Kunden.

- Eine strukturierte Evaluation hilft das Artefakt zu verbessern und somit seinen Wert für den Kunden zu steigern.

Da Design Science – auch Konstruktionsforschung genannt – darauf abzielt, Lösungen zu entwickeln, die den Menschen bei der Problemlösung nutzen (March und Smith 1995), ist Nutzenstiftung der entwickelten Lösungen eine wichtige

O. Thomas et al. (eds.), *Hybride Wertschöpfung*,
DOI 10.1007/978-3-642-11855-5_10, © Springer-Verlag Berlin Heidelberg 2010

Komponente. Im Kontext von PIPE wurde zur Evaluierung des Anwendungssystems – konkreter: der dem Endnutzer zur Verfügung gestellten mobilen Komponente – ein Prozessbenchmarking anhand eines Laborexperiments durchgeführt. Hierbei wurden potenzielle Endnutzer des Systems in einer präparierten Laborumgebung mit Fehlerbildern an einem Vaillant-Gerät des Typs EcoTec konfrontiert. Der Prozess der Fehleridentifikation und -behebung wurde durch verschiedene Hilfsmittel unterstützt. Durch den direkten Prozessvergleich ist die Wirkung von PIPE identifizierbar. Das Experiment wurde von folgender Hypothese geleitet: *Die Nutzung von PIPE steigert signifikant die Wahrscheinlichkeit für eine erfolgreiche Fehlerbehebung.*

Im Folgenden wird zunächst die Fundierung des Untersuchungsdesigns dargestellt, anschließend werden das Versuchsdesign und schließlich die Ergebnisse der Experimente, die mit Unterstützung von Vaillant an den Standorten Gießen und Saarbrücken durchgeführt wurden, ausgeführt. Anschließend werden die objektiv (Prozessbeobachter) und subjektiv (Prozessbearbeiter) erhobenen Daten statistisch getestet.

2   Untersuchungskonzept

2.1   Grundlagen zu Experimenten als Evaluationsmethode

Design Science ist ein stark technologieorientiertes und anwendungsbezogenes Forschungsparadigma (March und Smith 1995). Die Ergebnisse von Design-Science-Forschungsvorhaben können in vier verschiedenen Formen (Artefakte) auftreten. Konstrukt, Modell, Methode und Instanz werden von March und Smith (1995) identifiziert. Forschungsvorhaben, die dem Design-Science-Paradigma folgen, bestehen aus den grundlegenden Phasen der Entwicklung und der Evaluation (vgl. Abb. 1).

Die Evaluation des entwickelten Artefaktes validiert, ob das Artefakt die Bedürfnisse des Kunden zur Problemlösung erfüllt (Hevner et al. 2004). Die Evaluationsphase steht besonderen Herausforderungen gegenüber, da das Verhalten eines Artefaktes auch von der Umgebung geprägt wird, in der es eingesetzt wird. Ein unvollständiges Verständnis dieser Umgebung kann dazu führen, dass das Artefakt nicht richtig entwickelt wird oder es zu ungeplanten Nebeneffekten beim Einsatz des Artefakts kommt (March und Smith 1995). Darüber hinaus kann sich die Evaluation eines Artefaktes als schwierig gestalten, da die Leistungsfähigkeit eines Artefaktes von seinem geplanten Einsatz in der Realität abhängt. Dieser vorgesehene Einsatz kann ein weitreichendes Aufgabenspektrum umfassen. Daher sind die Evaluationskriterien in Abstimmung mit dem Evaluationsziel zu determinieren.

Im Kontext des Design-Science-Paradigmas schlagen Hevner et al. (2004) fünf Gruppen von Evaluationsmethoden vor. Experimente werden hierbei benannt als Methode, die eine Analyse des Artefaktes in einer kontrollierten Umgebung zulässt. Auch Wilde (2008) argumentiert die Eignung des Experimentes als Methode für die Wirtschaftsinformatik. Obgleich das Experiment in der Wirtschaftsinformatik bis dato eine marginale Rolle einnimmt, ist es methodisch für die Disziplin relevant, da die Evaluation von IT-Artefakten (Prozessmodellen oder Softwareprototypen) eine zentrale Aufgabe der Wirtschaftsinformatik darstellt. Sie erfordert die kausale Rückführbarkeit von Artefakteffekten auf deren Einsatz bzw. Implementierung (Hevner et al. 2004; Wilde 2008).

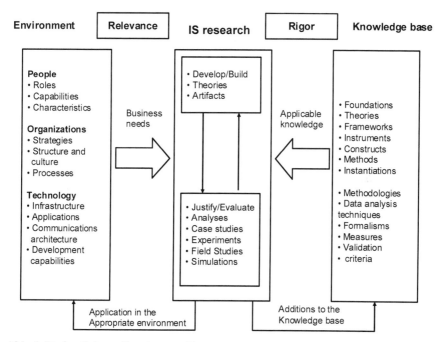

Abb. 1. Design-Science-Forschungszyklus

Um eine Vergleichbarkeit von verschiedenen Serviceprozessinstanzen durchführen zu können, ist das Experiment als Benchmarkinganalyse konzipiert. Benchmarking ist in der Disziplin der Wirtschaftsinformatik dem Methodenprofil der quantitativ-empirischen und qualitativ-empirischen Querschnittsanalysen zuzuordnen (Wilde und Hess 2007). In der strategischen Managementpraxis dient Benchmarking einerseits der Positionsbestimmung von Unternehmen anhand eines Vergleiches zu den Mitbewerbern und andererseits der Identifikation von Wertschöpfungspotenzialen, um die Wettbewerbsposition in Orientierung an die „Best-in-Class"-Unternehmen zu verbessern (Fischer et al. 2006).

Die Daten, die durch Kennzahlen zu Informationen verdichtet werden, können durch Laborexperimente gewonnen werden. Laborexperimente bilden zusammen mit den Feldexperimenten einen eigenständigen Methodenbereich der Wirtschaftsinformatik. Hierbei werden Kausalzusammenhänge in einer kontrollierten Umgebung derart untersucht, als dass eine Experimentalvariable auf wiederholbare Weise manipuliert wird und die Wirkung der Manipulation gemessen werden kann. Dies geschieht im Rahmen von Laborexperimenten in einer künstlichen Umgebung, was zu einer hohen Umgebungskontrolle führt (Wilde 2008). Das Vorgehensmodell DIN PAS 1014 (Deutsches Institut für Normung e.V. 2001) gibt hierbei einen strukturierten Rahmen für das Benchmarking von Dienstleistungen.

Die Zielsetzung der PIPE-Evaluation ist aus zwei Perspektiven zu betrachten (Wissenschaft und Praxis), welche folgenden Hauptzielsetzungen fokussieren:

- Wissenschaftsperspektive:
    - Quantitative Abrundung des qualitativen Forschungsansatzes in PIPE (Design Science)
    - Verifikation/Falsifikation der Hypothese
- Praxisperspektive:
    - Test des PIPE-Prototyps
    - Erheben von Feedback und weiteren Anforderungen der Anwender

2.2   Evaluationskonzept

Um eine möglichst große Anwendernähe und zugleich eine vergleichbare Ausgangssituation für alle Probanden zu erreichen, wurde die Methode des Laborexperiments angewendet (Wilde 2008). Hierzu wurden zwei Fehlerbilder für das an einer Wand hängende Gasbrennwertgerät EcoTec VCW–196 ausgewählt: einerseits das Fehlerbild F.0 (relativ einfache Behebung) und andererseits das Fehlerbild F.28 (komplexe Fehlerbehebung), deren Reparaturverläufe in Referenzprozessen idealtypisch abgebildet wurden.

Ein wichtiger Aspekt bei der Fehlerbildauswahl war die Möglichkeit der wiederholbaren identischen Manipulation in kurzer Zeit. So wurde für die Herstellung des Fehlerbildes F.0 (Kurzschluss am Vorlauf-NTC-Fühler) ein NTC-Fühler angebohrt, der im Falle der korrekten Identifikation und eines Tausches durch den Probanden jederzeit mit wenigen Handgriffen wieder eingesetzt werden konnte. Für das Fehlerbild F.28 (Gerät geht nicht in Betrieb: Zündversuche während des Anlaufs erfolglos) wurde die Gaszufuhr in der Gasarmatur durch das Anbringen eines Stückes unsichtbaren Klebebands im Innern der Gasarmatur verhindert. Beide Manipulationen waren für die Probanden nicht sichtbar. Die Referenzprozesse wurden mit Vaillant abgestimmt und stellen (aus Herstellersicht) die idealen Pfade für die Reparaturprozesse dar. Diese wurden für das Experiment direkt im PIPE-Client hinterlegt.[22] Um die Vergleichbarkeit der Lösungswege in Zeit und Vorge-

---

22 Entgegen der PIPE-Anwendungsrealität (Prozessversionen aktuell vom Server auf den Client geladen) wurde mit den offline verfügbaren Prozess gearbeitet. Hintergrund: parallel nahm die ISS weitere Entwicklungen an den Prozessen vor, um für das Experi-

hen vergleichen zu können, wurden drei Prozessvarianten (Bearbeitungsarten) festgelegt:

1. Ohne Hilfsmittel (*Bearbeitungsart 1*)

Der Prozessbearbeiter darf keine Hilfsmittel verwenden. Dies entspricht in der Realität bspw. dem Szenario, dass ein Servicetechniker auf einer vordisponierten Tour spontan zu einem Einsatz geschickt wird, die für den spontanen Serviceeinsatz notwendigen Unterlagen (Reparaturanleitung, Ersatzteilkatalog) nicht zur Verfügung hat und sich bei der Problemlösung auf sein in der Ausbildung und der Berufserfahrung erlangtes Wissen verlassen muss.

2. Mit Herstellerinformationen (*Bearbeitungsart 2*)

Sämtliche zu dem Gerät EcoTec VCW–196 seitens des Herstellers verfügbaren und dokumentierten Informationen (papierbasiert und elektronisch) können verwendet werden; zusätzlich sind Anrufe bei der Vaillant-Profihotline erlaubt. Somit standen dieser Gruppe zur Verfügung:

- Ersatzteilschnellfinder,
- Ersatzteilkatalog auf CD-ROM,
- Installations- und Wartungsanleitung,
- Produkt- und Ersatzteilkatalog,
- Preisliste Ersatzteile und
- Training (Teilnehmer-LF).

3. Mit PIPE-Client (*Bearbeitungsart 3*)

Diese Gruppe hat ausschließlich mit den auf dem PIPE-Client hinterlegten Serviceinformationen des Referenzprozesses gearbeitet. Während der objektiven Prozessbeobachtung wurde differenziert, welchen Serviceinformationstyp der Proband in welchem Schritt verwendet. Zur Verfügung standen folgende Serviceinformationstypen:

- PIPE – Kurzbeschreibung,
- PIPE – Bild,
- PIPE – Detaillierte Beschreibung,
- PIPE – Technische Information,
- PIPE – Ersatzteilinformation,
- PIPE – Werkzeuginformation und
- PIPE – Reparaturverlauf.

Ein Proband sollte planmäßig immer zwei Prozesse bearbeiten: einmal Fehler F.0 und einmal Fehler F.28. Die Ausführung sollte jeweils in einer anderen Bearbeitungsart erfolgen, wobei jeder Proband planmäßig einmal mit dem PIPE-Client

---

ment identische Voraussetzungen zu schaffen, mussten die Prozesse stets unverändert bleiben. Deshalb wurde auf die Client-Server-Kommunikation verzichtet.

arbeiten sollte. Die sich somit ergebende Kombination von dichotomen Fehlerbildern mit dichotomer Bearbeitungsweise sollte Lerneffekte bei den Probanden verhindern. Die Reihenfolge der Probanden wurde zufällig festgelegt. Die kombinatorische Tabelle der Prozess- und Bearbeitungskombinationen sieht demnach wie folgt aus (Tabelle 1):

Tabelle 1. Prozesskombinationen

Proband	Ohne Hilfsmittel	Mit Herstellerinfo	Mit PIPE-Client
1	F.0	–	F.28
2	–	F.0	F.28
3	F.28	–	F.0
4	–	F.28	F.0
5	F.0	–	F.28
6	–	F.0	F.28
...	...	...	...

Aus zumeist zeitlichen Restriktionen der Probanden konnte diese idealtypische Kombination nicht immer eingehalten werden, d.h. einige Probanden haben nur einen Prozess bearbeitet. Die Bewertung erfolgte aus zwei Sichtweisen: zum einen wurde eine Prozessbeobachtung durchgeführt, in der die einzelnen Schritte dokumentiert wurden. Zum anderen haben die Probanden nach der Prozessdurchführung individuell einen Bewertungsbogen ausgefüllt.

3   Durchführung

Die Durchführung erfolgte an den Standorten Gießen und Saarbrücken, zum einen mit Schülern der Meisterklassen in der SHK-Ausbildung und mit Kundendiensttechnikern verschiedener SHK-Betriebe. Die Durchführung erfolgte im Zeitraum von Januar bis April 2009, das Vorgehen war grundsätzlich an jedem Standort analog (vgl. Abb. 2).

Abb. 2. Vorgehen

Die Vorgehensschritte „Einführung Projekt", „Schulung" und „Ausfüllen Grunddaten Bögen" wurden in der jeweils anwesenden lokalen Probandengruppe durchgeführt, die Schritte „Prozessdurchführung" und „Feedback" individuell: Im Folgenden werden diese kurz beschrieben:

1. Einführung Projekt (alle), Ort: Klassenraum: Die anwesenden Probanden erhielten eine Einführung in das Projekt PIPE (Zielsetzung, Hintergründe, Konsortium).

2. Schulung PIPE und Unterlagen (alle), Ort: Klassenraum: Um eine einheitliche Wissensbasis über die Serviceinformationen herzustellen, wurden alle Teilnehmer zum Einen in der Handhabung der Herstellerdokumente und zum Anderen in die Handhabung des PIPE-Clients eingewiesen.

3. Ausfüllen der Grunddaten (alle), Ort: Klassenraum: Die statistischen Angaben in den Serviceprozesserhebungsbögen und den Bewertungsbögen wurden im Klassenraum ausgefüllt. Nicht alle Probanden haben diese Angaben gemacht.

4. Prozessdurchführung (individuell) Ort: Geräteraum: Die Probanden führten einzeln die Ihnen zugeordnete Aufgabe durch. Erst im Geräteraum haben sie erfahren, welcher Fehler in welcher Bearbeitungsart zu bearbeiten ist. Den Probanden wurde ein Zeitlimit von 30 Minuten bekannt gegeben (Zwangsabbruch) sowie die Information, jederzeit das Experiment abbrechen zu dürfen.

4 Auswertung

4.1 Auswertung statistischer Angaben

Die statistischen Angaben wurden auf jedem einzelnen Prozesserhebungsbogen erfasst. Einige Prozessbearbeiter führten zwei Prozesse nach dem in Abschnitt 3 beschriebenen Konzept durch, andere Prozessbearbeiter (bspw. aus persönlichen zeitlichen Gründen) einen. Somit lagen von den Personen, die zwei Prozesse durchführten, die statistischen Daten zweifach vor, von den einmaligen Prozessbearbeitern einfach. Die Daten wurden zunächst bereinigt, sodass von jedem Prozessbearbeiter die Daten in einfacher Ausführung vorlagen. Dies wurde unter der Arbeitshypothese vorgenommen, dass ein Prozessbearbeiter beide Datensätze mit statistischen Angaben identisch ausfüllt. Somit lagen nach der Bereinigung zur Auswertung 36 statistische Datensätze vor.

4.1.1 EDV-Qualifikation

Die EDV-Qualifikation ist als hoch einzuschätzen. 2/3 der Prozessbearbeiter nutzen PC/Laptop privat täglich. Dienstlich nutzen mehr als die Hälfte der Prozessbearbeiter PC/Laptop mindestens einmal pro Woche und öfter (vgl. Tabelle 2).

Tabelle 2. Berufliche PC/Laptop Nutzung des Probanden

Antwort	Nennungen (in%)
Jeden oder fast jeden Tag	25
Mindestens einmal pro Woche	28
Mindestens einmal pro Monat	8
Weniger als einmal pro Monat	11
Keine Antwort	28

Analoge Ergebnisse zeigt die Auswertung der privaten und beruflichen Internetnutzung. Das Handy wird von 86% der Prozessbearbeiter täglich genutzt, sodass von einer hohen Akzeptanz mobiler Geräte ausgegangen werden kann (vgl. Tabelle 3).

Tabelle 3. Handy Nutzung der Probanden

Antwort	Nennungen (in%)
Jeden oder fast jeden Tag	86
Mindestens einmal pro Woche	3
Mindestens einmal pro Monat	0
Weniger als einmal pro Monat	0
Keine Antwort	11

4.1.2   Tätigkeitsfelder und Ausbildung

Sowohl die Tätigkeitsfelder der Prozessbearbeiter als auch der Unternehmen, denen sie zugehörig sind, wurden analysiert. Hierbei waren Mehrfachnennungen durch die Prozessbearbeiter möglich. Bei den Tätigkeitsfeldern der Unternehmen lagen Montage, Sanitär und Heizung mit 33, 30 und 29 Nennungen vor Kundendienst (21 Nennungen). Die Prozessbearbeiter sind vorwiegend mit Montage (24 Nennungen) und TKD-Tätigkeiten (11 Nennungen) betraut.

Die Berufserfahrung mit Montagetätigkeiten ist unter den Prozessbearbeitern breit gestreut und reicht von gar keiner Erfahrung (8%) bis zu mehr als 31 Jahren Erfahrung (8%). Berufserfahrung im Bereich des TKD ist bei 44% der Prozessbearbeiter gar nicht vorhanden, 17% waren unter 2 Jahren im TKD tätig und 22% zwischen 2 und 5 Jahren.

33% der Prozessbearbeiter haben eine Lehre, Berufsfachschule oder Gesellenausbildung abgeschlossen sowie 5% eine Fachschule, Meister- oder Technikerausbildung. 7% der Prozessbearbeiter befinden sich in keiner Ausbildung mehr und 78% absolvieren derzeit eine Fachschule, Meister- oder Technikerausbildung.

4.1.3   Produkterfahrung Vaillant

55% der Prozessbearbeiter haben keine Produkterfahrung mit Vaillant (vgl. Tabelle 4). 17% der Probanden haben weniger als 2 Jahre an Vaillant-Geräten gearbeitet. Der Umgang mit Vaillant-Geräten erfolgte hierbei bei fast der Hälfte der Teilnehmer sehr unregelmäßig (47%). 86% der Prozessbearbeiter haben vor dem Laborexperiment noch nie an einem Gerät der Produktgruppe Vaillant EcoTec Plus gearbeitet, lediglich 1 Person weist mehr als 6 Jahre Erfahrung mit der Arbeit an diesen Geräten auf.

Tabelle 4. Produkterfahrung mit Vaillant-Geräten

Antwort	Nennungen (in%)
Keine	55
Unter 2 Jahre	17
2–5 Jahre	11
6–10 Jahre	3
11–20 Jahre	3
21–30 Jahre	3
Keine Angabe	8

4.2 Auswertung Prozesserhebungsbogen

Insgesamt wurden 59 Prozesse mit verwertbaren Daten erhoben, davon wurde 33 mal Fehlerbild F.0 bearbeitet und 26 mal Fehler F.28. Die Aufteilung nach Bearbeitungsarten ist in Tabelle 5 dargestellt.

Tabelle 5. Verteilung Bearbeitungsarten

	F.0	F.28	Summe
Bearbeitungsart 1	8	7	15
Bearbeitungsart 2	8	4	12
Bearbeitungsart 3	17	15	32
Summe	33	26	

Als Ergebnisstadium der Prozesse existieren vier verschiedene Ausprägungen:

- *Erfolgreich:* Die Aufgabenstellung wurde in dem Sinne gelöst, dass der „korrekte" Fehler identifiziert, behoben und das Gerät in einen funktionsfähigen Zustand versetzt wurde. Die qualitative Bewertung der ausgeführten Arbeiten sollte sich unter anderem an den vom Hersteller vorgegebenen Arbeitsschritten messen und wird durch den „idealen Prozess" bedingt. Nur so lässt sich feststellen, ob der Fehler nur vordergründig beseitigt und im Rahmen der Qualitätssicherung wichtige Arbeiten nicht ausgeführt wurden. Dennoch können theoretisch mehrere Lösungspfade zum erfolgreichen Abschluss führen.

- *Nicht erfolgreich:* Die Aufgabenstellung wurde nicht gelöst, sodass das Gerät bei Ende des Prozesses immer noch das Fehlerbild aufwies. So wurden bspw. falsche Diagnosen gestellt oder falsche Bauteile getauscht.

- *Freiwilliger Abbruch*: Der Prozessbearbeiter hat durch eigenen Willen den Prozess abgebrochen, weil bspw. die benötigten Informationen nicht auffindbar waren oder die Aufgabenstellung subjektiv als zu komplex wahrgenommen wurde.

- *Zwangsabbruch*: Das Zeitlimit von 30 Minuten war erreicht, sodass der Prozessbearbeiter durch die Prozessbeobachter zum Prozessabbruch aufgefordert wurde.

Die Verteilung der Ergebnisse ist in Tabelle 6 dargestellt.

Tabelle 6. Verteilung der Prozessergebnisse

Erfolgreich (Bearbeitungsart 1)	1	davon 1 x F.0, 0 x F.28
Erfolgreich (Bearbeitungsart 2)	5	davon 5 x F.0, 0 x F.28
Erfolgreich (Bearbeitungsart 3)	14	davon 14 x F.0, 0 x F.28
Nicht Erfolgreich (Bearbeitungsart 1)	1	davon 1 x F.0, 0 x F.28
Nicht Erfolgreich (Bearbeitungsart 2)	1	davon 1 x F.0, 0 x F.28
Nicht Erfolgreich (Bearbeitungsart 3)	2	davon 1 x F.0, 1 x F.28
Freiwilliger Abbruch (Bearbeitungsart 1)	13	davon 6 x F.0, 7 x F.28
Freiwilliger Abbruch (Bearbeitungsart 2)	5	davon 2 x F.0, 3 x F.28
Freiwilliger Abbruch (Bearbeitungsart 3)	7	davon 1 x F.0, 6 x F.28
Zwangsabbruch (Bearbeitungsart 1)	0	davon 0 x F.0, 0 x F.28
Zwangsabbruch (Bearbeitungsart 2)	1	davon 0 x F.0, 1 x F.28
Zwangsabbruch (Bearbeitungsart 3)	9	davon 1 x F.0, 8 x F.28

Auffällig hierbei ist, dass kein einziger Prozess des Fehlerbildes F.28 erfolgreich zu Ende geführt wurde. Die Detailauswertungen in Bezug auf Zeitdauer, Anzahl der Prozessschritte und Abbruchquoten sind nachfolgend differenziert nach Fehlerbild F.0 und F.28 sowie jeweils nach den drei Bearbeitungsarten dargestellt.

4.2.1   Auswertung F.0

75% der Prozesse der Bearbeitungsart 1 wurden freiwillig nach durchschnittlich 3,5 Minuten Bearbeitungszeit abgebrochen, 25% der Bearbeitungsart 2 nach durchschnittlich 6 Minuten und lediglich 5,88% der Prozesse der Bearbeitungsart 3 nach durchschnittlich 10 Minuten.

4.2.2   Auswertung F.28

100% der nach Bearbeitungsart 1 auszuführenden Prozesse wurden freiwillig abgebrochen (nach durchschnittlich 8,71 Minuten), 75% der Prozesse nach Bearbeitungsart 2 (nach durchschnittlich 9,67 Minuten) und 40% der Prozesse nach Bearbeitungsart 3 (nach durchschnittlich 21,50 Minuten).

Die zeitlichen Anteile der durchschnittlichen Informationssuche und der durchschnittlichen Arbeitszeit anteilig an der Gesamtprozesszeit ist den folgenden Tabellen zu entnehmen (differenziert nach Ergebnisstadium und Fehlerart). Evident ist, dass bei Bearbeitungsart 1 die Zeit der Informationssuche 0% ist, da hierbei keine Serviceinformationen zur Verfügung standen.

4.3   Auswertung der Bewertungsangaben nach Bearbeitungsarten

Im Folgenden werden die Antworten ausgewählter Fragen dargestellt.

4.3.1   Auswertung Bewertungsangaben Bearbeitungsart 1

Ohne Hilfsmittel wurden insgesamt 15 Prozesse (vgl. Tabelle 5) erhoben, jedoch nur 14 durch die Probanden bewertet. Bei den bewerteten Prozessen handelt es sich um 7 Prozesse F.0 und 7 Prozesse F.28. Im Detail wurden die Fragen wie folgt beantwortet:

- Wie schwierig war es für Sie, die Serviceaufgabe zu bearbeiten?

Tabelle 7. Schwierigkeitseinschätzung (F.0 und F.28)

Antwort	Nennungen (in %)
Sehr einfach	0
Eher einfach	7
Durchschnittlich	29
Eher schwierig	43
Sehr schwierig	21
Weiß nicht/Keine Angabe	0

- Wie oft haben Sie in Ihrer beruflichen Praxis die eben gestellte Aufgabe schon bearbeitet (auch an Geräten anderer Hersteller)?

Tabelle 8. Häufigkeit der Bearbeitung in beruflicher Praxis (F.0 und F.28)

Antwort	Nennungen (in %)
Nie	36
Selten	36
Gelegentlich	28
Oft	0
Sehr oft	0
Weiß nicht/Keine Angabe	0

- Wie zufrieden sind Sie selbst mit dem Ergebnis Ihrer Arbeit?

Tabelle 9. Ergebniszufriedenheit (F.0 und F.28)

Antwort	Nennungen (in %)
Gar nicht	22
Kaum	7
Mittelmäßig	22
Ziemlich	21
Außerordentlich	14
Weiß nicht/Keine Angabe	14

- Was ist Ihre eigene Einschätzung: konnten Sie die Aufgabenstellung schnell bearbeiten?

Tabelle 10. Zufriedenheit mit Geschwindigkeit (F.0 und F.28)

Antwort	Nennungen (in %)
Gar nicht	36
Kaum	7
Mittelmäßig	22
Ziemlich	21
Außerordentlich	7
Weiß nicht/Keine Angabe	7

- Wie viel hat Ihnen Ihr Fachwissen bei der Lösung der gestellten Aufgabe geholfen?

Tabelle 11. Bewertung Nützlichkeit eigenes Wissen (F.0 und F.28)

Antwort	Nennungen (in %)
Gar nicht	36
Kaum	14
Mittelmäßig	22
Ziemlich	14
Außerordentlich	14
Weiß nicht/Keine Angabe	14

4.3.2   Auswertung Bewertungsangaben Bearbeitungsart 2

Im Nachfolgenden sind die von Vaillant verfügbaren Dokumentationen mit Serviceinformationen für die EcoTec Plus Geräte sowie die Vaillant Hotline bewertet. Die Analyse erfolgt nach den Gesichtspunkten „Hilfe" und „Handhabbarkeit" zum einen für die Gesamtmenge der nach Bearbeitungsart 2 bearbeiteten Prozesse und differenziert nach den Fehlern F.0 und F.28. Auffallend ist, dass die einzelnen Hilfsmittel sehr heterogen angewendet und auch bewertet werden. Im Detail wurden die Fragen wie folgt beantwortet:

- Wie schwierig war es für Sie, die Serviceaufgabe zu bearbeiten?

Tabelle 12. Schwierigkeitseinschätzung (F.0 und F.28)

Antwort	Nennungen (in%)
Sehr einfach	0
Eher einfach	17
Durchschnittlich	25
Eher schwierig	41
Sehr schwierig	17
Weiß nicht/Keine Angabe	0

- Wie oft haben Sie in Ihrer beruflichen Praxis die eben gestellte Aufgabe schon bearbeitet (auch an Geräten anderer Hersteller)?

Tabelle 13. Häufigkeit der Bearbeitung in beruflicher Praxis (F.0 und F.28)

Antwort	Nennungen (in%)
Nie	34
Selten	25
Gelegentlich	17
Oft	8
Sehr oft	8
Weiß nicht/Keine Angabe	8

- Wie zufrieden sind Sie selbst mit dem Ergebnis Ihrer Arbeit?

Tabelle 14. Ergebniszufriedenheit (F.0 und F.28)

Antwort	Nennungen (in%)
Gar nicht	8
Kaum	17
Mittelmäßig	8
Ziemlich	59
Außerordentlich	0
Weiß nicht/Keine Angabe	8

- Was ist Ihre eigene Einschätzung: konnten Sie die Aufgabenstellung schnell bearbeiten?

Tabelle 15. Zufriedenheit mit Geschwindigkeit (F.0 und F.28)

Antwort	Nennungen (in%)
Gar nicht	8
Kaum	8
Mittelmäßig	34
Ziemlich	25
Außerordentlich	17
Weiß nicht/Keine Angabe	8

- Wie viel hat Ihnen Ihr Fachwissen bei der Lösung der gestellten Aufgabe geholfen?

Tabelle 16. Bewertung Nützlichkeit eigenes Wissen (F.0 und F.28)

Antwort	Nennungen (in %)
Gar nicht	17
Kaum	8
Mittelmäßig	33
Ziemlich	42
Außerordentlich	0
Weiß nicht/Keine Angabe	0

Als Veranschaulichung für die heterogenen Antworten im Bereich der Nutzenbewertung und Handhabung werden nachfolgend die Antworten für die Dokumentationen „Training: Teilnehmer-Leitfaden" und „Ersatzteilschnellfinder" aufgezeigt:

- Wie hilfreich war für Sie der Training: Teilnehmer-Leitfaden?

Tabelle 17. Bewertung Nützlichkeit Teilnehmer-Leitfaden (F.0 und F.28)

Antwort	Nennungen (in %)
Gar nicht	17
Kaum	8
Mittelmäßig	25
Ziemlich	25
Außerordentlich	0
Weiß nicht/Nicht genutzt	17
Keine Angabe	8

- Wie sind Sie mit der Handhabung des Trainings zurechtgekommen?

Tabelle 18. Bewertung Handhabung Teilnehmer-Leitfaden (F.0 und F.28)

Antwort	Nennungen (in %)
Gar nicht	9
Kaum	0
Mittelmäßig	50
Ziemlich	8
Außerordentlich	0
Weiß nicht/Nicht genutzt	25
Keine Angabe	8

- Wie hilfreich war für Sie die Verwendung des Ersatzteilschnellfinders?

Tabelle 19. Bewertung Nützlichkeit Ersatzteilschnellfinder (F.0 und F.28)

Antwort	Nennungen (in %)
Gar nicht	17
Kaum	8
Mittelmäßig	0
Ziemlich	8
Außerordentlich	0
Weiß nicht/Nicht genutzt	67
Keine Angabe	0

- Wie sind Sie mit der Handhabung des Ersatzteilschnellfinders zurecht gekommen?

Tabelle 20. Bewertung Handhabung Ersatzteilschnellfinder (F.0 und F.28)

Antwort	Nennungen (in %)
Gar nicht	17
Kaum	0
Mittelmäßig	8
Ziemlich	8
Außerordentlich	0
Weiß nicht/Nicht genutzt	59
Keine Angabe	8

4.3.3   Auswertung Bewertungsangaben Bearbeitungsart 3

Im Nachfolgenden sind Fragen analog zu 4.3.1 und 4.3.2 für die Bearbeitungsart 3 ausgewertet.

- Wie schwierig war es für Sie, die Serviceaufgabe zu bearbeiten?

Tabelle 21. Schwierigkeitseinschätzung (F.0 und F.28)

Antwort	Nennungen (in %)
Sehr einfach	3
Eher einfach	41
Durchschnittlich	34
Eher schwierig	13
Sehr schwierig	6
Weiß nicht/Keine Angabe	3

- Wie oft haben Sie in Ihrer beruflichen Praxis die eben gestellte Aufgabe schon bearbeitet (auch an Geräten anderer Hersteller)?

Tabelle 22. Häufigkeit der Bearbeitung in beruflicher Praxis (F.0 und F.28)

Antwort	Nennungen (in %)
Nie	41
Selten	31
Gelegentlich	6
Oft	10
Sehr oft	6
Weiß nicht/Keine Angabe	6

- Wie zufrieden sind Sie selbst mit dem Ergebnis Ihrer Arbeit?

Tabelle 23. Ergebniszufriedenheit (F.0 und F.28)

Antwort	Nennungen (in %)
Gar nicht	6
Kaum	3
Mittelmäßig	35
Ziemlich	44
Außerordentlich	6
Weiß nicht/Keine Angabe	6

- Was ist Ihre eigene Einschätzung: konnten Sie die Aufgabenstellung schnell bearbeiten?

Tabelle 24. Zufriedenheit mit Geschwindigkeit (F.0 und F.28)

Antwort	Nennungen (in %)
Gar nicht	6
Kaum	10
Mittelmäßig	41
Ziemlich	28
Außerordentlich	9
Weiß nicht/Keine Angabe	6

- Wie viel hat Ihnen Ihr Fachwissen bei der Lösung der gestellten Aufgabe geholfen?

Tabelle 25. Bewertung Nützlichkeit eigenes Wissen (F.0 und F.28)

Antwort	Nennungen (in %)
Gar nicht	6
Kaum	13
Mittelmäßig	44
Ziemlich	28
Außerordentlich	3
Weiß nicht/Keine Angabe	6

In Analogie zur Bearbeitungsart 2 werden nachfolgend zwei PIPE-Serviceinformationsarten in Bezug auf ihre Hilfestellung bei Bewältigung der Aufgabe analysiert:

• Wie hilfreich ist es, wenn Sie sich die durchgeführten Arbeitsschritte noch einmal ansehen und dahin navigieren können?

Tabelle 26. Bewertung Nützlichkeit Reparaturverlauf (F.0 und F.28)

Antwort	Nennungen (in %)
Gar nicht	3
Kaum	3
Mittelmäßig	9
Ziemlich	38
Außerordentlich	28
Weiß nicht/Keine Angabe	19

• Wie hilfreich fanden Sie die angezeigten Ersatzteilinformationen?

Tabelle 27. Bewertung Nützlichkeit Ersatzteilinformation (F.0 und F.28)

Antwort	Nennungen (in %)
Gar nicht	3
Kaum	3
Mittelmäßig	22
Ziemlich	28
Außerordentlich	31
Weiß nicht/Keine Angabe	3

Zudem wurden die Probanden gefragt, wie ihnen die Darstellung der Informationen auf dem PIPE-Client gefällt.

Tabelle 28. Bewertung Gefallen Darstellung der Serviceinformationen (F.0 und F.28)

Antwort	Nennungen (in %)
Gar nicht	3
Kaum	3
Mittelmäßig	7
Ziemlich	31
Außerordentlich	53
Weiß nicht/Keine Angabe	3

Optional konnten die Prozessbearbeiter noch schriftliche Anmerkungen in Ergänzung zu kategorischen Bewertungen notieren.

Schriftliche Ergänzungen zur Bewertung der Erleichterung der Arbeit

- Weil durch diese Arbeitsschritte die Fachkompetenz des Monteurs von dem Kunden nicht Infrage gestellt wird.

- Ein Gerät für viele Fehlerquellen heraus zu finden, keine Bedienungsanleitungen mehr notwendig, optimale Fehlersuche durch Wegweiser.

- Schnell, präzise und übersichtlich, aber dennoch gute erklärte Arbeitsschritte mit Bildern und Werkzeuggebrauch.

- Kompakt, einfach, informativ.

- Da fast nur auf großen Baustellen im Einsatz, konnte der Fehler gesucht, gefunden und gelöst werden.

- Bei größeren Schwierigkeiten kann man „lockerer" an die Sache herangehen. Wenn man nicht weiß, wo man mit den Arbeitsschritten der Störungsursache beginnen soll, bekommt man einen schnellen Anhaltspunkt.

- Ein Suchen der Fehlermeldung in den Unterlagen entfällt, deswegen schnellere Bearbeitung möglich. Der Kunde kann schneller zufrieden gestellt werden und wird auch weiterhin Kunde bleiben.

- Wenn man noch nicht so erfahren ist.

- Servicetechniker hat Zugriff auf aktuelle Daten.

- Zeitersparnis.

- Zugriff auf Herstellerdaten, Störungssuche in Einzelschritten.

- In jedem Fall! Das Gerät stellt sehr gute Fachkompetenz zur Verfügung obwohl man diese selbst gar nicht besitzt. Dies macht mit Sicherheit einen sehr guten Eindruck dem Endkunden gegenüber. Nicht nur in Bezug auf die eigenen Firma, sondern im Bezug auf den Heizungshersteller.

- Es geht schneller, den Fehler am Gerät zu finden.

- Schnelle Fehleranalyse mit Lösungsbeschreibung in Bild und Wort.

- Schnelle Diagnose möglich; Schnellere, genauere Abwicklung von Problemen.

Schriftliche Ergänzungen zur Bewertung der Handhabbarkeit

- Sehr detaillierte Übersicht, man kommt von der einen Ebene direkt in die nächste.

- Keine genaue Ausbildung am Gerät.

- Übersichtlich, große Buttons, Optik der Bedienung gut.

- Optimale Größe für ein Handheld, übersichtliche Struktur des Menü.

- Tool ist sehr gut aufgebaut und meiner Meinung nach leicht zu handhaben.

- Wenige Details gefallen nicht.

- Gute Übersicht über verschiedene Buttons. In den Details wäre es sehr gut, wenn man in die Bilder „reinzoomen" kann, um genau zu sehen, um welches Bauteil es sich handelt.

- Einfach lesen und drücken.

- Für den Anfang ist die Software gut gelungen.

- Man muss sich erst dran gewöhnen.

- Menüübersicht ist klar und deutlich, kompletter Menübaum ist erst nach kompletter Einweisung voll zu nutzen.

- Ich denke, dass man mit ein wenig Übung die paar Handgriffe auch einfach verinnerlichen kann. Voraussetzung für den Einsatz des Pipe- Service Tools ist es, die ganzen Möglichkeiten, die das „Supertolle" Gerät bietet auch in vollem Umfang zu kennen.

- Gute Übersicht, gute Beschreibung der Arbeitsschritte und Bilder.

- Da die Symbole leicht verständlich sind, ist eine gute Handhabbarkeit vorhanden.

- Klartextanzeige vorhanden, genaue Beschreibung der einzelnen Arbeitsschritte, leichte Menüführung.

- Die Software sollte an das Betriebsystem Windows von Microsoft angepasst werden, dann wäre die Bedienung verständlicher.

- Klein, immer „am Mann".

- Klarer Text, Einfache Bedienung, Speichern der letzten Arbeitsschritte.

- Bei der Vielzahl aller Geräte, auch bei einem Hersteller, ist durch dieses Werkzeug Typabhängig eine schnelle Fehlerdiagnose möglich.

- Zeiteinsparung.

- Kostenfrage (Betriebsgröße, Kundenstamm, demografischer Absatzmarkt? Erfahrung + Laptopunterstützung (pdf) von Kesselhersteller + Hotline = Billiger)

- Keine Gebrauchsanleitung nötig.

- Zeitersparnis.

Die Frage, ob PIPE die Serviceaufgaben erleichtert, beantworteten 85% der Probanden der Bearbeitungsart 3 mit „ja", 9% mit „nein" und 6% machten keine

Angaben. Die Probanden wurden weiterhin gefragt, wie sie den Zeitaufwand zur Aufgabenbewältigung mit Hilfe des PIPE Service-Tools im Vergleich zur Bearbeitung ohne PIPE einschätzen. Bemerkenswert bei diesen Antworten ist, obwohl die Prozesse mit PIPE Unterstützung kaum messbar schneller durchgeführt wurden, wurden Sie von mehr als der Hälfte der Prozessbearbeiter subjektiv als schneller oder sehr viel schneller empfunden (57%). 28% bewerten die Ausführung als gleich bleibend schnell.

Nachfolgend sind ausgewählte schriftliche Begründungen in verschiedenen Fällen dargestellt.

Schriftliche Begründung im Falle von „sehr viel schneller" und „schneller"

- Kurze und knappe Beschreibung, mit Hilfe von Kurzbeschreibung und Bildern Fehler gut zu finden.
- Direkte Anzeige der/des Fehlers und Erklärung wo und wie die Demontage zu erfolgen hat.
- Informationen sind direkt zur Hand.
- Weil ich sie ohne PIPE nicht hätte lösen können.
- Weil ohne großen Aufwand durch Suchen in Unterlagen der Fehler schnell gefunden werden kann.
- Weil man nicht immer weiß, wie das Gerät funktioniert und wo die ganzen Fühler sitzen.
- Zugriff auf Fühlerwerte sehr hilfreich.
- Schnellere Fehlereingrenzung.
- Keine Serviceanleitungen erforderlich.
- Weil ich mit sehr großer Wahrscheinlichkeit alleine gar nicht auf den Fehler gekommen wäre.
- Muss nicht in Handbüchern blättern, geht mit dem Gerät schneller.
- Detaillierte Erklärung der Arbeitsschritte.
- Da für mich die ablauftechnischen Grundinformationen fehlen, war die Bearbeitung mit dem Gerät „PIPE" in jedem Fall schneller.
- Der Zeitaufwand bei der Störungssuche mit Herstellerunterlagen ist wesentlich größer. Dadurch, dass alles in einem gerät integriert ist, muss weniger an verschiedenen Stellen gesucht werden.
- Bauteile sind schneller zu benennen.

Schriftliche Begründung im Falle von „gleich schnell"

- Keine Ausbildung am PIPE-Gerät.

- Gleich gut wie mein Fachwissen.

- Relativ leichtes Problem, Fehlerursache leicht auffindbar.

- Fühlerwechsel generell schnell ausführbar.

- Erfahrungswerte im Kundendienst sind unabdinglich. Man sollte sich des Funktionsablaufes des Gerätes bewusst sein und kennen und sich auf seine 5 Sinne verlassen und sich NICHT auf die Technik verlassen, abhängig machen – siehe Autoindustrie! Das Gerät bringt einen erfahrenen Kundendienstmann vom Weg ab! Know-how am Gasgerät ist das A und O.

Analog wurde eine Vergleichsschätzung in Bezug auf Qualität eruiert. Keiner der Serviceprozessbearbeiter bewertet die Qualität der Ergebnisse mit PIPE schlechter als ohne PIPE, 28 % als sehr viel besser, 56 % besser und 6 % gleich gut. 10 % sind unentschlossen.

Schriftliche Begründung im Falle von „sehr viel besser" und „besser"

- Gliederung der Arbeitsschritte ist aufgelistet.

- Schneller, Keine weiteren Unterlagen erforderlich, Gute Bedienung des PIPE Service Tools, keine Kundendiensthotline notwendig.

- Direkte Anzeige des schadhaften Bauteils und Sitz des Bauteils.

- Professionelle Fachanleitungen stehen direkt zur Verfügung. Man wird sozusagen an der Hand geführt und erarbeitet sich dann die wichtigen Informationen.

- Hat man einmal einen Fehler, der bislang nie in der Erfahrung vorkam, ist der detaillierte Arbeitsvorgang sehr hilfreich.

- Durch einfache Schritte wird man schnell zum Erfolg geführt.

- Weil alles Schritt für Schritt beschrieben wird.

- Die Eingrenzung und Erkennung des Fehlers ist schneller.

- Schnellere Bearbeitung der Fehler, Kosteneinsparung für Endverbraucher.

- Weil ich gezielt und konsequent, Schritt für Schritt an den Fehler herangeführt wurde, fast ohne meine grauen Gehirnzellen anstrengen zu müssen. Obwohl ich dieses Gerät gar nicht kenne!

- Da durch detailgenaue Darstellungen z. B. Messpunkte gut angezeigt werden.

- Da das Gerät eine logische Programmführung hat, ist eine schnellere Bearbeitung (Zielorientiert) in Hinsicht auf die Qualität des Ergebnisses hervorragend.

- Die Ergebnisse sind besser, weil das Gerät PIPE Erfahrungs- und Wissensdifferenzen vom Fachmann ausgleicht.

- Weil ich genau das defekte Teil gezeigt bekomme.

- Daten oder Informationen zum Gerät sind schnell aufrufbar und leicht verfolgbar.

Schriftliche Begründung im Falle von „gleich gut"

- Ein erfahrener Monteur kann gleiche Leistung erzielen.

4.4   Hypothesentest

Um die Hypothese zu testen, wurden alle 59 Prozessinstanzen herangezogen. Wie bereits dargestellt, waren hiervon 39 nicht erfolgreich und 20 erfolgreich. Im Folgenden wird ein Probit-Regressionsmodell angewendet, um den Einfluss verschiedener Variablen zu berechnen. Die statistische Analyse wurde mit den Erhebungsdaten des objektiven Prozessbeobachters durchgeführt. Die folgenden exogenen Variablen wurden in der Probit-Regression untersucht:

- Eine Kostante (C)

- Der Berufserfahrungsgrad einer Person bezogen auf „Montage" (EXP_ASSEMBLY) (keine Erfahrung: 0, unter 2 Jahren: 1; 2–5 Jahre: 2; 6–10 Jahre: 3; 11–20 Jahre: 4; 21–30 Jahre: 5; mehr als 31 Jahre: 6)

- Der Berufserfahrungsgrad einer Person bezogen auf „technischer Kundendienst" (EXP_SERVICE) (keine Erfahrung: 0; unter 2 Jahren: 1; 2–5 Jahre: 2; 6–10 Jahre: 3; 11–20 Jahre: 4; 21–30 Jahre: 5; mehr als 31 Jahre: 6)

- Die Existenz einer höheren Ausbildung als „Meister" (DEGREE) (0 = nein; 1 = ja)

- Dummy-Variable: Herstellerinformationen (INFOVENDOR) wurden durch den Proband genutzt (0 = nein; 1 = ja)

- Dummy-Variable: PIPE-Client (INFOPIPE) wurde durch den Proband genutzt (0 = nein; 1 = ja)

- Dummy-Variable: Welche Aufgabe war zu erfüllen (TASK) (0 = Aufgabe F.0; 1 = Aufgabe F.28)?

Die Durchführung der Probit-Regression führt zu folgendem Ergebnis (vgl. Abb. 3).

```
Dependent Variable: SUCCESS
Method: ML - Binary Probit (Quadratic hill climbing)
Date: 07/20/09   Time: 17:35
Sample: 1 59
Included observations: 59
Convergence achieved after 32 iterations
Covariance matrix computed using second derivatives
```

Variable	Coefficient	Std. Error	z-Statistic	Prob.
C	-1.520351	0.776306	-1.958444	0.0502
EXP_ASSEMBLY	-0.302665	0.259433	-1.166639	0.2434
EXP_SERVICE	0.642607	0.393055	1.634903	0.1021
DEGREE	0.617931	1.641249	0.376500	0.7065
INFOVENDOR	2.458404	1.041135	2.361272	0.0182
INFOPIPE	2.563725	0.839752	3.052954	0.0023
TASK	-11.39320	1.03E+08	-1.10E-07	1.0000

Mean dependent var	0.338983	S.D. dependent var		0.477427
S.E. of regression	0.296973	Akaike info criterion		0.702056
Sum squared resid	4.586035	Schwarz criterion		0.948543
Log likelihood	-13.71065	Hannan-Quinn criter.		0.798275
Restr. log likelihood	-37.78116	Avg. log likelihood		-0.232384
LR statistic (6 df)	48.14102	McFadden R-squared		0.637103
Probability(LR stat)	1.11E-08			

Obs with Dep=0	39	Total obs	59
Obs with Dep=1	20		

Abb. 3. Ergebnis der Probitanalyse

Bei der Betrachtung der Signifikanzniveaus der exogenen Variablen fällt auf, dass die Berufserfahrung „Montage" ein negatives Vorzeichen hat, das heißt, dass mehr Arbeitserfahrung im Montagebereich tendenziell die Erfolgswahrscheinlichkeit mindert. Jedoch ist der Koeffizient der Berufserfahrung „Montage" nicht signifikant.

Hingegen ist die Signifikanz der Berufserfahrung „technischer Kundendienst" positiv auf einem nahezu 90%-igen Signifikanzniveau. Die Existenz eines bestimmten Ausbildungsstatus (höheren Ausbildung oder eines Meisterbrief) hat keinen signifikanten Einfluss auf die Erfolgswahrscheinlichkeit eines Serviceprozesses. So scheint bei den persönlichen Voraussetzungen des Prozessbearbeiters nicht die Ausbildung, sondern nur die Erfahrung im technischen Kundendienst einflussreich zu sein.

Bei der Betrachtung der verwendeten Werkzeuge fällt auf, dass die Verwendung der Herstellerinformation und der Nutzen des PIPE-Clients hochsignifikant sind. Der Einfluss von PIPE ist marginal höher bei einer geringeren Standardabweichung als der Einfluss der Herstellerinformationen. Da der Koeffizient des PIPE-Client nur minimal höher ist, als der der Herstellerinformationen, ist ein deduktiver Schluss, dass die PIPE-Informationen einen signifikant höheren Einfluss als die Herstellerinformationen haben, nicht zulässig.

Das Ergebnis kann wie folgt interpretiert werden: die alleinige Anwendung des PIPE-Systems in der derzeitigen Situation und im derzeitigen Status ist nicht signifikant besser als der Nutzen der Herstellerinformationen. Die Nutzung von beiden Informationsquellen zusammen als komplementäre Werkzeuge kann zu Qualitätsverbesserungen und Zeiteinsparungen führen.

Der Einfluss der gestellten Aufgabe ist nicht signifikant. Die Begründung dafür liegt darin, dass kein Proband die Aufgabe F.28 erfolgreich bewältigt hat. Eine Konsequenz daraus ist, dass die Varianz dieses Koeffizienten sehr hoch ist.

Die Ergebnisse der Auswertung der extern beobachteten Daten bestätigen nicht die subjektive Meinung der Anwender (vgl. 4.3). So erzeugt die externe Sicht keinen statistisch relevanten Beleg, dass der PIPE-Client zu Qualitätsverbesserungen und Zeiteinsparungen führt. Durch diese Analyse zeigt sich, dass es eine persönliche Einschätzung des Anwenders ist, ob der PIPE-Client einen Nutzen stiftet.

Eine Langzeitstudie ist als nächster Evaluationsschritt unabdingbar, um auszuschließen, dass bspw. Faktoren wie Gewohnheit (PIPE-Instrument und Darstellungsart der Serviceinformationen ist noch neu, die papierbasierten Unterlagen als Informationsträger hingegen hinreichend bekannt und angewendet) als verfälschende Größe der Auswertung ausgeschlossen werden können (Lundsgaarde 1995).

5   Zusammenfassung und Ausblick

Das Kapitel stellt die Evaluation der mobilen PIPE-Komponente dar. Nach der Darstellung der Rolle der Evaluation in Design Science wurden das Untersuchungskonzept und die Vorgehensweise beschrieben. Eine deskriptive Auswertung und ein Hypothesentests zeigten die Ergebnisse in detaillierter Form auf. Die Ergebnisse dienen als Basis zur weiteren Verbesserung des Prototyps und eröffnen neue Forschungsfelder in Richtung Akzeptanz und Anwendbarkeit (Usability).

6   Literatur

Deutsches Institut für Normung e.V. (Hrsg) (2001) Vorgehensmodell für das Benchmarking von Dienstleistungen. PAS 1014, Berlin
Fischer T, Becker S, Gerke S (2006) Benchmarking. Die Betriebswirtschaft 63(6):684–701
Hevner AR, March ST, Park J, Ram S (2004) Design science in information systems research. MIS Quarterly 28(1):75–105
Lundsgaarde H (1995) Barriers and resistance to the evaluation of a computerized pharmacological information system: a case study. SIGBIO Newsletter 15(1):4–8
March S, Smith GF (1995) Design and natural science research on information technology. Decision Support Systems 15(4):251–266
Wilde T (2008) Experimentelle Forschung in der Wirtschaftsinformatik : Analyse des Methodenpotenzials und Entwicklung geeigneter Experimentaldesigns. Kovac, Hamburg
Wilde T, Hess T (2007) Forschungsmethoden der Wirtschaftsinformatik. Eine empirische Untersuchung. Wirtschaftsinformatik 49(4):280–287

Entwicklungsbegleitende Normung im Kontext hybrider Wertschöpfung

Paul Wakke

Aus einem zeitlichen Nacheinander von wissenschaftlicher Erkenntnis und industrieller Nutzanwendung wird heute mehr und mehr ein Nebeneinander, weil Sach- und Dienstleistungsanbieter schon während der laufenden Entwicklungen auf Anforderungen aus der Praxis reagieren müssen. Um dieser wirtschaftlichen Entwicklung Rechnung zu tragen, setzt die Entwicklungsbegleitende Normung (EBN) bereits in der F&E-Phase an. Normung, die laut einer Studie das Wirtschaftswachstum stärker beeinflusst als Patente und Lizenzen, wird damit Bestandteil der Innovationen. Der Wissens- und Technologietransfer auf dem innovativen und noch jungen Forschungsgebiet der hybriden Wertschöpfung wird so gefördert und beschleunigt.

1 Entwicklungsbegleitende Normung des DIN e.V.

1.1 Dienstleistung der Entwicklungsbegleitenden Normung

Das DIN Deutsches Institut für Normung e.V. vereint etwa 1.800 Mitglieder aus allen Interessensgruppen der deutschen Wirtschaft. Unternehmen der Industrie, staatliche Institutionen, Verbände, Gewerkschaften, Wissenschaft, Umweltorganisationen, Bank- und Versicherungswesen und nicht zuletzt die Anwender. Mehr als 28.000 Experten nehmen in 3.400 Ausschüssen Einfluss auf die Normung. Für die Koordination der Normung und Standardisierung und die Pflege des Deutschen Normenwerkes mit über 31.000 Dokumenten sind 300 Angestellte des DIN verantwortlich. Der Nutzen der Normung für die deutsche Volkswirtschaft wurde auf rund 16 Mrd. € taxiert (Blind und Grupp 2000). Ein Teil dieses Nutzens wird über die Entwicklungsbegleitende Normung realisiert, indem durch die Normung das Forschungs- und Entwicklungs (F&E)-Risiko reduziert und somit F&E-Kosten gespart werden können.

Mit der Entwicklungsbegleitenden Normung (EBN) bietet das DIN eine Dienstleistung zum flexiblen und schnellen Einstieg in die Normung. Die EBN umfasst alle Aktivitäten, die darauf abzielen,

O. Thomas et al. (eds.), *Hybride Wertschöpfung*,
DOI 10.1007/978-3-642-11855-5_11, © Springer-Verlag Berlin Heidelberg 2010

- das Standardisierungspotenzial von strategischen, grundsätzlich innovativen Produkten und Dienstleistungen frühzeitig zu identifizieren,

- Standardisierungsprozesse einzuleiten und

- Ergebnisse dieser Prozesse der Öffentlichkeit zugänglich zu machen,

um die Sichtbarkeit und den Zugang zu innovativem Know-how zu verbessern und somit die Effektivität von Forschungsergebnissen zu optimieren.

Die Entwicklungsbegleitende Normung (EBN) ist speziell ausgerichtet auf die Anforderungen innovativer Unternehmen:

- Schnelligkeit,

- Flexibilität,

- Technologiekonvergenz und

- Internationalität.

Mit dieser Ausrichtung schafft die EBN den runden Tisch für Wirtschaft und Wissenschaft und leistet so einen effektiven Beitrag für die Forschung und Entwicklung und für die Einführung innovativer Produkte und Dienstleistungen. Das Ziel ist eine effektive und nachhaltige Diffusion der Innovation. Dieses Ziel realisiert die EBN, indem Ergebnisse aus der Forschung und Entwicklung unter Berücksichtigung ökonomischer Anforderungen und der Perspektive aller relevanten Stakeholder (z.B. Kunden, F&E-Umfeld) in die Normung und Standardisierung integriert werden.

Ein weiterer Vorteil der (Entwicklungsbegleitenden) Normung ist der Kontakt zu zahlreichen Unternehmen, sodass Marktanforderungen jederzeit Berücksichtigung finden. Gleichermaßen können Innovationen schnellstmöglich und effektiv über die EBN in die europäische und internationale Normung eingebracht werden, und somit im Idealfall zum Weltstandard erwachsen.

Neben diesen direkten Vorteilen ergeben sich für die Teilnehmer an Normungs- und Standardisierungsvorhaben weitere Vorteile. Innerhalb des Erstellungsprozesses einer Norm oder Spezifikation können die Teilnehmer bereits absehen, wie zukünftige Anforderungen oder Festlegungen normativ festgehalten werden und so einen Wissens- und Zeitvorsprung erzielen, was ebenfalls das Forschungs- und Entwicklungsrisiko reduziert. Schließlich können auch frühzeitig entsprechende Anpassungen vorgenommen werden, was spätere Adaptionskosten bezüglich der Implementierung der Norm oder Spezifikation senkt.

Auf Basis dieser Argumente wurde die Entwicklungsbegleitende Normung innerhalb des DIN Deutsches Institut für Normung e.V. gegründet. Seit dieser Zeit begleitet die EBN Forschungsprojekte in allen Sektoren sowie einer Vielzahl von Branchen und Wissenschaftsgebieten, wie z.B. Dienstleistungen, Maschinen- und Anlagenbau, Wissensmanagement, Nanotechnologie oder E-Learning.

1.2   Methodik der Entwicklungsbegleitenden Normung

In der heutigen Forschungslandschaft werden Projekte oft mit mehreren Partnern und interdisziplinär durchgeführt (Verbundprojekte). Durch ihren neutralen Standpunkt und die Infrastruktur des DIN stellt die EBN eine effiziente Standardisierung sicher und schafft somit eine einheitliche Wissensbasis für alle Projektpartner. Insbesondere, wenn Forschungsprojekte öffentlich gefördert werden, unterstützt die Standardisierung die nachweisbare Verwertung. Eine frühzeitige Einbindung der Entwicklungsbegleitenden Normung (EBN) in Forschungsprojekte stellt den nachhaltigen Wissens- und Technologietransfer sicher.

Die Methodik der Entwicklungsbegleitenden Normung gliedert sich wie folgt:

- Konsortienbildung (Nutzung bestehender Kontakte, Einrichtung von Verbundvorhaben auf Basis von Bekanntmachungen),

- Bildung von Arbeitspaketen (frühzeitige Einbindung der Entwicklungsbegleitenden Normung in das Projekt, um eine größtmögliche Effektivität der Entwicklungsbegleitenden Normung sicherzustellen),

- Projekt-Kick-off (Erläuterung der Entwicklungsbegleitenden Normung, deren Dienstleistungen und Infrastruktur),

- Standardisierungs-Kick-off (Einladung weiterer interessierter Kreise),

- Projektfertigstellung (Verwertung der Forschungsergebnisse durch Normen und Spezifikationen, Workshops, Seminare, etc.).

1.3   Normen und Spezifikationen

Die Produktpalette des DIN bietet grundsätzlich die vollständig konsensbasierten Normen (engl.: formal standard) und die Spezifikation, welche den Konsens zwischen im Vorfeld der Normung festgelegten Personen und Organisationen widerspiegelt (engl.: informal standard). Spezifikationen sind speziell auf Innovationen zugeschnitten, indem sie in kürzester Zeit veröffentlicht und bei erfolgreicher Diffusion als Normvorlage herangezogen werden können.

Die Nähe der Spezifikationen zur Norm ist daher ein entscheidender Aspekt der Entwicklungsbegleitenden Normung des DIN. Wenn die Spezifikation sich in der Praxis bewährt, ist das Einbringen in den formalen Normungsprozess erheblich leichter, weil viele Fragen schon im Vorfeld geklärt wurden. Somit schließen die Spezifikationen genau die Lücke, die eine Innovation braucht, um schnellstmöglich zum Weltstandard aufzusteigen und eine effektive und rasche Diffusion von Forschungsergebnissen zu gewährleisten.

Im Rahmen der Entwicklungsbegleitenden Normung werden diese Spezifikationen verstärkt genutzt, um kurzfristig Forschungsergebnisse zu verwerten und den interessierten Kreisen zugänglich zu machen. Da Spezifikationen keinen vollständigen Konsens aller interessierten Kreise während der inhaltlichen Erarbeitung erfordern, entfalten sie auch nicht die Wirkung von Normen, da entweder nicht alle interessierten Kreise an der Konsensfindung beteiligt waren oder noch vereinzelt Vorbehalte gegenüber dem Inhalt bestehen. Daher ist es im Vergleich zu den Normen auch möglich, dass Spezifikationen untereinander konkurrieren und alternative Lösungsansätze aufzeigen. Der Lösungsansatz, der sich in der Wirtschaft durchsetzt und damit zum Stand der Technik erwächst, fließt schlussendlich in die Normung ein.

Die Spezifikationen sind somit Voraussetzung für eine transparente Gegenüberstellung alternativer Lösungen. Die sich durchsetzende und zur Norm erwachsende Lösung generiert maximalen Nutzen, da deren Akzeptanz in der Wirtschaft durch den zuvor über die Spezifikationen sichergestellten Konsensfindungsprozess bereits mit Einführung der Norm sehr hoch ist.

Die Spezifikationen schaffen somit eine Schnittstelle zwischen den Industrie- bzw. Konsortialstandards und den DIN-Normen (vgl. Abb. 1).

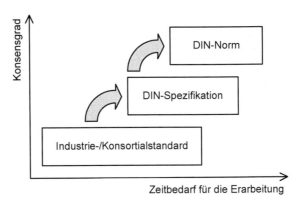

Abb. 1. Vom Industriestandard zur Norm

1.4   Zusammenspiel von Normung und Innovation

Um den gesamten Innovationsprozess von der Invention bis zur Diffusion bestmöglich und situationsbedingt zu unterstützen, wird zwischen folgenden Arten von Normen bzw. Spezifikationen unterschieden:

- Terminologie-, Mess- und Prüfnormen/-spezifikationen schaffen einheitliche und unabhängige Prüfmethoden zur Verifizierung der Qualität der Produktneuheit, erleichtern die Kommunikation zwischen den Akteuren und reduzieren Informations- und Transaktionskosten.

- Schnittstellennormen/-spezifikationen stellen die Interoperabilität zwischen Komponenten sicher und reduzieren Anpassungskosten.

- Kompatibilitätsnormen/-spezifikationen integrieren Teilkomponenten in bestehende Systeme und schaffen Voraussetzungen für zukünftige Technologiegenerationen.

- Qualitäts-, Produkt- und Dienstleitungsnormen/-spezifikationen nehmen Umwelt-, Sicherheits- und Ergonomieaspekte wahr, steigern die Akzeptanz innovativer Produkte und Dienstleistungen, reduzieren Risiken und fördern die Marktdurchdringung.

Das Zusammenspiel zwischen den Norm- bzw. Spezifikationsarten und den Innovationsphasen verdeutlicht Abb. 2. Standardisierte Terminologien oder auch Taxonomien als auch einheitliche Test- und Messverfahren reduzieren Informations- und Transaktionskosten und stellen nicht zuletzt eine konsistente Kommunikation bspw. zwischen Forschern sicher.

Interoperabilität zwischen existierenden und neuen Komponenten kann über standardisierte Schnittstellen sichergestellt werden, womit Adaptionskosten reduziert und Skaleneffekte generiert werden können. Schließlich reduzieren Qualitäts- bzw. Produktnormen und -spezifikationen das Konsumentenrisiko und treiben somit die Vermarktung der Innovation voran (Gauch 2006; Blind und Gauch 2007).

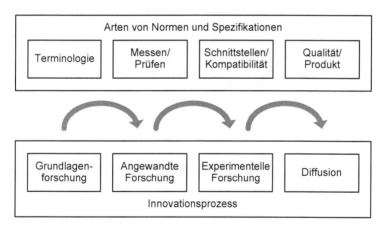

Abb. 2. Zusammenspiel zwischen Innovation und Normung
(in Anlehnung an Gauch 2006)

2   Hybride Wertschöpfung

Die Industrie ist dauerhaft auf der Suche nach neuen Geschäftsideen, um die Wettbewerbsfähigkeit nachhaltig zu sichern bzw. zu steigern. Ein geeigneter Ansatz hierfür ist, kundenorientierte Lösungen anzubieten, wobei für den Kunden einzig die Problemlösung relevant ist. Die Lösung kann dabei materiell oder immateriell sein, lagerfähig oder nicht lagerfähig und am Kunden oder in der Fertigungshalle erbracht werden.

Da es sich bei dieser Kundenlösung nicht per se um eine Sach- oder Dienstleistung handeln muss, sondern vielmehr eine dynamisch und flexibel auf das kundenindividuelle Problem zugeschnittene Mischung sich wechselseitig bedingender und zum Teil in Konkurrenz stehender Sach- und Dienstleistungsanteile, spricht man in diesem Zusammenhang auch von hybriden Leistungsbündeln. Diese Leistungsbündel sind dabei als dynamisches Zusammenspiel kunden- und produktgerichteter Kompetenzen anzusehen, die einerseits für die kundenspezifische Lösungsentwicklung und andererseits für die Produktbildung und Standardisierung bedarfsabhängig konfiguriert werden müssen (Böhmann 2009, S. 18). Die Wertschöpfung mit hybriden Leistungsbündeln wird dabei als hybride Wertschöpfung bezeichnet und kann als Paradigmenwechsel verstanden werden.

Agierten bisher Hersteller von Sachleistungen und Erbringer von Dienstleistungen eher getrennt voneinander, so geht es heute um die intelligente Verzahnung und Integration dieser Wirtschaftssubjekte. Joerissen (2009, S. 72) meint hierzu, dass es bei der sektoralen Strukturentwicklung nicht um ein Entweder-oder, sondern um ein Sowohl-als-auch geht. Das Ziel ist – wie bereits erwähnt – die Lösung des Kundenproblems, wobei die Problemlösung durch ein einzelnes Unternehmen oder durch einen Firmenverbund erbracht werden kann. Aus Kundensicht sollte zwischen diesen Alternativen kein wahrnehmbarer Unterschied bestehen, was bei der Beratung durch einen Ansprechpartner vor Vertragsabschluss anfängt und bei der für den Kunden unsichtbaren und ggf. innerhalb des Firmenverbundes stattfindenden Fehlerzuschreibung und -behebung im Garantiefall endet. Die Entwicklung hin zum Lösungsanbieter samt Strukturierung der damit verbundenen Aufgaben bedarf laut Wissenschaft daher eines umfassenden Ansatzes (Schuh und Gudergan 2009, S. 146). Im Gegenzug erfährt der Lösungsanbieter zwei entscheidende Vorteile:

- Kundenbindung, indem durch die Integration von Sach- und Dienstleistung im Vergleich zum separiertem Angebot der Leistungen ein Kundennutzen generiert wird, was wiederum zur

- Differenzierung vom Wettbewerber führt.

Aufgabe der Wissenschaft ist es nun, geeignete Methoden und Ansätze bereitzustellen, um den Paradigmenwechsel weiter voranzutreiben. Speziell die Integration von Produzent und Dienstleister stellt eine hohe Herausforderung dar. Es gilt, Schnittstellen zu definieren und zu vereinheitlichen. Die intelligente Integration, die einen Kundennutzen und damit einen zusätzlichen Wert schöpft, ist gleichzeitig eine Herausforderung für die Unternehmen.

Erste Forschungsarbeiten hierzu laufen bereits seit mehreren Jahren. So fördert bspw. das Bundesministerium für Bildung und Forschung (BMBF) zahlreiche Projekte innerhalb des Programms „Integration von Produktion und Dienstleistung". Ein weiteres Beispiel ist der Sonderforschungsbereich (SFB) „Transregio 29 –

Engineering hybrider Leistungsbündel", der von der Deutschen Forschungsgemeinschaft gefördert wird.

3 Standardisierungsvorhaben im Umfeld der hybriden Wertschöpfung

3.1 Projektübergreifende Standardisierung zur hybriden Wertschöpfung

Eine geeignete Möglichkeit, um bereits verfügbares Wissen zur hybriden Wertschöpfung zu nutzen und verfügbar zu machen, ist die Erstellung von Normen oder Spezifikationen. Im Falle der hybriden Wertschöpfung initiierte das PIPE-Projekt zusammen mit dem Projekt FlexNet aus dem Programm „Integration von Produktion und Dienstleistung" ein Standardisierungsvorhaben im DIN Deutsches Institut für Normung e.V., an dem mittlerweile 13 Forschungseinrichtungen vor allem aus dem BMBF-Programm, aber auch aus dem SFB „Transregio 29" teilnehmen. Im Weiteren wird eine Vielzahl von Praxispartnern indirekt über die Verbundvorhaben in die Standardisierung eingebunden. Neben der effektiven Verwertung von Forschungsergebnissen durch Normung und Standardisierung spricht im Zusammenhang mit hybrider Wertschöpfung auch die bereits angesprochene Schnittstellenthematik für die überbetriebliche Vereinheitlichung.

Normen und Spezifikationen zur Kompatibilität werden daher in Zukunft verstärkt an Bedeutung gewinnen. Um den Anforderungen aus der Konvergenz von Sach- und Dienstleistungen zu genügen und diese aktiv zu fördern, muss Normung und Standardisierung – über die klassische Produktnormung hinausgehend – in zunehmendem Maße auf der Systemebene ansetzen. Die Deutsche Normungsstrategie fordert aus genanntem Grund die Systemnormung, welche von einer Betrachtung des Gesamtsystems und damit von der Funktionalität des Systems und seiner Komponenten ausgehen muss und die Definition von Schnittstellen erfordert (DIN 2004, S. 22).

Das projektübergreifende Standardisierungsvorhaben zur hybriden Wertschöpfung wurde auf Basis einer Ist-Analyse existierender Normen und Spezifikationen initiiert. Die Analyse ergab, dass Standardisierungsbedarf im Umfeld der hybriden Wertschöpfung besteht. Diese Meinung wurde innerhalb eines Workshops von mehreren Experten bestätigt. Die Herausforderung bestand daraufhin darin, ein erstes gemeinsames Meinungsbild auf nationaler Ebene zu erarbeiten. Auf der anderen Seite kann über die Standardisierung das Themenfeld der hybriden Wertschöpfung weiter vorangetrieben und die wirtschaftliche Relevanz vermittelt werden.

Die Teilnehmer des ersten Standardisierungsvorhabens zur hybriden Wertschöpfung einigten sich zunächst auf eine einheitliche Definition. Die hybride Wertschöpfung wird seither als Wertschöpfung mit hybriden Leistungsbündeln bezeichnet, wobei die Bereitstellung hybrider Leistungsbündel die Integration der

Sach- und Dienstleistungsanteile durch Kern-, Support- und Koordinationsprozesse der beteiligten Anbieter, Zulieferer sowie Kunden (Unternehmen, Konsumenten und öffentliche Verwaltungen) erfordert und dabei der gesamte Lebenszyklus von der Initiierung bis zur Auflösung betrachtet wird.

Ein hybrides Leistungsbündel wiederum ist ein Leistungsbündel, das eine auf die Bedürfnisse des Kunden ausgerichtete Problemlösung darstellt, indem Sach- und Dienstleistungsanteile integriert werden, wobei die angestrebte Lösung die zu verwendenden und aufeinander abzustimmenden Sach- und Dienstleistungsanteile determiniert. Im weiteren Verlauf der Spezifikation PAS 1094 mit dem Titel „Hybride Wertschöpfung – Integration von Sach- und Dienstleistung" wird der gesamte Wertschöpfungsprozess samt passenden Methoden und Ansätzen aus zahlreichen Forschungsprojekten vorgestellt.

Die Anwendung und Verbreitung der Spezifikation wird zeigen, ob die Industrie den Paradigmenwechsel bestreitet. Die Spezifikation soll einen ersten Einblick in die komplexe Integration von Sach- und Dienstleistung samt den dahinterstehenden, oftmals abweichenden Unternehmenskulturen der Produzenten respektive Dienstleistern bieten. Bei erfolgreicher Implementierung der Spezifikation kann ein Normungsvorhaben auf nationaler oder höherer Ebene angestoßen werden, wobei grundlegende Fragen, wie bspw. die Frage nach existierenden Gremien, bereits innerhalb des Projektes PIPE beantwortet wurden. Die PAS 1094 kann daher als Chance für die deutsche Wirtschaft gesehen werden, eine weitere Vorreiterrolle im internationalen Wettbewerb einzunehmen und einen Wettbewerbsvorsprung herauszuarbeiten.

3.2   Standardisierung zur hybriden Wertschöpfung in PIPE

Ein exzellentes Beispiel, wie die Idee der hybriden Wertschöpfung in ein innovatives Geschäftsmodell einfließen kann, stellt das Projekt PIPE dar. Das Arbeitspaket 8 des PIPE-Projekts mit dem Titel „Entwicklungsbegleitende Normung" hatte zum Ziel, die im Vorhaben erarbeiteten standardisierungsrelevanten Ergebnisse in selbige zu überführen. In diesem Zusammenhang richtete das DIN im Rahmen der Entwicklungsbegleitenden Normung (EBN) die technologische Infrastruktur für die anfallende Gremien- bzw. Ausschussarbeit ein und übernahm die Planung und Koordination der Standardisierungsarbeiten. Auch die Öffentlichkeit wurde bspw. über den Webauftritt und die allgemeine Öffentlichkeitsarbeit des DIN informiert. Des Weiteren stellte das DIN sicher, dass die Ergebnisse konform mit den bestehenden nationalen und internationalen Regelwerken sind. Die PAS 1090 ist seit April 2009 veröffentlicht und seitdem weltweit in der größten Normungsdatenbank PERINORM verfügbar.

Zu Beginn des Standardisierungsvorhabens wurde zunächst eine breite Recherche von Dokumenten und Aktivitäten, die für die Normung bzw. Standardisierung im Projekt PIPE von Relevanz sein könnten, durchgeführt. Diese Recherche umfasste neben bestehenden internationalen und nationalen Normen und Spezifikationen auch aktuelle Aktivitäten sowohl der Normungsorganisationen als auch der

Forschungs- und Entwicklungslandschaft. Ergebnis dieser Recherche war, dass das Kernstück des PIPE-Projekts noch nicht von bisherigen Arbeiten oder Aktivitäten berührt ist und daher noch deutliches Standardisierungspotenzial beinhaltet. Nichtsdestotrotz zeigte die Recherche, dass bereits eine Reihe an Normen und Spezifikationen wie auch aktueller Aktivitäten von Interesse für die Standardisierung im PIPE-Projekt sind. Diese wurden bei der Standardisierung auf ihre konkrete Relevanz hin überprüft und gegebenenfalls mit in die Arbeit einbezogen.

Im Rahmen der ersten Diskussionen innerhalb des Projektteams zur Organisation der Normung bzw. Standardisierung wurde einstimmig das Instrument der PAS (Publicly Available Specification) als das für PIPE am besten geeignete Instrument ausgewählt. Der weitere Projektverlauf des Teilvorhabens der Standardisierung (AP 8) bestand aus den folgenden fünf Teilen:

- Das Vorhaben wurde nach normungsrelevanten Aspekten untersucht und zugleich der Öffentlichkeit über den Webauftritt des DIN präsentiert.

- Die normungsrelevanten Aspekte wurden mit der Normung und Aufbereitung der Normungsinfrastruktur verknüpft. Zur Bearbeitung von Standardisierungsmaßnahmen wurden im DIN sowohl die entsprechende technische Infrastruktur (virtuelle Gremien) als auch die organisatorische Infrastruktur bereitgestellt. Es wurde geprüft, inwieweit die vorhandenen nationalen, europäischen und internationalen Normungsgremien dieses Thema bearbeiten können oder ergänzende Gremien installiert werden müssen.

- Planung, Initiierung, Durchführung und Nachbereitung des Kick-Off. Um die Standardisierungsarbeit in Gang zu setzen, wurde ein Kick-Off-Workshop durchgeführt. Aus dem Ergebnis dieses Workshops wurden die einzelnen Themenfelder und Handlungsbedarfe abgeleitet und anschließende Standardisierungsarbeiten initiiert.

- Planung, Initiierung, Durchführung und Nachbereitung der Standardisierungstreffen. Zur Erarbeitung der Spezifikation wurden Workshops durchgeführt. Zu den Arbeiten des DIN gehörte es, diese Workshops zu planen und zu organisieren und die Ergebnisse entsprechend aufzubereiten, was eine Aufbereitung des Manuskripts der Spezifikation und der Öffentlichkeitsarbeit einschließt.

- Erstellung, Veröffentlichung, Vermarktung und Vertrieb der Ergebnisse des Standardisierungsvorhabens in Form der PAS 1090 über den Beuth Verlag sowie weitere Verwertungsaktivitäten, wie bspw. eine fünftägige Präsentation des PIPE-Client (vgl. PAS 1090) auf der Hannover Messe 2009 oder die Veröffentlichung eines Artikels in den DIN-Mitteilungen.

Inhaltlich umfasst die PAS 1090 die organisatorische Integration eines externen Dienstleisters im Rahmen des technischen Kundendienstes (im Falle von PIPE der SHK-Betriebe) und eines externen Informationsdienstleisters sowie die Definition der informationstechnischen Schnittstellen, die im Rahmen dieser organisatorischen Einbindung und vor allem durch die zentrale Innovation des Projektes – das mobile Endgerät zur Unterstützung des technischen Kundendienstes – von besonderer Relevanz ist.

Mithilfe der PAS 1090 soll sichergestellt werden, dass sich für die innovative Geschäftsidee hinter PIPE ein Markt entwickelt. Das Schaffen eines so genannten „Level playing field", also gleicher und fairer Wettbewerbsbedingungen, soll einer Zersplitterung des Marktes und der Existenz mehrerer nicht miteinander vereinbarer Lösungen entgegenwirken. Dies wird realisiert, indem die PAS 1090 den Herstellern der SHK-Branche eine Guideline liefert, wie sie ihre Informationen aufbereiten müssen, sodass diese vom PIPE-Dienstleister weiter entwickelt und letztendlichen dem Kundendienst zur Verfügung gestellt werden können.

Die Komplexität nicht-linearer und dynamischer Reparaturprozesse stellt hohe Anforderungen an die Modellierung. Statt einer trivialen Herangehensweise gibt es eine Vielzahl von Möglichkeiten, diese komplexen Prozesse zu modellieren. Das PIPE-Projekt hat über die Projektlaufzeit die Modellierung evaluiert und kontinuierlich verbessert (vgl. auch den Beitrag von Schlicker, Blinn und Nüttgens, S. 144 ff., in diesem Band). Die grundlegende Herangehensweise, festgeschrieben in der PAS 1090, sollte daher potenziellen Marktteilnehmern entscheidende Impulse liefern und wichtige Erkenntnisse aus dem PIPE-Projekt vermitteln.

Der Titel, der im April 2009 veröffentlichten PAS 1090 lautet „Anforderungen an Informationssysteme zur Erhebung, Kommunikation und Bereitstellung relevanter Serviceinformationen im technischen Kundendienst". Durch den zeitlich engen Zusammenhang zwischen dem PIPE-Projekt und dem von der EU an die europäischen Normungsinstitute erteilten Mandat zur Dienstleistungsnormung sind in diesem Bereich starke Synergien zu erwarten. Für das DIN ergibt sich hierdurch die Möglichkeit, durch verstärkte Präsenz das Einbringen neuer Standardisierungsthemen, die Vernetzung mit dem beantragten Vorhaben sowie den Transfer der Projektergebnisse die eigene Position auf europäischer Ebene zu stärken.

Die PAS 1090, wie auch die artverwandte und unter anderem über das Projekt PIPE initiierte PAS 1094, dienen als Ausgangspunkt weiterer Forschungsarbeiten. Auch kann das Instrument der Normung und Standardisierung von den Projektergebnis profitieren, indem der daraus entstehende Nutzen die wissenschaftlichen Projektpartner möglicherweise dazu bewegt, auch in zukünftigen Forschungsprojekten das DIN einzubinden und somit durch die Standardisierung zur effektiven Verwertung von Forschungsergebnissen beizutragen.

Neben den bereits angesprochenen Aktivitäten nahm das DIN an den regelmäßigen Projektsitzungen des Konsortiums teil, stellte dort eine effektive Standardisierung sicher und diskutierte diese mit den Projektpartnern. So geschehen im Rahmen folgender Veranstaltungen:

• Kick-off-Veranstaltung am 24.08.2006,

• fünf Feedbackrunden beim Fachverband Sanitär-, Heizungs- und Klimatechnik in Gießen am 03.07.2007, 19.02.2008, 05.08.2008, 30.10.2008 und 24.02.2009,

- drei Meilensteintreffen beim Fachverband Sanitär-, Heizungs- und Klimatechnik in Gießen am 11.09.2007, 24.04.2008 und am 28.04.2009 bei Vaillant in Gelsenkirchen,

- Erhebung des State-of-the-Art und Durchführung einer Anforderungsanalyse bei Vaillant am 03.04.2007,

- zwei Standardisierungstreffen am 05.06.2008 und am 30.01.2009 in Saarbrücken,

- zwei Treffen der Fokusgruppe „Verfahren und Instrumente" in Düsseldorf am 26.11.2008 und in Bonn am 18.02.2009 sowie

- Standardisierungs-Workshops im Rahmen der VDI-Meta-Tagung in Düsseldorf am 27.11.2008.

4   Ausblick

Nach spätestens drei Jahren wird jede Spezifikation daraufhin überprüft, ob sie beibehalten, überarbeitet, zurückgezogen oder in ein Normungsvorhaben überführt werden sollte. Im Rahmen der Überprüfung wird das Gremium der Spezifikation – im Falle der PAS 1090 das PIPE-Konsortium – befragt. Gleiches gilt für die projektübergreifende PAS 1094 zur hybriden Wertschöpfung.

Bei erfolgreicher Implementierung der PAS 1090 ist eine Überführung in ein Normungsvorhaben schnell und unkompliziert möglich. Die PAS 1090 würde hierbei als Normvorlage herangezogen. Auch denkbar wäre das Einbringen in die europäische oder gar internationale Normung. Der sich dann erschließende Markt für die Idee hinter PIPE wäre enorm. Der bereits jetzt existierende Wettbewerbsvorsprung käme vor allem den Anwendungspartnern des PIPE-Projekts als Innovatoren und den so genannten „Early Adopters", die auf das Wissen innerhalb der PAS 1090 zurückgreifen, zugute.

5   Literatur

Blind K, Grupp H (2000) Gesamtwirtschaftlicher Nutzen der Normung, Volkswirtschaftlicher Nutzen. Beuth, Berlin

Blind K, Gauch S (2007) Probleme und Lösungsansätze – Warum Forscher wenig normen. Wissenschaftsmanagement, Zeitschrift für Innovation (2):14–17

Böhmann T (2009) Informationsmanagement für hybride Wertschöpfung: Chancen und Herausforderungen für eine integrierte Informationslogistik. In Spath D (Hrsg) Arbeits- und Dienstleistungsforschung als Innovationstreiber, Fraunhofer Verlag, Stuttgart, 18–20

DIN Deutsches Institut für Normung e.V. (2004) Die Deutsche Normungsstrategie. Berlin 2004

Gauch S (2006) Towards a Theoretical Assessment of the Link between Research and Standardization. In Coenen H (Hrsg) 11th EURAS Workshop on Standardisation and Networks 2006 : Proceedings ; Hamburg, 8–9 June 2006. Aachen: Wissenschaftsverlag Mainz (Aachener Beiträge zur Informatik, 38), 107–118

Joerissen H (2009) Die Zeit ist reif für eine rationale Dienstleistungspolitik. In Spath D (Hrsg) Arbeits- und Dienstleistungsforschung als Innovationstreiber. Fraunhofer Verlag, Stuttgart, 72–75

Schuh G, Gudergan G (2009) Bezugsrahmen für das Management industrieller Dienstleistungen. In Spath D (Hrsg) Arbeits- und Dienstleistungsforschung als Innovationstreiber. Fraunhofer Verlag, Stuttgart, 146–154

**Teil V:
Kooperationen
und Geschäftsmodelle**

IT-gestützte Wertschöpfungspartnerschaften zur Integration von Produktion und Dienstleistung im Maschinen- und Anlagenbau

Philipp Walter, Nadine Blinn, Michael Schlicker und Oliver Thomas

Im Maschinen- und Anlagenbau sind Wertschöpfungspartnerschaften ein etabliertes Mittel zur Kostenreduktion und Effizienzsteigerung, indem eine Aufgabenteilung zwischen Herstellern technischer Produkte und herstellerunabhängigen Kundendienstorganisationen stattfindet. Durch Unterbrechungen des Informationsflusses an Unternehmensgrenzen und die dadurch bewirkte Trennung von Produktion und Dienstleistung existieren in Hinblick auf die Gesamtwertschöpfung jedoch umfangreiche Steigerungspotenziale. Im vorliegenden Kapitel werden daher zunächst die Wertschöpfungsketten im Maschinen- und Anlagenbau analysiert und Verbesserungspotenziale identifiziert. Zu ihrer Realisierung wird ein strategischer Lösungsansatz entwickelt, der Produktion und Dienstleistung stärker verknüpft. Er wird in einem Fachkonzept konkretisiert, das an einem Anwendungsbeispiel aus der betrieblichen Praxis expliziert sowie qualitativ und empirisch evaluiert wird.[23]

1 Einleitung

Wertschöpfungspartnerschaften sind im Maschinen- und Anlagenbau ein etabliertes Werkzeug zur Kostenreduktion und Effizienzsteigerung. Diese finden insbesondere in den Bereichen der Branche Anwendung, in denen für in Serie gefertigte Produkte über einen großen geografischen Bereich hinweg Kundendienstleistungen erbracht werden. Hier findet traditionell eine Aufgabenteilung zwischen Herstellern und herstellerunabhängigen Kundendienstorganisationen statt, die auch als Wiederverkäufer und als einziger Kontakt zum Kunden agieren (mehrstufiger Vertriebsweg). Mit dieser Aufgabenteilung entlang der Wertschöpfungskette gehen al-

---

[23] Bei diesem Kapitel handelt es sich um eine überarbeitete Fassung des Konferenzbeitrags „Walter P, Blinn N, Schlicker M, Thomas O (2009) IT-gestützte Wertschöpfungspartnerschaften zur Integration von Produktion und Dienstleistung im Maschinen- und Anlagenbau. In Hansen HR, Karagiannis D, Fill H-G (Hrsg) Business Services: Konzepte, Technologien, Anwendungen : 9. Internationale Tagung Wirtschaftsinformatik, 25.–27. Februar 2009, Wien. Band 1. Wien, Österreichische Computer Gesellschaft, 389–398".

O. Thomas et al. (eds.), *Hybride Wertschöpfung*,
DOI 10.1007/978-3-642-11855-5_12, © Springer-Verlag Berlin Heidelberg 2010

lerdings bis heute Brüche im Informationsfluss einher, wodurch Produkt und produktbegleitende Dienstleistungen separiert und dadurch große Wertschöpfungspotenziale unrealisiert bleiben.

Ziel des vorliegenden Kapitels ist die Konzeption eines Lösungsansatzes zur IT-gestützten Integration von Produktion und produktbegleitenden Dienstleistungen in Wertschöpfungspartnerschaften im Maschinen- und Anlagenbau. Dazu werden zunächst der Ist-Zustand der Wertschöpfungsketten im Maschinen- und Anlagenbau systemtheoretisch erfasst und Schwachstellen bzw. Verbesserungspotenziale identifiziert (Teil 2). Daraus wird ein Soll-Zustand in Form eines strategischen Lösungsansatzes abgeleitet und ein Fachkonzept zur informationstechnischen Unterstützung dieser Lösung vorgestellt (Teil 3). An einem Anwendungsbeispiel aus der Sanitär-, Heizungs- und Klimatechnikbranche wird die Lösung konkretisiert und empirisch evaluiert (Teil 4). Das Kapitel schließt mit einer kritischen Zusammenfassung der Ergebnisse sowie der noch offenen Forschungsfragen aus dem betrachteten Gebiet (Teil 5).

2   Stand der Forschung

Leistungsbündel aus Sach- und Dienstleistungen werden sowohl aus wissenschaftlicher als auch aus praktischer Sicht zunehmend integriert betrachtet. Die verschiedenen Wissenschaftsdisziplinen fokussieren dabei jeweils unterschiedliche Aspekte und verwenden dementsprechend eigene Terminologien. Die Wirtschaftsinformatik vereint durch ihren integrativen und interdisziplinären Charakter die unterschiedlichen Sichten, sodass hier auch eine umfassende Diskussion über die Terminologie geführt wird (Botta 2007; Thomas et al. 2008; Leimeister und Glauner 2008; Loos und Thomas 2009). Für den vorliegenden Beitrag ist ausschlaggebend, dass Leistungsbündel oftmals nicht von einzelnen Unternehmen erstellt werden, sondern arbeitsteilig von mehreren Partnern in einem Wertschöpfungsnetzwerk. Solche Wertschöpfungsnetzwerke sind bereits Gegenstand umfangreicher wissenschaftlicher Betrachtungen, insbesondere unter dem Aspekt der Koordination der Partner (Böhmann und Krcmar 2006). Um die einzelnen Sach- und Dienstleistungskomponenten der verschiedenen Wertschöpfungspartner zu integrieren, ist eine enge Abstimmung mit einem strukturierten Informationsfluss erforderlich.

Als Wertschöpfungspartnerschaft wird eine partnerschaftliche Kooperation zwischen Unternehmen bezeichnet, die in aufeinanderfolgenden Stufen der Wertschöpfungskette tätig sind. Somit handelt es sich zunächst um eine vertikale Kooperation, die im Allgemeinen für eine längerfristige Dauer angelegt ist (Lapiedra et al. 2004). Die Kooperationspartner sind dabei nicht institutionell verknüpft, sondern handeln selbständig und entscheiden sich eigenständig für die Partnerschaft. Die Wertschöpfungspartnerschaft geht über eine vertikale Kooperation insofern hinaus, als dass die Koordination der überbetrieblichen Leistungserstellung von allen Partnern gemeinsam geplant und organisiert wird. Auf diese Weise entsteht nach außen hin eine in sich geschlossene Wettbewerbseinheit (Höfer 1996).

Wertschöpfungspartnerschaften im Maschinen- und Anlagenbau wurden bisher überwiegend unter dem Aspekt des Supply Chain Managements (SCM) in ihrer Ausprägung als Lieferantenkooperation zwischen Herstellern und ihren Zulieferern untersucht (Werner 2008). Durch Strategien wie Efficient Consumer Response (ECR) und Maßnahmen wie CRP (Continuous Replenishment), JMI (Jointly Managed Inventory) oder CPFR (Collaborative Planning, Forecasting and Replenishment) sollen vor allem Kosteneinsparungen bei der Herstellung erzielt und an die Kunden weitergegeben werden, um sich so über den Preis von ihren Wettbewerbern zu differenzieren (Hertel et al. 2005).

Ansätze zu Wertschöpfungspartnerschaften auf Absatzseite dagegen erheben den Kunden oft selbst zum Wertschöpfungspartner, z.B. im Rahmen der Kundenintegration und Kundenmitwirkung insbesondere bei der Dienstleistungserstellung (Hermes 1999; Poznanski 2007). Die Fähigkeit des Kunden, die an ihn ausgelagerten Teilleistungen zu erbringen, kann im Fall technischer Kundendienstleistungen jedoch nicht vorausgesetzt werden: er benötigt eine Gesamtlösung aus technischer Sachleistung sowie produktbegleitenden Kundendienstleistungen. Die wiederverkaufende Kundendienstorganisation bestimmt dabei den Integrationsgrad dieses Leistungsbündels (Engelhardt et al. 1993). Vor diesem Hintergrund entstehen derzeit vielfältige neue Geschäftsmodelle, um die Integration von Produktion und Kundendienstleistungen mit Fokus auf den Endkunden voranzutreiben: während klassische Modelle beispielsweise vorsehen, dass der Endkunde Produkt und Kundendienst getrennt erwirbt, wird mit Betreibermodellen dem durch ungeplante Störungen und Ausfälle entstehenden Investitionsrisiko begegnet (Syska 2006). In Hinblick auf die Wertschöpfungskette lassen sich jedoch alle Ansätze in zwei Hauptrichtungen („Make-or-Buy") klassifizieren: bei einem einstufigen Vertriebsweg betreiben die Hersteller selbst eigene regional begrenzte oder weltweite Servicenetze und gestalten entsprechende Serviceprodukte und -dienstleistungen selbst; bei einem mehrstufigen Vertriebsweg kooperieren Hersteller ohne bundes- oder gar weltweites Servicenetz mit produktunabhängigen Kundendiensten, die gegenüber dem Kunden gleichzeitig als technischer Kundendienst, Berater und Wiederverkäufer agieren (Töpfer 2007).

3   Integrierte Wertschöpfungspartnerschaften im Maschinen- und Anlagenbau

3.1   Status Quo von Wertschöpfungspartnerschaften in mehrstufigen Vertriebswegen

Abb. 1 skizziert eine Wertschöpfungspartnerschaft eines mehrstufigen Vertriebswegs in systemtheoretischer Weise, d.h. die Wertschöpfungspartner werden als Systeme und ihre Organisationseinheiten als Subsysteme aufgefasst (von Bertalanffy 1968). Die Umwelt in Form des Marktes, auf dem sie agieren, tritt dabei als Kontext (gesättigter Markt, steigender Wettbewerbsdruck) in Erscheinung. Beziehungen zwischen den Systemen und Subsystemen werden im Rahmen des vorliegenden Beitrags auf Informations-, Finanz- und Leistungsflüsse beschränkt.

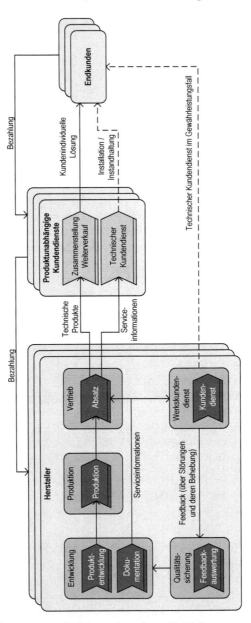

Abb. 1. Wertschöpfungspartnerschaft im mehrstufigen Vertriebsweg

Am Ende der Wertschöpfungskette steht der Endkunde, der ein technisches Produkt inklusive Beratung, Installation und kontinuierlicher Instandhaltung von einer Kundendienstorganisation bezieht. Um die produktbegleitenden Dienstleistungen adäquat ausführen zu können, stellt der Hersteller der Kundendienstorganisation Serviceinformationen zur Verfügung, die in Papierform oder als CD vorliegen, aber auch Informationsdienstleistungen wie eine Telefonhotline umfassen können.

Die interne Wertschöpfungskette des Herstellers entspricht dem Modell von Porter bzw. der Erweiterung nach Töpfer (Porter 1985; Töpfer 2007). Abgebildet sind dabei nur die Bestandteile, die im Rahmen der vorliegenden Betrachtung relevant sind – sie werden als Prozessmodule innerhalb des Systems symbolisiert, das für ihre Ausführung zuständig ist. Neben den primären Funktionen Entwicklung, Produktion und Vertrieb sind dies vor allen der Werkskundendienst und die Qualitätssicherung. Der Werkskundendienst führt Servicearbeiten beim Endkunden in der Regel nur im Gewährleistungsfall oder ausnahmsweise bei Anforderung durch den Endkunden oder einen Wertschöpfungspartner aus, da die produktunabhängigen Kundendienste im Allgemeinen durch die Abdeckung kleinerer Regionen bei größeren Stückzahlen betreuter Produkte günstiger sind. Im Unterschied zu den produktunabhängigen Kundendiensten erlaubt die institutionelle Zugehörigkeit des Werkskundendienstes zum Hersteller jedoch, Beschreibungen von Störungen und Servicearbeiten direkt an die Qualitätssicherung zu übergeben. Diese Informationen aus der Nutzungsphase der Produkte sind von zentraler Bedeutung zur Verbesserung der Produkt- und Dienstleistungsqualität des Herstellers – gängige Methoden zu ihrer Verwertung sind z.B. Total Quality Management (TQM), das Konzept der European Foundation for Quality Management (EFQM), die Fehler-Möglichkeits- und Einflussanalyse (FMEA) oder das Quality Function Deployment (QFD) (Pahl et al. 2007; Geiger und Kotte 2008).

3.2 Herausforderung: mangelnde Integration von Produzenten und Kundendiensten

In den typischerweise gesättigten Märkten des Maschinen- und Anlagenbaus sind signifikante Wettbewerbsvorteile alleine über Preise nicht mehr zu realisieren (Lindemann et al. 2006). Zur Differenzierung insbesondere von internationalen Wettbewerbern konzentrieren sich die Unternehmen des Maschinen- und Anlagenbaus daher verstärkt auf den vom Endkunden wahrgenommenen Wert der Gesamtlösung, den sie vor allem durch produktbegleitende Kundendienstleistungen steigern wollen (Stille 2003). Die Wertschöpfungspartnerschaft zwischen Herstellern einerseits und eigenständigen, produktunabhängigen Kundendiensten andererseits ermöglicht es dabei, flächendeckenden Kundendienst zu günstigen Preisen anzubieten. Der Informationsaustausch stellt dabei beide Seiten vor unterschiedliche Herausforderungen.

Aus Sicht der Kundendienste ist die Versorgung mit Serviceinformationen durch die hohe Komplexität der Produkte im Maschinen- und Anlagenbau, d.h. ihre Vielfalt und ihre Variabilität, ein kritischer Erfolgsfaktor. Aktuelle Ansätze werden diesem Informationsbedarf nicht gerecht: vom Hersteller zur Verfügung gestellte Serviceinformationen sind, unabhängig ob papierbasiert oder elektronisch, statisch und nicht-interaktiv. Die Frage nach dem richtigen Informationsmix im richtigen Verdichtungsgrad zum richtigen Zeitpunkt bleibt damit unbeantwortet. Um die Informationen aktuell zu halten, müssen die Kundendienste dennoch einen hohen Aufwand betreiben.

Aus Sicht der Hersteller ist der dort ebenfalls hohe Aufwand für Erstellung, Verteilung und Pflege der Serviceinformationen bei allen Partnern ebenso unbefriedigend. Schwerer wiegt jedoch, dass die Hersteller ihre Endkunden nur über die Kundendienste erreichen, sodass sie keinen regelmäßigen Zugriff auf Störungs-, Wartungs-, Reparatur- und Betriebsdaten ihrer Produkte haben. Zur Qualitätssicherung können sie sich nur auf das Feedback des eigenen Werkskundendiensts stützen (vgl. Abb. 1). Da aber die produktunabhängigen Kundendienste den Großteil der Instandhaltungsarbeiten übernehmen, deckt dieser Ausschnitt deutlich weniger als 10 % der verfügbaren Informationen ab, wie eine empirische Untersuchung ergeben hat (vgl. Abschnitt 5).

Die beiden zentralen Informationsbestände in Hinblick auf die Integration von Produktion und Kundendienstleistung sind somit einerseits Serviceinformationen des Herstellers, die die Kundendienste benötigen, und andrerseits die Informationen aus der Nutzungsphase der Produkte, die für den Hersteller wertvoll sind. Die Autonomie der Akteure behindert dabei den freien Austausch dieser Informationen: während die Informationsflüsse im Falle des einstufigen Vertriebswegs keine Unternehmensgrenzen überschreiten, da der Hersteller selbst den Kundendienst erbringt, müssen im Falle des mehrstufigen Vertriebswegs oder bei Mischformen beider Fälle Informationen zwischen den eigenständigen Wertschöpfungspartnern ausgetauscht werden, um die Lösungskomponenten „technisches Produkt" und „produktbegleitender Kundendienst" bei der gemeinsamen Leistungserstellung zu integrieren. Qualitätsfehler aufgrund von Informationsdefiziten, seien es Sach- oder Dienstleistungsmängel, schaden allen Wertschöpfungspartnern, nicht nur dem direkten Verursacher (Dauben 2001). Die Herausforderung besteht somit darin, den Informationsaustausch zwischen den Wertschöpfungspartnern unter Berücksichtigung der ökonomischen Rahmenbedingungen zu steigern und so die Wertschöpfungspartnerschaft durch eine intensivere interne Vernetzung zu stärken.

3.3   Strategischer Lösungsansatz

Um eine Lösung der Problemstellung zu erreichen, müssen die Wertschöpfungspartner in das Netzwerk „investieren", im vorliegenden Fall durch das Anbieten und Tauschen von Informationen mit ihren Partnern (Jarillo 1988). Zur effizienten Realisierung dieses Informationsaustauschs ist eine IT-Unterstützung unabdingbar – sie wird im folgenden Teil genauer dargestellt.

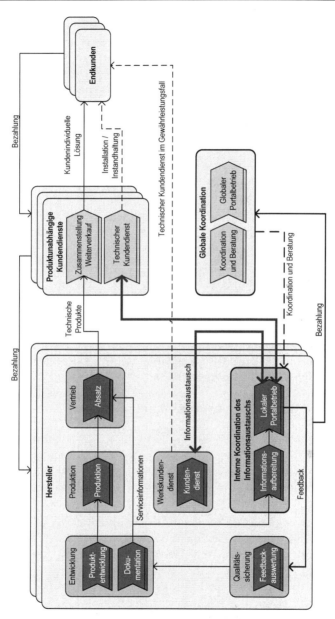

Abb. 2. Erweiterung der Wertschöpfungspartnerschaft um einen Informationsaustausch zwischen Herstellern und den eigenständigen Kundendiensten

In der Wertschöpfungskette schlägt sich der institutionalisierte, IT-gestützte Informationsaustausch in der in Abb. 2 gezeigten Erweiterung nieder. Da Produkt- und Serviceinformationen in der Regel als schutzwürdiges Gut gelten, ist eine zentrale Datenhaltung nicht praktikabel – lokale Organisationseinheiten der Hersteller fungieren stattdessen als Träger des Informationsaustauschs. Sie bereiten die Informationen auf, speichern sie und koordinieren ihren Austausch über ein eigenes Portal, sodass sensible Informationen das jeweilige Unternehmen nicht verlassen. Stattdessen werden die Ausgangsinformationen durch den Hersteller explizit für ihre automatisierte Distribution sowohl an den eigenen Werkskundendienst als auch an die produktunabhängigen Kundendienste aufbereitet. Dieser Schritt umfasst ihre Aggregation und ihre Konvertierung in miteinander verknüpften Produkt- und Prozessmodelle. Diese sind sowohl geeignet, den Kundendienst mobil vor Ort beim Endkunden interaktiv und bedarfsgenau zu unterstützen, als auch die Grundlage für ein strukturiertes Feedback über Störungen und vorgenommene Kundendienstarbeiten an den Hersteller zurück. Im Gegensatz zur Wertschöpfungskette aus Abb. 1 können so (a) die Kundendienstmitarbeiter mobil, bedarfsgerecht und effizient mit exakten Serviceinformationen direkt vom Hersteller versorgt werden, und (b) die bisher brachliegenden Informationen über Serviceeinsätze der produktunabhängigen Kundendienste in den Weiterentwicklungszyklus beim Hersteller einfließen.

Zur zentralen Koordination der verteilten Herstellerportale und des Netzwerks ist eine unabhängige Organisation vorgesehen, die auch Beratungsleistungen für die Hersteller in Zusammenhang mit Aufbau und Betrieb ihrer Portale erbringt. Ferner konsolidiert sie die verteilten Portale, indem sie als zentraler Anlaufpunkt für die produktunabhängigen Kundendienste fungiert und sie transparent zu den jeweils benötigten Informationen weiterleitet.

3.4   Architektur des Informationssystems

Abb. 3 zeigt die verteilte IT-Architektur zur Umsetzung des Lösungsansatzes. Den Kundendiensten, d.h. sowohl den Werks- als auch den produktunabhängigen Kundendiensten, steht als Schnittstelle zum System ein mobiles, internetbasiertes Anwendungssystem zur Verfügung. Bei Bedarf nach Serviceinformationen nutzt der Kundendiensttechniker dieses System, um seine Anfrage zunächst an den globalen Portalserver zu richten, der den Techniker zum zuständigen Herstellerportal transparent weiter verbindet – auf diese Weise haben die Kundendienste eine zentrale Anlaufstelle und müssen Änderungen am verfügbaren Informationsbestand nicht selbst mitverfolgen, sodass die Clientsoftware entsprechend schlank ausfallen kann.

Beim Hersteller wird die Anfrage in einem Dialog zwischen Techniker und Portal bearbeitet. Dazu verfügt das Portal über eine zentrale Datenbank mit allen Serviceinformationen, die der Hersteller anbietet. Durch die Benutzung des mobilen Systems werden Daten der bearbeiteten Anlage und die an ihr durchgeführten Maßnahmen automatisch erfasst und als strukturiertes Feedback vom Portal entgegengenommen und in einer separaten Datenbank gespeichert.

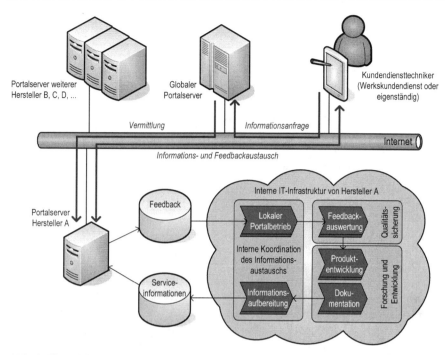

Abb. 3. IT-Architektur zur Unterstützung des Informationsaustauschs in der Wertschöpfungspartnerschaft

Zwischen den beiden Datenbanken besteht ein herstellerspezifischer Kreislauf, der exemplarisch durch die Schritte der herstellerinternen Wertschöpfungskette symbolisiert ist. So werden von der Organisationseinheit, die das Portal und den Informationsaustausch betreut, die Feedbackdaten aufbereitet und der Qualitätssicherung übergeben, die sie wiederum in die Weiterentwicklung und Dokumentation einfließen lässt. Die Weiterentwicklung betrifft nicht nur die technischen Produkte, sondern auch die Servicedokumentation – stellt sich z.B. im Laufe der Qualitätsprüfung heraus, dass eine Serviceinformation generell schlecht verstanden wird, kann sich auf Basis des Feedbacks sogar nur ihre Darstellung ändern.

Aus Datensicht sind die zentralen Informationstypen Serviceinformationen und Feedbackinformationen (vgl. Abschnitt 3.2). Serviceinformationen können aus Text, Bildern, Arbeitsbeschreibungen, etc. bestehen, die um Prozessmodelle von Serviceprozessen angeordnet und einzelnen Prozessschritten zugeordnet werden können. Feedbackinformationen umfassen neben Anlagendaten auch die durchgeführten Arbeitsschritte, die jeweils erzielten Zwischenergebnisse sowie ggf. Bewertungen der Qualität der Serviceinformationen selbst.

4   Anwendungsszenario

Ein idealtypischer Vertreter des Maschinen- und Anlagenbaus mit mehrstufigem Vertriebsweg ist die Sanitär-, Heizungs- und Klimatechnikbranche (SHK). Die Komplexität der hier hergestellten Produkte reicht von einfachen mechanischen Geräten, z.B. Druckausgleichsbehältern, bis hin zu komplexen mechatronischen Einzelgeräten, die zu großen Wärme- und Elektrizitätserzeugungsanlagen kombiniert werden. Der Kundendienst der SHK-Branche wird überwiegend von rund 50.000 kleinen und mittelständischen Fachhandwerksbetrieben erbracht, die aus den in Serie hergestellten technischen SHK-Produkten kundenindividuelle Lösungen entwickeln, zusammenstellen, installieren und instand halten. Sie bilden so bundesweit ein dichtes SHK-Versorgungsnetz für Produkte aller Hersteller und haben 2007 einen Jahresumsatz von 24,3 Mrd. € erwirtschaftet (GED GmbH 2009).

Im Verbundforschungsprojekt PIPE wird das dargestellte Wertschöpfungsnetzwerk prototypisch umgesetzt (vgl. auch den Beitrag von Thomas et al. S. 3 ff., in diesem Band). Die hier entwickelten Methoden und Softwarekomponenten unterstützen die mobile Bereitstellung prozessorientierter Serviceinformationen für den Kundendienst und die strukturierte Rückführung der aus der Kundendienstausführung generierten Ergebnisse, sowie darüber hinaus die effizienten Erhebung von Serviceinformationen („Informationsaufbereitung" in Abb. 2).

Ein in PIPE prototypisch abgebildeter Serviceprozess entfaltet sich um das Fehlerbild einer Fehlermeldung bei der Selbstdiagnose eines wandhängenden Gasheizgeräts: mit der Fehleranzeige „Fehler F.0" weist die Software des Geräts darauf hin, dass eine Störung vorliegt, und unterbindet aus Sicherheitsgründen den weiteren Betrieb. Die zur Diagnose und Behebung dieser Störung durchzuführende Folge von Arbeitsschritten wurde im Rahmen der Serviceprozessmodellierung modellhaft erfasst. Ein Kundendiensttechniker, der sich des Problems annimmt, kann daher mithilfe des beschriebenen mobilen Anwendungssystems vor Ort am Gerät Hersteller, Typ, Seriennummer und Fehlerbild erfassen und wird direkt vom Herstellerportal mit Informationen zu dem Fehler („Unterbrechung Vorlauf-NTC-Temperaturfühler") und den Schritten zu seiner Behebung versorgt.

Im Zuge der schrittweise ausgeführten Fehlerdiagnose stellt sich dann heraus, dass der Temperaturfühler selbst einwandfrei ist, jedoch eine Beschädigung des Verbindungskabels zwischen Leiterplatte und Fühler die Fehlermeldung auslöst. Durch die direkte Verfügbarkeit der Ersatzteildaten kann der Techniker das Kabel schnell beschaffen und ersetzen – teilt der Kunde bei Auftragserteilung den Fehler direkt mit, kann der Techniker das Kabel sogar vorausschauend mitführen.

Die bei der schrittweisen Ausführung des Serviceprozesses gesammelten Daten (Geräteidentifikation, Typ, Baujahr, defektes Bauteil, durchgeführte Arbeitsschritte) werden anonymisiert über das Herstellerportal in die Feedbackdatenbank übernommen. Die Qualitätssicherung des Herstellers kann die Informationen beispielsweise nutzen, um bei statistischen Häufungen bestimmter Störungen durch Konstruktionsänderungen zu reagieren, bei Verzögerungen in der Abarbeitung von

Serviceprozessen deren Ablauf zu straffen oder ihre Beschreibung zu verbessern. Änderungen an Produkten, deren Dokumentation oder den Serviceinformationen werden direkt von der mit der Koordination des Informationsaustauschs betrauten Organisationseinheit aufbereitet und zeitnah durch eine Aktualisierung der Serviceinformationsdatenbank den Wertschöpfungspartnern zur Verfügung gestellt.

5   Evaluation des Anwendungsszenarios

Der vorgestellte Lösungsansatz wird sowohl unter dem Aspekt des Nutzenzuwachses, der von ihm generiert wird, als auch unter dem Aspekt der praktischen Relevanz evaluiert. In Hinblick auf den Nutzen sind die in Abb. 4 anhand von vier qualitativen Merkmalen dargestellten Implikationen zu betrachten, die sich aus der Intensivierung des Informationsaustauschs in der Wertschöpfungspartnerschaft ergeben. Der Grad des Informationsaustauschs (rechte Achse) zwischen den Partnern betrifft Menge und Umfang der Serviceinformationen für die Kundendienstorganisationen einerseits sowie der Informationen über durchgeführte Servicearbeiten für den Hersteller andererseits. Je umfangreicher der Austausch, umso stärker wirken sich die Informationen auf die Produkt- und Servicequalität aus (obere Achse). Die Kurve des Qualitätszuwachses flacht dabei mit steigender Informationsmenge ab, da nach und nach eine Informationssättigung eintritt. Der Aufwand, der den Wertschöpfungspartnern zur Errichtung und Aufrechterhaltung der Kooperation entsteht (untere Achse), hängt ebenfalls unterproportional vom Grad des Informationsaustauschs ab: die Schaffung der organisatorischen und informationstechnischen Voraussetzungen zum Informationsaustausch bleiben zunächst unabhängig von der Nutzungsintensität fix. Der Umfang der Nutzung dieser Infrastruktur trägt kaum zum Aufwand bei, sodass der Unterschied zwischen einer einfachen und einer intensiven Partnerschaft aufwandsseitig nur marginal ist.

Auf der linken Achse wird der Nutzen der verschiedenen Wertschöpfungspartnerschaften für den Endkunden von den bisher genannten qualitativen Größen abgeleitet. Er hängt direkt von der Produkt- und Servicequalität ab, daher wird im linken oberen Quadrant eine lineare Beziehung symbolisiert. So ergibt sich im unteren linken Quadrant eine qualitative Kosten-Nutzen-Abschätzung, die verdeutlicht, dass der Kundennutzen überproportional zum Aufwand wächst. Setzt man einen direkten Zusammenhang zwischen Kundennutzen, Kundenzufriedenheit und ökonomischem Erfolg der Wertschöpfungspartner voraus, leiten sich daraus zwei Schlussfolgerungen ab:

- Auch ein geringgradiger Informationsaustausch führt bereits zu einem deutlichen Nutzenzuwachs.

- Eine weitere Intensivierung des Austauschs stiftet überproportional viel Zusatznutzen.

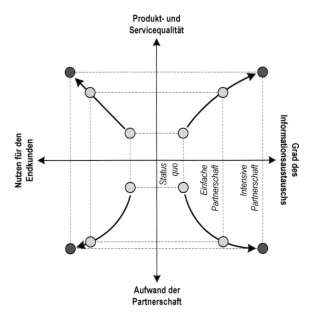

Abb. 4. Implikationen der Intensivierung der Wertschöpfungspartnerschaft

In Hinblick auf den Transfer in die Praxis wurde die in PIPE entwickelte Lösung zunächst auf Kundendienstseite im Rahmen einer 2007 bundesweit durchgeführten empirischen Erhebung in der SHK-Branche unter Einbeziehung sowohl von Werks- als auch produktunabhängigen Kundendiensten evaluiert (N=129). Dazu wurden die aktuelle Situation im technischen Kundendienst in Hinblick auf verfügbare Hilfsmittel und deren Nutzung erfasst, Anforderungen an eine mobile, interaktive Lösung wie die in PIPE konzipierte erhoben und der generelle Bedarf nach einer solchen Lösung explizit erfragt. Abb. 5 zeigt zwei Teilergebnisse: zwar werden die schon verfügbaren Hilfsmitteln notgedrungen genutzt, das Interesse an einem mobilen Anwendungssystem wie dem dargestellten ist aber sehr hoch.

In Experteninterviews haben sich auch auf Herstellerseite zurzeit noch ungedeckte Informationsbedarfe ergeben. So ermöglicht die Aufgabenteilung entlang der Wertschöpfungskette den SHK-Herstellern zwar eine Konzentration auf ihre Kernkompetenzen, nämlich das Management ihres Zuliefernetzwerks sowie die Entwicklung und Herstellung technischer Geräte, schneidet sie aber informationstechnisch von der Nutzung der Produkte ab. Die hier anfallenden Informationen über konstruktive und servicetechnische Verbesserungspotenziale ihrer Produkte erreichen die Hersteller höchstens fragmentarisch über den Werkskundendienst bzw. über unregelmäßige und unstrukturierte Kommunikation mit den Kundendienstorganisationen, sodass auch hier die Entwicklung der dargestellten Lösung mit großem Interesse verfolgt wird.

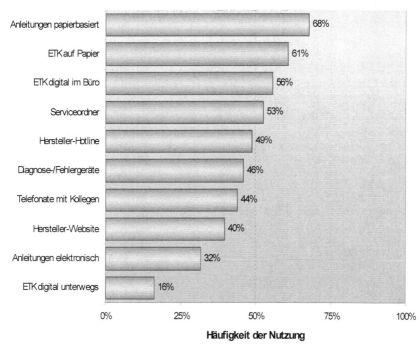

Häufigkeit der Nutzung

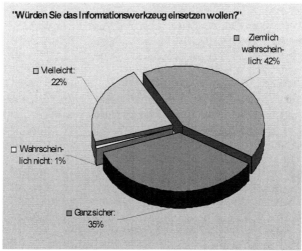

Abb. 5. Nutzung von vorhandenen und Wunsch nach IT-basierten Hilfsmitteln im TKD der SHK-Branche

6   Zusammenfassung und Ausblick

Im vorliegenden Kapitel wurden auf Basis einer Analyse der Wertschöpfungsketten im Maschinen- und Anlagenbau Verbesserungspotenziale insbesondere in Hinblick auf den unternehmensübergreifenden Informationsfluss im Wertschöpfungsnetzwerk identifiziert. Daraus wurde zunächst eine Lösungsstrategie entwickelt, die in einer fachkonzeptionellen IT-Architektur konkretisiert und anhand eines Anwendungsbeispiels aus der betrieblichen Praxis veranschaulicht wurde. Zentraler Aspekt ist dabei der koordinierte, IT-gestützte Austausch von Informationen entlang der Wertschöpfungskette. Die abschließend skizzierte Evaluation des dargestellten Konzepts deutet darauf hin, dass der Lösungsansatz auf große Nachfrage stößt. Seine prototypische Umsetzung ist Gegenstand des Verbundforschungsprojekts PIPE und nähert sich derzeit der Fertigstellung.

7   Literatur

Böhmann T, Krcmar H (2006) Komplexitätsmanagement als Herausforderung hybrider Wertschöpfung im Netzwerk. In Wojda F, Wodja B (Hrsg) Innovative Kooperationsnetzwerke. Wiesbaden, Dt. Univ.-Verl., 81–106

Botta C (2007) Rahmenkonzept zur Entwicklung von Product-Service Systems : Product-Service Systems Engineering. Lohmar, Eul

Dauben SA (2001) Qualitätsfehlercontrolling für Dienstleistungen im Investitionsgüterbereich : das Beispiel technischer Kundendienst. 1. Aufl, Wiesbaden, DUV (Gabler Edition Wissenschaft, Focus Dienstleistungsmarketing)

Engelhardt WH, Kleinaltenkamp M, Reckenfelderbäumer M (1993) Leistungsbündel als Absatzobjekte : Ein Ansatz zur Überwindung der Dichotomie von Sach- und Dienstleistungen. Zeitschrift für betriebswirtschaftliche Forschung 45(5):395–426

GED GmbH (Hrsg) (2009) Zentralverband Sanitär Heizung Klima/Gebäude- und Energietechnik Deutschland. URL http://www.wasserwaermeluft.de/

Geiger W, Kotte W (Hrsg) (2008) Handbuch Qualität. 5. Aufl, Wiesbaden, Vieweg

Hermes P (1999) Entwicklung eines Customer Self-Service-Systems im technischen Kundendienst des Maschinenbaus. Heimsheim, Jost-Jetter

Hertel J, Zentes J, Schramm-Klein H (2005) Supply-Chain-Management und Warenwirtschaftssysteme im Handel. Berlin, Springer

Höfer S (1996) Wertschöpfungspartnerschaft. Zeitschrift für Planung(7):303–307

Jarillo JC (1988) On strategic networks. Strategic Management Journal 9(1):31–41

Lapiedra R, Smithson S, Alegre J, Chiva R (2004) Role of information systems on the business network formation process: an empirical analysis of the automotive sector. Journal of Enterprise Information Management 17(3):219–228

Leimeister JM, Glauner C (2008) Hybride Produkte – Einordnung und Herausforderungen für die Wirtschaftsinformatik. Wirtschaftsinformatik 50(3):248–251

Lindemann U, Reichwald R, Zäh MF (Hrsg) (2006) Individualisierte Produkte – Komplexität beherrschen in Entwicklung und Produktion. Berlin, Springer

Loos P, Thomas O (2009) Hybride Produkte – Integration von Produktion und Dienstleistung. In Mieke C, Behrens S (Hrsg) Entwicklungen in Produktionswirtschaft und Technologieforschung – Festschrift für Professor Dieter Specht. Berlin, Logos, 255–275

Pahl G, Beitz W, Feldhusen J, Grote KH (2007) Konstruktionslehre : Grundlagen erfolgreicher Produktentwicklung, Methoden und Anwendung. 7. Aufl, Berlin, Springer

Porter ME (1985) Competitive advantage: creating and sustaining superior performance. New York, Free Press

Poznanski S (2007) Wertschöpfung durch Kundenintegration. Wiesbaden, Dt. Univ.-Verl.

Stille F (2003) Produktbegleitende Dienstleistungen gewinnen weiter an Bedeutung. Wochenbericht des DIW Berlin(21):336–342

Syska A (2006) Produktionsmanagement. 1. Aufl, Wiesbaden, Gabler

Thomas O, Walter P, Loos P (2008) Product-Service Systems: Konstruktion und Anwendung einer Entwicklungsmethodik. Wirtschaftsinformatik 50(3):208–219

Töpfer A (2007) Betriebswirtschaftslehre. 2. Aufl, Berlin, Springer

von Bertalanffy L (1968) General system theory : foundations, development, applications. New York, NY, Braziller

Werner H (2008) Supply Chain Management. 3. Aufl, Wiesbaden, Gabler

Geschäftsmodelle hybrider Wertschöpfung im Maschinen- und Anlagenbau mit PIPE

Michael Schlicker, Oliver Thomas und Frank Johann

Durch die Gestaltung des in PIPE entwickelten mobilen Anwendungssystems können die Anforderungen des TKD an eine kundengerechte Inbetriebnahme, Instandhaltung, Wartung und Reparatur von Maschinen und Anlagen gewährleistet sowie die Effizienz des Vorgehens in der Serviceerbringung erhöht werden. Bei einer frühzeitigen Verzahnung von Produktentwicklung, Dokumentation, TKD, Prozessberatung und moderner Informations- und Kommunikationstechnologie entsteht ein hybrides Produkt, welches die Erstellung integrierter prozessorientierter Produkt- und Serviceinformationen beim Hersteller mit vertretbarem Aufwand ermöglicht. Serviceorganisationen, wie ein werkseigener Kundendienst oder der Kundendienst eines klein- und mittelständischen Handwerksbetriebs, können auf diese Informationen mobil zugreifen. In diesem Kapitel werden hierfür notwendige Kooperationsszenarien erarbeitet, welche die integrierte Produkt- und Kundendiensterbringung unter Beteiligung der unterschiedlichen Akteure beschreiben. Aus diesen Szenarien werden differenzierte Geschäftsmodelle abgeleitet, anhand derer die relevanten Faktoren zur Leistungserstellung und Gewinnerzielung identifiziert werden.

1 Ausgangslage

Zur Erzielung nachhaltiger Wettbewerbsvorteile werden Sach- und Dienstleistungen immer stärker verknüpft. Dies geht – wie im Falle von PIPE insb. im Kapitel von Thomas, Walter und Loos, S. 61 ff., ersichtlich wurde – so weit, dass Produkteigenschaften nur durch das Produkt ergänzende Dienstleistungen sichergestellt werden. Zur Verdeutlichung sei noch einmal auf die laufende Wartung von Heizungsanlagen verwiesen, deren Betriebssicherheit durch Werkstoffauswahl sowie Dimensionierung alleine nicht gewährleistet ist. Erst das Zusammenspiel von materiellem Produkt und der Dienstleistung „Wartung" liefert das gewünschte Produktverhalten in Form einer betriebssicheren Heizungsanlage.

Aus einer generalisierenden Perspektive werden mit PIPE die Grundlagen für eine integrierte Betrachtung von Produktion und Dienstleistung geschaffen; aus den Ergebnissen kann ein Rahmen zur Entwicklung kombinierter Angebote abge-

O. Thomas et al. (eds.), *Hybride Wertschöpfung*,
DOI 10.1007/978-3-642-11855-5_13, © Springer-Verlag Berlin Heidelberg 2010

leitet werden. Letztendlich werden Innovationen in der Entwicklung unterstützt. Es entsteht ein Anreiz, durch eine neue, entwicklungsorientierte Betrachtungsweise von integrierten Leistungsbündeln neuartige Angebote zu motivieren und Entscheidungen bezüglich der Ausgestaltung integrierter Leistungsbündel in ihren Konsequenzen besser vorherzusehen – besonders im Hinblick auf die Wirkung beim Kunden.

Im Verbundforschungsprojekt PIPE ist ein umfassendes Konzept zur Realisierung eines neuen hybriden Produkts, bestehend aus materiellem Gut des Maschinen- und Anlagenbaus und einer vorgelagerten Wertschöpfungsstufe aus beratungs- bzw. lösungsorientierter Dienstleistung mit entsprechender prototypischer IT-Unterstützung entwickelt worden (vgl. Abb. 1). Dazu wurden Methoden erarbeitet, welche schon bei der Neuentwicklung eines technischen Produkts gleichzeitig die serviceorientierte Dokumentation des Servicewissens in Form einheitlicher Prozessmodelle ermöglichen und deren Nutzung auf mobilen Endgeräten gewährleisten (vgl. die Kapitel von Thomas et al., S. 3 ff., und Schlicker und Leinenbach, S. 314 ff.).

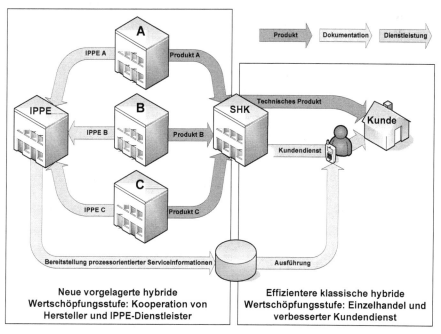

Abb. 1. Erweiterte hybride Wertschöpfung nach dem PIPE-Konzept (IPPE = Integrierte Produkt- und Prozessentwicklung)

Dem Lösungsansatz in PIPE liegen zwei grundsätzliche Herangehensweisen zugrunde: Einerseits entsteht durch die integrierte Betrachtung des Sach- und Dienstleistungsanteils für den Hersteller des physischen Produkts (Maschine oder Anlage) ein neues hybrides Produkt. Andererseits verkörpert die in PIPE entwickelte Lösung ein eigenständiges hybrides Produkt, welches aus mehreren Software- und Dienstleistungskomponenten besteht und durch dessen Anwendung das zuvor beschriebene hybride Produkt auf Herstellerseite erst realisiert werden kann (Schlicker et al. 2008). Es entsteht demnach ein hybrides Gesamtprodukt, das aus mehreren unterschiedlichen hybriden Teilprodukten besteht.

Weiterhin fördert das Konzept die Entstehung neuer Unternehmenskooperationen und -netzwerke. Als Anbieter des genannten hybriden Produkts tritt nicht mehr allein ein Großunternehmen auf, welches das rein materielle Produkt erstellt und in direkter Kundenbeziehung zu einem weiter vertreibenden KMU steht, sondern ein Netzwerk von Herstellern sowie Informations- und Portalanbietern, das seinen Kunden ein Bündel aus Maschinen sowie lösungsorientiertem und prozessbasiertem Informationsportal anbietet, welches die Effizienz des Vorgehens der KMU im technischen Kundendienst (TKD) durch einen einheitlichen und umfassenden Wissenspool steigert.

Mit der SHK-Branche als einem Vertreter des Maschinen- und Anlagenbaus wurde im Projekt PIPE eine Schlüsselindustrie des Wirtschaftsstandorts Deutschland ausgewählt – dies nicht nur im Hinblick auf den Absatz im Inland, sondern auch in seiner Bedeutung als Exportfaktor im Ausland. Im Zuge weltweiter Globalisierung und damit gesteigertem Konkurrenzdruck muss sich die deutsche Industrie durch innovative Lösungen gegenüber der internationalen Konkurrenz abheben, um ihren Wettbewerbsvorsprung weiterhin verteidigen zu können. Gerade im Maschinen- und Anlagenbau bietet sich die Möglichkeit der Wandlung vom Verkauf fast ausschließlich materieller Güter hin zu einem neuen Geschäftsmodell mit neuen Dienstleistungsanbietern, welches als Verkaufsprodukt eine Kombination aus dem bisherigen Gut und einem umfassenden Informationsangebot und dessen ortsunabhängiger Bereitstellung darstellt. Dieses Informationsangebot soll alle Dienstleistungstätigkeiten rund um das Produkt, angefangen bei seiner Installation über Einstell- und Wartungsarbeiten bis hin zur Demontage, aktiv unterstützen.

Durch die Umsetzung der Forschungsergebnisse in den SHK-Handwerksbetrieben wirken die zu entwickelnden Lösungsansätze positiv auf die Wertschöpfungssteigerung in diesen Betrieben und leisten somit einen wesentlichen Betrag zur Ertragssteigerung im wichtigen Segment des Mittelstandes.

Eine strukturierte Perspektive auf die im PIPE-Lösungsansatz zusammengefassten einzelnen Leistungsbündel zeigt Abb. 2. Im Wesentlichen besteht das im Rahmen des Forschungsvorhabens PIPE gestaltete hybride Produkt aus physischen Komponenten sowie unterschiedlichen Software- und Dienstleistungsanteilen. Die Struktur der Gesamtsicht differenziert hierbei nicht nach der Erbringung der einzelnen Leistungsbündel bei den jeweiligen Wertschöpfungspartnern. Denn diese Anteile verschieben sich – abhängig von Branche, Produkt und Wertschöpfungspartnerschaften. Die Darstellung dieses spezifischen Beziehungsgeflechts erfolgt anhand entsprechender Kooperations- und Geschäftsmodelle, deren Entwicklung Betrachtungsgegenstand dieses Kapitels ist.

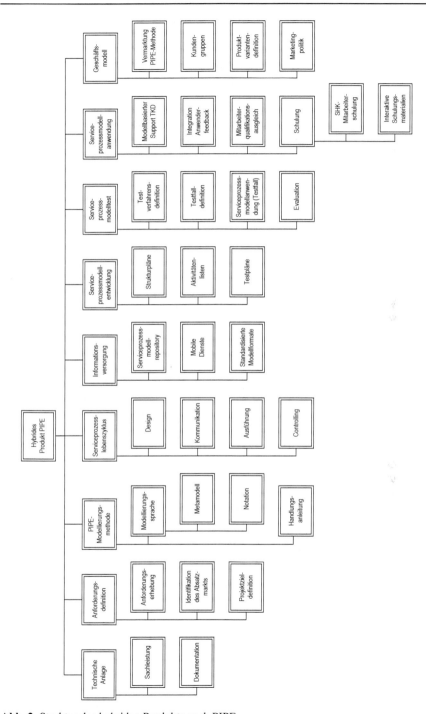

Abb. 2. Struktur des hybriden Produkts nach PIPE

2   Präzisierung des Begriffsverständnisses

2.1   Grundlegende Charakterisierung

Die in diesem Kapitel entwickelten Kooperations- und Geschäftsmodelle basieren auf den in Abb. 3 dargestellten Grundlagen. Die Komponenten umfassen ein Kooperationsmodell zwischen dem PIPE-Dienstleistungsunternehmen und dem Hersteller sowie ein Geschäftsmodell für das PIPE-Dienstleistungsunternehmen.

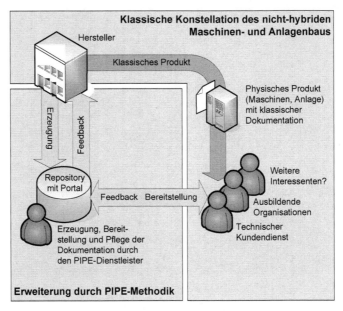

Abb. 3. Grundlagen des Geschäftsmodells

Grundlage des Kooperations- und Geschäftsmodells ist die in PIPE entwickelte Methodik, die zuvor bereits umrissen wurde. Nach ihr sollen prototypisch für den SHK-Bereich die Dienstleistungen der Erzeugung, Pflege und Bereitstellung der Serviceprozessdokumentation entwickelt werden, die zusammen mit den Anlagen eines SHK-Herstellers ein hybrides Produkt bilden. Dabei ist die Dienstleistung „Bereitstellung der Serviceprozessdokumentation" nicht nur für den technischen Kundendienst relevant, sondern darüber hinaus auch für die Ausbildung durch Verbände und Schulen sowie eventuell für weitere Interessenten. Die Dienstleistung „Pflege der Dokumentation" zielt auf eine kontinuierliche Verbesserung der Dokumentation durch Anwenderfeedback und schließt auf diese Weise den Lebenszyklus der Serviceinformation. Bei der Konzeption der Kooperations- und des Geschäftsmodells wurde insbesondere auf deren Übertragbarkeit auf den gesamten Maschinen- und Anlagenbau hingearbeitet.

Da der TKD (in der prototypischen Lösung hier die SHK-Betriebe) in der Regel seine Dienstleistungen für Maschinen und Anlagen verschiedener Hersteller anbietet, muss er sich auf eine einheitliche, herstellerübergreifende Darstellung der Kundendienstprozesse stützen können. Daher ist ein dedizierter Betreiber eines Serviceprozessrepository und -portals vorgesehen, der die PIPE-Dienstleistungen zur Erzeugung, Pflege und Bereitstellung der Serviceprozessdokumentation übernimmt. Dieser steht mit den Herstellern in einem Kooperationsverhältnis.

2.2 Kooperations- und Geschäftsmodelle

In der wissenschaftlichen Literatur haben sich zur Beschreibung unternehmerischer Zusammenarbeit in Geschäftsmodellen unterschiedliche Termini gebildet, beispielsweise „strategische Allianz", „Netzwerk", „Collaborative Agreement", „Wertschöpfungspartnerschaft" (Morschett 2003). Wird eine arbeitsteilige Zusammenarbeit von gleichgestellten, autonomen Unternehmen erbracht, die gemeinsam eine längerfristig differenzierbare Leistung erstellen, definiert man diese als eine Kollaboration (Walter und Werth 2008). Merkmale einer Kollaboration sind (1) die Leistungserstellung kann nicht von einem Partner alleine erbracht werden, (2) es ist eine entsprechende Abstimmung erforderlich die unter Umständen zur Bildung funktionaler Gruppen führt, (3) die Abstimmung erfolgt auf Basis der Geschäftsprozessorientierung, (4) die Partner sind rechtlich selbstständig – es besteht demnach keine wirtschaftliche Abhängigkeit, sodass eine wirtschaftliche Entscheidungsfreiheit vorausgesetzt werden kann – und (5) die Partner sind gleichberechtigt, ordnen sich jedoch innerhalb der Kollaboration in Hierarchiebeziehungen ein (Werth 2006).

Der Begriff des Geschäftsmodells wird ebenfalls sehr uneinheitlich verwendet. Timmers stellt Geschäftsmodelle anhand von Produkt-, Dienstleistungs- und Informationsflüssen dar und hebt den Akteur und die Umsatzquellen hervor (Timmers 1998). Zur Beschreibung von Geschäftsmodellen im E-Business arbeitet Wirtz zunächst das 4C-Net-Business-Modell heraus. Dieser Ansatz unterscheidet nach den Basisgeschäftsmodelltypen (1) Content, (2) Commerce, (3) Context und (4) Connection. Zur Bewältigung der Darstellung komplexer Geschäftsmodelle segmentiert Wirtz das Gesamtmodell in die Bereiche (1) Kosten- und Beschaffungsmodell, (2) Leistungserstellungsmodell, (3) Leistungsangebotsmodell und (4) Erlös- und Distributionsmodell (Wirtz 2001). Malone et al. klassifizieren Geschäftsmodelle anhand der zu verkaufenden Rechte (Schöpfer, Händler, Verpächter, Makler) und des zugrunde liegenden Typs des Wirtschaftsguts (Kapitalanlage, Humankapital, materielles Gut, immaterielles Gut) (Malone et al. 2006). In einem Vergleich verschiedener Geschäftsmodellvarianten unterschiedlicher Autoren identifizieren Deelmann und Loos unterschiedliche Merkmale, welche sie unter anderem unterscheiden nach (1) Zielgruppe, (2) Betrachtungsebene des Modells, (3) Art des Modells, (4) verfolgtem Modellierungszweck und (5) der Granularität des abgebildeten Modells (Deelmann und Loos 2003). Hinsichtlich der Überführung mobiler Anwendung in marktfähige Lösungen ist die Berücksichtigung spezifischer Aspekte in der Geschäftsmodellentwicklung unabdingbar. Diese ergeben sich insbesondere aus der Mobilität, Erreichbarkeit, Lokalisierung und Identifikation von Geschäftspartnern, Dienstleistern und Kunden (Wirtz 2001). Für die Gestaltung von Geschäftsmodellen für mobile Anwendungen systematisieren Hess et al. nach den Kategorien (1) Wertschöpfung, (2) Markttransaktion und (3) Endkunde. In die Gruppe der Wertschöpfung werden die mobilen Anwendungen eingeordnet, die der innerbetrieblichen Leistungserstellung dienen und in die betrieblichen Prozesse integriert sind. In der Gruppe der Markttransaktionen werden mobile Anwendungen zusammengefasst, welche in erster Linie zur Senkung der Kosten und zur Steigerung der Effizienz der Transaktion eingesetzt werden, beispielsweise beim Mobile-Marketing. Mobile Anwendungen, die ein Endprodukt darstellen, beispielsweise kostenpflichtige Telematikdienstleistungen, werden in die Kategorie der Endkunden eingeordnet (Hess et al. 2005).

Stähler betrachtet in seinem Ansatz zur Beschreibung von Geschäftsmodellen unter anderem den Austausch von Werten zwischen Geschäftspartnern und gliedert sein Modell in die drei Kerninhalte (1) Value Proposition, (2) Wertschöpfungsarchitektur und (3) Erlösmechanik. Unter Value Proposition versteht Stähler den Nutzen, den ein Kunde oder ein anderer Partner mit der Verbindung zum Unternehmen ziehen kann. Die Wertschöpfungsarchitektur beschreibt, wie der Nutzen für den Kunden generiert wird. Es wird dargestellt, welche Stufen, welche wirtschaftlichen Agenten und Rollen die Wertschöpfung beinhaltet. Das Beschreiben der Erlösmechanik ist der Teil des Geschäftsmodells, in dem sichtbar wird, aus welchen Quellen das Unternehmen Einnahmen generiert (Stähler 2001).

Derzeit lässt sich eine Vielzahl aufstrebender Geschäftsmodelle beobachten, deren Existenz auf der Verbreitung und fortwährenden Entwicklung technischer Innovationen im Internet basiert (Web 2.0, Social Networks Software, etc.). Eine der bedeutenden Bestandteile zukünftiger Geschäftsmodelle in der Softwareindustrie bilden die „On-demand"-Serviceangebote im Bereich der Software as a Service (SaaS)-Lösungen. Hierbei übernehmen Softwareprovider den vollständigen Betrieb und die Wartung von Software und erhöhen somit die Wertschöpfungstiefe (Heuser et al. 2009).

Im Rahmen der hybriden Wertschöpfung werden funktions-, verfügbarkeits- oder ergebnisorientierte Geschäftsmodelle unterschieden. Bei funktions-/produktorientierten Geschäftsmodellen werden die Dienstleistungsanteile als Add-on zur Sachleistung angeboten bzw. zusätzlich eingekauft. Verfügbarkeitsorientierte Geschäftsmodelle garantieren dem Kunden die Verfügbarkeit eines hybriden Leistungsbündels – beispielsweise einer Maschine oder Heizungsanlage – gemäß entsprechender vertraglicher Vereinbarungen, wobei der Anbieter die Verantwortung für die erforderlichen Ressourcen trägt. Charakteristisch für ein ergebnisorientiertes Geschäftsmodell ist die Übernahme aller Verantwortlichkeiten innerhalb der hybriden Wertschöpfung durch die Anbieter des hybriden Leistungsbündels, beispielsweise die Herstellung eines bestimmten Produkts in einer vorgegebenen Qualität oder das Bereitstellen von Wärme für einen Wohnkomplex (PAS 1094).

Die Auswahl und Gestaltung entsprechender Geschäftsmodelle erfordert nach PAS 1094

- die Identifikation der Geschäftspartner und deren Differenzierung anhand der gewählten Sach- und Dienstleistungsanteile, einschließlich der wahrzunehmenden Rollen und den damit verbundenen Aufgaben,

- die Festlegung der Wertschöpfungsketten innerhalb der Geschäftsbeziehung (en) mit zeitlicher und struktureller Dimension zur differenzierten Gestaltung des Lebenszyklus hybrider Produkte,

- die Identifikation der Kooperationen der Netzwerkpartner, die innerhalb eines Geschäftsmodells unterschiedliche Organisationsformen, Interessengemeinschaften und Konsortien etc. zulassen,

- das Erstellen einer Wirtschaftlichkeitsbetrachtung um zu prüfen, ob die jeweiligen Geschäftsbeziehungen den erwarteten Nutzen stiften.

Vereinfacht kann formuliert werden, dass im Geschäftsmodell die Geschäftsidee modellhaft, in visualisierter Form abgebildet wird und die für das Unternehmen wichtigen Faktoren zur Leistungserstellung und Gewinnerzielung beschrieben werden (Hammer 2003; Wirtz 2003; Nagl 2003). Die Entwicklung und Umsetzung differenzierter Geschäftsmodelle bietet den darin berücksichtigten Unternehmen die Möglichkeit, in einem agiler werdenden Markt Wettbewerbsvorteile zu erzielen.

2.3   Akteure in den Kooperationsszenarien und Geschäftsmodelle in PIPE

Die Gestaltung der in diesem Kapitel beschriebenen Geschäftsmodelle wird wesentlich vom Beziehungsgeflecht der einzelnen Akteure untereinander beeinflusst. Zum besseren Verständnis der Gesamtbetrachtung werden nachfolgend die Akteure Hersteller, Werkskundendienst Hersteller, Kunde, Serviceportal, SHK-Betrieb, Servicetechniker SHK-Betrieb, Großhandel und PIPE-Dienstleister kurz vorgestellt, den in den Visualisierungsbeispielen verwendeten Symbole zugeordnet und gegeneinander abgegrenzt (vgl. Abb. 4).

2.3.1   Hersteller

Dieser Begriff steht stellvertretend für die Hersteller der SHK-Branche. Der Hersteller verfügt über das notwendige spezifische Wissen bzw. die entsprechenden Informationen zum Produkt, zum Produktzubehör und zu den Instandhaltungsarbeiten.

Abb. 4. Vorstellung der Akteure der Kooperationsszenarien und Geschäftsmodelle in PIPE

2.3.2   Werkskundendienst Hersteller

Im Rahmen dieses Kapitels steht der Werkskundendienst für die Servicetechniker der herstellereigenen Kundendienstabteilung. Die Servicetechniker des Werkskundendienstes führen während der Garantiezeit Reparaturarbeiten an den Produkten aus, wobei die Aufträge hierzu entweder vom Kunden selbst oder vom SHK-Betrieb initiiert werden. Nach Ablauf der Garantiezeit bearbeitet der Werkskundendienst Gerätestörungen, die entweder vom Endkunden direkt beim Hersteller in Auftrag gegeben oder über den SHK-Betrieb beim Hersteller bestellt werden.

2.3.3   Kunde

Der Kunde ist die Person oder die Institution die ein technisches Heizungsprodukt nutzt. Servicearbeiten werden durch den Kunden initiiert. An den Heizungskomponenten des Kunden wird die Dienstleistung technischer Kundendienst (TKD) erbracht.

2.3.4   PIPE-Serviceportal

Im Kontext der Kooperationsbeschreibung steht das Symbol des PIPE-Serviceportals für das technische System, welches zum einen die Serviceinformationen bereitstellt und die Kommunikation der Serviceinformationen zu den unterschiedlichen Nutzergruppen steuert. Zum anderen werden über das PIPE Serviceportal in den betrachteten Geschäftsmodellen auch das Zurückmelden der erhobenen Service- und Kundendaten an die entsprechenden Organisationseinheiten geregelt. Die Differenzierung der zurückgemeldeten Daten in Servicedaten und Kundendaten (PAS 1090) erfolgt vor dem Hintergrund, dass nicht jeder SHK-Betrieb seine Kundendaten dem Hersteller mitteilen möchte. Dieser Umstand wird in den Kooperationsmodellen berücksichtigt. Eine detaillierte Betrachtung des Informationssystems erfolgt im Kapitel von Schlicker und Leinenbach, S. 236 ff.

2.3.5   SHK-Betrieb Büro

Das Symbol SHK-Betrieb Büro steht für die organisatorische Einheit des SHK-Betriebes. Im Rahmen der Geschäftsmodellbeschreibung sind dies Personen die zum einen Serviceinformationen im Büro vom Serviceportal abrufen – beispielsweise der Servicetechniker des SHK-Betriebs bevor er zur Anlage des Kunden fährt – und zum anderen Personen, deren Aufgabe es ist, die während des Kundendiensteinsatzes generierten Daten weiter zu verarbeiten. Beispielsweise zur Abrechnung der erbrachten Leistung (Arbeitszeit und Materialaufwand) gegenüber dem Kunden oder zur statistischen Auswertung innerhalb der eigenen Organisation.

2.3.6   Servicetechniker SHK-Betrieb

Die Arbeitsausführung des TKD beim Kunden vor Ort erfolgt durch den Servicetechniker des SHK-Betriebs. Der Servicetechniker erhält die Aufträge entweder direkt vom Kunden oder vom eigenen Betrieb. In beiden Fällen wird die Einsatzplanung mit dem Büro abgesprochen. Werden nicht vorrätige Ersatzteile benötigt, bestellt der Kundendiensttechniker diese entweder über den eigenen Betrieb beim Großhändler und lässt sich das Ersatzteil liefern oder holt das benötigte Teil beim Großhändler ab.

2.3.7   Großhandel

Die Produkte der SHK-Hersteller erreichen den Endkunden über zwei unterschiedliche Distributionsvarianten. Hierbei werden in der Branche der zweistufige und der dreistufige Vertriebsweg differenziert. Beim zweistufigen Vertriebsweg liefert der Hersteller seine Produkte direkt an den SHK-Betrieb und dieser an den Endkunden. In dieser Variante ist der SHK-Betrieb direkter Kunde des Herstellers.

Beim dreistufigen Vertriebsweg liefert der Hersteller seine Produkte an den spezialisierten Großhandel (GH). Dieser lagert die Produkte ein, unterstützt den Hersteller mit eigenen Vertriebsmitarbeitern in der Vermarktung der Produkte beim SHK-Betrieb und organisiert die Distribution der Produkte. Entweder zum Lager des SHK-Betriebs oder zur Baustelle beim Endkunden. Im dreistufigen Vertriebsweg ist der Großhändler unmittelbarer Kunde des Herstellers, der SHK-Betrieb nur mittelbarer Kunde. Den betrachteten Geschäftsmodellen wird der dreistu-

fige Vertriebsweg zugrunde gelegt. Dieses Konzept ist in der Branche weit verbreitet und wird auch vom Projektpartner Vaillant umgesetzt.

2.3.8   PIPE-Dienstleister

Alle bisher vorgestellten Akteure agieren bereits in der beschriebenen Form im
Markt. Die Rolle des PIPE-Dienstleisters entsteht neu – mit der Entwicklung, Gestaltung und Markteinführung der im Forschungsprojekt PIPE entwickelten Lösung. Der PIPE-Dienstleister ist die Organisation, die über die notwendigen Kompetenzen, Methoden und Werkzeuge verfügt, um das Informationssystem zu gestalten und zu implementieren oder andere Organisationen bei der Gestaltung und
Implementierung derartiger Systeme zu unterstützen (PAS 1090). In den Beispielen der dargestellten Geschäftsmodelle entwickelt der PIPE- Dienstleister gemeinsam mit dem Hersteller die Serviceinformationen, entwickelt die Softwarewerkzeuge zur Modellierung der Serviceprozessmodelle und die softwaretechnischen
Systemkomponenten die zum Betreiben der Lösung notwendig sind. Er schult die
Mitarbeiter des Herstellers im Umgang mit den einzelnen Komponenten, sodass
der Hersteller seine Serviceinformationen selbst entwickeln kann. Der PIPE-
Dienstleister betreut im Auftrag des Herstellers oder gemeinsam mit dem Hersteller das Serviceportal.

3   Kooperationsszenarien in PIPE

3.1   Werkskundendienst

Abb. 5 zeigt das Zusammenspiel der Akteure der Kooperation in der der Werks-
kundendienst im Mittelpunkt steht. Der SHK-Betrieb Büro, der Servicetechniker
SHK-Betrieb und der Großhandel sind nicht aktiv in die Geschäftsprozesse dieses
Modells eingebunden und werden daher nicht abgebildet.

Der Umstand, dass der Werkskundendienst durch den Kunden über den SHK-
Betrieb angefordert werden könnte, bleibt in dieser Betrachtung unberücksichtigt.
Der Großhandel bleibt ebenfalls unberücksichtigt, da die mögliche Ersatzteilversorgung des Werkskundendienstes über ein vom Hersteller organisiertes Distribu-
tionsnetzwerk abgewickelt wird – zumeist ohne Beteiligung des Großhandels. Die
Pfeildarstellungen verdeutlichen die Beziehungen der an der Wertschöpfung beteiligten Partner. Nach Auftragserteilung durch den Kunden teilt die Serviceorganisa-
tion des Herstellers den Werkskundendienst ein und beauftragt diesen mit der Arbeitsausführung. Das PIPE-Serviceportal liefert zur Unterstützung der Arbeitsausführung relevante Serviceinformationen auf das mobile Endgerät des Technikers.
Serviceinformationen sind produktspezifische Informationen, die als verknüpfte
Informationsobjekte (z. B. Bild oder detaillierte Arbeitsbeschreibung) im mobilen
Client prozessorientiert angezeigt werden können. Nach Beendigung der Kundendienstarbeit meldet der Techniker seine Service- und Kundendaten über das PIPE-
Serviceportal an den Hersteller zurück. Servicedaten sind in diesem Kontext Da-

ten, die sich aus der Dokumentation der durch den Servicetechniker tatsächlich ausgeführten Arbeitsschritte des Serviceprozesses unter Verwendung der Serviceinformationen ergeben. Kundendaten sind subjektbezogene Daten (z. B. Name und Adresse, Angaben zur Konfiguration der installierten Systemkomponenten etc.), welche eine Zuordnung des Objektes (z. B. Produktstandort) bzw. die Historie bisher durchgeführter Servicearbeiten erlauben (DIN PAS 1090). Die generierten Daten werden ggf. zur Abrechnung verwendet und/oder ausgewertet.

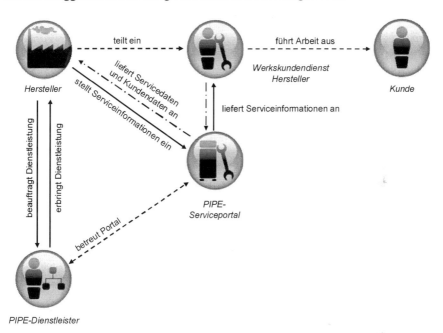

Abb. 5. Kooperationsmodell-Szenario 1: Werkskundendienst

3.2   Keine Partnerschaft mit Hersteller

Die erste Variante einer Geschäftsbeziehung zwischen dem SHK-Betrieb und dem Hersteller beschreibt dieses Kooperationsmodell. Die Rolle des Werkskundendienstes wird in diesem Szenario nicht berücksichtigt (vgl. Abb. 6).

Der SHK-Betrieb geht in dieser Betrachtung keine Partnerschaft mit dem Hersteller ein. Er verbaut Produkte anderer Hersteller und besucht auch keine – oder nur sehr selten – Schulungen des Herstellers. Geschäftsspezifische Berührungspunkte zwischen beiden Marktpartnern ergeben sich nur dann, wenn der SHK-Betrieb mit der Verrichtung von Instandhaltungsarbeiten an diesen Produkten beauftragt wird. Um die Dienstleistungen des Herstellers über das PIPE-Serviceportal nutzen zu können, muss der SHK-Betrieb den Zugang zum Portal beim Hersteller und PIPE-Dienstleister beantragen. Erlaubt dieser den Zugang, können sich der Betrieb und der Servicetechniker mit entsprechender Kennung und Passwort am Portal anmelden und die bereitgestellten Dienste nutzen.

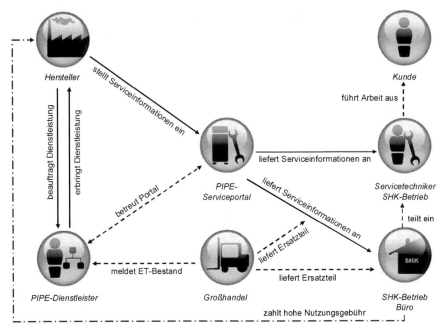

Abb. 6. Kooperationsmodell-Szenario 2: SHK-Betrieb keine Partnerschaft mit Hersteller

Nach Auftragserteilung disponiert der SHK-Betrieb den Kundendiensteinsatz und beauftragt den Servicetechniker mit der Ausführung der Arbeit. Benötigt der Techniker unterstützende Informationen des Herstellers, so werden diese über das Serviceportal an den Techniker geliefert. Werden Ersatzteile (ET) benötigt, kann er deren Verfügbarkeit beim Großhandel (GH) über das System prüfen. Hierzu meldet der GH seinen ET-Bestand an den Hersteller oder den PIPE-Dienstleister. Diese Lagerbestandsdaten werden zeitnah im System aktualisiert. Ist das entsprechende ET verfügbar, wird es – je nach Vereinbarung – entweder an den Betrieb geliefert oder der Servicetechniker holt es beim GH ab. Der Servicetechniker und der SHK-Betrieb „konsumieren" in dieser Variante lediglich die zur Verfügung gestellten Serviceinformationen und melden selbst keine Service- oder Kundendaten zurück. Für die Nutzung der Serviceinformationen zahlt der SHK-Betrieb eine entsprechend hohe Nutzungsgebühr.

3.3   Lose Partnerschaft mit Hersteller

Szenario 3 basiert auf der Beschreibung von Kooperations-Szenario 2. Allerdings werden in diesem Szenario Service- und Kundendaten vom Servicetechniker des

SHK-Betriebes an das PIPE-Serviceportal zurück gemeldet. Das Serviceportal wiederum liefert diese Daten an den SHK-Betrieb (vgl. Abb. 7).

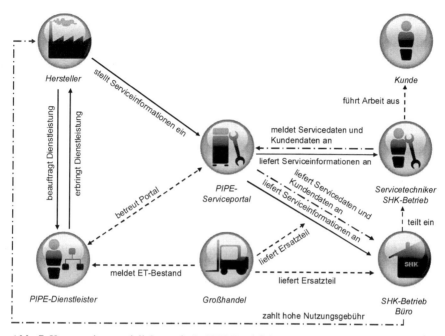

Abb. 7. Kooperationsmodell-Szenario 3: SHK-Betrieb lose Partnerschaft mit Hersteller

Auf diese Daten können die entsprechenden Mitarbeiter des Betriebes zugreifen. Beispielsweise um Serviceberichte zu bereits durchgeführten Kundendienstarbeiten zu analysieren oder um die Berichte zur Rechnungserstellung zu verwenden.

Für das Bereitstellen der Serviceinformationen durch den Hersteller und den Service, eigene Berichte speichern zu können ohne selbst eine eigene IT-Infrastruktur aufbauen zu müssen, zahlt der SHK-Betrieb eine entsprechend hohe Nutzungsgebühr.

3.4 Schwache Partnerschaft mit Hersteller

Eine weitere Stufe der Geschäftsbeziehungen zwischen der Organisation SHK-Betrieb und dem Hersteller zeichnet das Modell des Szenarios 4. Das Modell baut auf den Grundlagen des vorangegangenen Kooperationsmodells auf (vgl. Abb. 8).

Ein wesentliches Ziel des Forschungsprojektes PIPE war es, die Erfahrungen die an der Anlage vor Ort beim Kunden gemacht werden, zu den verantwortlichen Organisationseinheiten beim Hersteller und dem SHK-Betrieb zurückzumelden, um mit der Bewertung dieser Erfahrungen die Produkt- und Dienstleistungsqualität insgesamt zu verbessern. Im Modell des Szenarios 3 erfolgt die Rückmeldung der Service- und Kundendaten nur zum SHK-Betrieb. In dieser Modelldarstellung des Szenarios 4 wird nun auch erstmals die Rückmeldung zum Hersteller abgebildet. Der SHK-Betrieb dieses Modells möchte aber nur die Servicedaten zum Hersteller melden. Daten zu seinen Kunden sollen in seiner eigenen Organisation verbleiben.

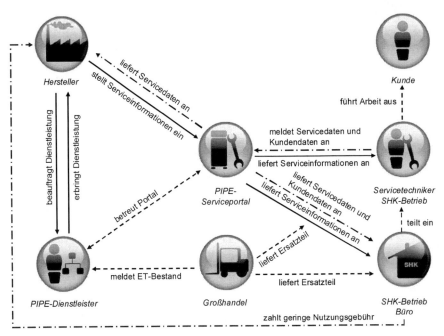

Abb. 8. Kooperationsmodell-Szenario 4: SHK-Betrieb schwache Partnerschaft mit Hersteller

Durch die Auswertung der Servicedaten des SHK-Betriebs ist der Hersteller zum einen in der Lage, die Ergebnisse in die Produktentwicklung und Qualitätssicherung zu integrieren. Zum anderen lassen sich die zur Verfügung gestellten Serviceinformationen weiterentwickeln. Die Kooperationsbereitschaft mit dem Hersteller in diesem Punkt wirkt sich positiv auf die Gebühr zur Nutzung der Serviceinformationen aus. Der Betrieb zahlt nur noch eine geringe Gebühr.

3.5 Mittelstarke Partnerschaft mit Hersteller

Die Geschäftsbeziehung einer mittelstarken Partnerschaft zwischen SHK-Betrieb und Hersteller wird in diesem Szenario 5 verdeutlicht. Grundlage dieses Modells bildet Szenario 3 (vgl. Abb. 9).

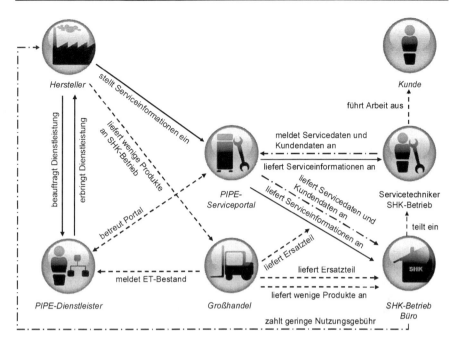

Abb. 9. Kooperationsmodell-Szenario 5: SHK-Betrieb mittelstarke Partnerschaft mit Hersteller

Der SHK-Betrieb dieses Modells möchte keine Service- und auch keine Kundendaten zum Hersteller melden. Allerdings baut der SHK-Betrieb zu einem geringen Teil die Produkte des Herstellers ein. Die Produkte werden über den GH an den SHK-Betrieb geliefert.

Diese ausbaufähige Geschäftsbeziehung wirkt sich auf das Preismodell aus. Der SHK-Betrieb zahlt eine geringe Nutzungsgebühr für die Nutzung der Dienstleistungen des Serviceportals.

3.6 Starke Partnerschaft mit Hersteller

Das Modell der starken Partnerschaft kombiniert Szenario 4 mit Szenario 5. Auch dieser SHK-Betrieb nutzt das Serviceportal zur Unterstützung der eigenen Kundendienstarbeit. Allerdings liefert er die durch ihn generierten Service- und Kundendaten an den Hersteller zurück. Auch wird ein Teil der Anlagen die der Betrieb erstellt mit den Produkten des Herstellers ausgestattet (vgl. Abb. 10). Für diese vertrauensvolle Form der Zusammenarbeit wird der SHK-Betrieb belohnt: er zahlt nur noch eine sehr geringe/keine Nutzungsgebühr an den Hersteller.

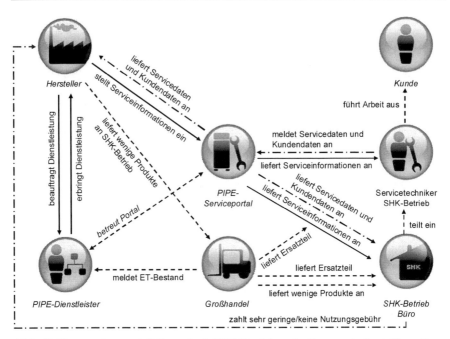

Abb. 10. Kooperationsmodell-Szenario 6: SHK-Betrieb starke Partnerschaft mit Hersteller

3.7   Intensive Partnerschaft mit Hersteller

Die intensivste Form der möglichen Zusammenarbeit zwischen Hersteller und SHK-Betrieb wird im Geschäftsmodell des Szenarios 7 skizziert. Dieses Modell bildet die Grundlage einer gemeinschaftlichen Marktbearbeitung (vgl. Abb. 11).

Aufbauend auf Kooperationsszenario 6 kauft der SHK-Betrieb viele Produkte des Herstellers. Zudem meldet er nicht nur die Servicedaten an den Hersteller zurück, sondern auch seine Kundendaten.

Dieses gegenseitige Vertrauen ermöglicht die Entwicklung neuer Produkte und Dienstleistungen zur gemeinsamen Bearbeitung des Marktes. So kann beispielsweise der Hersteller Informationen zu Werkskundendiensteinsätzen bei Kunden des SHK-Betriebs an diesen zurückmelden. Der Hersteller kann Kundenanfragen aus einem bestimmten Gebiet an den SHK-Betrieb weiterleiten. Mit den hinterlegten Kundendaten könnten der Hersteller und der SHK-Betrieb den Kunden gemeinsam über neue Produkt- und Dienstleistungsinnovationen informieren oder Möglichkeiten zur Energieeinsparung aufzeigen. Auch ließen sich gemeinsam neue Varianten der Zusammenarbeit darstellen. Zum Beispiel auf dem Gebiet des Anlagenleasings oder im Contracting.

Eine Nutzungsgebühr für das Service-Portal muss der SHK-Betrieb in dieser Stufe der Zusammenarbeit nicht mehr zahlen.

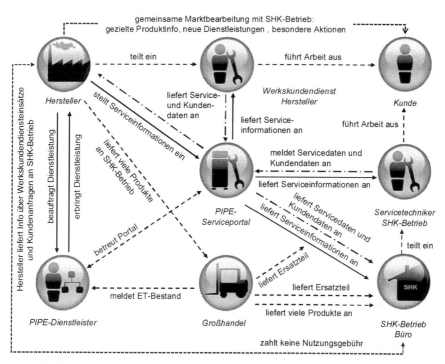

Abb. 11. Kooperationsmodell-Szenario 7: SHK-Betrieb intensive Partnerschaft mit Hersteller

4   Differenzierte Geschäftsmodelle in PIPE

Nachfolgend werden die Ergebnisse aus der detaillierten Betrachtung der Kooperationsmodelle entsprechend dem Ansatz zur Beschreibung von Geschäftsmodellen nach Stähler eingeordnet (vgl. Abschnitt 2.2 dieses Kapitels). In die Gestaltung der Modelle wurden die Erkenntnisse der im Beitrag von Blinn und Schlicker beschriebenen Ergebnisse der Evaluation berücksichtigt (vgl. S. 261 ff.). Die Motive und Ziele hinsichtlich der Zusammenarbeit der beteiligten Akteure differieren. Es werden daher für die relevanten Partner jeweils eigene Geschäftsmodellbeschreibungen erstellt. Da der Kunde in die hybride Wertschöpfung des PIPE-Lösungsansatzes integriert ist, wird auch für ihn ein eigenes Geschäftsmodell entwickelt.

Demnach ergeben sich die vier Teilgeschäftsmodelle – jeweils separat für (1) den PIPE-Dienstleister, (2) den Hersteller inkl. Werkskundendienst, (3) den SHK-Betrieb inkl. Servicetechniker und (4) den Kunden. Der Großhandel hat in diesem Zusammenhang eine untergeordnete Funktion und wird daher nicht betrachtet.

Zur Beschreibung des Nutzens wurden für jedes Geschäftsmodell quantitative und qualitative Merkmale identifiziert. Im Kontext dieser Betrachtung werden unter den quantitativen Merkmalen diejenigen subsumiert, die sich monetär bewerten lassen, ohne jedoch auf die tatsächliche Höhe der Bewertung einzugehen. Qualitative Kriterien dienen zur Darstellung des vielfältigen Wertschöpfungspotenzials der in PIPE entwickelten Lösung und sind nicht unmittelbar monetär bewertbar. Die Architektur der Wertschöpfung impliziert – ergänzend zu den jeweiligen Ausführungen – immer auch die jeweiligen Inhalte der funktions-/produkt-, verfügbarkeits- oder ergebnisorientierten Geschäftsmodellvarianten hybrider Wertschöpfung gemäß PAS 1094.

In der Beschreibung der Erlösmechanik wird zwischen direktem und indirektem Ertragsmodell unterschieden. Durch diese Differenzierung lassen sich die geschäftsmodellspezifischen Erlösquellen darstellen, die sich unmittelbar aus der Vermarktung und Nutzung des Serviceportals ergeben.

Tabelle 1. Geschäftsmodell PIPE-Dienstleister

Merkmal	PIPE-Dienstleister
Nutzen	*Quantitativ:* ▪ Verkauf der Softwareprodukte zur Modellierung der Serviceprozessmodelle, zum Aufbau und Betrieb des Serviceportals und zur Verwendung der Clients. ▪ Verkauf der Dienstleistungen zur Gestaltung und Implementierung des Informationssystems bzw. der Unterstützung anderer Organisationen bei der Gestaltung und Implementierung eines derartigen Systems. ▪ Weltweite Vermarktung der Gesamtlösung. *Qualitativ:* ▪ Wettbewerbsvorteil durch die Erarbeitung eines umfangreichen Domänenwissens zur Entwicklung von Servicewissen. ▪ Anwendung der Erfahrungen auf vielfältige Branchen, national und international.
Architektur der Wertschöpfung	▪ Der PIPE-Dienstleister entwickelt die zur Gestaltung und Implementierung der Gesamtlösung erforderlichen Software- und Dienstleistungsprodukte. ▪ Gemeinsam mit dem Hersteller oder in dessen Auftrag entwickelt er das relevante Servicewissen und gewährleistet die Funktionalität des Serviceportals. ▪ Die Intensität der Zusammenarbeit mit dem Hersteller wird individuell vereinbart und lässt sich so in unterschiedlichen Varianten abbilden. ▪ Die spezifischen Rahmenbedingungen der SHK-Branche bedingen, dass die Akzeptanz der Lösung beim SHK-Betrieb steigt, wenn der Betrieb des Serviceportals bezüglich der Verwaltung der Kundendaten herstellerunabhängig durch den PIPE-Dienstleister erfolgt.
Erlösmechanik	*Direktes Ertragsmodell:* Die Erträge generiert der PIPE-Dienstleister aus der Vermarktung der Software- und Dienstleistungsprodukte zur Gestaltung und Implementierung des Informationssystems, bspw. durch Software as a Service (SaaS) Angebote.

Tabelle 2. Geschäftsmodell Hersteller

Merkmal	*Hersteller*
Nutzen	*Quantitativ:* ▪ Kostenreduktion durch Reduzierung der Mehrfachbesuche des Werkskundendienstes. ▪ Kostenreduktion durch Reduzierung der durch fehlerhafte Servicearbeiten bedingte Garantie-/Kulanzarbeiten. ▪ Kostenreduktion durch Reduzierung der Anrufe der SHK-Betriebe im technischen Callcenter. ▪ Kostenreduktion bei der Erstellung und Verteilung der papierbasierten oder der auf elektronischen Speichermedien hinterlegten technischen Dokumentationen. ▪ Kostenreduktion durch frühzeitiges Erkennen von Serienfehlern. ▪ Sicherung und Steigerung von Umsatz und Marktanteilen gegenüber Wettbewerbern durch optimales Dienstleistungsangebot. *Qualitativ:* ▪ Verbesserung in der Ausführung der Instandhaltungsarbeiten beim eigenen Werkskundendienst und bei den Servicetechnikern des SHK-Betriebes. ▪ Gewährleistung, dass den Servicetechnikern aktuelle Informationen bereit gestellt werden. ▪ Verbesserung der Produkt- und Dienstleistungsqualität durch Auswertung der Service- und Kundendaten und Umsetzung entsprechender Verbesserungsmaßnahmen. ▪ Optimierte Marktbearbeitung (zielgruppenspezifische Vermarktungsstrategien, neue Dienstleistungsprodukte, kollaborative Marktbearbeitung).
Architektur der Wertschöpfung	▪ Der Hersteller entwickelt selbst, gemeinsam mit dem PIPE-Dienstleister oder beauftragt den PIPE-Dienstleister mit der Entwicklung der Serviceprozessmodelle. ▪ Der Hersteller stellt mithilfe des PIPE-Dienstleisters relevante Serviceinformationen in das Portal ein und betreibt gemeinsam mit dem PIPE-Dienstleister das Serviceportal. Die Informationen werden vom Werkskundendienst und den zugangsberechtigten SHK-Betrieben genutzt. Anhand des zwischen Hersteller und SHK-Betrieb vereinbarten Kooperationsmodells entscheidet der Hersteller darüber, welcher SHK-Betrieb den Zugang zu welchen Informationen erhält. ▪ Die von den jeweiligen Großhändlern gemeldeten Ersatzteilbestände werden zeitnah in das Portal eingepflegt. ▪ Abhängig vom gewählten Kooperationsmodell werden differenzierbare Wertschöpfungspartnerschaften möglich, die eine zielgruppenspezifische Marktbearbeitungsstrategie erlauben. ▪ Die von den Servicetechnikern zum Hersteller zurückgemeldeten Service- und Kundendaten werden ausgewertet. Die Ergebnisse dieser Auswertungen werden von entsprechenden Organisationseinheiten im Unternehmen weiter verwertet.

Merkmal	*Hersteller*
Erlösmechanik	*Direktes Ertragsmodell:* Abhängig vom vereinbarten Geschäftsmodell zahlt der SHK-Betrieb eine entsprechende monatliche Nutzungsgebühr an den Hersteller für die Nutzung des Serviceportals. *Indirektes Ertragsmodell:* Aus dem beschriebenen Nutzen lassen sich entsprechende indirekte Erträge ableiten.

Tabelle 3. Geschäftsmodell SHK-Betrieb

Merkmal	*SHK-Betrieb*
Nutzen	*Quantitativ:* ▪ Kostenreduktion durch Reduzierung der Mehrfachbesuche des Servicetechnikers, verursacht durch fehlerhafte Instandhaltungsarbeiten. ▪ Geringere Transaktionskosten für den Erwerb/Erhalt von Servicewissen, beispielsweise durch eine geringere Anzahl von Anrufen beim Callcenter des Herstellers und den daraus resultierenden Arbeitskosten aus Warte- und Gesprächszeiten. ▪ Kostenreduktion durch Reduzierung der Gesamtbearbeitungszeit von Servicefällen durch adäquate Informationsversorgung. Insbesondere von Bedeutung bei Arbeiten die pauschal abgerechnet werden (z. B. bei Wartungsverträgen). ▪ Kostenreduktion durch Reduzierung der fehlerhaften Ersatzteilbestellungen, Beschleunigung und Verbesserung des Ersatzteilbeschaffungsprozesses. ▪ Kostenreduktion durch Vermeidung des Arbeitsaufwands zur Pflege der papierbasierten technischen Unterlagen. ▪ Geringere Kosten für Aus- und Weiterbildung der Servicetechniker. ▪ Sicherung/Steigerung des Unternehmensertrags durch Zusatzumsatz aus Neukundengewinnung und Erweitern des Dienstleistungsangebots. *Qualitativ:* ▪ Verbesserung der Arbeitsausführung der Instandhaltungsarbeiten. ▪ Zugriff auf Serviceberichte bisher durchgeführter Arbeiten mittels mobiler Clients vor Ort beim Kunden und stationärer PC Clients im Büro des SHK-Betriebes. ▪ Beseitigung bzw. Ausgleich von Leistungs- bzw. Wissensdefiziten zwischen den einzelnen Servicetechnikern. ▪ Dauerhafte Sicherung des Servicewissens im Unternehmen durch Speicherung der Service- und Kundendaten im Serviceportal. ▪ Gemeinsame Marktbearbeitung mit dem Hersteller. ▪ Entwicklung neuer Dienstleistungsprodukte, beispielsweise für SHK-Betriebe die sich bislang nicht an die Ausführung von Instandhaltungsarbeiten heran gewagt haben. ▪ Fehlervermeidung bei der Erstellung und Kommunikation der erstellten Serviceberichte durch automatische Dokumentation der Service- und Kundendaten und deren zeitnahe elektronische Übermittlung an

Merkmal	SHK-Betrieb
	den SHK-Betrieb. ▪ Positive Wahrnehmung des SHK-Betriebes beim Kunden durch hochwertige Instandhaltungsarbeiten und daraus resultierendem gutem Image.
Architektur der Wertschöpfung	▪ Entsprechend der Darstellungen in den unterschiedlichen Kooperationsmodellen beantragt der SHK-Betrieb die Nutzung des Serviceportals beim Hersteller und beim PIPE-Dienstleister. ▪ Der SHK-Betrieb entscheidet darüber, ob und wie die durch seine Arbeit generierten Service- und Kundendaten vom Hersteller verwertet werden dürfen. ▪ Je nach Vereinbarung können die generierten Service- und Kundendaten im Serviceportal gespeichert und vom SHK-Betrieb und Hersteller eingesehen werden.
Erlösmechanik	*Direktes Ertragsmodell:* Der SHK-Betrieb kann die an den Hersteller zu zahlende monatliche Nutzungsgebühr auf die jeweiligen Servicefälle umlegen und damit die Kosten an seinen Kunden weiterreichen. *Indirektes Ertragsmodell:* Aus dem beschriebenen Nutzen lassen sich entsprechende indirekte Erträge ableiten.

Tabelle 4. Geschäftsmodell Kunde

Merkmal	Kunde
Nutzen	*Quantitativ:* ▪ Reduzierung möglicher Wartezeit während der Instandhaltungsarbeiten, da die Arbeitszeit reduziert wird. ▪ Vermeidung von Zusatzterminen, da keine Mehrfachbesuche mehr erforderlich werden. ▪ Kostenreduktion für Instandhaltungsarbeiten. ▪ Reduzierung der Betriebskosten (Energieverbrauch, Verschleiß) durch optimale Betriebsbedingungen. *Qualitativ:* ▪ Positive Wahrnehmung des Produkts und des SHK-Betriebes und dadurch ▪ Bestätigung der eigenen Entscheidung zu Wahl von Produkt- und installierendem SHK-Betrieb.
Architektur der Wertschöpfung	Der Kunde beauftragt den SHK-Betrieb mit der Ausführung von Instandhaltungsarbeiten. Während der Garantie/Gewährleistung werden Instandsetzungsarbeiten in der Regel durch den Werkskundendienst des Herstellers oder entsprechend dafür ausgewählte Servicepartner ausgeführt.
Erlösmechanik	In diesem Geschäftsmodell existiert kein direktes Ertragsmodell. Allerdings lassen sich auch hier indirekt Erträge durch Reduzierung von Kosten und persönlichem Aufwand aus dem Nutzen ableiten.

5   Zusammenfassung und Ausblick

Im Verbundforschungsprojekt PIPE wurde ein umfassender Lösungsansatz zur Entwicklung hybrider Produkt zur Unterstützung des technischen Kundendienstes im Maschinen- und Anlagenbau entwickelt.

Ausgehend von der generalisierten Struktur des hybriden Gesamtprodukts hat der Beitrag gezeigt, dass die Gestaltung und Implementierung derartiger Produkte anhand der Konfiguration unterschiedlicher Leistungsbündel erfolgt, die selbst wiederum aus hybriden Leistungsbündeln bestehen können. Das in PIPE entwickelte hybride Produkt ist demnach ein hybrides Gesamtprodukt, das aus mehreren unterschiedlichen hybriden Teilprodukten besteht.

Aus dem Bereich der für den Industriestandort Deutschland so wichtigen Branche des Maschinen- und Anlagenbaus wurde am Beispiel der SHK-Branche dargestellt, wie vielfältig sich in Abhängigkeit von Branche, Produkt und Wertschöpfungspartnern die jeweils zu entwickelnden hybriden Produkte gestalten lassen.

Die erfolgreiche Vermarktung derartiger komplexer Produkte macht eine differenzierte Entwicklung detaillierter Geschäftsmodelle unabdingbar. Diese Geschäftsmodelle dürfen selbst kein starres Gebilde darstellen, sondern müssen flexibel – wie die hybriden Produkte selbst – sein und sich der rasch ändernden wirtschaftlichen und technischen Umwelt anpassen können.

Im Beitrag wurden hierfür zunächst die Kriterien untersucht, anhand derer bislang Geschäftsmodelle systematisiert wurden. Die aktuellen Entwicklungen und Trends im E-Business, im mobilen Internet und der Softwareindustrie (z.B. Software as a Service) wurden hierbei berücksichtigt.

Zur Darstellung des komplexen Beziehungsgeflechts des in PIPE entwickelten hybriden Produkts wurden zuerst die an der hybriden Wertschöpfung beteiligten Akteure identifiziert und gegeneinander abgegrenzt. Dieses geschah anhand der detaillierten Beschreibung der jeweiligen Rollen und der damit verbundenen Aufgaben.

Im Anschluss daran wurden die einzelnen Akteure in sieben unterschiedlichen Kooperationsszenarien miteinander in Beziehung gebracht und in detaillierten Modellen visualisiert. Hierbei wurden die den Leistungsbündeln zugrunde liegenden Datenströme und die Intensität der Zusammenarbeit berücksichtigt.

Die Ergebnisse aus diesen Kooperationsmodellen wurden in einem weiteren Schritt in differenzierten Geschäftsmodellen zusammengefasst. Ordnungsrahmen bildete hierfür die Definition von Geschäftsmodellen nach Stähler. Anhand dieses Ordnungsrahmens wurden quantitative und qualitative Nutzeffekte identifiziert, dargestellt wie die Wertschöpfung erfolgen kann und die Erlösmechanik der Geschäftsmodelle beschrieben. Da der Kunde in die Gesamtwertschöpfung des in PIPE entwickelten hybriden Produkts integriert ist, wurde auch für ihn ein eigenes Geschäftsmodell entwickelt.

Während der Projektarbeit konnte nachgewiesen werden, dass „Wissen" nicht mehr nur als kostenlos zu lieferndes Allgemeingut verstanden wird, sondern als eine strategische Unternehmensressource gilt, die auch ihren Preis hat und entsprechend vergütet werden kann.

Die in diesem Buch vielfältig beschriebene Problemstellung lässt sich auf viele Branchen des Maschinen- und Anlagenbaus oder der der Chemie- und Elektroindustrie übertragen – die Lösung ebenfalls. Die in diesem Kapitel beschriebenen Kooperationsszenarien können als Vorlage dafür dienen, die Entwicklung und Markteinführung derartiger in PIPE entwickelten innovativen hybriden Produkte zur Unterstützung des technischen Kundendienstes zu erleichtern, um so im Standortwettbewerb um wissensintensive Dienstleistungen einen entscheidenden Wettbewerbsvorteil zu erzielen, der die Gesamtwertschöpfung steigert und damit anspruchsvolle Arbeitsplätze sichert.

6   Literatur

Buse S (2002) Der mobile Erfolg – Ergebnisse einer empirischen Untersuchung in ausgewählten Branchen. In Keuper F (Hrsg) Electronic Business und Mobile Business – Ansätze, Konzepte, Geschäftsmodelle. Wiesbaden, Gabler Verlag

Deelmann T, Loos P (2003) Visuelle Methoden zur Darstellung von Geschäftsmodellen – Methodenvergleich, Anforderungsdefinition und exemplarischer Visualisierungsvorschlag. Paper Nr. 13/2003, ISYM – Information System & Management, Johannes Gutenberg Universität Mainz

Hammer C, Wieder G (2003) Internet-Geschäftsmodelle mit Rendite. Bonn, Galileo Press GmbH

Hess T, Hagenhoff S, Hogrefe D, Linnhoff-Popien C, Rannenberg K, Straube F (Hrsg) (2005) Mobile Anwendungen – Best Practices in der TIME-Branche : Sieben erfolgreiche Geschäftskonzepte für mobile Anwendungen. Universitätsdrucke Göttingen

Heuser L, Alsdorf C, Woods D (Hrsg) (2009) International research forum 2008 : the web-based service industry, infrastructure for Enterprise SOA 2.0, potential killer applications, semantic service discovery ; building on clouds, capturing meaning: an exploration of the implications of cloud computing, software as a service, and the elusive search for machine understanding ; in May 2008 near Potsdam, Germany. New York, Evolved Technologist Press

Nagl A (2003) Der Businessplan – Geschäftspläne professionell erstellen. Wiesbaden, Gabler

Malone T, Weill P, Lai R, D'Urso V, Herman G, Apel T, Woerner S (2006) Do Some Business Models Perform Better than Others? MIT Working Paper 4615–06, http://seeit.mit.edu/Publications/BusinessModelsPerformance12July2006.pdf

Morschett D (2003) Formen von Kooperationen, Allianzen und Netzwerken. In Zentes J, Swoboda B, Morschett D (Hrsg) Kooperationen, Allianzen und Netzwerke – Grundlagen, Ansätze, Perspektiven. Wiesbaden, Gabler

PAS 1090 (2009) Anforderungen an Informationssysteme zur Erhebung, Kommunikation und Bereitstellung relevanter Serviceinformationen im Technischen Kundendienst. PAS 1090:2009–04, Berlin, Beuth

PAS 1094 (2009) Hybride Wertschöpfung – Integration von Sach- und Dienstleistung. PAS 1094, Berlin, Beuth Verlag

Stähler P (2001) Geschäftsmodelle in der digitalen Ökonomie – Merkmale, Strategien und Auswirkungen. Lohmar, Eul

Schlicker M, Walter P, Blinn N (2008) Unterstützung technischer Kundendienstleistungen durch hybride Produkte im Maschinen- und Anlagenbau – ein integrativer Ansatz für den After-Sales-Bereich. In Gatermann I, Fleck M (Hrsg) Technologie und Dienstleistung. Innovation in Forschung, Wissenschaft und Unternehmen. Beiträge der 7. Dienstleistungstagung des BMBF, Frankfurt a. M., Campus, 219–227

Timmers P (1998) Business Models for Electronic Markets. EM – Electronic Markets 8(2):3–8

Walter P, Werth D (2008) Eine Peer-to-peer Infrastruktur zur Konstruktion Kollaborativer Geschäftsprozesse. In Bichler M, Hess T, Krcmar H, Lechner U, Matthes F, Picot A, Speitkamp B, Wolf P (Hrsg) Multikonferenz Wirtschaftsinformatik 2008 : 26–28. Februar 2008, TU München in Garching. Berlin, Gito

Werth D (2006) Kollaborative Geschäftsprozesse – Integrative Methoden zur modellbasierten Deskription und Konstruktion. Berlin, Logos

Wirtz B-W (2001) Electronic Business. Wiesbaden, Gabler

Wirtz B-W (2003) Geschäftsmodelle in der Net Economy. In Kollmann T (Hrsg) E-Venture-Management – Neue Perspektiven der Unternehmensgründung in der Net Economy. Wiesbaden, Gabler

IT-Unterstützung von Instandhaltungs-, Wartungs- und Reparaturprozessen: die Perspektive der SHK-Betriebe

Carsten Metelmann

Das in PIPE entwickelte Konzept der Bereitstellung von geführten Kundendienstprozessen erlaubt eine schnelle und adäquate Darstellung der zur Durchführung des Kundendienstes erforderlichen Informationen. Dadurch lässt sich eine Kostensenkung für die meist klein- und mittelständischen Unternehmen, die den Kundendienst durchführen, erreichen. Dieses Kostensenkungspotenzial stärkt die Wettbewerbsfähigkeit der Kundendienstunternehmen. Die entsprechenden wirtschaftlichen Erfolgsausichten waren insbesondere in der als prototypisches Erprobungsfeld gewählten Sanitär-, Heizungs- und Klimatechnikbranche zeitnah in die Praxis zu übertragen. In diesem Technologietransferprozess übernahm der SHK Fachverband Hessen als Vermittler zwischen Wissenschaft und Praxis eine zentrale Rolle.

1 Die Position des Fachverbands Sanitär-, Heizungs- und Klimatechnik Hessen

Der Fachverband Sanitär-, Heizungs- und Klimatechnik Hessen (FV SHK) ist Bestandteil eines Netzwerks von angeschlossenen SHK-Unternehmen und verfügt über zahlreiche Kontakte zu weiteren Handwerksverbänden und Industrieunternehmen. Das SHK-Handwerk ist mit ca. 24,3 Mrd. Euro Gesamtumsatz und ca. 50.000 Fachbetrieben einer der größten Handwerksbereiche in der Bundesrepublik Deutschland. Der Zentralverband vertritt hiervon ca. 30.000 Unternehmen. Sie sind organisiert in 393 Innungen, 17 Landesfachverbänden und dem Zentralverband SHK. Der FV SHK Hessen vertritt derzeit ca. 1.750 Mitgliedsbetriebe, die in 25 Innungen organisiert sind.

Die SHK-Betriebe in Deutschland werden nach ihren Tätigkeitsfeldern unterschieden in

- Ofen- und Luftheizungsbauer,
- Klempner sowie
- Installateure und Heizungsbauer.

O. Thomas et al. (eds.), *Hybride Wertschöpfung*,
DOI 10.1007/978-3-642-11855-5_14, © Springer-Verlag Berlin Heidelberg 2010

Die Landesverbände erfüllen Koordinierungsaufgaben für die Innungen. Ihre Berater und Spezialisten unterstützen die Mitgliedsbetriebe und Innungen gezielt in ihrer Arbeit.

Die Grundsatzarbeit und Interessenvertretung des Fachverbands Sanitär-, Heizungs- und Klimatechnik Hessen ist es, Rahmenbedingungen für Handwerksbetriebe des Sanitär-, Heizungs- und Klimatechnik-Handwerks zu schaffen, damit die Ansprüche der Gesellschaft nach einer qualitativ hochwertigen Arbeit und Dienstleistung im Bereich der Versorgungstechnik dauerhaft wirtschaftlich erfüllt werden können. Der Verband verfügt durch seine langjährige Tätigkeit im wirtschaftlichen und technischen Umfeld der Betriebe über eine Vertrauensposition, die auf der Interessenvertretung der Mitgliedsunternehmen sowie der Koordination der unterschiedlichsten Wirtschaftspartner beruht. Vielfach ist es gelungen, relevante Entscheidungen der Industrie und Politik zu SHK-spezifischen Themen durch die Mitarbeit und Vermittlung des Fachverbands erfolgreich für Ihre Kunden zu gestalten.

Die Anforderungen der Fort- und Weiterbildung werden in bundesweit fünf Kompetenzzentren für Energie- und Gebäudetechnik erarbeitet und umgesetzt. Nach Möglichkeit sollen die Lehrpläne immer durch die neusten Erkenntnisse ergänzt und angepasst werden.

Der Einsatz von IT-Lösungen ist dabei schon seit Jahren Bestandteil der Fort- und Weiterbildung im angeschlossenen Kompetenzzentrum sowie der betrieblichen Beratung der Mitgliedsunternehmen. Diese Erfahrungen haben in den letzten Jahren zu einem vertieften Fachwissen über die damit verbundenen Abläufe in SHK-Handwerksbetrieben geführt und wurden von entsprechend breit angelegten Initiativen gestützt. So haben wir in den letzten Jahren aktiv Softwarelösungen zur Koordination der Einsätze des Kundendienstes in Unternehmen gefördert und beeinflusst sowie in dem wissenschaftlichen Forschungsprojekt PIPE unsere Kenntnisse weiter ausgebaut und vertieft.

2 Situationen des SHK-Kundendienstes

Der technische Kundendienst (TKD) wird nachfolgend aus Sicht des Unternehmens und aus Sicht des Mitarbeiters betrachtet, um die Komplexität und das Spannungsfeld in den Unternehmen zu vermitteln.

2.1 Aus der Sicht der Unternehmensführung

Die SHK-Handwerksbetriebe stehen im Wettbewerb untereinander. Die Art der Arbeitsausführung hat sich – im Bereich der Servicedienstleistung beim Kunden – von der funktionsorientierten Arbeitsteilung hin zur prozessorientierten Arbeitsausführung gewandelt. Der Kundenwunsch und die damit verbundene beauftragte Arbeit stehen im Mittelpunkt der werkvertraglichen Leistung. Die notwendigen komplexen Arbeitsprozesse (Informationsbeschaffung, Lösungsstrategie, Organisation, Ausführung, Dokumentation, Abrechnung) des SHK-Monteurs sind oft nicht vorhersehbar und planbar, jedoch ohne eine Planung völlig unbeherrschbar.

Für einen wirtschaftlichen Geschäftsbetrieb ist eine Optimierung der Abläufe unerlässlich. Jeder zusätzliche (weitere) Einsatz eines Monteurs ist nicht nur mit Kosten verbunden, sondern stellt auch einen Imageverlust beim Kunden dar. Der erfolgreiche Einsatz wird sowohl mit der Kompetenz des Betriebes verbunden als auch mit der Qualität des Produkts (z. B. Heizungskessel). Da industrielle Produkte vielfach zum Einsatz kommen, wird eine Negativleistung überwiegend dem Handwerksbetrieb angelastet. Dies ist auch maßgeblich für den wirtschaftlichen Erfolg eines Unternehmens, da der Kunde an diesen nachvollziehbaren und erkennbaren Sachverhalten auf die gesamte Leistungsfähigkeit des Betriebes zurück schließt.

Erschwerend kommt die immer komplizierter werdende Ersatzteilbeschaffung hinzu. Die Großhändler sind nicht in der Lage, alle Bauteile jederzeit (24 Stunden, 365 Tage im Jahr) an jedem Ort zur Verfügung zu stellen. Unternehmen müssen daher entschciden, welche Komponenten selbst vorgehalten werden oder sogar auf Servicefahrzeugen bestückt werden, um die Effektivität der TKD-Einsätze zu erhöhen bzw. eine zeitnahe Lösung zu ermöglichen. Diese Problemstellungen sind für den Kunden jedoch nicht nachvollziehbar und in der Regel auch nicht von Interesse. Er möchte so schnell und kostengünstig wie möglich eine funktionierende Anlage. Daher wächst die Bedeutung der Identifizierung und optimalen Gestaltung der Serviceprozesse und der Unterstützung im TKD durch mobile, internetbasierte Informationssysteme, über die ein Kundendiensttechniker zu jeder Zeit und an jedem Ort auf aktuelle Serviceinformationen zugreifen kann.

Da jeder Hersteller für jedes Produkt Serviceunterstützung anbietet, sammelt sich bei einem SHK-Betrieb eine Fülle von Informationen, aus denen die für eine Reparatursituation richtigen Daten aufwändig herausgefiltert werden müssen. Dabei ist es in der Praxis häufig schwierig, unterschiedliche Gerätekenntnisse der Kundendiensttechniker oder den Wissensverlust durch das Ausscheiden erfahrener Mitarbeiter auszugleichen. Unter diesem Gesichtspunkt ist zu beachten, dass nicht jeder Mitarbeiter als Kundendiensttechniker eingesetzt werden kann. Neben einer fundierten Berufsausbildung sind ein entsprechendes Auftreten und eine permanente Weiterbildung erforderlich. Zunehmend werden durch den Einzug von elektronischen Medien und Serviceprodukten auch Befähigungen im Bereich des Einsatzes und der Verwendung von EDV erforderlich und damit zum Auswahlkriterium. War vor wenigen Jahren der Einsatz von Rechnern auf das Büro und den Meister beschränkt, wird das Auslesen und Dokumentieren von technischen Informationen und Anlagenbetriebssituationen zunehmend Alltagsanforderung im Servicedienst. Häufig benötigt ein SHK-Unternehmen weitere drei bis sechs Jahre, um einen Monteur entsprechend zu qualifizieren.

Um die Kundenhistorie aufrecht zu erhalten, sollte jeder Unternehmer die ausgeführten Einsätze in einer lückenlosen Anlagendokumentation aufzeichnen. Auch dieses führt zu einer Steigerung des „Goodwill" (Firmenwert) des Betriebes. Wie auch beim Hersteller gilt: unzufriedene Kunden schmälern stark den Geschäftserfolg. Der Rückfluss der Informationen auf das weitere Handeln gegenüber dem Kunden und der installierten Anlagentechnik ist in der Regel jedoch eher Glücksfall als strategisch geplanter Prozess.

2.2 Aus der Sicht des Kundendienstmonteurs

Die erforderliche Auswahl der Serviceinformationen der Hersteller muss in der Regel der Kundendiensttechniker treffen. Das bedeutet für ihn einen zusätzlichen Zeitaufwand, der nicht in allen Fällen dem Kunden in Rechnung gestellt werden kann. Die steigenden Anforderungen nach Effektivität und Effizienz muss der technische Kundendienst im „Alleingang" vor Ort bewältigen. Verschärfend wirken hier vor allem die Zunahme der zu betreuenden Produkte, die hohe Anzahl der Hersteller und deren immer schneller fortschreitende technische Innovation. Die hieraus resultierende Komplexität der Aufgaben im technischen Kundendienst ist selbst für erfahrene Kundendiensttechniker kaum zu bewältigen.

Fehler und Fehlentscheidungen im Reparaturverlauf werden dem Kundendienstmonteur – sowohl von der Geschäftsführung als auch vom Kunden persönlich – angelastet. Oft ist die Terminkoordination dabei zusätzliche Aufgabe zwischen den einzelnen Arbeitseinsätzen. Gerade für unerfahrene Mitarbeiter entstehen so erhebliche Belastungen.

Gegenwärtig stehen einem Monteur unterschiedliche Hilfsmittel, wie z.B. Mobiltelefon, Laptop, Herstellerhandbücher, Internet, je nach persönlicher Eignung und Neigung zur Verfügung. Ausgefeilte Unterstützung für die Industrieprodukte gibt es im Bereich der Inbetriebnahme und Inspektion. So bieten fast alle Hersteller Checklisten, optimierte und strukturierte Handlungsanweisungen sowie Softwareprogramme zur Bearbeitung dieser Aufgaben. Dies gilt insbesondere, wenn der erforderliche Arbeitsprozess linear abgearbeitet werden kann.

Derzeit gibt es noch keine ausgereifte Möglichkeit, den Reparaturprozess ohne den Einsatz von umfangreicher Fachliteratur und Handbüchern abzuwickeln. Dies ist ursächlich darin zu finden, dass der Kundendiensttechniker bei einer Reparatur an sich nicht pauschalen Handlungsanweisungen folgen kann. Das Erahnen der Fehlerursache, die Auswahl der zuerst geprüften Komponente oder ein gerade verfügbares Ersatzteil entscheiden erheblich über die Geschwindigkeit und die Kosten der Reparatur.

Eine Kundenakzeptanz wird durch entsprechend freundliches Auftreten des Monteurs zusätzlich begünstigt und von der Unternehmensleitung vorausgesetzt. Der Monteur ist als Repräsentant des Unternehmens entscheidend für das Erscheinungsbild.

3 Anforderungen an IT-Lösungen

Der Serviceprozess des SHK-Kundendienstes bei Inspektion, Wartung und Reparatur wurde im Rahmen des Forschungsprojektes PIPE tiefer gehend untersucht (vgl. auch das Kapitel von Thomas et al., S. 3 ff., in diesem Band). Fachlicher Hintergrund dabei war, dass ein Produkt (z.B. ein Heizkessel) nicht nur durch sich selbst im Bereich der Qualität und Wertschöpfung beeinträchtigt wird, sondern auch durch alle möglichen und notwendigen Dienstleistungen an und um dieses Produkt.

Der SHK-Kundendienstmonteur nimmt dabei eine wesentliche Schlüsselrolle ein. Die Effektivität seines Vor-Ort-Einsatzes soll durch die wissenschaftliche Entwicklung von Ablaufverbesserungen, Informationsschnittstellen oder ähnlichem weiter gesteigert werden. Dabei ist die Mobilität des Hilfsmittels genauso Vorrausetzung wie eine einfache und schnelle Bedienung.

3.1 Korrelationen durch die Geschäftstätigkeit

Eine durchführbare Lösung muss alle derzeit am Markt vertretenen Geschäftsprozesse in diesem Bereich berücksichtigen. Zum einen, um einer Ausgrenzung möglicher Geschäftspartner entgegen zu wirken, zum anderen, um die Wettbewerbsfähigkeit des Produkts gegenüber Mitbewerbern nicht vorzeitig einzuschränken.

Die Bewertung des Kunden ist dabei die entscheidende Anforderung. Sie beschränkt sich nicht nur auf die Fehlerhäufigkeit, sondern erfasst auch alle anderen Aspekte, wie z.B. Betriebskosten, Service, Kompetenz, Auftreten und Erscheinungsbild beim Kunden.

Alle an dem Wertschöpfungsprozess Beteiligten (Monteur, Handwerksbetrieb, Hersteller, Großhandel und Kunde) beeinflussen in erheblichem Maße den Erfolg. Diese Abhängigkeit führt zu einer partnerschaftlichen Problemstellung, in der jeder Beteiligte auf die Leistung und das Leistungsvermögen seines Vor- und Nachfolgenden in der Wertschöpfungskette angewiesen ist bzw. symbiotisch reagiert. Das Zusammenspiel sowie die getroffenen Festlegungen der Geschäftsbeziehungen untereinander sind entscheidend für Zuständigkeiten, Interessen, Motivation und Handlung. Aus diesem Grund ist die Überlegung anzustellen, inwieweit welches Geschäftsmodell sich zur Umsetzung eignet.

Erfolgreiche Geschäftsmodelle werden über den Markt definiert und gestaltet. Anforderung aus Sicht des SHK-Betriebs ist es, alle erfolgversprechenden Geschäftsmodelle angeboten zu bekommen:

- Aus Sicht der *Handwerksbetriebe* wäre eine lose Partnerschaft wünschenswert. Das Unternehmen erhält alle Informationen kostenlos ohne Kundendaten weitergeben zu müssen.

- Aus *Herstellersicht* wäre eine feste Partnerschaft erstrebenswert. Darunter versteht man, dass der SHK-Betrieb alle aus einer Reparatur gewonnenen Daten an den Hersteller weitergibt.

- Aus *Kundensicht* wäre eine kostenlose und schnelle Reparatur erstrebenswert.

Der Wunsch des Kunden widerspricht den Zielen der beiden Vorgänger. Alle Beteiligten wissen jedoch, dass für eine Leistung zwingend eine Gegenleistung erwartet wird. Ein zusätzlicher Handlungsmoment (Vorteil) ist deshalb als Antrieb für alle erforderlich. Auch im Bereich der „nicht bezahlbaren Leistungen" gilt dieses Prinzip, es ist aber deutlich schwerer zu identifizieren. Vorteil der IT-Lösung ist hier, dass

- alle vorher erhobenen Informationen immer kommuniziert werden und quantitativ auswertbar sind,

- zeitliche Verschiebungen weitestgehend ausgeschlossen werden,

- Mitteilungen ohne zusätzlichen Aufwand erfolgen können,

- eine Nutzung, Bearbeitung oder Auswertung auf Entscheidung des Anwenders erfolgt und

- Auswahlmechanismen durch die IT möglich sind.

Dabei ermöglicht der Einsatz eines IT-Tools die Erweiterung der Geschäftsbeziehungen über die direkten Nachbarn in der Wertschöpfungskette hinaus. So wird zum Beispiel sichergestellt, dass das Know-how des Herstellers direkt beim Kunden ankommt. Der „Stille-Post-Effekt" wird dabei erheblich minimiert. Zusätzlich können Daten über die Häufigkeit von Problemstellungen erhoben und ausgewertet werden und zeitnah in den Forschungs- und Entwicklungsprozess der Hersteller einfließen.

Mit zunehmender Vereinfachung und frei zugänglicher Bereitstellung von Expertenwissen erhöht sich das Risiko des Missbrauches aus Sicht des SHK-Betriebs. Unter Umständen wird durch ein IT-Hilfsmittel ein unqualifizierter, handwerklich begabter Kunde in die Lage versetzt, eine Reparatur selbst durchzuführen. Der Kunde ist sich in den seltensten Fällen über die Auswirkung seines Handelns im Klaren. Nichteinhaltung von gesetzlichen und technischen Bestimmungen beinhaltet ein erhebliches Gefährdungspotenzial.

3.2   Praxistauglichkeit

Ob eine Prozessvereinfachung angenommen wird, liegt im Entscheidungsbereich des betroffenen Anwenders. Ein gewinnorientierter Handwerksbetrieb wird angebotene Hilfsmittel nur annehmen, wenn er sich von Ihrer Anwendung entsprechende Vorteile oder Erleichterungen verspricht oder von diesen überzeugt wird. Vor diesem Hintergrund ist es essentiell, dass die Bedienung und Steuerung vom Kundendienstmonteur in erheblichem Maß intuitiv erfasst werden kann. Der erwartete Vorteil in der Nutzung muss zum damit verbundenen zusätzlichen Arbeitsaufwand in einem positiven Verhältnis stehen. Moderne IT-Lösungen bieten hier einen erheblichen Bedienkomfort, der aufgrund der Komplexität der unterschiedlichen Sachverhalte ausgeschöpft werden muss.

Für die erfolgreiche Bearbeitung von einigen Problemstellungen ist in erheblichem Umfang Spezialwissen (Expertenwissen) erforderlich. Bei anderen Problemstellungen sollten fachliche und berufsspezifische Grundkenntnisse präsent sein. In beiden Bereichen muss der Kundendienstmonteur gestützt werden, wobei keine Ausbildung und zeitliche Ausdehnung der Serviceprozesse (Inbetriebnahme, Inspektion, Wartung, Reparatur) damit verbunden sein soll. Aus diesem Grund ist es notwendig, Informationen auf ihren Einsatz hin anzupassen und zwischen erforderlich und informativ zu unterscheiden. Weiter sollen diese Informationen optional und nicht zwangsweise angeboten werden. Dem Anwender soll die Möglichkeit gegeben werden, die Informationen individuell auf seine Bedürfnisse angepasst auswählen bzw. nutzen zu können. Somit wird sichergestellt, dass bekannte Daten nicht Wesentliche überdecken. Dabei ist insbesondere darauf zu achten, nachfolgende Punkte zu erfüllen:

- Hinweise immer dann, wenn Sie vom Monteur benötigt werden,
- Darstellung von technischen Zeichnungen,
- Darstellung von graphischen Handlungsanweisungen,
- Leicht erlernbares Bedienmuster,
- Optimierte Führung bei linearen Arbeitsprozessen,
- Angebot des nächsten sinnvollen Handlungsschrittes an erster Stelle,
- Schnelle und flexible Verfügbarkeit am Objekt,
- Hohe Aktualität der Informationen (neuster Stand),
- Gefahrenhinweise,
- Kostengünstig,
- Kompatibilität zu bestehenden Schnittstellen,
- Entscheidungshoheit des Anwenders.

Voraussetzung für die Akzeptanz in der Praxis sind darüber hinaus Programmstabilität und Haltbarkeit (robustes Gehäuse, Stoßfestigkeit, Wasserdichte, etc.) des Hilfsmittels im Einsatz. Weiter werden von Anwendern folgende Vorteile der IT-Nutzung erwartet:

- Geringer bis kein Zeitbedarf zur Informationsbeschaffung aus Unterlagen,
- Steigerung der Effizienz bei der Fehlerbehebung,
- Erleichterung der Einsatzdokumentationen,
- Vereinfachung der Rechnungslegung,
- Optimierung der Disposition.

3.3   Eignung der Kundendienstmonteure für IT-Lösungen

Das Handwerk an sich ist sehr konservativ in der Nutzung neuer Medien und Informationswege. Eine Kammerumfrage aus dem Jahr 2000 zeigt, dass 44 % der Handwerksunternehmen das Internet gewerblich nutzten. Schon damals gaben 20 % der Betriebe an, eine Internetnutzung zu planen. Im Vergleich zu Industrieunternehmen ist diese Quote niedrig. Aus heutiger Sicht kann sicher davon ausgegangen werden, dass zwei Drittel aller SHK-Unternehmen diesen Wandel vollzogen haben.

Der zusätzliche Einsatz von Informationstechnologie in allen Unternehmensbereichen, wie z.B. Materialbeschaffung, Fiskus, Auslesegeräte, Datenbanken, Förderangebote, ist ein Marktzwang, um wettbewerbsfähig agieren zu können. Diesen Druck überträgt der Unternehmer auf seine Mitarbeiter. Die IT-Affinität wird durch den Generationswechsel im Bereich der Unternehmensführung und Mitarbeiter begünstigt.

Unterschiedliche Eingangsvoraussetzungen bestimmen die Eignung eines Kundendienstmonteurs mit IT-Lösungen umzugehen. Dies wird durch die in unterschiedlichen Meinungsumfragen oder in Forschungsprojekten erhobenen Daten untersucht und gestützt (vgl. auch das Kapitel zu den Arbeitsformen und der IT-Unterstützung im technischen Kundendienst von Walter, S. 42 ff., in diesem Band). Die allgemeinen Vermutungen, dass es Zusammenhänge zwischen demographischen Daten und IT-Nutzung gibt, haben sich bestätigt.

Die berufliche Qualifikation (Ingenieur, Meister, Geselle) ist ein Indiz für die Hemmschwelle mit IT-Lösungen umzugehen. Dies stellt jedoch lediglich eine Momentaufnahme für die IT-Sozialisierung des TKD dar. Mit dem zunehmenden Wandel der IT-Nutzung im privaten, öffentlichen und beruflichen Alltag fällt es auch den Unternehmen zunehmend leichter, vorhandene und neue Mitarbeiter mit der erforderlichen IT-Qualifikation (unabhängig von den Eingangsvoraussetzungen) zu beschäftigen. Diese Kette wird auch durch die immer anwenderfreundlicher werdenden Softwareprogramme stark begünstigt.

Eine Qualifizierung der Mitarbeiter auch in diesen Bereichen ist eine wichtige Aufgabe der beruflichen Bildung. Dabei ist die Aktualität der Ausbildungsprozesse und Lernmittel das Hauptproblem. Zukünftig wird der berufliche Erfolg jedes Mitarbeiters im technischen Kundendienst von seiner Bereitschaft und Befähigung, mit neuen Softwarelösungen und Hilfsmitteln zu arbeiten, abhängig sein.

4   Fazit

Instandhaltung, Wartung und Reparatur sind Standardaufgaben und Geschäftsfelder für SHK-Unternehmen. In den Bereichen der Inbetriebnahme und Inspektion ist die IT-Nutzung schon gängige Praxis erfolgreicher Unternehmen.

Das Forschungsprojekt PIPE hat eindrücklich belegt, dass auch der komplexe Reparaturprozess durch IT maßgeblich unterstützt und vereinfacht werden kann.

In der ersten Phase dieses Projekts wurde der aktuelle Stand der Technik in Wissenschaft und Praxis erprobt (vgl. auch das Kapitel von Thomas et al., S. 3 ff., in diesem Band). Um nicht an den Bedürfnissen vorbei zu entwickeln, wurden erstmals Anwendungspartner aus dem SHK-Handwerk hinzugezogen, die das Projekt über die gesamte Laufzeit begleiteten. Mit Ihrer Hilfe wurden die Anforderungen ermittelt und die Ergebnisse in der Praxis erprobt. Dies beeinflusste sowohl die technische Realisierung des Projektziels als auch die Geschäftsmodelle, die dem neuen hybriden Wertschöpfungskreislauf zugrunde liegen. Die Anwendungspartner haben in der Evaluationsphase Kundendienstmitarbeiter mit verschiedenen IT-Eingangsvoraussetzungen für Praxistests zur Verfügung gestellt. Ausnahmslos alle Beteiligten waren am Ende von dem Nutzen des neuen Tools überzeugt. Eine Realisierung der Ergebnisse wird mittelfristig erfolgen.

Am Beispiel des Mobiltelefons kann nachvollzogen werden, welche hohe Geschwindigkeit ein nützliches Hilfsmittel bei der Marktdurchdringung entwickeln kann. Ein Kundendiensteinsatz ohne Handy zur Kontaktaufnahme mit dem eigenen Unternehmen oder Herstellersupport ist heutzutage kaum denkbar. Die intensive Nutzung der mobilen Kommunikation haben den Betrieben die vielfältigen Vorteile bewusst gemacht. Die mobile Datenübertragung im Bereich der Netzbetreiber hat ein neues IT-Werkzeug möglich gemacht. Durch die Fähigkeit, immer größere Datenmengen immer schneller an jeden Ort zu übermitteln, steigt die Akzeptanz und Leistungsfähigkeit von IT-Lösungen. Die Bereitschaft der Mitarbeiter, neue Medien anzuwenden und der Nutzen von IT-Lösungen in der Praxis eines SHK-Unternehmens, wurden durch aktuelle Umfragen eindrucksvoll belegt (vgl. auch das Kapitel von Walter, S. 42 ff., in diesem Buch).

Der Optimierungszwang in den Unternehmen, die steigenden Anforderungen im Bereich der Flexibilität und der technischen Vielfalt sowie die Komplexität der Produkte werden für die Weiterentwicklung des technischen Kundendienstes eine Leistungszunahme durch IT-Lösungen auch zukünftig erforderlich machen.

Autorenverzeichnis

Dipl.-Wirt.-Inform. Nadine Blinn
Institut für Wirtschaftsinformatik
Universität Hamburg
Von-Melle-Park 9, 20146 Hamburg
nadine.blinn@wiso.uni-hamburg.de

Dipl.-Kfm., Dipl.-Inform. Thorsten Dollmann
Institut für Wirtschaftsinformatik (IWi) im Deutschen Forschungszentrum für
Künstliche Intelligenz (DFKI GmbH)
Stuhlsatzenhausweg 3, 66123 Saarbrücken
thorsten.dollmann@iwi.dfki.de

Dipl.-Wirt.-Inform. (DH) Michael Fellmann, M.A.
Lehrstuhl für Informationsmanagement und Wirtschaftsinformatik
Universität Osnabrück
Katharinenstraße 3, 49069 Osnabrück
michael.fellmann@uni-osnabrueck.de

Dipl.-Kfm., B. Sc. Marc Gräßle
Institut für Wirtschaftsinformatik (IWi) im Deutschen Forschungszentrum für
Künstliche Intelligenz (DFKI GmbH)
Stuhlsatzenhausweg 3, 66123 Saarbrücken
marc.graessle@iwi.dfki.de

Betriebswirt (VWA) Frank Johann
Vaillant Deutschland GmbH & Co. KG
Berghauser Straße 40, 42859 Remscheid
frank.johann@vaillant.de

B. Sc. Julian Krumeich
Institut für Wirtschaftsinformatik (IWi) im Deutschen Forschungszentrum für
Künstliche Intelligenz (DFKI GmbH)
Stuhlsatzenhausweg 3, 66123 Saarbrücken
julian.krumeich@iwi.dfki.de

O. Thomas et al. (eds.), *Hybride Wertschöpfung*,
DOI 10.1007/978-3-642-11855-5, © Springer-Verlag Berlin Heidelberg 2010

Dr. Stefan Leinenbach
INTERACTIVE Software Solutions GmbH
Saarterrassen, Hochstraße 63, 66115 Saarbrücken
stefan.leinenbach@interactive-software.de

Prof. Dr. Peter Loos
Universität des Saarlandes
Institut für Wirtschaftsinformatik (IWi) im DFKI Gebäude D3.2
Stuhlsatzenhausweg 3
D-66123 Saarbrücken
Deutschland
peter.loos@iwi.dfki.de

Dipl.-Ing. (FH) Carsten Metelmann
Fachverband SHK Hessen
Sandkauter Weg 15, 35394 Gießen
cmetelmann@shk-hessen.de

Prof. Dr. Markus Nüttgens
Universität Hamburg
Wirtschaftsinformatik
Von-Melle-Park 5, D-20146 Hamburg
Deutschland
markus.nuettgens@wiso.uni-hamburg.de

Dipl.-Wirtsch.-Ing. (FH) Michael Schlicker
INTERACTIVE Software Solutions GmbH
Saarterrassen, Hochstraße 63, 66115 Saarbrücken
michael.schlicker@interactive-software.de

Prof. Dr. Oliver Thomas
Universität Osnabrück
Institut für Informationsmanagement und Unternehmensführung
Katharinenstraße 3
D-49074 Osnabrück
Deutschland
oliver.thomas@uni-osnabrueck.de

Dipl.-Wirt.-Ing. Paul Wakke
DIN Deutsches Institut für Normung e.V.
Referat Entwicklungsbegleitende Normung (EBN)
Burggrafenstraße 6, 10787 Berlin
paul.wakke@din.de

Dr. Philipp Walter
IDS Scheer AG Deutschland
Altenkesseler Straße 17, 66115 Saarbrücken
philipp.walter@ids-scheer.com